广告策划与品牌管理

Advertising Planning & Brand Management

陈俊宁 主 编
王苏宜 副主编

暨南大學出版社
JINAN UNIVERSITY PRESS
中国·广州

图书在版编目（CIP）数据

广告策划与品牌管理/陈俊宁主编．—广州：暨南大学出版社，2009. 7（2020. 1 重印）
ISBN 978 - 7 - 81135 - 313 - 6

Ⅰ. ①广…　Ⅱ. ①陈…　Ⅲ. ①广告学 ②企业管理：质量管理　Ⅳ. ①F713. 81 ②F273. 2

中国版本图书馆 CIP 数据核字(2009)第 075916 号

广告策划与品牌管理
GUANGGAO CEHUA YU PINPAI GUANLI
主　编：陈俊宁

出 版 人：徐义雄
责任编辑：常进海
责任校对：曾　茜
责任印制：汤慧君　周一丹

出版发行：暨南大学出版社（510630）
电　　话：总编室（8620）85221601
营销部（8620）85225284　85228291　85228292（邮购）
传　　真：（8620）85221583（办公室）　85223774（营销部）
网　　址：http：//www. jnupress. com
排　　版：暨南大学出版社照排中心
印　　刷：佛山市浩文彩色印刷有限公司
开　　本：787mm×1092mm　1/16
印　　张：16. 75
字　　数：400 千
版　　次：2009 年 7 月第 1 版
印　　次：2020 年 1 月第 7 次
印　　数：13001—14000 册
定　　价：38. 00 元

前　言

《广告策划与品牌管理》集合了心理学、现代设计、现代传播技术、营销管理、策划学、语言学等学科的理论知识和应用技术，是一门综合性应用学科。它是对过去传统广告学、营销策划、品牌学的重新整合。《广告策划与品牌管理》是市场营销管理专业的核心课程之一，广告之于现代市场营销管理活动有着十分重要的实践意义。跟踪近三年人才市场需求动态，工商企业，特别是中小企业对广告策划与品牌管理人才的需求平均每年以40%的幅度在增长，呈明显上升趋势。为适应当前经济发展需要，就有必要对《广告策划与品牌管理》教材重新进行基于工作过程的设计。

本教材根据完成广告策划工作任务所需要的知识、能力、素质要求，确定教学内容；按照实际的工作流程，划分内容模块，开发设计教学、训练项目，以项目为主线展开教学。以真实工作任务为载体设计和更新教学实训项目，体现教学过程的实践性、开放性和职业性。

为了使基于工作过程的《广告策划与品牌管理》课程教学不至流于形式，教师在整个教学过程中不仅要做到动口、动手、动脑，还要适应广告行业的不断发展对教学提出的新要求，提高自己的行动能力，精心设计和组织教学活动。

本书在编写过程中，尽量搜寻最新的案例，贴近学生生活实际，增强案例的感染性，激发学生学习兴趣。为此，编者们查阅了大量文献和企业实战资料，也做了很多调查和走访，得到了很多专业人士的帮助，在此向他们表示忠诚的感谢！

本书由顺德职业技术学院、广州大学华软软件学院合作编写。本书编写过程分工如下：陈俊宁任主编，负责全书的统筹安排，并负责任务一、任务四到任务十的编写；广州大学华软软件学院王苏宜任副主编，负责任务二和任务三的编写。由于编者水平有限，时间仓促，书中难免有不当之处，望读者朋友批评指正。

编　者

2009 年 6 月

目 录

任务一 认知广告

能力目标

1. 认知广告的定义和要素
2. 明确广告的功能和类型
3. 能够客观评价广告
4. 能够分析广告伦理现状和成因
5. 总结目前广告中存在的问题
6. 能够联系实际说明广告的功能与作用

引入案例

雀巢咖啡的广告

电视画面：

一位男士坐在桌前，一杯热气腾腾的咖啡放在眼前

画外音：雀巢咖啡……

男士拿起杯子，啜一口雀巢咖啡，说：味道好极了！

【案例评析】

雀巢咖啡的广告，可以说是中国自1979年恢复广告业的30年来，最深入人心的广告之一。它那句家喻户晓的广告语“味道好极了！”也一度为广告界人士津津乐道。“味道好极了！”这句深入人心的广告语已融入了人们的生活，在人们的交往中、聚会时常常会冷不丁地冒出一句“味道好极了！”的感叹，既诙谐又恰当，给生活增添了欢乐的情趣。一句平常的广告语竟有如此神奇的魅力、能在人们心中留下如此深刻的印记，这应归功于雀巢公司广告宣传的成功。

雀巢咖啡广告在我国的成功可归纳为两个方面：

第一，20世纪80年代早期，首先以“味道好极了”这种中国人最易理解的口语形式，来诱惑中国人品尝西方的“茶道”。“味道好极了”它和中国人传统的饮食习惯相吻合。中国人的饮食注重色、香、味，雀巢咖啡恰好迎合了中国人对味道的需求。“味道好极了”浅白直露，吸引向来以粗茶淡饭为饮食传统的中国人来品尝雀巢咖啡的味道，使得那些经济先富足的中国家庭和崇尚西方文化的年轻人成为喝雀巢咖啡一族。

第二，让中国人感兴趣的是商品的名称和商标。商品名称是企业为产品所做的第一个广告，也是效果最佳的广告。商品名称在消费者心理上产生的效用主要有四个方面，即便于认知、帮助记忆、诱发情感和启发联想。“雀巢咖啡”这个商品命名就具有诱发情感和启发联想的效用。雀巢（Nestle）其原意为鸟用来做窝的干草和树枝。同时雀巢的商标对雀巢商品的名称也作了说明，它是一只大鸟站在巢边，正在喂两只嗷嗷待哺的小鸟，别具风格，让人产生无限的爱意。商标主要作用是通过视觉方式将商品、服务或企业形象本身

展示给受众和消费者。雀巢（Nestle）这个名称用各种不同的语言来看，都给人一种明朗的印象，给人一种“温馨”的、和“家”紧密地联系在一起的感觉。1997年，雀巢咖啡投放了新版的系列电视广告，其主题是“好的开始”。广告以长辈与晚辈之间的亲情、年轻人之间的友情与恋情等为沟通的纽带，以刚刚走上工作岗位的年轻人为主角等，表达雀巢咖啡在帮助人们减轻工作压力、增强信心、鼓舞勇气、传递感情中扮演的角色。这是在意识到20世纪90年代中国年青一代的生活形态发生微妙变化后，雀巢公司作出的反应。进入90年代后，随着都市人们生活水平的普遍提高，雀巢咖啡已渐渐远离了象征奢华生活的形象。当今的年轻人，他们渴望做自己的事，同时又保留传统的伦理观念；他们意识到与父辈之间的差异，但他们尊重他们的长辈；他们渴望独立，但并不疏远父母；虽然两代之间有代沟，但他们有更多的交流与理解；他们有强烈的事业心，但他们也要面对工作的压力和挑战。雀巢咖啡“好的开始”就成了沟通人与人之间感情的桥梁。

近几年雀巢咖啡的电视广告尽其所能，始终围绕着温馨主题思想在“情”字上大做文章，令观众在种种温馨、关怀之中达到情感的沟通，从而树立起雀巢咖啡的形象。

“朋友情谊，贵乎互相帮助……”一杯热气腾腾的咖啡，使广告迅速充满温情，混乱、紧张的气氛瞬间变得轻松、宁静，并使在工作中受挫的同事重振精神。雀巢咖啡，朋友沟通，真挚友情的象征。

未来的儿媳初见公婆，难免有些紧张、不安，婆婆端来一杯香浓的咖啡，顿时换来轻轻的笑语。雀巢咖啡，家庭沟通、和睦的体现。

通过情侣在钢琴上的四手联弹，生动、贴切地喻示了咖啡伴侣与咖啡相辅相成的关系。雀巢咖啡，伴侣沟通、两心相悦的写照。

相邻楼宇里的两个青年，分别用中西两种乐器演奏雀巢咖啡的主旋律，一拍即合，美妙动听。雀巢咖啡，中西文化沟通和情感交融的媒体。

雀巢咖啡的广告始终给人一种很和谐的感觉，而且更使人有一种要品尝的欲望。也就达到了广告的功利性目的，使消费者有购买的欲望。

讨论题：

1. 雀巢咖啡的品牌会给人带来什么样的遐想？
2. 雀巢咖啡在中国的广告宣传的主题思想是什么？

理论引导

1. 广告的概念、特点
2. 广告的分类与功能
3. 从事广告活动的伦理与原则

1.1 广告的概念、特点

广告是现代社会生活不可缺少的一个部分，是一种特殊的信息传播现象，对人们的生活和商业组织、大众传媒等有关的组织机构产生了广泛而又深刻的影响。要认识与研究广告，首先就必须深入地理解和掌握广告的概念，把握广告的基本性质、特征，了解广告的分类，并对广告学的研究内容和研究方法形成初步的认识和了解，对广告环境的概貌，特别是中国目前的广告现状能有一个总体的了解。本章对上述的有关要点进行了阐释和简要介绍。

一、广告的概念

现代社会，广告充斥着人们日常生活的方方面面，已经成为社会生活不可缺少的一个组成部分。它带给社会各个阶层的人们异常丰富的、形式多样的各类信息，有力地冲击着我们的眼睛、耳朵、大脑，甚至直达心灵的深处。“你可以爱我，你可以恨我，却不能不理我”——这是广告的自白。无法估量它的影响力，广告让人欢喜让人忧。那么，先让我们看一则经典的广告案例吧。

案例：

可口可乐的广告分析

1886 年 5 月 8 日，药剂师潘伯顿博士在自己家后院用铜鼎调制出一种新口味的糖浆。他和朋友们考虑两个大写字母 C 会使广告更醒目，便为它起名 Coca－Cola；不久又在《亚特兰大纪事报》上刊登了第一则可口可乐广告，向全体市民推荐“一种全新的大众化的苏打水饮料”。

如今，可口可乐已经和自由女神像一样成了美国的象征。作为软饮料市场的巨无霸、享誉全球的世界超级名牌，可口可乐是世界上销量最大的饮料，每天被 50 多个国家的 5.43 亿人饮用。

它之所以成为典型的美式商品，是因为它具备了美国社会的三大特征：自由经营、大量消费和铺天盖地、无所不在的广告。广告使可口可乐成为头号全球产品，“成功在于广告”是他们的秘诀。2001 年 8 月美国《商业周刊》评出全球十大品牌，可口可乐稳坐头把金交椅，品牌价值高达 689 亿美元。

对于可口可乐，实在是一言难尽，它太富有传奇色彩了。20 世纪调查显示，全球最流行的三个词分别是上帝（God）、她（her）和可口可乐（Coca Cola）。可口可乐公司还是改革开放后第一个进入中国的外企，也是第一个在中国做广告的。1984 年英国女王访华，英国 BBC 拍了一个纪录片给中国中央电视台播放。作为外交礼节，中央电视台必须播放，但苦于没钱给 BBC，于是找到可口可乐赞助。可口可乐提出了一个赞助条件：在纪录片播放之前加播一个可口可乐的广告片。这成了新中国电视广告历史上的开篇之笔。此后很多企业写报告问“可口可乐可以做电视广告，我们行不行”？于是做电视广告的口子打开了。

撇开可口可乐荣耀不论，可口可乐的广告策略在全世界也是首屈一指的。可口可乐公司的前老板伍德拉夫有一句名言：“可口可乐 99.61% 是碳酸、糖浆和水。如果不进行广告宣传，那还有谁会喝它呢？”从历史上看，可口可乐公司是以巨大广告投入而取胜的。如今可口可乐在全球每年的广告费超过 6 亿美元。中国市场也不例外，可口可乐在中国每年广告投入高达几千万元。起初，可口可乐是以国际化形象出现在中国消费者面前的，凭最典型化的美国风格和美国个性来打动消费者，所用广告也是美国亚特兰大版本。临近 20 世纪末时，可口可乐意识到，要当中国饮料市场的领导者，品牌融合中国文化才是长久之道。于是在1997年，可口可乐的广告营销策略发生了显著的变化，其在中国推出的电视广告，第一次选择在中国拍摄，第一次请中国广告公司设计，第一次邀请中国演员拍广告。可口可乐开始大踏步实施广告本土化的策略。

可口可乐卓越而成功的广告形象战略——其独特的红白二色标志，已成为它的金护照。人们只要看到标志，就会很快辨认出这是可口可乐。它在全世界展示相同的品牌形象，开创了品牌形象模式化的先河。

“广告是经营的需要，是商业世界一帖美妙的强身剂。”正是这个“强身剂”能使顾客高兴，把顾客带到一个美好的世界。卓越的广告策略的成功运用，创造了可口可乐王国的丰功伟绩。可口可乐在一份报告中提出：“展望21世纪，我们的目标是继续赢取我们能获得的成功。”

正如可口可乐公司无所不在的广告，它的触角可以伸到天涯海角让人无可逃避；又好像是一架显微镜，可以成百上千倍地放大一个个体或组织。那么，该如何定义“广告”这一概念呢？所谓广告，从汉语的字面意义理解，就是“广而告之”，即向公众通知某一件事，或劝告大众遵守某一规定。但这并不是广告的定义，而是对广告的一种广义的解释，说明广告是向大众传播信息的一种手段。从狭义解释，广告则是一种付费的宣传。

（一）广告溯源

随着社会生产力的逐渐发展，出现了商品生产和商品交换，广告也就随之得到发展，广告的概念也在不断地改变与深化。《周易·系辞》记载，远在神农时代，就有“日中为市，集天下之民，聚天下之货，交易而退，各得其所”的场面。而据《周礼》记载，当时凡做交易都要“告于示”。世界文明古国埃及、古巴比伦、希腊、印度、罗马和中国，都较早出现了与商品生产和商品交换相关的广告活动。

但“广告”作为一个外来词在中文里出现，则是近代的事情，含有“广泛地宣告”的意思。当初多用“告白”来指称今天的“广告”之意。较多的学者认为“广告”（Advertising）源于拉丁文 Adverture，有吸引人心或注意与诱导的意思。约在1300—1475年间，才演变为中古英语的 Advertise 一词，其含义为“一个人注意到某种事情”，后来又演变为“引起别人注意，通知别人某件事”。直到17世纪末、18世纪初，英国开始大规模商业活动时，广告一词才开始广泛流行使用。日本首次将 Advertising 译成“广告”，约在明治五年（1872年）左右，直到明治二十年（1887年）才被公认，得以流行。从“广告”一词的应用来看，中国、日本等东方国家对广告的认识要晚于西方国家。

（二）历史上有代表性的广告概念

伴随着人类社会生活的发展，广告概念的内涵与外延也在不断地丰富和发展、扩大和更新。由于仁者见仁、智者见智，对广告的定义也是众说纷纭，没有定论。现列举一些较有影响的说法：

（1）1890年以前，西方社会对广告较普遍认同的一种定义是，广告是有关商品或服务的新闻。

（2）1894年，Albert Lasher（美国现代广告之父）认为，广告是印刷形态的推销手段。这个定义含有在推销中劝服的意思。

(3) 1948 年，美国营销协会定义委员会（The Committee on Definitions of the American Marketing Association）形成了一个有较大影响的广告定义：广告是由可确认的广告主，对其观念、商品或服务所作的任何方式付款的非人员性的陈述与推广。

(4) 美国广告主协会对广告的定义是，广告是付费的大众传播，其最终目的是传递情报，改变人们对广告商品的态度，诱发其行动，从而使广告主得到利益。

(5)《简明不列颠百科全书》对广告的定义是，广告是传播信息的一种方式，其目的在于推销商品、劳务，影响舆论，博得政治支持，推进一种事业或引起刊登广告者所希望引起的其他反应。广告信息通过各种宣传工具，包括报纸、杂志、电视、广播、招贴海报及直邮等，传递给它想要吸引的观众或听众。广告不同于其他传递信息的形式，它必须由登广告者付给传播信息的媒体一定的报酬。

上述这些广告定义都是特定历史时期的产物，为我们提供了对广告的不同角度的思考。但这些定义既有其合理性，也有其不足的一面，基本上是从狭义广告的角度来说明，仅能反映出广告某一方面的属性，不能完整而科学地反映出广告的本质属性。

(三) 广告概念的定义

一般来说，广告有广义与狭义之分。现代广告的广义概念是与信息社会紧密相连的一个历史范畴，它是维持与促进现代社会生存与发展的一种大众性的信息传播工具和手段。广义的广告，包括经济广告与非经济广告。经济广告又称商业广告，它所登载的是有关促进商品或劳务销售的经济信息，尽管内容多样，表现手法不一，但都是为经济利益服务的。非经济广告是指除了经济广告以外的各种广告，如各社会团体的公告、启事、声明、寻人广告、征婚启事等。

广告概念的类别

<table>
<tr><th colspan="2">广告概念的类别</th><th>举例</th></tr>
<tr><td rowspan="2">广义的广告</td><td>商业广告（经济广告）</td><td>企业的有关广告，如可口可乐广告</td></tr>
<tr><td>非商业广告（非赢利性的广告）</td><td>公益广告、政治宣传广告、政府公告、征婚广告等</td></tr>
<tr><td>狭义的广告</td><td colspan="2">特指商业广告（经济广告）</td></tr>
</table>

通过对广告性质特征的分析，借鉴传播学和营销学等学科对广告定义的研究成果，我们可以这样定义现代广告的概念：

广告是广告主以付费的方式，通过公共媒介对其商品或劳务进行宣传，借以向消费者有计划地传递信息，影响人们对所广告的商品或劳务的态度，进而诱发其行动而使广告主得到利益的活动。

这个定义是以大众传播理论为基础，从广义广告的角度来进行概括的。它包括以下几个方面的内涵，反映出现代广告的主要特征：

(1) 强调了广告的本质特征是一种以公开的、非面对面的方式传达特定信息给目标受众的信息传播活动，而且这种特定信息是付出了某种代价的。

广告必须有明确的广告主或广告客户，它是广告行为的主体，是广告行为的法律负责人。这是广告与新闻等其他信息传播活动的不同之处。

(2) 明确了广告是一种通过科学策划和艺术创造将信息符号高度形象化的、带有科学性和艺术性特征的信息传播活动。

(3) 指出了传播媒介的重要作用。现代广告是非个人的传播行为，一定要借助于某种传播媒介才能向非特定的目标受众广泛传达信息。这决定了它是一种公开而非秘密的信息传播活动，也就决定了传播者必须置身于公众和社会的公开监督之下。

(4) 说明了广告是为了实现传播者的目标而带有较强自我展现特征的说服性信息传播活动，通过改变或强化人们的观念和行为，来达到其特定的传播效果。观念指的是思想、政治、文化等意识形态方面的信息，行为则包括商品、服务、生活等消费形态方面的信息。从而概括了广义的广告内容。

(四) 广告定义的几个关键问题

(1) 广告是一种有计划、有目的的活动。

(2) 广告活动的主体是广告主，广告活动的对象是广大消费者。

(3) 广告活动是通过大众传播媒介来进行的，不是面对面的传播，如推销员的推销等。

(4) 广告活动的内容是按计划选择的商品或劳务信息。

(5) 广告活动的目的是为了促进商品或劳务的销售，从而使广告主从中获取利益。

二、广告的要素

讨论案例：

打包快递的冰棍

德意志邮政公司快递业务，在炎炎夏日，做一个路牌平面广告：淡茶色的底色上，一支被打包准备快递的冰棍。(代理：瑞士黎世 Jung von Mate/Alter Gmbh 广告公司)

请分析：

1. 这个广告属于哪种广告类别中的哪种形式？
2. 这个广告的广告主是谁？
3. 这个广告的信源、信息、信道、信宿是什么？
4. 对这个广告作出简要的总体评价。

商业赢利性广告的定义，是从广告的动态过程来说明广告是一种促销商品的传播手段的。对于具体的某一则广告而言，它仅是广告活动的结果或表现。

对于一则具体的广告，它包括这样一些基本要素：

(1) 广告主。所谓广告主，即进行广告者，是指提出发布广告的企业、团体或个人，如工厂、商店、宾馆、饭店、公司、戏院、农场、个体生产者、个体商贩等。

(2) 信息。信息是指广告的主要内容，包括商品信息、劳务信息、观念信息等。商品和劳务是构成市场经济活动的物质基础。商品信息包括产品的性能、质量、产地、用途、购买时间、地点和价格等。劳务信息包括各种非商品形式的买卖或半商品形式的买卖的服务性活动的消息，如文娱活动、旅游服务、理发、照相、饮食以及信息咨询服务等行业的经营项目。观念信息是指通过广告活动倡导某种意识，使消费者树立一种有利于广告者推销其商品或劳务的消费观念。诸如旅游公司印发的宣传小册子，不是着重谈其经营项目，而是重点渲染介绍世界各地的大好河山、名胜古迹和异土风情等，使读者产生对自然风光和异域风情的审美情趣，从而激发他们参加旅游的欲望。广告的观念信息，其实质也是为了推销其劳务或商品，只是采取了不同的表现手法。

（3）广告媒介。广告活动是一种有计划的大众传播活动，其信息要运用一定的物质技术手段，才能得以广泛传播。广告媒介就是这种信息传播的中介物，它的具体形式有报纸、杂志、广播、电视等。国外把广告业称为传播产业，因为广告一旦离开媒介传播，信息交流就停止了，可见广告媒介的重要性。

（4）广告费用。所谓广告费，就是从事广告活动所需付出的费用。广告活动需要经费，利用媒介要支付各种费用，如购买报纸、杂志版面需要支付相应的费用，购买电台、电视播出的时间也需要支付费用。即使自己制作广告，如布置橱窗、印刷招贴和传单等，也需要一定的制作成本。广告主进行广告投资，支付广告费用，其目的是要扩大商品销售，获得更多利润。为了降低成本，取得最大的经济效益，在进行广告活动时，要编制广告预算，有计划地进行广告活动，以节约广告费开支，获取最佳广告经济效益。

1.2 广告的分类

根据不同的需要和标准，可以将广告划分为不同的类别。如在前面的广告概念一节中，按照广告的最终目的将广告分为商业广告和非商业广告；又如根据广告产品的生命周期划分，可以将广告分为产品导入期广告、产品成长期广告、产品成熟期广告、产品衰退期广告；或按照广告内容所涉及的领域将广告划分为经济广告、文化广告、社会广告等类别。以下介绍一些经常运用的广告类别。

一、按照广告诉求方式分类

广告的诉求方式就是广告的表现策略，即解决广告的表达方式——“怎么说”的问题。它是广告所要传达的重点，包含着“对谁说”和“说什么”两个方面的内容。通过借用适当的广告表达方式来激发消费者的潜在需要，促使其产生相应的行为，以取得广告者所预期的效果。可以将广告分为理性诉求广告和感性诉求广告两大类：

1. 理性诉求广告

广告通常采用摆事实、讲道理的方式，通过向广告受众提供信息，展示或介绍有关的广告物，有理有据地论证接受该广告信息带给他们的好处，使受众理性思考、权衡利弊后被说服而最终采取行动。如家庭耐用品广告、房地产广告等多采用理性诉求方式。

2. 感性诉求广告

广告采用感性的表现形式，以人们的喜、怒、哀、乐等情绪，亲情、友情、爱情以及道德感、群体感等情感为基础，对受众诉之以情、动之以情，激发人们对真善美的向往并使之移情于广告物，从而在受众的心目中占有一席之地，使受众对广告物产生好感，最终发生相应的行为变化。如日用品广告、食品广告、公益广告等常采用这种感性诉求的方法。

二、按照广告媒介的使用分类

按照广告媒介的物理性质进行分类是一种较常使用的广告分类方法。使用不同的媒介，广告就具有不同的特点。在实践中，选用何种媒介作为广告载体是制定广告媒介策略所要考虑的一个核心内容。传统的媒介划分是将传播性质、传播方式较接近的广告媒介归为一类。因此，一般有以下七类广告：

印刷媒介广告，也称为平面媒体广告，即刊登于报纸、杂志、招贴、海报、宣传单、年历、包装等媒介上的广告。

电子媒介广告，是以电子媒介如广播、电视、电影等为传播载体的广告。

户外媒介广告，是利用路牌、交通工具、霓虹灯等户外媒介所做的广告；还有利用热气球、飞艇甚至云层等作为媒介的空中广告。

直邮广告，通过邮寄将传单、商品目录、订购单、产品信息等形式的广告直接传递给特定的组织或个人。

销售现场广告，又称为售点广告或 POP 广告（Point of Purchase），就是在商场或展销会等场所，通过实物展示、演示等方式进行广告信息的传播。有橱窗展示、商品陈列、模特表演、彩旗、条幅、展板等形式。

数字互联媒介广告，是利用互联网作为传播载体的新兴广告形式之一，具有针对性、互动性强、传播范围广、反馈迅捷等特点，发展前景广阔。

其他媒介广告，包括利用新闻发布会、体育活动、各种文娱活动等形式而开展的广告。

以上这几种根据媒介来划分广告的方法较为传统。当今整合营销时代，是以整合营销传播的观点，针对目标受众的活动区域和范围将广告分为：家中媒介广告，如报纸、电视、杂志、直邮等媒介形式的广告；途中媒介广告，如路牌、交通、霓虹灯等媒介形式的广告；购买地点媒介广告等。

随着科学技术水平的不断提高与发展，媒介的开发和使用也是日新月异地变化着，新兴媒介不断进入人们的视野，成为广告形式日益丰富的催化剂。

三、按照广告目的分类

制订广告计划的前提是必须首先明确广告目的，才能做到有的放矢。根据广告目的确定广告的内容和广告投放时机、广告所要采用的形式和媒介，可以将广告分为产品广告、企业广告、品牌广告、观念广告等类别。

1. 产品广告

产品广告，又称商品广告。这是以销售商品为目的，从中直接获取经济利益的广告形式。此类广告又可分为三类：①报道式广告，通过对消费者如实报告和介绍商品的性质、用途和价格，以及商品生产厂家、品牌、商标等，促使消费者对商品产生初级需求，属于开拓性广告。②劝导式广告，这是以说服消费者为目标，通过突出商品的特优品质，加深消费者对某种品牌的商品的印象，刺激其产生选择性需求和“指牌购买”，属于竞争性广告。③提醒式广告，这是在消费者已习惯于使用和购买某种广告商品后，广告主为了保持消费者的购买习惯，提醒他们不要忘记这个商品，刺激其重复购买，以防止消费者发生偏好转移。

2. 企业广告

企业广告又称企业形象广告，是以树立企业形象、宣传企业理念、提高企业知名度为直接目的的广告。虽然企业广告的最终目的也是为了实现利润，但它一般着眼于长远的营销目标和效果，侧重于传播企业的信念、宗旨或是企业的历史、发展状况、经营情况等信息，以改善和促进企业与公众的关系，增加企业的知名度和美誉度。它对产品的销售可能不会有立竿见影的效果，但由于企业声望的提高，使企业在公众心目中留下了较美好的印象，对加速企业的发展具有其他类别的广告所不可具备的优势，是一种战略意义上的广告。具体还可以分为企业声誉广告、售后服务广告等类别。

3. 品牌广告

品牌广告是以树立产品的品牌形象，提高品牌的市场占有率为直接目的，突出传播品牌的个性以塑造品牌的良好形象。品牌广告不直接介绍产品，而是以品牌作为传播的重心，从而为铺设经销渠道、促进该品牌下的产品的销售起到很好的配合作用。

4. 观念广告

观念广告即企业对影响到自身生存与发展的、并且也与公众的根本利益息息相关的问题发表看法，以引起公众和舆论的关注，最终影响政府立法或制定有利于本行业发展的政策与法规，或者是指以建立、改变某种消费观念和消费习惯的广告。观念广告有助于企业获得长远利益。例如，在国外饮料市场可口可乐独霸天下的情况下，生产七喜汽水的厂商有意识地通过广告宣传，把饮料分为可乐型与非可乐型两大类，从而使七喜饮料脱颖而出，打破了可乐型饮料的垄断地位，就是一个很成功的例证。

四、按照广告传播区域分类

根据营销目标和市场区域的不同，广告传播的范围也就有很大的不同。按照广告媒介的信息传播区域，可以将广告分为国际性广告、全国性广告和地区性广告三类。

1. 国际性广告

国际性广告又称为全球性广告，是广告主为实现国际营销目标，通过国际跨国传播媒介或者国外目标市场的传播媒介策划实施的广告活动。它在媒介选择和广告的制作技巧上都较能针对目标市场的受众心理特点和需求，是争取国外消费者，使产品迅速进入国际市场和开拓国际市场必不可少的手段。

2. 全国性广告

全国性广告即面向全国受众而选择全国性的大众传播媒介的广告。这种广告的覆盖区域大，受众人数多，影响范围广，广告媒介费用高。较适用于地区差异小、通用性强、销量大的产品。因全国性广告的受众地域跨度大，广告应注意不同地区受众的接受特点。

3. 地区性广告

地区性广告多是为配合企业的市场营销策略而限定在某一地区传播的广告，可分为地方性广告和区域性广告。地方性广告又称零售广告，为了配合密集型市场营销策略的实施，广告多采用地方报纸、电台、电视台、路牌等地方性的传播媒介，来促使受众使用或购买其产品，常见于生活消费品的广告，以联合广告的形式，由企业和零售商店共同分担广告费用。其广告主一般为零售业、地产物业、服装业、地方工业等地方性企业。区域性广告是限定在国内一定区域如华南地区、华北地区或是在某个省份开展的广告活动。开展区域性广告的产品往往是地区选择性或是区域性需求较强的产品，如加湿器、防滑用具、游泳器材等，它是差异性市场营销策略的一个组成部分。

五、按照广告的传播对象分类

商品的消费、流通各有其不同的主体对象，这些主体对象就是：消费者、生产商、批发商以及能直接对消费习惯施加影响的社会专业人士或职业团体。不同的主体对象所处的地位不同，其购买目的、购买习惯和消费方式等也有所不同。广告活动必须根据不同的对象实施不同的诉求，从而可以按广告的诉求对象对广告进行分类。

1. 消费者广告

此类广告的诉求对象为直接消费者，是由生产者或商品经营者向消费者推销其产品的广告，因而也可以称之为商业零售广告。此类广告占广告的大部分。

2. 工业用户广告

此类广告的诉求对象为产品的工业用户、由工农业生产部门或商业物资批发部门发布，旨在向使用产品的工业用户推销其产品。广告的内容一般为原材料、机器、零配件、供应品等，广告形式多采用报道式，对产品作较为详细的介绍。

3. 商业批发广告

其诉求对象为商业批发商或零售商，主要由生产企业向批发商或批发商向零售商推销其所生产或经营的商品。这种广告所涉及的都是比较大宗的产品交易，也多用报道式广告形式。

4. 媒介性广告

其诉求对象是对社会消费习惯具有影响力的职业团体或专业人员，广告发布者——企业旨在通过他们来影响最终消费者。此类广告专用于介绍一些专业性产品，如由医疗单位或医生来介绍药品和保健品。消费者考虑到权威的可靠性，易购买使用。

总之，不同的广告分类方法具有不同的目的和出发点，但它们都最终取决于广告主的需要或是企业营销策略的需要。特别是对企业而言，广告是其市场营销的有力配合手段和工具，而且广告实践的发展也会使广告的分类不断地发展变化。广告分类是我们认识广告、充分发挥广告作用的一种方法。

1.3 广告的功能

一、传递信息，沟通产需

广告最基本的功能就是认识功能。通过广告，能帮助消费者认识和了解各种商品的商标、性能、用途、使用和保养方法、购买地点和购买方法、价格等项内容，从而起到传递信息、沟通产销的作用。

俗话说，货好还得宣传巧。但在现实生活中，还有一些企业对广告的作用不十分明了，认为做广告花费大，得不偿失。因此，他们宁可辛辛苦苦到处推销，也不愿做广告。实践证明，广告在传递经济信息方面，是最迅速、最节省、最有效的手段之一。好的产品借助于现代化科学手段的广告，其所发挥的作用不知比人力要高多少倍。

二、激发需求，增加销售

一则好的广告，能诱导消费者的兴趣和感情，引起消费者购买该商品的欲望，直至促进消费者的购买行动。曾有这样一个事例：某国烟草公司派了一名推销员去海湾旅游区推销该公司的“皇冠牌”香烟，但该地区香烟市场已被其他公司的品牌所占领，该推销员苦思无计，在偶然间受到“禁止吸烟”牌子的启发，他就别出心裁地制作了多幅大型广告牌，广告牌上写上“禁止吸烟”的大字，并在其下方加上一行字：“‘皇冠牌’也不例外”。结果大大引起了游客的兴趣，竞相购买“皇冠牌”香烟，从而为公司打开了销路。

三、促进竞争，开拓市场

大规模的广告是企业的一项重要竞争策略。当一种新商品上市后，如果消费者不了解它的名称、用途、购买地点和购买方法等，就很难打开销路，特别是在市场竞争激烈，产品更新换代大大加快的情况下，企业通过大规模的广告宣传，能使消费者对本企业的产品产生吸引力，这对于企业开拓市场是十分有利的。

提高商品的知名度是企业竞争的重要内容之一，而广告则是提高商品知名度不可缺少的武器。精明的企业家总是善于利用广告提高企业和产品的“名声”，从而抬高“身价”，推动竞争，开拓市场。

四、介绍知识，创造时尚

现代化生产门类众多，新产品层出不穷，但分散销售使得人们很难及时买到自己需要的东西，而广告通过商品知识介绍，就能起到指导消费的作用。有些产品消费者购买以后，由于对产品的性能和结构不十分了解，因此在使用和保养方面往往会发生问题。通过广告对商品知识的介绍，可以更好地指导消费者做好产品的维修和保养工作，从而延长产品的使用时间。

五、丰富生活，美化环境

好的广告，实际上就是一件精美的艺术品，不仅真实、具体地向人们介绍了商品，而且让人们通过对商品形象的观摩、欣赏，引起丰富的生活联想，树立新的消费观念，增加精神上美的享受，并在艺术的潜移默化之中，产生购买欲望。

良好的广告还可以帮助消费者树立正确的道德观、人生观，给消费者以科学技术方面的知识，陶冶人们的情操。

1.4 广告伦理与广告策划原则

案例：恒源祥争议广告反思：广告惹人眼　但更要重伦理

2008节春节，“恒源祥”的电视广告在全国多家电视台的黄金时段播出，在长达1分钟的广告时间里，广告背景音从“鼠鼠鼠”一直叫到“猪猪猪”，把十二生肖叫了个遍，其单调的“创意”和高密度的播出，遭到观众质疑。无独有偶，“挤吗？去买辆车吧！”“想艳遇吗？”两则另类广告也在北京、南京相继出现，再次引发注意力经济的道德伦理问题。

一、广告抢眼球更要重伦理

如今，是眼球经济风行的时代，什么都讲究吸引力，广告也一样。如果一条广告没有吸引眼球的能力，基本上就失去了价值。但如果大家都把“眼球”推向极致，这样的广告效应恐怕就物极必反了。

或许是商家深知获得注意力就意味着获得一种持久的财富，而对于品牌或是商品的广告更是如此，如果一条广告能够将受众的“眼球”吸引过去，以达到另外的目的，如树立品牌、深化形象、推销商品、扩大媒体的知名度等，然后大赚其钱，便大功告成了。人是不断人为制造注意力的动物。从社会学的角度来说，我们甚至可以说，人类的一切有意义的活动都是在营造注意力，市场竞争、政治选举、文化宣传等，无不是为了某种利益在争夺注意力。所以，注意力就成为一种信息资产，一种商业社会中的“硬通货”。尤其是在网络时代，更是一个“信息过剩而注意力稀缺”的时代。所以，也就有专家把当代经济的本质视为“注意力经济”，或者说是“眼球经济”。

虽然对注意力经济价值的强调是很有必要的，但如果忽视了对吸引注意力的道德评价和精神意义，恐怕就会导致对注意力缺乏应有的人文关怀和起码的尊重，以至于通过不实或不良的信息去浪费、污染和践踏他人的注意力了。这样的做法无疑是对受众的一种精神伤害。

引发争议的三条广告就是典型的例子。“想艳遇吗？”是“色诱”，是对情人节的恶俗化；“挤吗？去买辆车吧！”是“歧视”，是对挤地铁的平民百姓的愚弄；从“鼠鼠鼠”一直叫到“猪猪猪”，则是“强迫”，是对观众视听忍耐力的挑战。这些广告无论是哪一条，都是对受众的精神损害和污染，商家自以为高明，别出心裁，结果却适得其反，惹火烧身，不但遭到受众的炮轰，而且也有损企业的自身形象，可谓得不偿失。

从信息传播的效率来说，如此极端恶俗的广告引起批评并且广为传播自然是意料之中的事。有网友号召对这种“广告暴力”最好行使“沉默权”，让它自生自灭。然而，一个显而易见的事实是，中国的“广告暴力”并没有因为观众不断地调台而减少。恒源祥的这个广告，不过是动辄重复三遍的短语广告的升级而已。

商业社会固然离不开广告，但这并不意味着广告可以为所欲为、不择手段，无视社会伦理。《哪儿都不像哪儿》的作者詹姆斯·康斯特勒曾经感慨：过去60年间美国人“从公民转变为消费者”。而中国30年来的经济增长却让我们看到，许多人尚未成为真正意义上的公民，便已经变成了消费者。

广告是一种说服术。成功的广告会勾起人们对美好生活的向往，并且愿意以自己的劳动交换生产厂商的劳动，而失败的广告所能做的首先是摧毁人们已有的美好生活。

二、广告策划的原则

（一）真实性原则

所谓真实，是指符合实际和现状。广告策划的真实性是指广告策划的内容必须以事实为基础，是对客观实际的准确把握和真实反映。真实是广告的第一生命，也是广告策划的首要原则。

广告宣传允许作艺术上的合理夸张和渲染，但不能违背真实。1995年2月1日我国实施了《中华人民共和国广告法》，这是我国专门为广告业制定颁布的一部法律，其中明确规定，广告宣传不得含有虚假的内容，不得欺骗和误导消费者。这就是广告真实性原则的法律依据。

事实上，广告是一种劝说消费者购买产品、接受服务或认可企业形象的宣传，唯有真实、客观才能赢得消费者的信任，达到最终的促销目的。尤其是在如今消费意识渐趋成熟的情况下，如果违背真实性原则，往往就会适得其反，不仅涉及产品形象、销售利益，而且还会严重到涉及法律责任的程度。因而，作为广告策划人员，必须依法、依据事实进行策划，严格遵循真实性原则。

纵观目前的种种广告策划，在遵循真实性原则中，尚存在如下偏向：

（1）在经营方针上，广告策划只注重“学者信息”的传递，即只宣传产品或服务的优点、长处，而绝不提已有的或可能存在的缺点、短处。

尽管“学者信息”不存在失真，但对已有缺陷或可能存在的缺点的有意回避，也是有违真实性原则的。完全意义上的真实性原则的遵循，应当包括对已有缺陷或可能存在的缺点的客观、真实的告知。

事实上，广告活动是一种民事行为，而在民事行为中最具有普遍约束力的就是要讲究诚实信用。如果一味回避不足，光说长处，就会给消费者造成不诚实、不守信的印象，这对广告主而言，是有害无益的。因此，真实性原则要求在广告策划中注重双重信息的传递。

（2）在策划方法上，往往过分强调艺术性，从而冲淡甚至忽略真实性。我们倡导真实性原则，要求以真实为基础，在不违背真实的前提下，允许合理的艺术夸张，但切记：夸张不等于夸大。

案例： 曾经轰动全国的“蒙妮坦换肤霜”事件就是违反广告策划真实性原则的典型案例。蒙妮坦换肤霜为了推销其产品，在各大报刊上登广告说：“使用两次年轻十岁；使用八次彻底改变模样。”“不论男士女士，不论是干性皮肤还是油性皮肤，也不分春夏秋冬。”“经多家医院验证，有效率100%。”如此具有诱惑力的许诺，惹得男女老少怦然心动，一时间蒙妮坦换肤霜风靡全国，供不应求。然而，一些消费者使用后，换回的不是容光焕发的肌肤，而是满脸的红疱脓肿。仅北京一地，就有1 000余人投诉。工商局发出通知，停止刊播该广告，并对生产企业罚款600万元。结果是公司破产，蒙妮坦换肤霜从此销声匿迹。

鉴别一则广告是否真实，并不是一件非常容易的事，也难怪有许多消费者上当受骗。广告毕竟是一门艺术，它需要有合理的艺术夸张和渲染，缺少艺术感染力的广告很难打动人心，不能刺激人们的购买欲。但怎样界定艺术上的合理夸张和有意掩盖事实真相的虚假夸大呢？比如“车到山前必有路，有路必有丰田车”的丰田汽车广告是夸张，还是夸大？比如“今年二十，明年十八”的广告是真实，还是虚假？

一般说来，判断一则广告是否真实，主要看它是否作出了实现不了的许诺，以及片面告之而掩盖不可能实现的实质，是否给消费者造成错误印象而故意误导。虚假广告的虚假性，具体表现在以下几方面：

（1）劣质商品说成优质商品，欺骗消费者。

（2）隐瞒产品缺陷，甚至隐瞒对人体有害的铅或苯二胺的含量；化妆品隐瞒对人体有害的汞和水银。

（3）进行不能兑现或根本没打算兑现的许诺。如声明对产品实行“三包”却不付诸行动；鼓吹“使用八次彻底改变模样，让你换回青春”却使人红肿化脓、面目全非。这都属于欺诈。

（4）利用消费者缺少商品知识的弱点，愚弄消费者。如把缺点说成优点，把有害说成无害。

（5）故意夸大商品的优点或用途。如国外有则广告如是说：“有一种特效药，秃子服后能长出头发，还能使汽车的耗油量降低15%～20%。”

了解虚假广告的表现形式，并在策划工作中尽量克服它，有助于保证广告策划的真实性原则。

（二）新颖性原则

新颖独特是广告策划的生命，也是实现广告目标的保证。如果广告策划缺乏创新意识，没有新意，那么就不可能为企业产品或服务带来市场份额或效益，这样的广告策划就是失败的。因而广告策划要坚持新颖性原则，力求以新取胜，给人不落俗套、耳目一新的全新感受。

新颖性原则主要表现在以下三个方面：

（1）广告语创意要新。

广告语应从经营理念中提炼，力求简洁明快、新颖别致、容易记忆。诉求点在于人的理性，则应富有哲理；诉求点在于人的情感，则应富有人情味、感染力。只有这样，才能易于被人认可接受，从而最大限度地刺激人们的购买欲，起到促销的作用。

例如，山西汾酒的广告语“汾酒必喝，喝酒必汾”，很巧妙地将一句著名哲言加以改造，创意新颖，一下子就被人记住了。

（2）广告表现应具有想象力，富有个性品质。

无论是古为今用，还是洋为中用，广告表现都要富有新意，不能流于一般。

案例："立邦油漆——处处放光彩"的电视广告儿童篇，采用各种肤色的光屁股小孩子的形象，将不同颜色的油漆涂于孩子的小光屁股上，让他们背对观众，较夸张地扭动。广告表现新颖不俗，画面简单、有趣，却富有内涵，不但表明立邦油漆行销世界各地"处处放光彩"，而且表明立邦漆颜色逼真，接近自然，很好地体现了新颖性原则。

(3) 法律道德原则。

广告作为一种大众传播行为，是一种有责任的信息传递，是一项严肃的社会活动。它不仅仅影响着广告主的生产经营活动，而且也影响着人们的人生观、价值观、审美情趣、生活方式、消费观念，理应受到法律和道德的约束，需要通过法律和社会伦理对广告活动加以规范。1995 年颁布实施的《中华人民共和国广告法》是我国现行的一部法律，是广告从业人员的行为准则。此外，广告活动也受道德制约。因而，法律道德原则表现在：

首先，广告策划必须在合乎法律规范的前提下进行。即广告策划不能只顾广告主的利益而置法律于不顾，广告策划必须维护社会公共利益和民族尊严、国体、国格，不能策划出具有反动、淫秽、丑恶、迷信等内容的广告作品；不能违反国家保密规定；不能用不正当手段贬低竞争对手，抬高自己以诱导消费者；不能做虚假广告欺骗消费者等。

案例：浙江格林特电器公司在报纸上刊登广告称在抽油烟机家族里，"格力"是第一代产品，"方太"是第二代产品，而他们自己的"格林特"是第三代产品，广告刊出后不久，"格力"就将"格林特"告上法庭，理由是其广告违反了《反不正当竞争法》，误导、诱导消费者，使人们产生"格林特"是"格力"的更新换代产品的错觉，是对"格力"产品的贬低，结果，"格林特"公司既要赔礼道歉，澄清是非，又要赔偿人家为此造成的经济损失，实在是得不偿失。这是广告宣传违法操作的一大教训。

其次，广告策划还必须遵循道德原则，不能违背公序良俗，包括不能违反价值观念、宗教信仰、图腾禁忌、风俗习惯等。比如：日本的丰田车在南非所做的一则广告，由于有伤害穆斯林情感的画面，引起了强烈抗议，丰田公司除了重新修改广告画面外，还得公开道歉。

（三）组合原则

广告策划是一项系统性很强的组合工程。需要市场调研、方案写作、主题创意、美工、媒体等方面的有效组合。这些方面的组合、协调程度直接影响着营销整体的格局成功与否。广告策划工作作为一个整体工程，要实现最优化组合的终极目的。

组合原则应体现为：系统结构横向优化与系统阶段纵向有序。具体包括：

(1) 注重广告与产品之间的协调。

即广告策划必须服从产品宣传的需要，应与产品保持一致，既不能夸大其词，导致虚假，也不能过分谦虚，导致贬低。要实事求是地就产品做广告策划，不能脱离产品本身而架空策划。

(2) 注重所利用的各种广告媒体之间的有效配合。

即在选择媒体、利用媒体时，注重各种不同媒体之间的协调、配合，不能顾此失彼，更不能相互冲突、矛盾，而应做到主题明确一致、组合错落有致。

(3) 注重广告内容与表现形式的统一。

即表现形式的选择要服务于内容需要，哪一种形式能最有效地为表现内容服务，这种形式便是首选，不能抛开内容去孤立地策划表现形式。

(4) 注重广告与外部环境的适应。

广告策划也要审时度势，要充分利用有利的环境因素。例如，日本东洋累萦服装公司利用泰勒访问日本的环境因素，大作“泰勒的黑色雪衣”文章，从而大大赚了一笔的例子，就是注重广告与外部环境适应的成功案例。

(5) 注重广告与诉求对象的适应。

所谓注重广告与诉求对象的适应，指的是广告策划的针对性问题。由于广告策划的对象千差万别，广告目的各不相同，因而尽管广告策划的流程是相对固定的，但广告策划的内容和策略也应有所不同。只有这样，才能保证广告策划具有创造性和个性。

在广告策划业务中，许多广告主都存在着一个认识上的误区，广告诉求对象最好包括所有男女，广告口号最好老少皆宜，广告产品最好能满足一切人的需求，这些广告主的初衷是好的，愿望是好的，唯恐不如此，便会损失一些可能的消费者，从而影响到自己的可得利益。其实，如此良好的愿望，却恰恰不能实现，甚至会适得其反。正如奥威格所说：“这种贪得无厌的心理使品牌落入一个完全丧失个性的下场，一个四不像的品牌很难立足，就好像太监无法当皇帝一样。”

因此，广告策划必须注重广告与诉求对象的适应，必须具有针对性，对症下药，有的放矢，才能取得真正的广告效应。记住，适合所有人的东西，也就是不适合任何人的东西。

（四）心理原则

在广告学界有句名言：“科学的广告术是依照心理学法则的。”这里所说的广告术，应当包括广告策划。

广告策划为什么要依照心理学法则进行呢？这是因为，广告活动的目的，说白了就是要刺激消费。如果广告策划者不懂得消费者的消费心理，不知道消费者想买什么、要买多少，那么，广告作品就缺乏目的性，就不可能起到广告所应有的促销作用。所以，广告策划要想实现促销目的，策划者就必须首先了解消费者的消费心理，依照心理学法则去策划广告活动。

从广告作用于消费者的全过程来看，消费者接受广告消费，要经历“引起注意——激发兴趣——刺激欲望——加强记忆——诱发购买”五个阶段。因此，广告策划时必须遵循消费者的这一心理活动规律。

广告策划的心理原则体现在以下两方面：

(1) 搭配好广告信息的事实部分与心理部分。

一般说来，在新产品的导入期，由于消费者对新上市的产品一无所知，广告信息就应当以事实部分为主，这对创造人们的初级需求是极为有效的。

比如，微波炉作为一种新型的电子炊具，刚刚进入市场时，消费者并不知道这是怎样的一种产品。因而，广告信息就主要向消费者告知事实，当产品进入成长期和成熟期时，由于对手林立、竞争激烈，广告信息则应侧重于心理部分，刺激人们的选择性需求，着重塑造品牌形象，引导人们选购。

当然，这种搭配并非绝对的，广告策划毕竟是一种创造性工程。它并没有一定的套路，有的企业一开始就注意塑造形象，注重心理感受积累，来加强消费者记忆，这也有不少成功的范例。

另外，广告的事实性部分也要体现和应用心理性因素。心理性因素既要统率广告文稿的编写，又要始终贯穿于广告文稿之中。

案例： 江苏的“芭蕾”珍珠露，为了打进香港市场，在其广告文稿中宣传“芭蕾”珍珠露是采用太湖淡水珍珠精细加工而成的。由于太湖是中外闻名的游览胜地，淡水珍珠又比海水珍珠有更高的声誉，突出这两点，具有很强的感召力。广告文稿中还宣传：上海生物化学研究所对太湖珍珠的化验分析结果，内含19种对皮肤有益的氨基酸及人体所需的矿物质，江苏省中医门诊部提供的临床报告表明，对颜面皮肤有相当好的疗效。这些信息，看上去都是在告知事实，但其间却体现着策划者对消费者渴望天然成分增多，尽量减少化学物品含量的心理的把握，因而，表面似不动声色地告知事实情况，实则消除了各种潜在的顾虑、疑问，沟通了信任之路，促进了产品的销售。

（2）广告策划必须遵循人们的认识规律和程序。

人们对客观事物的认识规律和程序表现在正反两个方面：

一方面是正程序。比如，人们认识事物时，总是先从感性到理解，从个别到一般。从感觉上讲，一般还有一个习惯的次序，如上——下，左——右，小——大，近——远，因——果，源——流等。广告策划就要遵循这一认识程序，从而使广告受众便于接受、乐于接受。

另一方面是逆程序。即突破常规与正向程序相逆的。比如，以色列一家航空公司的广告：“自欺欺人，12月23日起，大海洋将缩小20%。”这就是一则体现逆程序的广告。它一反正常的从原因到结果，从感情到理性的认识程序而反其向而用之。从结果到原因，从理性到感情，给人以深刻的印象。

那么，正程序的遵循是合乎常规的，广告受众易于接受、乐于接受，逆程序的遵循是反常规的，常常正因为其出人意料，所以才出奇制胜，给人留下深刻印象。这样，我们策划广告时，到底如何是好呢？其实，这是一个很简单又很复杂的问题，任何人也没法直接作出单项选择去肯定一个、否定一个，这正是逆程序的遵循，各有利弊，哪个都不能否定，关键只在于是否利用得好。

这里，就涉及广告活动中常用的心理学原理问题，广告心理策划要运用许多心理学原理，其中主要包括：

1. 需要的原理

需要是人们进行实践活动的原动力。人们购买某种商品，根本上是源于其某种需要。

广告要着重说明广告产品正是符合消费者的需要，只有让消费者认识到这种产品是他们真正需要的，他们才会购买，这样，广告才能起到促销的作用。因此，广告要成功，策划者就必须首先掌握人们的需要，针对人们的需要去确定广告诉求重点，策划制作广告。请注意："市场上成功的往往不是最好的产品，而是最需要的产品。"应该说，需要是广告诉求定位的主要依据。同样一种商品，有许多属性，广告要找出那些最能满足人们的需要从而导致其购买行为的属性去诉求。广告诉求定位对了，广告就成功了；定位错了，广告就失败了。比如，美国宝洁公司当初向市场推出"婴儿方便尿布"时，便经历了一个从失败到成功的过程。宝洁公司生产的这种尿布是一次性使用的纸制尿布。最初公司把广告定位在使用如何方便上，结果销路并不好，经过调查发现，年轻的母亲们确实认识到了一次性尿布的方便，省去了反复洗尿布的麻烦。但是，如果仅仅图方便就过多地使用这种方便尿布会给人造成误会，好像自己是一个懒惰、浪费的母亲。这一发现使宝洁公司广告诉求定位作了改变，着重突出这种一次性纸制尿布比一般布尿布有更多的好处——柔软、吸水性强，能更好地保护婴儿皮肤。这样，就受到了母亲和老人们的欢迎。这是因为，广告诉求的重点符合了母亲和老人希望婴儿健康成长的心理需要。由此可见，人们的需要体现在要求心理上的满足。

（1）需要的反面：广告诉求重点突出不满足需要时会出现坏的结果。如"风油精"广告，重在诉求出外旅游，易晕车晕船，如不带上风油精，就得不到及时治疗，后果很可怕。这种利用需要的反面进行的广告诉求，也称为恐怖诉求。

（2）需要的正面：多数广告采用这种方式，即一开始就宣传商品的好处，从而激发人们的购买欲望。

（3）需要的障碍：广告要引起和刺激人们去满足某种需要，同时告知人们满足这种需要存在哪些障碍，使人们知道，必须排除该障碍才能满足需要。常见的广告"数量有限，欲购从速"，便属于这类。它告知人们存在"数量有限"的障碍，促使人们从速购买。

2. 注意的原理

注意是人们接受外界信息的首要条件。如果不能对某一信息加以注意，是不可能完整、清晰地接受和理解这一信息的。

引起人们对广告的注意，是任何一则广告成功的基础，若引不起人们的注意，广告就注定要失败。因此，在广告策划中，刻意去加强广告引人注意的性能，是广告心理的重要运用。

案例： 台湾三阳公司当初推出野狼125摩托车时，为求新产品上市的成功，就煞费苦心策划了一组悬念广告，这可以称之为引起人们对广告注意的成功典范。1974年3月26日，在台湾两家主要日报上刊出一则没有注明厂牌的摩托车广告，广告中间留有一块空白，上端有一幅漫画式的摩托车插图，图下面有几行字："今天不要买摩托车，请稍候六天，买摩托车必须慎重考虑。有一部意想不到的好车就要来了。"第二天、第三天，广告照登，只是将天数作了相应的改动。广告引起了人们的极大注意和反应。各家摩托车店的生意都减少了，广告主自家的经销店生意也开始下降。第四天，广告又做了改动："请再稍候三天，要买摩托车，您必须考虑到外形、耗油量、马力、耐用度等，有一部与众不同的好车就要来了。"第五天，广告内容又改为："让您久候的这部车，无论外形、冲力、耐用度、省油都能让您满意的野狼125型摩托车就要来了，烦您再稍候两天。"第六天，广告又改为："对不起，让您久候的三阳野狼125摩托车，明天就要来了。"在三阳公司发布这则悬念广告的几天里，消费者停止了购买摩托车，翘首等待着"野狼"的出现。第七天，新产品隆重上市，三阳公司又在报上刊出专版的大幅广告，造成极大轰动，第一批几百部车立即销售一空，并连续不断地畅销。三阳因此声名大震，效益大增，创造了销售奇迹，令同行刮目相看，这则广告也成为台湾广告史上的杰作。

（3）联想的原理。

广告的时间和篇幅总是有限的。仅靠直接印象，广告效果也会受到限制，因而，广告策划中运用各种手段去激发受众的有益联想，对增强广告效果大有必要。

依据事物间联系的不同，广告中运用联想的原理主要有：接近联想，连续联想，相似联想，对比联想，关系联想，颜色联想。

①接近联想。人们对在时间或空间上接近的事物形成的联想。比如，在学校就会想到课堂、黑板、教材，这是空间接近而产生的联想。教师节快要到了，就会想到给老师送一束鲜花或做一张贺卡，这是时间接近产生的联想。广告策划要有意识地利用时空接近的事物之间的关系，启发接近联想，以刺激购买欲望。

②连续联想。客观事物总是有连续性的，人们会根据过去的经验生发联想。广告策划要运用这一原理，适应人们已经习惯了的连续性。

③相似联想。也称类比联想，是将形似、义近的事物加以类比形成的联想，是人们对一件事物的感知，立即引起同它在性质上、形态上相似的事物的回忆。如《现代广告》杂志上选登的"三支筷子"——第三者插足的广告；衣袋中无盖钢笔污染衣服——安全套广告。

④对比联想。与相似联想相反。人们对某一事物的感知，常常会引起和它相反特点的事物的联想，比如，黑夜使人联想到光明。须注意的是，对比联想时，应尽量少用或不用恐怖诉求，以免引起不良的社会效果，更不要贬低别人来抬高自己。如"舒肤佳"香皂电视广告。

⑤关系联想。这是人们依靠事物之间的各种关系而导致对别的事物的联想。如整体与局部，上下左右，原因与结果等，一个广告选定一曲优美的乐曲作前奏或伴奏，时间长了，当人们一听到这一乐曲，就会联想到这一广告。"爱你等于爱自己"——娃哈哈纯净水；"相信我吧，相信有快乐感觉"——澳的利饮料；"关键时刻怎能感冒"——海王药业的电视广告。

⑥颜色联想。色彩与人的心理有密切关系，不同的色彩代表不同的意义，引起人们不同的联想，白色——清洁、神圣、诚实；黑色——庄严、肃穆；红色——热烈、欢快；蓝色——沉静、安宁，广告画面要善于运用色彩联想，以增强广告作品的感染力。

（4）记忆的原理。

广告应根据广告对象的记忆特点来策划，以求得广告受众对广告信息的记忆。

强化广告受众对广告信息的记忆的方法很多，这里，我们着重倡导通过环境因素的影响，建立辅助记忆的"记忆坐标"，这是强化记忆的有效方法。

在广告策划中，可以根据记忆原理，运用记忆坐标来强化广告受众的记忆，这就是环境因素对记忆所产生的影响，具体包括：

①建立特定标识。确立反映企业形象或产品特色的标识，使其在广告中反复多次出现。永林金钢板——蓝豹；万宝路香烟——西部牛仔；圣象地板——大象；易服芬——螃蟹。

②利用流行效应。即对一定时期内社会上所流行的事物加以适当借用。

③根据企业或产品服务特点，在更适合的场合做广告，如在运动场上做体育用品广告是选择了适当的场合，容易产生效应。但同样是该运动场，如果你不去做体育用品广告而去做婴儿尿布的广告，就忽视了场合的选择，不可能产生应有的效应。

④防止负效应。双向的记忆坐标是一柄双刃剑，既能产生正效应，也能产生负效应。我们做广告策划，应尽可能地发挥其正效应，而最大限度地避免负效应。如在人们用餐的时间，电视里播放厕所洁具的广告，就会引起人们的反感，甚至产生对广告信息的抵制。

(5) 诉求的原理。

诉求是指外界事物促使人们从认识到行动的心理活动，如驾驶员在路上行驶时，发现红灯就停下车，红灯就是停车的诉求。广告诉求与此同理。

广告诉求有以下几种：

①知觉诉求。即广告用直接的或间接的事物形象来诉求。如展览会、现场表演、样品的陈列等，属直接知觉诉求。通过音响、语言描绘、图片说明来传播广告信息的，属间接知觉诉求。

②理性诉求。即偏重于运用说理的方式，直接向广告受众传递理性的过程，如药品广告常采用这种诉求方式，这对专业用户、理智型消费者更有效。如“雷蒙欣不含 ppa，治感冒起速快、疗效好”；如“泻痢停，泻痢停，痢疾拉肚一吃就停”。

③情感诉求。是与理性诉求相对而言的。如果说理性诉求是将受众的理智作为诉求点的话，那么，情感诉求则着重调动人们的情绪、情感和心情，如“使用……，是你聪明的选择”，“……，否则你会后悔的”，都属于情感诉求类。例如，何振梁先生在北京申奥陈述中的某些人情味颇浓的陈述语，诸如：“无论你们作出什么样的决定，都将创造历史”，“七年之后，北京会让你们为今天的决定而感到自豪”。还有如“威力洗衣粉，献给妈妈的爱”。

④观念诉求。通过广告，促进人们改变旧的、落后的消费观念，从而培养起新的、适应时代发展潮流的消费观念。

案例： 有一则电视广告，安排祖孙三代女性，以这样的广告词：“我姥姥的年代”，画面上出现老婆婆用一块自制的土肥皂洗手；“我妈妈的年代”，画面上改为中年妇女用普通的香皂洗手；“我们的年代 ”，画面上改为青春少女用挤压式洗手剂和干手机，这就是典型的观念诉求广告。

⑤道德诉求。通过广告，促进人们增强道德修养，培养人们的正义感、责任感等，提高社会公德意识。例如，“使用无磷洗衣粉，不污染环境，造福后人”。

（五）效益原则

仅就广告本身而言，策划、发布广告是一种投入；但就广告之于企业而言，投入广告费则是为了因此而带来的产品效益。如果在策划之前，广告主就明知其所支出的广告费完全是支出，不可能带来超过支出的效益的话，那么谁也不会去做广告，白白增加支出。因而，广告策划也是要遵循效益原则的。策划者应严格核算，在不同方案中选择成本低、效果好、效益大的方案。以最少的投入，带来最大的效益。广告效益表现为经济效益和社会效益两个方面。

经济效益表现为：

(1) 创造需求。通过广告，使广告主所占有的市场份额和消费数量得以提高。

(2) 创造信誉。通过广告，消除消费者对广告产品的顾虑，并能形成消费者的品牌信念，成为稳定用户。

(3) 减少流通费用。通过广告，直接使受众认知企业形象或产品，避免中间环节，节省不必要的流通费用。

社会效益表现为：

(1) 引导社会消费观念更新。

(2) 引导新的生活方式。

(3) 影响社会文化思潮。

精选案例

“秦池”为何昙花一现

背景资料

1996 年 11 月 8 日下午，名不见经传的秦池酒厂以 3.2 亿元人民币的“天价”，买下了中央电视台黄金时间段广告，从而成为令人炫目的连任两届“标王”。1995 年该厂曾以 6 666万元人民币夺得“标王”。

秦池酒厂是山东省临朐县的一家生产“秦池”白酒的企业。1995 年，临朐县人口 88.7 万，人均收入 1 150 元，低于山东省平均水平。1995 年厂长赴京参加第一届“标王”竞标，以 6 666 万元的价格夺得中央电视台黄金时段广告“标王”后，引起出乎人们意料的轰动效应，秦池酒厂一夜成名，秦池白酒也身价倍增。中标后的一个多月时间里，秦池就签订了销售合同 4 亿元；头两个月秦池的销售收入就达 2.18 亿元，实现利税 6 800 万元，相当于秦池酒厂建厂 55 年以来的总和。至 6 月底，订货已排到了年底。1996 年秦池酒厂的销售收入也由 1995 年的 7 500 万元一跃为 9.5 亿元。事实证明，巨额广告投入确实带来了“惊天动地”的效果。对此，时任厂长十分满意。

然而，新华社 1998 年 6 月 25 日报道：“秦池目前生产、经营陷入困境，今年亏损已成定局……”

巨额广告支出使经营杠杆作用程度加大，给企业带来更大的经营风险

利润 = 销售量 ×（单价 − 单位变动成本）− 固定成本总额

由利润的基本公式可以看出，产品单价由市场竞争决定，单位变动成本和固定成本总额在一定的生产能力范围内固定不变。因此，这三个要素基本属于常数性质，公式中唯一的变量实际上只有产品销售量。由此可见，企业利润的高低在很大程度上取决于产品销售量的大小。而产品销售量的大小，又在一定程度上取决于产品的市场份额。当同类产品很多而又难分上下的情况下，树立企业产品的品牌是争取市场份额的较好途径，甚至是唯一有效的捷径。在某种特定的情况下，品牌、市场份额和利润三者之间关系可以表现为：品牌=市场份额=利润。因而在中国“泰斗”级的媒介——中央电视台展开角逐，奋力夺取“标王”，在“好酒也怕巷子深”的白热化竞争环境下，真可谓是树立产品品牌从而提高企业产品市场份额的较佳方案。问题是做广告、树品牌必须具备两个条件：一流的品牌必须以一流的质量作保证；做广告是一条不归路，必须有长时间承受巨额广告支出的能力。否则，企业的市场份额会很容易随风飘走。我们知道，巨额广告支出作为一项固定性期间费用，它本身不受企业产品销售量变动的影响，但会改变企业原有的成本结构，使固定成本在产品成本中的比例增大，由此使企业的经营杠杆作用程度也随之增大。经营杠杆对企业的作用也是双方面的：当销售量增加时，企业的利润因经营杠杆的正面作用而大幅度提高；而当销售量减少时，企业的利润也将因经营杠杆的负面作用而大幅度下降。由此可见，“标王”不仅增加了企业的巨额广告负担，更重要的是它加大了企业经营杠杆的作用程度，从而也加大了企业的经营风险。只要企业产品市场稍有风吹草动，就会使企业的经营陷入困境。

事实也正是如此。秦池以6 666万元的价格第一次夺得广告“标王”后，广告的轰动效应使秦池酒厂一夜成名，“秦池”的品牌地位基本确立，市场份额也相应增加。1996年秦池酒厂销售量的大幅度增加使经营杠杆产生积极（正面）作用，企业利润也以更大的幅度增加。但这种局面并没有维持多久，1997年秦池能否持续发展已经成为十分突出的问题。其原因在于：①4万余家白酒生产企业使白酒的生产量远大于销售量（约有50%的产量过剩）；同时洋酒的进入使白酒在酒业消费中的比例下降。到1997年，白酒销量“滑坡”的势头更加严重，秦池的市场份额面临着严峻的考验。②一流的品牌没有一流的产品质量作保证。1996年12月《××参考报》4篇关于秦池沿川藏公路两侧收购散酒勾兑“秦池”的报道，不仅使秦池陷入巨大的媒体危机之中，而且使刚树立的“秦池”形象遭到损害，因而在一定程度上影响了其市场份额。③1997年，3.2亿元的巨额广告费用对秦池来说是一个巨大的包袱。它一方面使秦池的现金流动产生困难，另一方面大大地放大了企业利润对销售量的依赖程度。只有稳定的市场份额，才能确保企业的可持续发展。1997年和1998年的市场竞争和秦池自身问题使其市场份额产生了波动。正是波动不定的市场份额使秦池陷入了严重而难以自拔的经营风险之中。1997年秦池在中央电视台播出的广告时间折算成货币为应付1.5亿元左右，而秦池实际支付仅为4 800万元。

启示

成功的企业各有各的绝活，而失败的企业却是相似的：他们都从根本上失去了自己的顾客基础或市场基础。秦池的情况似乎更特殊，因为正当它辉煌的时候，实际上已经掘下了失败的陷阱。然而，我们在这里并不想批判秦池，因为秦池的领导人具有企业家最可贵的挑战精神，令人钦佩；而是要从秦池的大胆实践中探索企业经营的规律，使秦池所付出的代价化为中国企业家们的共同财富。

广告促销的确使某些企业走出了困境、尝到了甜头。但是广告只能锦上添花，并不能无中生有。从企业的长期经营来看，广告并不能构成企业的核心能力。首先，广告太容易模仿，只要有足够的资金，就能做大广告。广告战可以扩大市场容量和市场份额，但并不能从根本上使甲公司与乙公司不同。其次，如果广告刺激了销售的迅速增长，那么纯粹靠广告增加的销售往往是冲动型消费，缺乏稳定性，这部分顾客往往不是忠诚的顾客。企业为了维持销售增长，不得不增大广告投入，其结果是使企业过分依赖广告。如果某一天消费者的偏好发生了变化，或有新的选择，那么企业就会处于被动甚至危险的境地。因此，广告是一把双刃剑，过度的广告投入会使消费者对产品产生过高的期望，而当产品稍有问题，就容易引起消费者过度的反应或在消费者心中留下难忘的阴影。最后，也是最为重要的，市场是一种资源，在一段时间内过度广告或促销实际上会导致这种资源的衰竭，从而使企业失去成长空间，被迫采取竭泽而渔的策略，其结果是可想而知的。因此市场资源（消费者的购买欲望和购买力）和自然资源一样，需要有目的地加以涵养。对于成熟期的产品而言，企业要谨慎地利用短平快或高强度的促销手段（如大量的广告或大幅降价）来开拓市场，而要更多地利用新产品来开发顾客新的需要、创造新的需求。一方面提升顾客的生活标准，拓展其消费的期望空间，另一方面也为企业创造新的成长空间。

（资料来源：http：//www. hszz. cn/web/ReadNews. asp？NewsID＝720；http：//app2. learning. sohu. com/education/html/article－1378317. html）

案例思考题

1. 从秦池案例中，你得到什么启示？
2. 如何看待广告的功能和作用？

复习思考题

1. 如何理解现代广告的概念？
2. 通过一个广告案例来分析现代广告的基本性质特征。
3. 分析现代广告的基本构成要素及其作用。
4. 根据不同的需要，广告有哪些主要的分类方法？请举例说明。
5. 请结合有关案例阐述广告策划的原则。
6. 广告伦理问题产生的原因有哪些？

工作任务训练

工作任务一：以五到六名同学为一组，选出一位代表拜访一到两个广告公司，搜集广告公司资料，了解近两年来他们公司发生了哪些变化，能够描述广告公司的工作流程，并对它的业务范围进行阐述。

工作任务二：选择三个印刷品广告，必须是你认为它们有道德问题的。访问五个人（要确信他们在性别、年龄或背景上不同），看看他们对这三个广告有什么看法。不要害怕得出与自己相同的结论。通过这些不同的群体，你看到了什么不同点与相同点。

工作任务三：能够从伦理视角分析以下各类广告。

1. 请对下述两则广告加以分析。

（1）《时代》周刊的宣传广告：一个猎人把双筒猎枪扔在一旁，依树而坐，悠然自得，津津有味地读着《时代》杂志。而一只梅花鹿竟然也戴起眼镜，躲在猎人的身后伸着脖子偷偷看起杂志来。滑稽、风趣、一目了然：《时代》杂志太精彩了！使得猎人忘了打猎，而梅花鹿也忘了挨枪子儿的危险。正像漫画中唯一的一句解说词所说的：没有其他时间能像现在这样读书了。看了这幅漫画，您难道不想去体验一下《时代》周刊到底有多精彩吗？

(2) 蒙妮坦换肤霜为了推销其产品，在各大报刊上登广告说："使用两次年轻10岁；使用八次彻底改变模样。""不论男士女士，不论是干性皮肤还是油性皮肤，也不分春夏秋冬。""经多家医院验证，有效率100%。"如此具有诱惑力的许诺，惹得男女老少怦然心动，一时间蒙妮坦换肤霜风靡全国，供不应求。然而，一些消费者使用后，换回的不是容光焕发的肌肤，而是满脸的红疱脓肿。仅北京一地，就有1 000余人投诉。工商局发出通知，停止刊播该广告，并对生产企业罚款600万元。结果是公司破产，蒙妮坦换肤霜从此销声匿迹。

2. 你如何看待以下问题？

1994年4月13日，《陕西广播电视报》第七版刊登了咸阳三八妇乐医药保健品有限公司"其实，女人更需要爱"的广告，广告最醒目的是居中的两位妇女乐呵呵的照片，露正面的是郭凤英老太太，下面的广告词是："长年累月，辛勤耕耘，默默奉献，可享受丰收的喜悦太短暂了！难言之隐使她们难得一展愁眉，经过长期痛苦选择之后，她们和三八妇乐结缘了，你看她们谈得多么开心，笑得多么有滋味，这朗朗的笑声里蕴含了多少丰富的感情？"该广告称三八妇乐在预防和治疗妇女外阴瘙痒、各种阴道炎、痛经、宫颈糜烂、性衰退等妇科病症方面有很好的疗效。

4月14日，《陕西广播电视报》发送到郭凤英老太太居住的咸阳市渭城区渭阳乡，立刻引起村民们的交头接耳；过去移风易俗的郭老太太今天向市场经济看齐做起了广告；70岁的郭老太太是该地妇孺皆知、令人尊敬的先进人物。

1981年1月至2月《人民日报》、《解放军报》、《陕西日报》等纷纷报道了郭凤英出嫁四个女儿不收彩礼移风易俗的事迹，在当地引起很大轰动，当时的新华社记者为宣传婚姻法，在采访中拍下了这张引出今日纠纷的照片，只是广告照片中将其右侧的男子像去掉了。

当郭老太太知道此事后，气不打一处来："他们登广告未征得我同意，我也从未用过他们的药品，广告内容是对我极大的诬蔑！"事发之后，三八妇乐再也"乐"不起来了。

3. 请对下列两则广告进行分析，请结合广告伦理阐述你的观点。

(1) 蒋雯丽新广告挑战伦理道德

网友：讨伐蒋雯丽新广告

从《牵手》到《大宅门》，再到《中国式离婚》，蒋雯丽塑造的每一个人物形象都深受观众喜爱，同时她也成为炙手可热的广告明星，她代言的广告有奶粉、食品等。近日"炮轰蒋雯丽"、"请停播这个广告"等帖子见诸网络，引起了相当激烈的争论。原来，蒋雯丽代言了上海一化妆品修护系列产品广告，其广告正在CCTV－6热播。广告里，蒋雯丽扮演一位母亲，和一位5岁左右活泼可爱的男孩进行对话：

孩子："妈妈，长大了我要娶你做老婆。"（孩子很天真）

蒋雯丽："什么？"（有点惊讶）

孩子："我要娶你。"（孩子很认真）

蒋雯丽："那爸爸呢？"（逗小孩）

孩子："我长大了，爸爸就老了。"（两人很幸福地拥抱在一起）

孩子："妈妈永远也不会老!"（最后出现话外音：×××修护系列产品让妈妈永远年轻）

有不少网友都针对蒋雯丽表示了不理解和批评，甚至指出该广告有"儿子想娶妈妈"的乱伦嫌疑，让人难以接受。

而蒋雯丽昨日在接受记者电话采访时表示："我希望网友和观众不要太过激，其实我5岁的儿子都这样跟我说过，孩子的话是不能当真的。"

(2) 女子全裸广告居闹市 有人说正常有人说该管

一数米高的女子全裸广告在街头挂了近一个月。昨天，一何姓女士打来电话说："今天画展到期，这幅广告是不是该拆了呢?"记者在湖北省美术馆门前看到，这幅广告画的确十分打眼，画面上一个外国女子全身裸露，仰面而坐。

一名环卫工人说，每次在这里扫地，都会看到路人驻足观望。有一回他亲眼看见两辆三轮车从此经过时，因司机看画相互撞在一起。据美术馆工作人员介绍，该广告是一画展的宣传画。该画展本应昨天结束，但现在延期了。刚开始参观的人还较多，现在每天人不多，虽说广告画面较裸露，但有人投诉还是头一回听说。记者随机采访了几名路人，一位管姓年轻人说，这样的广告不值得大惊小怪。但一位刘姓老同志表示不满，他说："这对每天路过的小朋友们会造成什么影响?希望有关部门能管一管。"

补充阅读

古代的广告形式

由于受当时经济条件的限制，古代的广告形式十分简单，技术手段也很落后。然而，许多古老的广告形式至今仍在许多地方继续使用并发挥着作用。古代广告的形式主要有口头广告、实物广告、音响广告、旗帜广告、悬物广告、招牌广告、彩楼广告和粗糙的印刷广告等。

（一）口头广告

口头广告又称叫卖，是最原始最简单、也是至今仍最常见的广告形式。相传辅佐周文王建立霸业的姜太公在未被起用时曾隐居市井，操屠宰之业。他在铺子里"鼓刀扬声"，高声叫卖以招徕主顾。古希腊的奴隶市场和牲畜市场也是通过有节奏的吆喝作广告宣传，还出现过诗歌形式的口头广告。中国古代的叫卖广告也很发达，商贩叫卖时往往采用不同的腔调，使人一听便知小贩在卖什么东西。如今偶尔在大街小巷听到的具有特殊韵味的叫卖声，如扬州调的"磨剪子来锵菜刀"，大抵还是远古遗风。

（二）实物广告

实物广告也是一种古代的广告形式，它靠陈列商品样式来招徕顾客。为了出售商品，商贩就摆出商品，让买者观看挑选。《诗经》里就有过对这种广告形式的描述："氓之蚩蚩，抱布贸丝。"说明了当时以物换物展示商品的形式。实物广告至今仍是商业广告中的最基本形式，只是展示在设计水平上比过去要高超得多。

（三）音响广告

所谓音响广告，是利用工具所发出的音响来代替口头叫卖，如收破烂的人鸣锣为号招徕顾客，这也是自古有之的广告形式。《诗经》中有商人在卖麦芽糖时吹箫为号的记载。南宋时茶摊子往往敲响盏唱卖，以响盏作为音响广告工具。在我国，旧时各行各业都有自己的音响工具，如布贩子摇拨浪鼓，货郎敲小铜锣，补锅的敲大铜锣，卖油的敲油梆子等，不胜枚举。这种原始的音响广告至今还偶尔能见到。

（四）旗帜广告

旧时用旗帜做广告，在一定的历史时期里曾经十分流行，尤以酒旗最多，以致诗人有“酒旗风”之说。这种旗帜又叫幌子。远在春秋战国时期的韩非子，即在其《外储说右上》中有过对酒旗的记载：“宋人有沽酒者，升概甚平，遇客甚谨，为酒甚美，悬帜甚高。”可见远在春秋战国以前，即已出现旗帜广告，而时至今日，北方地区还有以酒旗作为小酒店招牌者。

（五）悬物广告

有些商店，尤其是现时南方一些经营饮食的小店，往往在门前悬挂与其经营特征有关的物品（如山货野味）或习惯性标志（如灯笼）作为广告。这种习惯也有很悠久的历史。《史记·司马相如列传》记载“相如买一酒舍沽酒，而令文君当垆”，就是在酒店前垒土为垆，安放酒瓮，卖酒者坐在垆边卖酒。舍就是以垆作为酒店的标志。这样的情况顺手还可举数例，如中药店前的药葫芦、铁匠铺前的锄头镰刀等。

（六）招牌广告

招牌悬挂在店门前，能起到广告的作用，也是古代广告的一种形式。招牌有横额、竖牌和挂板之分，一般用文字写出店名，也有图文并用的，如铁匠铺的广告除写上店名外，还画上钳、刀等图案。此外，还有用对联形式的，如旅店对联：“未晚先投宿，鸡鸣早看天。”明清时代，酒楼用对联较多，如九江浔阳楼就有一副这样的对联：“世间无此酒，天下有名楼。”在一千多年前张择端画的《清明上河图》中，宋朝汴州城内十字街口的商店已广泛地出现各种横的和竖的招牌，可见招牌的出现远在宋朝以前。时至今日，无分中外，凡商店企业都有招牌。

（七）彩楼广告

古代商店已有彩楼，它的实质是商店的门面装潢，使商店的装饰门面别具一格，便于人们识别，起到招牌广告的作用。旧时彩楼广告主要用在酒店，《东京梦华录》中介绍宋时汴京酒店时写道：“凡京师酒店，门首皆彩楼、欢门。”彩楼是永久性的广告设施，一般在节日时重新加以修饰。

（八）印刷广告

印刷广告是古代广告中比较先进的一种广告形式。我国最先发明了印刷术和纸，其后发展出雕版印刷工艺。据考证，雕版印刷工艺始于隋朝，在唐朝便开始流行，到宋代时已发展到极为精湛的水准。在宋代，毕昇发明了活版印刷术，印刷广告的历史由此而展开。印刷广告的出现使中西方广告的发展都进入一个新的阶段。我国现存最早的印刷广告是北宋时期（公元960—1127年）济南刘家针铺的广告铜板。铜板四寸见方，上面雕刻有“济南刘家功夫针铺”的字样，中间是白兔抱铁杵捣药的图案，在图案的左右各有四字：“认门前白兔儿为记。”在铜板的下半部刻有说明商品质地和销售办法的文字：“收买上等钢条，造功夫细针，不误宅院使用；客转为贩，别有加饶。请记白。”该铜板现存上海博物馆，是迄今为止所发现的世界上最早的印刷广告物。国外的第一张印刷广告是英国的第一个出版商为宣传宗教内容的书籍而印制的，于1473年印成并广泛张贴于伦敦街头。这张广告大约比北宋的刘家针铺广告晚三四百年。

任务二 设计广告战略

能力目标

1. 理解广告战略内涵和作用
2. 能够区别广告目标与营销目标
3. 能够阐述通过设计广告战略，如何形成更有效的广告并促进企业战略发展

引入案例 从立邦漆“我的色彩”看广告战略策划

2006 年是立邦在华投资 15 周年，2006 年 11 月立邦在广州低调举行了庆祝活动。在这次会上，立邦提出了自己的战略目标：2010 年在中国销售额达到 100 亿。为达到这个目标，立邦在 2006 年底陡然发力，同时推出一系列市场推广活动。店面展示升级：新门头运用紫红色作底，居中凸出立邦一成不变的 logo“N”。广告宣传转变：把所有净味全效的产品广告停播，转而播放“我的色彩”品牌篇广告。促销活动如火如荼：推出以“灵感色彩我的立邦”为主题的 2007 年元旦促销活动。

立邦缘何要改

立邦急于寻求突破是因为其在中国市场上正遭受着“十年之痒”。众所周知，立邦是靠着其广泛的知名度拉动市场销售的，这一点，从立邦成为消费者心目中建筑墙面漆的代名词上不难看出。而现今，立邦所面对的环境已与 2000 年以前相去甚远，主要有两方面的变化：一是竞争对手增强。且不说华润依靠精到的无气喷涂服务从“仰攻”改变为“直视”，在国外同等级别甚至更加强大的竞争对手 PPG、JOTUS、宣威等也开始在中国扎堆出现。二是消费者变化。立邦 1995 年的广告推广，给中国人上了一堂什么叫“乳胶漆”的课，现在再上就不合时宜了，因为消费群体和方式开始转变。如果说这两方面的原因是宏观因素的话，那么，渠道经销商的叛离就是促使立邦下定决心进行改变的主要原因。业内人士都知道，立邦向来轻视和不尊重经销商。如果经销商看在利益份上还可以忍受这一点的话，那么没有了利益，或者利益越来越薄，经销商可就忍无可忍了，这使得经销商与立邦之间逐渐貌合神离。

立邦需要继续增强市场拉力，用新形象的推广提升品牌知名度；立邦在没有自建渠道的计划下，就需要修复与经销商的关系，利益是重中之重。

立邦广告表现

单就立邦“我的色彩”篇广告来说，可以从中看到立邦的些许变化。

先看看立邦“我的色彩我的立邦”篇广告文案：

“相信吗？色彩，已经超乎平常所视，它正触动着我们情感的演变：或一片思绪的回眸，或一种嗅觉的唤醒，或一次记忆的停留……的确，我们正徜徉在这场色彩之旅中，激励着每个人对色彩新的感悟，而这一切，我们曾经茫然。

顷刻之间，立邦漆处处绽放，变幻成各样的造型和无限的缤纷，感染着我们生活的每个角落。当色彩尽情释放，一个属于我们的全新居家空间已然呈现。从此，我们深信不疑："我的灵感，源于我的立邦，挥就出一片属于我的色彩。"广告表现：立邦以"我的色彩我的立邦"取代沿用了15年的广告语"处处放光彩"，分别以自然、自由、激情、纯洁、时尚为篇章的主题，表达生活中所需要的灵感。

与竞争者拉开距离

在广东体育卫视NBA节目插播的立邦"我的灵感"篇广告后，紧接着就是多乐士"金装全效超低VOC"乳胶漆广告，一个是品牌广告，一个是产品广告，中国涂料行业两大外资巨头又一次正面交锋。作为业界人士，明显感觉到多乐士又输一招。

立邦在2006年年初就全力推广其"净味全效"乳胶漆，所播广告均是产品篇，多乐士可能是运用"智猪博弈"战略，可能是市场动作迟缓，2006年6月才开始在电视广告中推广"金装全效超低VOC"乳胶漆。

对于2006年下半年"金九银十"的销售旺季，两大外资品牌自然不会放过，不约而同地在电视上播放产品广告。立邦的"净味"用橘子皮篇来表现，多乐士的"超低"用墙面问题篇来表现，都是以环保和健康为卖点，开始年终销售PK赛。

令人意外的是，在12月11日，立邦突然转变策略，停掉所有的产品篇广告，转而在电视上播放时长60秒的品牌广告，而且一出手就是大制作，其聘请国外4A级广告公司，拍摄外景都选在国外，效果非同凡响。立邦的突然转变让多乐士措手不及，只能形单影只地说："墙面问题有几多？"

立邦新战略浮出水面

立邦"我的灵感"篇品牌广告所表达的战略意图值得认真体会：色彩是一种生活方式，是一种个性体现，能够给人带来灵感，成就自然、自由、激情、纯洁、时尚的人生梦想。作为家居色彩提供商的立邦，能够满足人对色彩的追求。

从立邦1995年第一个"蒙古小屋"篇品牌广告，到"小屁股"篇品牌广告，再到现在的"我的灵感"篇品牌广告，同样是品牌广告，同样是色彩体现，但其所体现的内容明显有了质的飞跃。"蒙古小屋"篇广告体现的是：立邦是墙面粉刷材料商，能够给你带来意想不到的色彩体验。主要目的是告诉人们，如果要装修的话，请选择立邦，将给你的家居带来意想不到的惊喜。

而"我的灵感"篇广告所体现的是：选择立邦，是选择一种生活方式。主要目的是告诉人们，要实现自然、自由、激情、纯洁、时尚的人生梦想，请选择立邦。而作出这种个性、张扬、自信、有品位选择的，正是"80后"一族。品牌定位与麦当劳的"我就喜欢"、中国移动的"我能"一样，锁定有消费欲望和能力的青年白领一族。相应地，立邦的企业定位就从一家装饰材料商跃升为一家提供不同生活方式的服务商。这与IBM"全球最大的信息技术和业务解决方案公司"的企业定位有异曲同工之处，这使立邦谋求企业转型，打造全球最大涂料企业的雄心广为人知。

（资料来源：http：//union. china. com. cn/gaige/txt/2008－04/17/content_ 2178938. htm）

案例思考题

1. 立邦漆广告发生了什么样的变化？

2. 立邦漆目前采用的是哪种广告战略？它调整广告战略的原因是什么？

理论引导

1. 广告战略概念
2. 广告战略目标
3. 设计广告战略

2.1 广告战略概念

一、广告战略策划的概念

广告战略是指在一定时期内指导广告活动的带有全局性的宏观谋略。

广告战略策划是指为实现广告目标而制定出对全局性和长远性的广告活动指导思想、目标、原则的宏观运筹与谋划。

广告战略是广告发布者在宏观上对广告决策的把握，它是以战略眼光为企业长远利益考虑，为产品开拓市场着想，也就是所谓的“放长线钓大鱼”。研究广告战略的目的是为了提高广告宣传效果，使企业以最低的开支（费用）达到最好的营销目标。在当今市场竞争日趋激烈的情况下，一个企业、一种产品要在市场上取得立足之地，或者为了战胜竞争对手以求得发展，几乎都与正确地运用广告战略有着密切关系。

广告战略是依据市场营销战略，为广告活动策定包含如下内容的基本计划：①以市场营销战略为核心，具有明确的广告目的；②选定为达成其目的的目标市场；③设定诉求主体；④媒介组合；⑤与其他促销活动相互配合、相互协调。

所谓广告战略，并非是某个企业一时一地的权宜之计，或者是随心所欲地玩弄手段，而是经过周密的调查研究，从战略的眼光出发，进行长远的全局的谋划，不失时机地为实现企业总的战略目标服务的。例如，美国七喜汽水公司，面对可口可乐公司、百事可乐公司的强劲竞争，尽管从 1980 年以来广告费增加了一倍多，营业部门也人员倍增，但仍然亏损。后来，该公司利用人们对咖啡因的畏惧心理，开展了“七喜从来不含咖啡因，也永远不含咖啡因”的宣传攻势。由于这项“反咖啡因”广告战略的成功，使该公司的营业额稳步增加，并逐步转亏为盈。大幅度提高广告开支预算无法使企业起死回生，一项“反咖啡因”的广告战略却立见奇效，足见创造性和针对性都很强的广告战略的重大意义。又如日本的照相机行业，为了占领美国这样一个当时国民普遍不懂摄影或不喜爱摄影的市场，曾进行了周密的策划。他们首先在美国广泛宣传“摄影可以增加生活情趣”这一广告主题，接着在美国兴办各种摄影速成班，使很多美国人成为摄影迷，同时物色了美国最大的进口商代理经销。在广告与速成班的推动下，日本相机不仅取代了德国相机，而且市场大大扩展，如今一个美国家庭拥有三四架名贵日本相机已十分普遍。如果没有深思熟虑的战略眼光和策略思想，是不可能通过宣传与创办训练班之类手段，达到刺激与培养消费需求的目的的。因此，正确的市场战略，是广告战略的基础；敏锐的战略眼光，是制定有效的广告战略的前提。

二、广告战略的分类

广告战略是为市场战略服务的，所以它的分类与市场战略的分类大致相同。

1. 以内容区分

（1）企业广告战略。

旨在树立企业的形象，或先进、或有实力，“地位稳固”，给人以可信、可靠的印象；或是渲染厂家为之奋斗的不是最大的利润，而是为社会进步、为人类幸福的崇高目标，使企业给人好感。许多名牌产品的广告，就是出自战略上的需要。有的尽管产品风行各地，供不应求，然而企业从长远占领市场出发，坚持有目标、有计划地采用广告策略，使企业的良好形象给用户以深刻而持久的印象，对产品销售产生巨大的推动作用。

（2）产品广告战略。

旨在树立产品的形象，或产品创新，合乎“生活潮流”；或产品先进，满足人们的“智能欲望”，给人以有关时代潮流与时代科学的“新知识”，从而使人得出一个关于广告“走在时代思潮前面”的好印象；或突出产品的特异功效，使该产品与同类产品有明显的区别；或宣传其产品价格低廉等。

2. 以市场规模区分

（1）特定市场的广告战略。

这是在一定的国家、地区或区域的广告战略。如“精工表”在世界上着力于国际标准计时的宣传；而在某些国家，则根据当地追求式样翻新而重点进行“流行式样”的宣传。

（2）世界市场的广告战略，即全球战略。

就是从企业总体、长远的利益着眼，以全世界市场为对象统筹规划。跨国公司的全球广告战略，十分注意广告口号、手法、风格的一致性，以期在世界范围内保持一个统一、强大的形象。如美国可口可乐公司在相当长的时间里，利用拥有世界性专利的有利条件，生产出的可口可乐，统一口味，统一规格瓶装，连广告宣传的字句也一致，因而迅速提高了产品在全世界的知名度。

3. 以广告实施时间区分

（1）短期广告战略。

在有限的市场上，推销某一具体产品所进行的、为期较短的广告活动。这种战略适用于新产品投入市场前后，采取突击性的广告攻势，便于在短时间内集中优势迅速造成声势。

（2）长期广告战略。

在于树立企业形象或为打开和拓展某一商品市场所进行的、为期较长（数年乃至数十年）的广告活动，多数强调广告目标的一致性与连贯性。

4. 以媒介区分

（1）单个媒介战略。

企业使用过多种广告媒介后，发现其中一种媒介的效果较好，或是经过调查分析选出最合适的一种广告媒介，然后在一定的时期内，只集中使用这个广告媒介进行宣传。

（2）组合媒介战略。

就是在同一时期内运用多种广告媒介发布创意基本相同的广告，以便增加消费者接触广告的机会，造成一定的声势。但在运用组合媒介时，也应确定其中一种为主要媒介，其他媒介作为补充，并应制订各种媒介之间最佳的配合方案。如采用哪几种媒介，各种媒介发布的先后顺序，发布的时间安排和次数等。

三、广告战略策划的特征与原则

1. 全局性

指企业的广告活动必须从企业整体出发，不能因为急于获得赢利而放弃长远目标。广告战略研究广告活动整体上如何与企业营销目标相适应，并控制、把握广告的总体目标，着眼于广告活动的全部环节。企业营销战略是什么？广告战略是其一部分，创造性地服务于其中。如质量高的产品要多做广告，通过大量广告宣传该产品比其他类似产品好在哪些方面，使消费者更乐于购买这种产品。不必研究广告活动每一具体步骤，而应研究广告活动整体上（广告重点、广告策略、广告创作、广告实施、广告效果评估）应持什么态度、坚持什么原则、把握什么方向。

2. 长远性

指企业广告要谋求企业的长远利益，着眼于广告的长期效果和未来效果，并且整个广告活动有牵一发而动全身的联系，在较长时期内具有稳定性。

3. 指导性

指对广告策划实践性环节提供宏观指导，谋求解决广告活动的主要矛盾，解决本质性或决定性问题，而非去解决广告活动中的具体工作问题。

4. 抗衡性

指研究制胜主要竞争对手所采取的基本方针，而不是针对一切竞争对手所采取的措施。任何竞争对手都有威胁自己生存与发展的危险，在制定广告战略时，不仅着力宣传自己，而且盯住竞争对手的广告宣传意图，并制定符合实际的抗衡对策。

因此，广告战略要遵循突出重点、审时度势、立足竞争、把握未来的原则。

四、广告战略的内容

一般说来，广告战略是由以下几个部分组成的。

（1）战略目标——广告攻势所要达到的直接目标。

广告最普通的目标就是增加利润，增加销量。但是广告攻势受很多因素影响，单凭广告的力量，是不足以增加销量的，必须要有其他市场推广活动的配合，才可达到目标。再者，有很多广告活动的成果并不是立刻出现的，而是需要一段时间的发展才可在销售数字上表现出来。所以，销售的增加可以说是一个攻势的最终目标，但必须有其他比较长远及非数字性的目标作为支持，而非以短期及立刻反映的销售数字作为目标。如前面讲到的两个例子，通过广告宣传使人坚信：只有七喜汽水是不含咖啡因的健康饮料，从而击败竞争者；变美国人为摄影迷，开辟了相机新市场。

(2) 表现战略——选取最有效的表现角度与手法。

表现战略的手法很多，是表现产品本身的品质、性能、特点，还是表现产品所能带给人们的利益与满足（前者谓之“商品情报型”，后者谓之“生活情报型”）？是表现企业本身的目标与实力，还是表现社会对企业的信任与推崇？是用“自我表现”法，还是用第三者的见证加以客观的介绍？总之，应根据广告内容、广告市场与宣传对象的差异而研究决定。

(3) 媒介战略。

广告媒介的种类繁多，如何选择有效的媒介，拟订各媒介的配合、广告出现量及其频率等十分重要。现代广告战略往往要求广告宣传采用“立体战争”中各“军种”、“兵种”的大力配合，并力求集中于一致的攻击目标，广告要最大限度地打动广告对象的心。

(4) 商标战略。

在广告宣传中，对商标的宣传常常占有极其重要的地位。因为人们购买生活资料，特别是日用消费品时，往往只认识商标。所以在宣传中，对商标的宣传地位、突出表现的方法等，都是十分讲究的。

广告战略的制定，不是市场战略的简单翻版，而应根据市场目标的总要求，在认真分析与研究产品（或企业）情报、市场情报、消费者情报，及与之相关的各种环境资料的基础上，拟订多种方案，反复比较推敲。只有这样，才有可能制定出正确的、科学的、创造性的广告战略。

2.2 广告战略目标

一、广告战略目标的概念

广告的终极目标当然是与营销目标相一致的，即最大可能地实现销售业绩，所以在传统中，广告目标都以销售及市场占有率来描述。而销售目标最常用的就是销量和市场占有率，恰恰是这一点却与广告的直接效用有所差异。广告是用来刺激消费者实际购买的，但这需要有一系列的反应过程，所以广告的目标就不能简单地用销售指标来界定。

要从概念上对广告目标有所界定：在整个营销活动中，广告充当着营销沟通的角色。它的任务是：加深消费者对产品的认识，改变消费者的态度，或者仅仅是让品牌在消费者心中留下印象。按照这种具体任务所确定的目标就是广告运动所希望达到的目标，所以也叫广告目标。

广告战略目标是广告活动所要达到的预期目标。作为广告活动的总体要求，广告目标规定着广告活动的总任务，决定着广告活动的行动和发展方向。

在广告运作中，广告目标的确立深刻地影响着广告活动的发展方向，广告活动中的各种有形因素，如采用什么样的策略，使用哪一些媒体，如何把促销活动整合到广告计划中，需要多少预算，甚至是衡量广告运作的效果等，都要在广告目标的统摄下完成。表面上看，建立广告目标似乎并不难，但在实际操作中，市场状况复杂，各种品牌需求不同，以及广告主的愿望模糊或者对广告运作期望过高等，使广告目标的建立往往很复杂。在许多企业的经营规划中，有时并没有明确广告的地位，也不注意将广告与整个营销协调。有的广告主也明白要做广告，但对广告到底该承担什么任务却不明白。许多广告主都有一个通病，就是把广告战略目标与营销目标相混同，这一点必须要给予澄清。

（一）广告战略目标与营销目标

首先，销售产品与销售信息截然不同。营销目标的基本点是销售额与利润，而广告战略目标则代表了对目标顾客传达销售信息，并达到某种传播效果。测定营销目标的具体形式就是销售金额和利润数量，而广告战略目标则是以公司及产品在消费者中知名度的提升、态度或观念的转变，并最终促进消费行为来认定的。

其次，即时效果与延时效果也不一致。营销目标往往以单一的时间段来作为衡量标准，比如企业通常根据产品销售和财务核算确定一个月或一年是一个周期。而广告在一般情况下都有一个迁延特性，这个迁延特性包括两方面含义：其一是广告费用的投入一般情况下并不会立竿见影，大多数广告效果的显现要在广告运作相当长的时间之后才有所表露；其二是广告作为一种对消费者心理及观念的影响，它的有效性往往具有相当长时间的持续，即使在广告运动结束之后，仍旧在消费者中存在着以往广告运动的影响。

其三，有形结果与无形结果殊有差异。营销目标通常是一些具体的措施和明确的数字，它以准确无误的计量单位来说明，如销售渠道和网点、利润数字、上货率等。广告目标虽然也力求定量化，但在实施之后所达成的结果常常很难具体化，如消费者态度的转变、意见的改变、信心的激发等，许多属于心理状态，很难用具体数字来对这种模糊性质加以测定。

案例：

“双鹿”冰箱的广告目标

1. 营销目标与目标市场

根据以上企业市场营销环境的分析，结合企业本身的状况及其他有关方面的情况，该厂确定了自己的营销目标与目标市场。

(1) 营销目标。积极参与市场竞争，提供更多的适销对路的优质的“双鹿”电冰箱，提供一流服务，满足用户和消费者多层次的需求，进一步扩大“双鹿”电冰箱的市场占有率，力争国内达到5%，上海达到15%。

(2) 目标市场。

①月均收入在500～1 500元中下水平的家庭。

②3～4人的小家庭，求实、求廉。

③大中城市。北方：北京、天津、沈阳、哈尔滨、长春、济南、郑州、石家庄（以双门为主）。南方：上海、南京、武汉、重庆、广州、南昌、十堰、厦门、福州、贵阳（单门、双门并举）。

2. 广告目标策划

该厂在确定企业营销目标的基础上，对广告目标进行了如下策划：

(1) 保牌。“双鹿”电冰箱已由投入期进入成长期，广告目标也要相应调整，由创牌变保牌，实施劝服性目标。引导、劝服消费者认牌选购“双鹿”电冰箱，进一步扩大“双鹿”品牌的知名度（占20%）。

(2) 竞争。实施扩大认识的广告目标，加强“双鹿”电冰箱个性特点的宣传，让人们了解“双鹿”给他们带来其他电冰箱所不能提供的实惠，增强消费者对“双鹿”的偏爱与信心，提高“双鹿”的理解度（80%）。

（二）广告战略目标与广告指标

前者指广告活动所要达到的目标，着重揭示行为、活动方向，后者是指广告活动效果的数量、质量等方面的计量标准。如企业广告战略目标是扩大销售、增加利润，其广告指标就在数量上有具体规定，如销售额增长20%，利润增长18%。两者的关系是：

（1）广告战略目标包括广告指标，后者是对前者的具体化和数量化。

（2）广告战略目标只有一个总目标或几个主要目标，后者是多种多样的，并且能考核。如上海正广和汽水广告战略目标是使正广和“重返南京路”，在这一目标之下，确定具体的指标是重新在上海饮料市场占有10%，甚至更大的份额。

二、广告战略目标的特点

广告战略目标的确定不是随机的，而应当是建立在对当前市场营销情况的透彻分析的基础上，以企业有关目标市场、市场定位营销组合等重要决策为依据。在企业市场营销组合策略中促销策略是非常重要的。而企业的促销策略主要有四种方式：人员推销、广告、营业推广和公共关系。广告是促销策略的一个组成部分，广告战略目标、人员推销目标、营业推广目标以及公共关系目标是相辅相成的，四者共同形成了促销目标。广告目标是对其余三种目标的有效支援，而广告战略目标又是在各目标密切合作、协调一致的基础上实现的。

广告战略目标与促销目标都是扩大商品销售，但与促销目标相比，广告战略目标又有自身的特点。这些特点主要是：

第一，促销数额的不确定性。促销目标可以用销售额或利润额的完成情况来确定，而广告战略目标很难确定它完成了多少销售额或利润。例如，一个企业的促销目标可以确定为一年内把销售额提高20%，但广告战略目标却很难如此确定，因为影响企业销售额的因素除广告以外，还有很多因素，如企业产品的价格、包装、流通、营业推广以及消费者偏好的变化等（如图2－1）。当然广告的最终目标是为企业扩大销售和增加利润服务的。

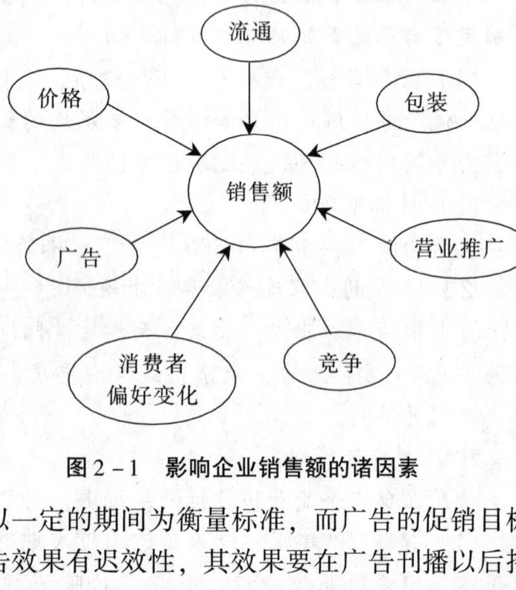

图2－1　影响企业销售额的诸因素

第二，期间的不确定性。促销目标一般以一定的期间为衡量标准，而广告的促销目标很难以一定的期间为标准进行准确衡量，广告效果有迟效性，其效果要在广告刊播以后持续一段时间才能表现出来。例如，某一家化妆品公司在电视上做了化妆品广告，但消费者并不一定看了广告以后马上去购买，而要经过一系列的心理活动过程或认知过程以后再作出购买决定。促销目标一般是单一的，就是为了扩大销售额，而广告战略目标除扩大销售额之外，还有其他目标要求，如提高产品及企业的知名度、改变消费者态度目标等。

三、广告战略目标的类型

广告虽有其共同的、最终的目标，但是不同企业在不同的时期、不同的产品和不同的营销策略要求下，广告的目标是有所不同的。由于市场经济的复杂性，企业市场营销策略的多样性，广告战略目标的多样性，以及区分方法的不同，广告战略目标的类型也有所不同。

（一）从市场营销策略上区分

1. 创牌广告目标

这类广告的目的在于开发新产品和开拓新市场。它通过对产品的性能、特点和用途的宣传介绍，提高消费者对产品的认知程度，其中着重要求提高消费者对新产品的知名度、理解度和品牌标记的记忆度。

2. 保牌广告目标

这类广告的目的在于巩固已有市场阵地，并在此基础上深入开发潜在市场和刺激购买需求。它主要通过连续广告的形式，加深对已有商品的认识，使消费者养成消费习惯，潜在消费者产生兴趣和购买欲望。广告诉求的重点在于保持消费者对广告产品的好感、偏好和信心。

3. 竞争广告目标

这类广告的目的在于加强产品的宣传竞争，提高市场竞争能力。广告诉求重点是宣传本产品的优异之处，使消费者认知本产品能给他们带来什么好处，以增强偏好度并指明选购。

（二）从广告的目的上区分

1. 信息性广告目标

这类广告目标的作用一般在产品开拓阶段表现得比较突出，因为只有消费者对产品的性能、品质和特点有所认识，才能对产品产生某种需求。如对某种保健营养饮料，应首先把该产品的营养价值及其多种功效的信息传递给消费者。

2. 说服性广告目标

广告产品处于成长或成熟期阶段，市场上同类产品多了，代用品也不断出现，市场竞争也日趋激烈，消费者购买选择余地也相应增大。这时，企业为了在激烈的竞争中处于不败之地，多采用说服性广告，通过说服或具体比较，进而建立某一品牌的优势。因此，在竞争阶段，企业对说服性广告的运用越来越重视。

3. 提醒性广告目标

当产品处于成熟期阶段，虽然产品已有一定的知名度，消费者已有一定的消费习惯，但由于新产品不断涌现，同类产品选择余地大，所以提醒性广告不仅起“提醒”作用，更重要的是起“强化”作用。其目的在于使现有的购买者确信他们购买这类产品是作了正确的选择，从而加强重复购买与使用的信心。

表 2-1　不同广告目标的诉求目的

类　型	诉求目的
信息性广告目标	介绍有关新产品信息；推介产品的新用途；价格变动的信息；宣传产品的制造过程；描述可提供的服务；改正错误的印象；减少消费者的顾虑；树立企业的形象
说服性广告目标	培养品牌偏好；鼓励顾客改用本企业的品牌；改变顾客对产品特性的感知；说服顾客现在就购买
提醒性广告目标	维持最高的知晓度；提醒人们在何处购买；提醒顾客近期可能需要此产品；淡季时保持产品在人们心目中的印象

(三) 从广告的信息处理过程区分

从广告信息处理模型（Advertising Information Processing model）来看，消费者接触广告首先是知觉感受，然后认知品牌的属性，或者产生对广告的态度，其结果会引起消费者的购买意图，最后在购买意图的驱使下去购买产品（图 2-2）。

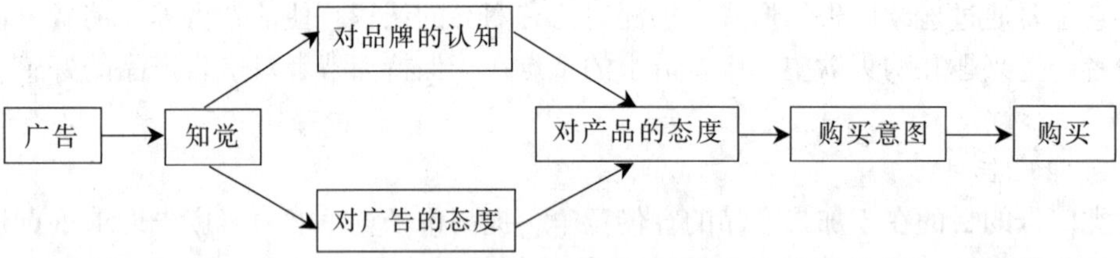

图 2-2　广告信息处理模型

从广告信息处理模型来看，消费者接触广告以后，由于受各种中介因素的影响，对广告的反应结果是不一样的。表 2-2 概括了消费者对广告反应的中介因素与行为及结果因素。

表 2-2　中介因素与行为及结果因素

		中介因素		行为及结果因素
		品牌知晓度		询问
		对品牌属性的理解及知识		访问
		对品牌属性的信念		购买
		对新用途的知识		采用
		情感或情绪		再购买
广告	⟶	品牌形象	⟶	品牌忠诚度

（续上表）

		中介因素		行为及结果因素
		对企业的知识		销售额
		企业形象		市场占有率
		对广告的态度		顾客占有率
		对模特的态度		
		对品牌的态度		
		关心程度		
		偏爱程度		
		欲望		
		购买意向等		

这些因素在不同的情况下，也可以被用于广告目标。

1. 中介因素

（1）品牌知晓度。

顾名思义，品牌知晓度是指消费者知晓品牌是否存在的程度。品牌知晓度可以由回忆度（recall）和再认度（recognition）来测定，而回忆度又可分为无辅助回忆度（unaided recall）和辅助回忆度（aided recall）。

无辅助回忆度是在不提示品牌或广告的情况下被测定的，回忆度一般以百分比来表示。例如，调查问题为“昨晚您收看了中央电视台的新闻联播了吗？如果您收看过，那么请记录下在昨晚新闻联播节目前后所播出的广告中能记住的广告”，然后把消费者回答内容以百分比来表示。

辅助回忆度是在先提示品牌或广告的有关信息（如产品群）后，以开放式问卷的方式被测定的，辅助回忆度也以百分比来表示，如问卷内容为“在牛仔裤品牌中您能想起的品牌按顺序记录”。这时消费者第一个想起的品牌的百分比叫最初辅助回忆度（top－of－mind recall）。

再认度是先提示要测定的品牌或广告，然后提问是否见过其品牌或广告，并把消费者回答的内容以百分比来表示。如调查内容为“在牛仔裤品牌中您有没有听过尼克斯这一品牌”，然后把消费者回答以百分比来表示。

研究表明，品牌的最初辅助回忆度与销售额有更密切的关系。因为消费者在一般的情况下会最先回忆起自己最喜欢的品牌。所以，把回忆度作为广告战略目标时，以最初辅助回忆度作为广告战略目标比较合适。

（2）对产品属性的知识和信念。

对产品属性的知识是指消费者对广告产品属性的掌握程度。对属性的信念是指消费者相信某一品牌具有特定属性的程度。例如，消费者知道娃娃哈雪糕不是用奶粉做的，而是用纯牛奶的事实，这是知识；如果消费者相信娃娃哈牛奶是纯牛奶来做的事实，这是信念。一般来看，消费者关于产品属性的知识多，对产品属性的相信程度高，购买产品的可能性就大。

（3）品牌形象。

品牌形象也是重要的中介因素，特别是在产品之间的质量、性能等方面没有过多差异的时候，品牌的形象对消费者的购买决策起很大的作用。所以，品牌形象也可以作为广告目标。

（4）情感或情绪。

消费者通过广告所形成的情感或情绪也会影响消费者对品牌的选择。特别是消费者要选择像宝石、时装、化妆品等带有情感色彩的产品时，就受情感方面因素的影响。所以，针对这种产品进行广告时，就需要强调温馨、趣味、喜欢、悲哀、威胁等情感。

（5）对品牌的态度。

对品牌的态度是指消费者喜欢或不喜欢特定品牌的程度。很多研究结果表明，对品牌的态度越好，消费者购买其产品的可能性就越大。所以，提高消费者对品牌的态度也可成为广告目标。

（6）购买意向。

购买意向（purchase intention）是消费者对特定品牌所持有的购买意向。如果消费者对特定品牌持有购买意向，那么实际购买的可能性就很大。有时消费者有购买意向，但由于实际原因也许不购买；或者没有购买意向，但因冲动而购买。但在一般的情况下，购买意向与购买行为之间有较强的正相关关系。所以可以把购买意向确定为广告目标。

2. 行为或结果因素

有些广告能直接引起消费者的反应或行为，如广告播出以后消费者直接打听或询问、访问商店或企业、甚至直接购买广告产品。所以可以把这些能引起消费者直接反应或行为的因素确定为广告目标。

这些能引起消费者直接反应或行为的广告有以下几种：

（1）直接反应广告。

为在广告以后直接引起消费者的行为，在广告中提示赠券（coupon）、或要求电话询问、访问的广告。做直接反应广告时，可以把赠券的回收数、询问电话次数、访问者数等确定为广告目标。

（2）直接营销广告。

通过直接邮递（direct mail）广告、网上购物广告、PC 通讯广告、产品说明书广告等来进行直接营销活动的时候，消费者直接向企业打听或订货。所以可以以订货次数或打听的次数来确定广告目标。

（3）宣传活动广告。

企业通过一些宣传产品的活动来直接推销产品或者进行广告宣传。例如，化妆品公司在百货商店门口进行宣传产品活动。这时可以把在一定时间内所集合的人数确定为广告目标。

(4) 销售广告。

提供有关零售商店商品的信息或告知一定期间内减价处理产品的信息广告。由于这类广告几乎不会引起时滞效果，所以可以把行为因素或结果因素如商店的访问者数或销售额确定为广告目标。

(5) 共同广告。

制造企业不仅直接做产品广告，而且同时替零售企业做广告或者与零售企业共同做广告，或者与原材料供应企业共同做广告。这些广告叫共同广告（cooperative advertising）。共同广告具体提供有关零售企业或商品的信息，其直接的目的是短期内提高销售额。所以，这时短期销售额等结果因素可以被确定为广告目标。

(6) 提醒广告。

针对消费者经常购买的成熟期产品做提醒广告，从而直接引起消费者的购买行为。例如，在炎热的夏天，看完雪糕广告的小孩会马上去购买雪糕，那么这是一则典型的提醒广告。由于提醒广告直接引起消费者的购买行为，所以可以把销售额确定为广告目标。一般来看，提醒广告的播放频次较多，但多是15秒以内的超短广告。

(7) 社会营销广告。

政府或社会团体或公民所开展的社会活动和公益广告活动是一种社会营销活动，如普法活动、禁烟活动、环保活动、夏季的节电节水活动等。这些活动会马上引起一些人的行为。所以，可以以行为因素如参加活动的人数来确定这些社会营销广告的目标。

三、确定广告目标时应遵循的原则

广告目标是广告策划活动所要运作的方向和实现的目标，也是评定广告效果的标准。广告目标的确定是否得当，关系到广告计划的制订和实施，关系到广告效果的好坏，也直接影响到企业的经济效益。因此，广告目标的确定要遵循科学的原则，需注意以下几点：

1. 符合企业整体营销的要求

广告不是一项独立的活动，而是企业整体营销活动中的一项具体工作。所以，广告目标必须在企业整体营销计划的指导下作出。广告目标特别要反映出整体营销计划中的考虑重点，如广告发挥影响的范围、时限、程度等，以便使广告运动配合整体营销活动。

案例： “爱多”和“秦池”：广告营销是与非

如果说企业靠小打小闹也能成功的话，“爱多”和“秦池”恰恰是另一个极端。

“标王”，本身就是中央电视台借助媒体优势的一个概念，是“眼球经济”的杰出代表，他们在红海里挣扎，成为红海的大白鲨，也是中国企业的浮躁之花。

类似“爱多”、“秦池”这样的企业，即使没有“标王”的注脚，企业的生命力也未必长久，企业资源不匹配的情况下盲目依赖单一广告策略，企业的生命周期也就完成了。可惜的是，它们和“三株”不同，“三株”是带着满满的财富离开了大众视野，而“爱多”、“秦池”则几乎是竹篮打水、血本无归。

我们不去评说胡志标入狱后广东的大师们说“爱多”这个名字本身就有问题。我们还是以客观的公正的市场营销观来分析“爱多”，看企业是如何自掘坟墓的——

1995年，爱多电器公司成立，该公司前身是胡志标和好友陈天南各出资2 000元起家建立的小型电子公司，当时公司资产在80万元左右，企业正式进入VCD市场；

1996年，胡志标花450万元请成龙拍出“爱多VCD，好功夫!”的广告片，导演张艺谋，前后耗资近千万，同年花8 200万元投中中央电视台天气预报后的5秒标板，当年产值达到2亿元；

1997年销售额至16亿元，胡志标在飞利浦总部享受总统级接待。年底，胡志标以2.1亿元的竞标价成为CCTV1998年“标王”；

1998年开始，VCD市场开始萎缩，爱多着手实施多元化战略，电话机项目正式上马；

1998年年中，爱多正式宣布进入数码电视、音响等领域，爱多也更名为企业集团；

1999年，爱多广告在中央电视台整体停播；

2000年4月18日胡志标在中山某酒店被汕头警方拘留审查……

一组组数字在今天看来已经非常平常了，但是对于当时的中国VCD市场，爱多的出现绝对是个“不按常理出牌的坏孩子”，胡志标拍脑门就上项目，头脑发热顶策划的现象在国内并不罕见。综观爱多失败的前后，有几点是最值得注意的：

一、1997年5月，“爱多阳光A计划”，VCD打破价格心理底线，以1997元冲击市场，在销售呈现火爆的情况下，胡志标对市场估计错误，为追求短期利润，盲目提价，导致产品大量积压。

二、为了和新科竞争，爱多1997年底大量采购索尼305三碟机芯（新科用的是单碟的索尼机芯），共采购25万套，动用资本四五千万元。想在上游资源截断新科的来源，以达到扼制新科的目的。可是要消化25万台三碟机必须卖出100万台VCD才行，可惜三碟机就是没有流行。首先胡志标过高地估计了自己垄断资源的能力，更错误地判断了新科和索尼的关系。大量囤积三碟机配件，妄图重演长虹彩管之戏剧，忽略了企业之间的良性秩序，结果销售不畅，造成产品积压，占用大量资金形成沉重包袱。

三、对市场和利润没有详细的分析和数据，广告投入盲目性强，对品牌建设投入过大，向世界500强冲击这样的口号对于一个销售额仅1亿美元的企业来说实在有些玩笑的成分。为了追求销量不计成本——特别是1998年春夏之战，没有任何策略，面对面和新科争销量，爱多付出10亿元以上人民币，损失惨重。

四、胡志标本来可以不失败，奈何他太过于自信了。当陈天南发布股权声明以后，使“爱多”这样的企业时刻处于风口浪尖，随时可以被媒体的口水淹没。但是即使这样，“防火防盗防记者”这样的话还是被胡志标当作了“最高指示”，使更多没有经过证实的消息流向民间，加快了企业消亡的速度。从中可见企业家对媒体的无奈，以及对公关营销理念认知的苍白。

五、恶意欺瞒供货商，使供货商的情感受到极大伤害。和经销商没有建立和谐的关系，缺乏足够的核心经销商支持，缺乏沟通系统，当企业出现困难时没有经销商的下游支持，最终的结果就是墙倒众人推，在单纯的利益面前企业的凝聚力缺失……

我们仔细分析这几点就会发现：单纯追求销量和做老大的思想是爱多失败的根源所在。胡志标太想做英雄了，所以做第二绝对不是他的理想，为了争第一，爱多失去了太多思考的机会和反败为胜的时机，而且没有真正的管理体系是爱多失败的根本原因，这也是民营企业的生死线。

我们相信胡志标还有机会站起来，但是爱多——这是一个不能重复的时代。

相对于“爱多”,“秦池”的失败更是有戏剧性，而且秦池的失败竟然毁了“鲁酒”的名声，这大概是出乎企业意料的吧。

“秦池”是个小企业，小得连所在地的地名很多人都不认识——位于山东临朐的这家企业的兴衰是和一个叫姬长孔的军人联系在一起的。

秦池的壮大每一步都是和广告结缘的——

1993 年，姬长孔怀揣 50 万元 18 天打开沈阳市场；

1994—1995 年，企业请明星拍摄广告在各地播出，产品销量屡次翻番；

1995 年，秦池以天价 6 666 万元成为中央电视台 1996 年“标王”，当年实际销售 2.18 亿元，利润 6 800 万元；

1996 年，秦池以 3.2 亿再度成为中央电视台 1997 年“标王”，企业声明年度销售将突破 10 亿元；

1997 年春，《经济参考报》的四位记者卧底秦池，揭秘秦池“勾兑酒”和“原始粗糙”的生产工艺，秦池产生信誉危机，销售受阻；

1998 年，该厂欠税经营；

2000 年，秦池商标被法院裁定拍卖……

秦池的成功的确是中国市场短暂的闹剧，主要表现在这样几个方面：

一、民营企业对广告的迷信已经成为一种瘟疫，每年在中央电视台投入千万的企业不只是一个秦池，更多的企业试图一举成名；

二、消费者对广告存在盲从心理，记得一个策划人曾经说过“一条狗往中央电视台走一圈，明天很快就成为世界名犬”，这绝对不是笑话；

三、企业在复杂的市场面前已经不知道生存的意义，为追求短暂的名声，无数企业付出惨重的代价；

四、未来媒体监督将成为企业的生死符，而社会公信力也将是企业成败的关键因素。

秦池的失败可以归结为“被胜利冲昏了头脑”，但是假如秦池有科学的委托加工系统和管理体系，秦池也绝对不会轻易倒下，企业成功的速度理论有一种“卫星学说”——意思是企业发展只有达到一定速度才可以实现和品牌同步，格兰仕、蒙牛就是这样的例子，可惜秦池实在是太年轻了，也太争强好胜了。

无论爱多还是秦池，没有“标王”，他们的发展不会这样快；没有媒体，他们也不会死得这样惨。所谓广告，是企业的红绿灯，掌握规律和速度、把握细节、规范流程，这些说起来简单的事情对于民营企业来说实在太难了。“欲使其死亡、先使其疯狂”，单纯的战略规划、缺乏执行往往是企业覆灭的开始。

（资料来源：http：//www.globrand.com/2007/74096.shtml）

2. 清楚明确、可以被测量

因为广告目标将会成为广告主同广告公司之间相互协调的宗旨、一系列广告决策的准则以及最后对广告效果进行测定的依据，所以广告目标不能含含糊糊、模棱两可，使得人们可以对其肆意加以解释。要求广告目标清楚明确，可能还算容易实现；要求广告目标可以被测量，就有一定的困难了。广告目标无法被测量，最大的缺点就是无法准确地评价广告的效果。因此，广告主应尽可能在广告运动规划之前，将广告运动的目标具体化，使人们可以以一套公认的标准对其进行测量。当然可测量不一定是严格地要求广告目标定量化，可测量是要求广告目标具有可以明确进行比较的性质。前文中我们介绍的广告目标，只是一系列广告目标的趋向，广告主在将其定为真正的广告目标时，一定还要对其加以限定和具体化，使得其可以被测量。

3. 切实可行、符合实际

广告目标虽然主要由广告主来确定，但是因广告活动是集团与个人相互协调的产物，所以广告目标必须切实可行、符合实际。也只有切实可行、符合实际的广告目标，才能保证广告运动的顺利进行。

4. 能够被其他营销部门接受

广告活动是企业整体营销中的一个组成部分。为了配合企业的整体营销活动，在确定广告目标时，既要考虑到它与企业的其他促销手段的协调，又要考虑到与企业其他部门的活动相协调，以便有利于实现企业的营销目标。为了配合整体的营销活动，广告目标就一定要让其他营销部门能够接受，这样才可以让广告运动同其他营销活动相互协调起来。

5. 要有一定的弹性

广告目标必须明确，只有这样才能够起到指导整个广告运动的作用。但是，正因为广告目标要指导整个广告运动，所以必须考虑环境的种种变化对广告运动的影响。广告运动为了更好地配合整体营销的进行，可能会作出适当的调整。而这样的调整，又应该是广告目标所能够允许的。因此，广告目标还应该具有一定的弹性。

6. 能够被化为一系列具体广告活动的目标

因为广告运动是由一系列具体的广告活动组成的，而每一项具体的广告活动又都需要一个具体的目标来指导，所以广告目标若要发挥其指导整个广告运动的作用，就要能够分解成为一系列广告活动的具体目标。而这些具体的广告目标的一一实现，将能够逐步使得总的广告目标实现。

7. 广告目标要考虑公益性

尽量将企业利益同社会利益结合起来，使两者相互促进，建立起符合社会利益的企业形象，这也是企业广告目标的最终目标。

案例：

白大夫的广告战略失败在哪?

前言

“你白、我白、大家白！白大夫，就是让你白！一白再白！白！白！白！”这是“白大夫”一款化妆品的产品广告语，很多人对于这句说教式的广告语一定不会陌生，抛开市场受众群中褒贬不一的意见和看法，也许很多人知晓和了解“白大夫”，准确地讲应该是从这则产品的广告开始的。

研习这个版本的“白大夫”广告片创意，一连串的执拗独“白”，无疑是以封闭营销“美白”这块女性美容目标人群中的目标人群和核心受众，通过产品差异化竞争为导向，锁定功效点和利益点，直指目标受众人群的心智冰点，这样的广告创意表现以及诉求即使不能说是可圈可点、亮点频出，也还勉强算得上是中规中矩、不失专业水准。

短暂的几年时间，"白大夫"以线上广告的巨额投入换回了相当的市场份额，迅速完成了企业阶段性的积累。然而，此时明显"发福"的"白大夫"自然引起了行业内外的广泛关注，悄然间活跃在公众视线中的"白大夫"已经变得大腹便便，这位昔日的俏脸佳人也开始逐渐失去重心。

回首2006年的央视"青歌赛"期间，"白大夫"原本借以大打情感牌的解数来导演一场广告革命，不想一着不慎却上演了现代版本的"原罪"，这一切皆归咎于"白大夫"在2006年央视"青歌赛"期间一则最新版本商业广告的投放，却情理之中、意料之外地激起了全国亿万民众声嘶力竭的声讨，诘问和谩骂声一度不绝于耳。

走进"白大夫"

"白大夫"系列产品的商标持有人和生产商是位于广州市环市东路世贸大厦27层的广东澳大生物美容保健科技开发有限公司，这间企业创立时间不过短短几年，但是岁月辗转之间，前期的快速发展还是引起了业界的广泛关注。最早的产品方向定位于功能性化妆品领域，其核心业务则以化妆品美容市场专业线领域为业务重心，由于市场差异化目标的靶向卡位精准，几年的蓄势壮大和能量囤积，今天的"白大夫"已经拥有了年销售过3亿元的业务规模和生意盘面。

发展中的"白大夫"，为了包装好自己准备晋身为中国美容界规模最大的拥有专业医学和国际级别生物美容高科技企业的背景，可谓不遗余力，从医学背景的挖掘、再到医学专家的证言广告，继而大胆地"组织"、"控制"上游优势媒体广告资源，凭借"白大夫"专注科学美白的理念以及呵护肌肤每个细胞的教学观点，帮助其塑造出品牌最独特的个性和优质形象。据悉，2003年是"白大夫"迅速崛起的一年，通过春秋两季美博会，迅速地将"白大夫"推向了全国市场，期间还开发了靓白净、青春护照、美丽佩芳等系列专业线美容品牌，同时还兼做OEM代工业务。

畸形的广告引发争议

广东澳大企业为了寻求白大夫品牌的提升，煞费苦心地出笼了一部看似经典的商业广告，广告的内容大致如此：一个满脸是斑的女人坐在镜子面前叹气，背景是其老公离去的身影。女儿看着妈妈说："妈妈不漂亮了，爸爸就不回来了。"接着砸开自己的存钱罐，为妈妈买来了白大夫祛斑霜。妈妈用了白大夫祛斑霜以后脸色红润了，爸爸也回家了，结尾是一家三口抱在一起的幸福场景，并配以那首经典传唱的《世上只有妈妈好》的主旋律，但是歌词却改成了"有斑的妈妈难看了，没斑的妈妈漂亮了"。

不想该广告片一经投放，全国一片哗然，当然不是在为其叫好和鼓动，最近在业内和公众的视野中已经成为了一则最有争议的产品广告。对于这则广告，网络上不屑者和谩骂声此起彼伏，多数民众认为"白大夫"这则商业广告实在是有失"道德水准"，完全置中华民族传统的价值观念和道德操守于不顾，为了挖掘"眼球经济"，愚弄消费者的情感，尤其是置女性受众的心理感受于不顾，是应该唾弃的。甚至有网友在消费者维权网对这一广告提出了投诉，希望有关部门在对广告进行审查之时就杜绝此类广告的播出。

广告是生产商向顾客推广自己产品的有效渠道。为了吸引大众眼球，广告创意追求新颖无可厚非，但违背公益道德，价值失位的广告语，创意给人越深刻的感受，也愈发伤害企业的公众形象。

无独有偶，细心的观众还会发现这则广告：青春亮丽的19岁小女生，一面冲着镜头甜甜微笑，一面说："痘痘它爱长哪儿长哪儿，反正不会长在我脸上！"受众的感觉是不用××品牌的产品，脸上出现青春期正常的生理现象纯属活该。事不关己，高高挂起，各人自扫门前雪，休管他人瓦上霜。这是普遍的心态，可在广告中能表现得如此"淋漓尽致"，虽是解释为情理之中的意外，但也是难逃违背世俗常理的责难和棒杀。

诸如此类的商业广告"畸形儿"还有很多，实在不堪一一列举，人们不禁要问：商业广告，何处才是你的公德底线？

在众多广告载体中，效率最高、视觉冲击力最强、影响最直接的是电视广告。其包含的道德元素所造成的影响也不容小觑。综观时下铺天盖地形形色色的电视商业广告，生产商为了扩大影响，提升知名度，争取更多的顾客，通过一些别出心裁的手段进行广告创意本无可厚非；但是，部分生产商不惜推出一些有悖社会公德的广告宣传语来赚取噱头，为利益而忽视公德，着实令观者失望、望者寒心。

当听到"有斑妈妈不可爱"的伤心独白时，不知道劳作终日而脸上有"岁月印证"的天下母亲会是怎样的一种心情！"子不嫌母丑，狗不择家贫"，宋人留下的这句饱含人文情感的不朽名言难道在这个提倡树立荣辱观的年代却被遗忘、被丢进了垃圾箱？妈妈是否美丽、爱是否永恒，不应该以这样的外在美丑来衡量吧？谁没有子女？当孩子在自己面前唱出这样的歌词，你是否会觉得亲情开始冷漠、感情开始失落呢？同样，年青一代不应该是自私的一代，更不应该是漠视社会公德的倡导者，一种积极向上，或者温馨感人的广告也能取得良好的经济效益和社会效益！

公德意识是当下为人所关注的问题。广告应该成为社会环境的守望者，先进文化的传播者、承载者，向大众传播什么样的文化，引导大众接受什么样的文化，这应该是广告相关环节主体必须认真面对、严肃思考的问题。广告"公德失位"对社会产生的不良影响，其实毫不亚于任何一种犯罪！

可是，"白大夫"却大反其道而行之，通过广告的利益点表现力图让小女孩用《世上只有妈妈好》的旋律吟唱出"长斑的妈妈不好看"的惊人浑话！着实令吾辈所不齿！

落败的事件营销，打破了"白大夫"固有的自信和矜持。

迷失的战略，"白大夫"深陷困局

孤芳自赏的"白大夫"除了认为"美容是一种智慧"，一直以来对外高调自诩为——"澳大——中国美容界的巨子，以其坚实的发展步伐和前瞻性的市场运作得到了业界的尊敬……"

姑且不去验证和品评事实的真伪，仅就看"白大夫"企业对于人力资源招募和引进要求中的一段原文，就不禁让人大跌眼镜，"白大夫"对于招聘市场人员的要求："能听得懂话；能说得清事；能积极向上；能吃苦耐劳；能团结合作；能有效执行自己岗位的工作。品牌就是力量，相信品牌的力量，白大夫就是让你白，白大夫就是让你能赚钱！美不完的白，赚不完的钱!!!"

这则幼稚而真实的广告文案，着实令人不敢恭维，有伤大雅倒是其次，更为关键的是凡事都讲差异、讲出位、讲决胜千里之外的“白大夫”这次却授人以柄。

对于发展进程中的“白大夫”，2006年可谓是极不平静的一年，从早先的渠道盘整决策的错位，组织系统内部的人事纷争和内耗，新产品的表现波澜不惊并造成大面积滞销，市场冲货的漫天飞雪，随着“白大夫”产品“质量门”被开启（产品质量被曝光重金属超标），“白大夫”市场价格体系的防护堤被逐步冲垮。

虽说“白大夫”百病缠身，但是唯有她是现阶段国内功效性广告品种中还没有“倒下”的，放眼功效性品类市场上过去的“广告先烈”和“炒作先驱”，“白大夫”今天的表现和状况很难说是尽如人意，无论是战术组织层面的执行问题，还是战略层面的发展境遇。深陷迷离困局之中也还是没有权衡好——是继续秉承自己的专业线道路呢，还是跻身水土不服的日化行业？

首先，在产品规划方面。“白大夫”可谓乏善可陈，好似一个班里的同学看似长得一个样，没有任何特质标签和差异化区隔进行区分。纵观“白大夫”的产品群结构，立足于功能性化妆品的细分市场竞争，并表演着“中国薇姿”的独角戏，强调以面部肌肤的表层治理和深度调理为机理，进行着产品利益点的支撑，试问“白大夫”凭什么和薇姿去媲美？又如何能有效形成自身的分水岭？确是很难企及的。原本意义上的功能性产品品牌很难摆脱生命周期的客观规律束缚，不能数年如一日声嘶力竭地呼喊着自己能解决女人的面部问题。企业要发展，除了新市场、新业务，就是新产品了，因为毕竟新产品的开发和规划关乎企业的持续性发展和机体的循环问题。

毕竟其市场业务主线和业务优势均在专业线领域，面对日益加剧的市场竞争格局，“白大夫”2006年剑拔弩张、雄心勃勃地准备进军日化线领域，但是由于对自身系统的合力估计不足，导致整个战役还没有全线打响，就已经奄然败下阵来。

再者，在人力资源方面。“白大夫”公司作为一间已经发展了数年的企业，其人力资源的积累和企业财富的囤积是成反比关系的。由于企业市场规模的快速发展和壮大，系统的管理没有跟上，在根本上也没有摆脱其中国式民营企业的劣根性，老板紧抱着私企意识和不能割舍的产权思想，中高层管理人员走马灯式的角色变换，基层员工得不到事业发展，没有了团队文化和归属感的地心引力，大部分“白大夫”普通员工自然是扮演着“保姆”的角色，抱着赚钱养家的思想同企业在勉强维系着雇佣关系。

最后，在发展战略方面。姑且撇开国际品牌薇姿不论，在本土化妆品行业中，最不缺的就是落败的案例和失败的教训。昙花一现的案例不胜枚举，诸如几年前的满婷和如今的可采，都曾经在完成了业务量的累积后，面对业务转型和再发展的桎梏考验，似乎也都没有完全转型成功。有文化不一定会成功，但是没有文化和积淀肯定不会成功。回眸前几年的雅漾，辉煌的时候经销权也曾一度炙手可热，而现如今呢？“白大夫”是应该回顾一下自己的过去，总结一下今天，谋划一番自己的未来和航向，这也许才是最重要和最有意义的！

深陷迷局中的“白大夫”决策者以为召开一两次头脑风暴会议便可扭转颓势，恐怕还是于事无补。冰冻三尺，非一日之寒，“白大夫”如何拖着沉重的身躯走出迷失的战略误区，并有效摆脱短视迷离的禁锢，我们唯有拭目以待！

（资料来源：http：//www.cnad.com/html/Article/2008/0407/20080407103908609.shtml）

2.3 广告战略设计

广告战略设计就是设计众多广告战略方案，并从中选择最能体现广告战略思想，符合广告产品及企业的实际，适应市场营销需要的广告战略方案。

根据一般的广告战略策划经验，可供选择的广告战略主要有以下几种：

一、从市场角度设计广告战略

1. 目标市场战略

目标市场战略是企业把广告宣传的重点集中在目标市场上的一种广告战略。根据市场学理论，市场本身是一个抽象概念，目标市场是对市场的具体细分，即以消费者为对象，依照消费者的欲望和需求的差异性，把市场划分为若干个消费者群体，每一个消费者群体便是一个细分市场。企业产品最适合哪个消费者群体，这个消费者群体便是该产品的“目标市场”。针对目标市场设计的广告战略，便是目标市场战略。例如，统一主打女性消费市场，喊出“多喝多漂亮”的口号；百事可乐为能捕捉到青少年的兴趣点和关注点，广告形式较为活泼，无论是画面构图，还是动画运用，都传达着一种“酷”的感觉。

2. 市场渗透广告战略

市场渗透广告战略是一种站稳巩固原有市场，并采取稳扎稳打的方式，逐渐开辟新市场的广告战略。主要包括两方面内容：

(1) 尽可能挖掘原有老顾主的购买潜力。

稳定原有的消费者，保持老顾主购买老产品的数量。这些消费者对老产品的性能比较了解和信赖，在一定条件下形成了习惯购买行为，要想办法力争让原有的消费者更多地购买原有产品。

(2) 在稳定原有市场占有的基础上，大力发展利用原有的产品及市场去争取更多的消费者，开辟新的市场。

从同行业竞争对手的市场范围内把消费者争取过来。这就要求广告策划人尽可能突出广告产品的独特优势，做好老产品更新与新产品开发的宣传，争取潜在的消费者，把产品卖给新客户，努力使潜在的消费者变为现实的消费者。

一般跨地区、跨国经营的商品可考虑采用这种广告战略。一是它能最大限度地合理使用广告资金；二是它能利用成熟市场对新市场的号召力，使商品在跨市场间的流动更合理，而且能减少促销成本。

3. 市场开发广告战略

市场开发广告战略是指在原有的市场基础上，巩固其产品在原有市场的占有率，同时将未改变的原有产品打入新市场的广告战略。这一战略的实质是产品在原有市场上趋于饱和状态时，企业采取市场开发战略，向市场广度进军。例如，日本电器公司在中国的营销战略，就是将日本国内业已饱和的电器消费市场的产品转向中国市场，开发了中国这一新市场。

二、从内容角度设计广告战略

1. 企业广告战略

企业广告战略是提高企业知名度、树立企业形象、宣传企业信誉为主要内容的广告战略。

一般说来，企业广告战略的重点不是直接宣传其产品，而是通过对企业的规模、业绩、历史、实力、精神等特点的宣传来提高企业的知名度和美誉度。

提高企业知名度的广告战略，要注重广告受众对企业的初识度、清晰度和记忆度。

提高企业美誉度的广告战略要注重广告受众对企业的认识度、品牌识别度和市场忠诚度。侧重于消费者对企业的好感和信任，在消费者心目中树立企业的良好形象，从而对企业产品的销售起到间接的推动促进作用。例如，广州白云山制药厂，每年将总产值的10%用作广告活动，不仅频频在报纸电视上亮相，而且还独家赞助举办“白云杯”国际足球赛，赞助《羊城晚报》的“佳作评选”活动等，使企业名声大振，美誉度大增，白云山制药厂的药品也畅销全国。

2. 产品广告战略

产品广告战略是以推销产品为目的，向消费者提供产品信息，劝说消费者购买其产品的广告战略。一般说来，产品广告战略的重点是宣传该产品独有的特点、功能以及给消费者带来的好处、利益等。

（1）品牌战略。

品牌是能为消费者提供其认为值得购买的功能性利益和附加价值的产品。

附加价值是品牌定义中最重要的部分，所有最重要的附加价值都是非功能性的。詹姆斯·韦伯扬把它简明扼要地描述为：“通过广告在产品的有形价值上附加的无形价值。”比如一套衣服，作为一种产品，它的功能性利益是保暖、遮盖。雅戈尔西服，它除了具有保暖遮盖的功能性利益外，同时还附加了“成功”，一定的社会地位等非功能性利益，从而使雅戈尔成为一种品牌。

因此，附加价值源于使用此品牌的各种人的主观心理感受，而品牌大多由广告培育而成，因而，在广告策划中采用品牌战略就大有必要和成功的可能。

品牌战略即在广告活动中，不仅需要宣传产品的独特的功能性利益，而且同时应通过合适的广告意象给产品附加有别于同类产品的非功能性个性和形象，从而制定打造品牌、塑造品牌形象的广告战略。

奥格威说：“每一则广告都是对品牌形象的长期投资。”这也就是说，品牌形象是广告多次反复地将某一产品与某个意象、某种个性和象征长期联系在一起所产生的心理效应，这就是广告策划中采用品牌战略的依据。

（2）差别战略。

就是在广告活动中侧重宣传广告产品的特别之处，强调产品差别的广告战略。采用这种广告战略可以从广告产品与同类产品的差别入手进行宣传。如果产品质优，则可侧重强调产品的质量优势；产品独特，可侧重宣传产品的与众不同；产品新潮，可侧重宣传产品体现了时尚潮流；还可以通过宣传产品在原料上、设计上、性能上、价格上的变更来劝说消费者购买，从而占领市场。

案例：**农夫果园，一“摇”三“鸟”**

一对身着沙滩装的胖父子在一家饮料店前购买饮料；

看见农夫果园的宣传画上写着一句“农夫果园，喝前摇一摇”；

于是父子举起双手滑稽地扭动着身体，美丽的售货小姐满脸狐疑地看着他俩；

(镜头一转) 口播：农夫果园由三种水果调制而成，喝前摇一摇；

(远景) 继续扭动屁股的父子远走。

第一次看到这则广告时，先是一乐，接着是很兴奋——中国营销界又多了一个伟大的经典概念！

又是养生堂，又是在一个竞争已经十分激烈的行业，又是一个经典营销传播概念，将创造又一个营销奇迹！我们不能不对养生堂的同志们心生敬佩！

统一主打女性消费市场，喊出“多喝多漂亮”的口号，康师傅、健力宝、汇源等也纷纷采用美女路线。康师傅签约梁咏琪为“每日C果汁”摇旗呐喊，健力宝聘请亚洲流行音乐天后滨崎步作为“第五季”的形象代言人，汇源在宣传了一阵子冷灌装以后，邀请时下最红的韩国影星全智贤出任“真鲜橙”的代言人。PET包装的果汁市场，一下子美女如云。

而后来的农夫果园不为女色所惑，出手不凡，又一次运用了差异化策略，以一个动作作为其独特的品牌识别——“摇一摇”。

这是一个伟大的创意。

“摇一摇”是一个绝妙的潜台词。“农夫果园，喝前摇一摇”、“农夫果园由三种水果调制而成，喝前摇一摇”。“摇一摇”最形象直观地暗示消费者它是由三种水果调制而成，摇一摇可以使口味统一；另外，更绝妙的是无声胜有声地传达了果汁含量高——因为我的果汁含量高，摇一摇可以将较浓稠的物质摇匀这样一个概念。“摇一摇”就是“我有货”的潜台词。

在农夫果园打出这句广告词之前，许多果汁饮料甚至口服液的产品包装上均会有这样一排小字——“如有沉淀，为果肉（有效成分）沉淀，摇匀后请放心饮用”。这排小字看似是要消除一种误会——就是有了沉淀并不是我的产品坏了，摇匀后喝就行了。其实是一个很好的卖点——它证明产品的果汁含量高，但这样的语言在各种包装上已经有很多年了，从来没有人关注过这只角落里的“丑小鸭”，农夫果园发现了这只白天鹅，并把她打扮一新包装成了明星——一句绝妙的广告语“喝前摇一摇”，变成了一个独特的卖点。

同时，在感性认同上，“摇一摇”使得宣传诉求与同类果汁产品迥然不同，以其独有的趣味性、娱乐性增强消费者的记忆度。

（资料来源：http：//www.wowa.cn/T_ view_ inf.asp? view_ id=42140）

（3）系列战略。

就是在广告活动中将产品组合成系列来进行宣传的广告战略。采用这种广告战略，必须从整体协调的角度考虑问题，要有计划地将产品组合成一个系列来进行广告宣传，使各种产品之间的广告宣传互相配合，起到相形益彰的效果。这种战略，多采用广告形式相对稳定，广告内容不断变化的宣传手段。

例如，某企业生产出了统一商标品牌的系列美护肤品，做广告时就可能采用产品系列广告战略。在第一则广告中将全部系列产品同时推出，第二则广告则只推出一件或两件作重点宣传。以此类推，逐则推出各种产品，直到最后一刻，再回过头来进行一次大组合，将全部系列产品推出。如此循环往复，既可利用媒体有限的空间来充分展示系列产品的全貌，又可以保持有限空间的单纯性来突出单一产品。

三、从时间角度设计广告战略

1. 长期广告战略

长期广告是指为期两年以上所实施的广告。长期广告战略是指对广告内容所作的两年以上时间宣传的广告战略。其着眼点不是现在，而是未来。

例如，天津手表厂对某项体育活动提供赞助，对推销其产品海鸥表不会产生近期效果，但从长远来看，对提高海鸥表的知名度，对树立企业和产品形象具有长远意义，有利于企业的生存和发展。这就是采取了立足于未来的长期广告战略。一般说来，长期广告战略不但着眼于开拓市场，打开产品销路，而且还着眼于提高产品的知名度，树立企业的良好形象。因而，长期广告战略要注重全局性、系统性和深远性，强调目标的长期性和连贯性。

2. 中期广告战略

中期广告也称年度广告，是指对为期一年的时间所实施的广告。中期广告战略是指对广告内容作为期一年的广告宣传的广告战略。

采用这种广告战略，要在计划时间之内，反复针对目标市场传递广告信息，持续地加深消费者对商品或企业的印象。保持消费者头脑中的记忆度，努力发掘潜在市场，提高商品知名度，促使消费者重复购买。一般说来，中期广告战略通常作用于时间性、季节性不强的产品。采用中期广告战略要注意产品的实际销售效果，同时也应兼及品牌的知名度。还要考虑到一年时间内广告频度的安排。力求适当有变化，疏密有致。

3. 短期广告战略

短期广告是一年内按季度月份所实施的广告。短期广告战略是指在有限的市场上，在较短的时间内推销某一产品的广告战略。一般说来，短期广告战略适用于新产品或时令性较强的产品。

新产品刚入市场时，要对准目标市场进行短期突击性的广告宣传。它有利于集中优势抢占上风，在短期内迅速造成浩大声势，扩大广告影响，收到迅速提高商品销售额的效果。如前文述及的台湾三阳公司野狼 125 型摩托车在上市之前的一个月之内，就集中进行短期的“轰炸性”悬念广告，告知消费者一种新型摩托车即将上市，收到绝佳的促销效果。

一些季节性、节假日性强的商品也适合采用短期广告战略。如季节性较强的电风扇、羽绒服、取暖器等商品，可随季节变化的规律，适时开展短期广告宣传活动。时机的选择要适当，过早会造成广告费的浪费，而过迟延误时机则直接影响商品的销售。最好在销售旺季即将来临时就逐步推出广告，为旺季销售做好外在准备和心理准备。一旦销售旺季到来，广告宣传就迅速推向高潮；旺季一过，广告活动也可以结束。

四、从空间范围角度设计广告战略

1. 特定区域广告战略

特定区域广告是指对某一特定区域范畴内所做的广告。特定区域广告战略，是根据广告宣传所针对的特定区域的情况，对该区域的广告活动作统筹规划的广告战略。广告宣传可能根据不同地区的不同特点制定不同的广告战略。如电视机广告，在经济发达地区，可以宣传其功能齐全、款式新颖、辐射低、有利健康等信息；在经济欠发达地区，则应突出其物美价廉、经久耐用等信息。

案例：

脑白金——吆喝起中国礼品市场

在中国，如果谁提到“今年过节不收礼”，随便一个人都能跟你说“收礼只收脑白金”。脑白金已经成为中国礼品市场的第一代表。

睡眠问题一直是困扰中老年人的难题，因失眠而睡眠不足的人比比皆是。有资料统计，国内至少有70%妇女存在睡眠不足现象，90%的老年人经常睡不好觉，“睡眠”市场如此之大，脑白金功能定位准确。然而，在红桃K携“补血”、三株口服液携“调理肠胃”概念创造中国保健品市场高峰之后，在保健品行业信誉跌入谷底之时，脑白金单凭一个“睡眠”概念不可能迅速崛起。

然而，作为单一品种的保健品，脑白金以极短的时间迅速启动市场，并登上中国保健品行业“盟主”的宝座，引领我国保健品行业长达五年之久。其成功的最主要因素在于找到了“送礼”的轴心概念。

中国是礼仪之邦。有年节送礼，看望亲友、病人送礼，公关送礼，结婚送礼，下级对上级送礼，年轻人对长辈送礼等几十种送礼行为，礼品市场何其浩大。脑白金的成功，关键在于定位于庞大的礼品市场，而且先入为主地得益于“定位第一”法则，第一个把自己明确地定位为“礼品”——以礼品定位引领消费潮流。

（资料来源：http：//www. wowa. cn/T_ view_ inf. asp？ view_ id =42140）

2. 全球广告战略

全球广告是指以国际市场作为目标市场的广告。全球广告战略是以世界市场为目标市场对广告活动所做的世界范围内的全局性的统筹谋划的广告战略。一般说来，全球性广告战略谋划深远、考虑全面，注重广告口号、广告风格、广告表现手法的一致性，以期在世界范围内塑造一个统一的产品形象或企业形象。如美国百事可乐，统一配方、统一品味、统一规格瓶装；在广告宣传上，强调“新一代的选择”，以统一的主题在世界各地与可口可乐抗衡；同时在广告宣传中还统一标识、统一口号，形成了一个统一的品牌形象，表现出了广告战略的宏观性和深远性。

案例：

家具广告：真的很德国　百强家具

镜头一：灯光起，空灵感的音乐声中，黑色的柜子显得异常高大，突然，柜子中间裂开一道缝，一辆灰色的奔驰车慢慢驶出，漂亮的流线、坚固的结构、优良的质感展现在观众的眼前。

镜头二：奔驰车行驶在沙发椅背上，就像在坚固的桥上行驶，稳稳当当，接着车行驶到绿草茵茵的足球场上，再到平滑光亮的桌面上戛然而止，对奔驰车的外形、性能作了充分的展示。

镜头三：镜头切到餐桌椅上，展示着正在餐桌椅上行驶的奔驰车。

五、从发挥优势角度设计广告战略

1. 集中广告战略

集中广告战略是选择产品优势或市场优势集中宣传的广告战略。采用这种广告战略，广告宣传要选择产品占有率高的广告战略区集中宣传产品的质量、价格，良好的售后服务等优于同类产品，以争取使用同类产品的用户转而使用自己的广告产品，先突破这一点，取得市场优势，步步为营，蚕食市场，将原有二十多家老产品“嫁接”到新市场上去，进而向市场进军。这种战略花钱少，见效快。

案例：

1:1:1，金龙鱼比出新天地

在中国，嘉里粮油（隶属马来西亚华裔创办的郭氏兄弟集团香港分公司）旗下的“金龙鱼”食用油，十年来一直以绝对优势稳居小包装食用油行业第一品牌地位。

调和油这种产品是“金龙鱼”创造出来的。当初，金龙鱼在引进国外已经很普及的色拉油时，发现虽然有市场，但还不能完全被国人接受。原因是色拉油虽然精练程度很高，但没有太多的油香，不符合中国人的饮食习惯。后来，金龙鱼研制出将花生油、菜子油与色拉油混合的产品，使色拉油的纯净卫生与中国人的需求相结合，使得产品创新终于赢得中国市场。

为了将“金龙鱼”打造成为强势品牌，“金龙鱼”在品牌方面不断创新，由最初的“温暖亲情——金龙鱼大家庭”提升为“健康生活金龙鱼”。然而，在多年的营销传播中，这些“模糊”的品牌概念除了让消费者记住了“金龙鱼”这个品牌名称外，并没有引发更多联想，而且，大家似乎还没有清楚地认识到调和油是什么、有什么好。

2002 年，“金龙鱼”又一次跳跃龙门，获得了新的突破，关键在于其新的广告传播概念“1:1:1”。看似简单的“1:1:1”概念，配合“1:1:1 最佳营养配方”的理性诉求，既形象地传达出金龙鱼由三种油调和而成的特点，又让消费者“误以为”只有“1:1:1”的金龙鱼才是最好的食用油。

2. 整体广告战略

整体广告战略是将企业形象与产品形象作为一个统一整体进行宣传的一种广告战略。在广告内容上，既宣传产品，也宣传企业；在广告范围上，是全方位的广告宣传；从广告媒体上看，则采用多种媒体组合搭配的方式；从宣传层次上看则是建立多种宣传渠道，形成多层次宣传网。

整体广告战略常用在新产品的导入期和成长初期，它有利于各种媒介宣传统一的广告内容，迅速提高产品和企业的知名度，以达到创立品牌的目的。

整体广告战略还适用于有实力的企业产品的成长后期和衰退期。因为企业的社会生命周期长于产品的市场生命周期。消费者对产品和企业都有了解后，企业的产品即使进入衰退期，也可以利用消费者对本企业产品的信任而赢得消费者等待本企业新一代产品问世的耐心。消费者的这种耐心对于企业经营或销售来说，是至关重要的。它为产品的更新和改进提供了必要的时间。但整体广告战略计划需巨额广告资金，一般中小企业难以承受。广告策划人应依据广告主的实力予以采用。

六、从产品生命周期角度设计广告战略

1. 投入期的广告策划分析

投入期是产品刚刚投放市场的初始阶段，其特点表现为：产品不定型、性能、质量不稳定；生产批量小、促销费用大、成本高、利润低、甚至亏损；市场上同类产品的竞争者少；消费者对该产品不熟悉，购买者往往出于好奇和冲动才作出购买决策，消费者对新产品持审视、观望的态度。因此，在产品投放市场的同时，必须进行有效的广告策划。这个时期，广告的中心任务是针对企业目标市场和市场上的消费者，准确地宣传介绍新产品的名称、功能、用途、价格等方面的信息，使消费者对其产品由认识到了解，进而产生好感，诱导和激发其购买欲望。如果根据市场趋势和调查研究分析，产品具有很好的市场前景，企业可以安排较高的广告费用。对广告媒体市场的大小，应选择覆盖面大的传播工具如广播、电视、期刊、报纸等，或者选择专业性、地域性强的传播工具。总之，这个阶段的广告策略应为产品尽快进入成长期提供最佳宣传。

2. 成长期的广告策略分析

成长期是产品大批量进入市场的时期，企业广告目标应在投入期的基础上进行调整，以着重提高知名度，促进产品辐射，以尽快提高市场占有率为中心任务。这就要求企业广告能巩固消费者的消费习惯，维持消费者对产品的偏爱，树立良好的企业形象。广告费支出可在原有基础上适当增加，广告对象除目标消费者外，还应包括各类中间商，目的是鼓励消费；广告密度、频率也应随之加大。广告设计要求充分突出产品质量和服务，在广告中心主题的表现形式上塑造个性，不仅以产品质量好、服务周到取胜，而且让企业良好形象牢固树立在消费者心中。

3. 成熟期的广告策略分析

成熟期是产品畅销的全盛时期，面对愈来愈复杂多变的市场，企业应加强市场调研，制定充分体现竞争性的广告目标。广告应致力于宣传产品的优势和新功能、新特点，突出品牌，培养消费者对其系列产品的接受感，深化产品的售前、售中和售后服务，以保持市场占有率，巩固企业形象。广告开支保持较高水平，但广告费用应注重市场季节性销售波动，广告的密度和频率，与旺季和淡季相对应。广告媒体选择在注重大覆盖面的传播工具的同时，应尽可能采用最能接近企业新开辟的细分市场的媒介物，以利于向消费群体传递产品信息。广告设计应根据广告目标，综合运用理性诱导和情感诱导方式突出主题，赢得更多消费者的青睐。

4. 衰退期的广告策略分析

衰退期是产品将被市场淘汰，生命周期即将结束的时期。这时企业面临着两个选择：

一是继续保留老产品；二是立即淘汰老产品，集中力量开发经营新产品。如果企业要保留老产品，体现在广告上就要拨出相应额度的广告费用，设法延长产品的市场生命周期；如果企业新产品已经步入成长期，在广告方面，企业应全力以赴把有限费用运用到宣传新产品上去。

七、从进攻性角度设计广告战略

1. 进攻型战略

进攻型战略是以竞争对手或市场某一目标为出发点，通过广告宣传，在广告的覆盖面、促销力、信任度及产品的公众知名率、市场占有率等方面要超过主要竞争对手。这是一种赶超性进攻战略。一些能够左右市场的大公司，经常运用大量的广告来保持产品或企业的知名度、市场占有率，即使产品畅销，也要不间断地做广告。

2. 防守型战略

防守型战略是指在广告活动中以防御对手为主的广告战略。由于受主客观因素制约，不愿进攻或没有进攻实力的企业，就应防御被竞争对手击败。这种战略在广告宣传上处于守势，只求保持原有的销售市场的知名度，不求开发潜在市场。

精选案例

宝洁为何不会重蹈“标王悲剧”

争夺央视2007年“标王”是宝洁公司基于其市场战略的合理预算，还是出于其他目的？作为一个已经处于行业领先地位的企业，我们如何从营销和品牌的角度去解释宝洁公司的这种广告投放行为？

重金出击的背后

业内人士认为：重金争夺“标王”桂冠只是宝洁品牌管理的第一步，其目的是在洗化和护理用品市场上垄断高端广告资源，从而实现对旗下系列品牌的统一宣传和对竞争对手的打压，提高行业门槛。此外，大规模投放央视一套，也有拉动渠道和继续向农村市场渗透的考虑。

资深媒介策略专家、中国传媒大学广告学院教授袁方博士对《中外管理》记者说：招标会上显示的这点广告预算，与宝洁公司年销售收入相比是极其微不足道的。因此，选择大规模的广告投放行为可能不是宝洁公司的唯一选择，却会是目前市场环境下的最佳选择：央视一套将近11亿人口的收视覆盖范围，足以将宝洁的产品信息传播到最边远的农村市场。

另外，从宝洁的角度讲，这种大规模的广告投放，提高了本土二线品牌进军一线品牌的门槛，稳固了自己的行业地位，这对二线品牌而言，无疑会形成很大的竞争压力，也会相应地牵制二线品牌的营销计划的制订。一些实力较弱的品牌，在持续多年的品牌攻势下，很可能会被淘汰出局。

拉动渠道，也是宝洁公司重点考虑的一个问题。通过2005年6月份开始渠道肃清行动，宝洁公司清理了一大批“不忠”的经销商，进行渠道大换血，重新布局了各地的经销商渠道。经过一年多的努力，宝洁渠道的触角已经渗透到五、六级城镇市场和农村市场。

在产品定价方面，宝洁公司也不断作出调整，将产品的价格大体调至10元左右，逐渐向低端市场渗透。在做好这些布局之后，通过大规模的广告投放，来拉动终端销售，就成了顺理成章的致命武器了。

宝洁品牌的奥秘

一直以来，宝洁被认为是世界公认的“品牌教父”，其多品牌独立运作战略在公司各品牌内部彼此之间形成了有效的防火墙，在抵抗品牌风险的能力方面，是很多本土品牌所不能及的。

2006年，SK－Ⅱ的质检风波使得该产品在很多地方的商场被撤出货架，该品牌也一度遭到消费者前所未有的质疑和媒体的口诛笔伐。但是，这一负面事件却没有影响到飘柔、潘婷、汰渍等其他宝洁产品的销售。

中国传媒大学广告学院广告主研究所负责人杜国清博士对《中外管理》记者说，宝洁品牌的奥秘在于：其成熟的品牌战略，成功地将不良影响控制在单一品牌范围之内，切割了风险传导途径，提升了公司整体抗风险能力。种种事实证明，重金打造的广告效应也许能在短期内迅速提升一个品牌的知名度，但如果企业没有核心竞争力的支撑，广告宣传只能带来昙花一现的虚假繁荣。

依照木桶理论，知名度、美誉度和忠诚度是构成企业品牌内涵的三块“木板”，媒体广告推进固然有利于提升知名度，但若没有美誉度和忠诚度的同比例提升，知名度这一“长板”几乎没有任何效用。品牌独立开发与管理是宝洁的独到之处，此外即便连续三年蝉联“标王”，宝洁并未对这一广告效应过多地倚重，而是一如既往地重视产品研发、关注市场需求。该公司每年都会将销售额的4%用于研发工作，金额达到10多亿美元。这才是宝洁长盛不衰的不二法门。

（选自《世界品牌实验室》）

思考题：

1. 作为行业领袖，宝洁在广告投放中依靠什么不会重蹈“标王悲剧”？
2. 宝洁的广告投放有哪些战略目标？

复习思考题

1. 广告战略、广告策略、广告策划的含义有什么区别？
2. 简述广告战略目标内容。
3. 广告战略目标有哪些特点？
4. 确定广告战略目标时应注意哪些原则？
5. 广告战略设计的主要内容有哪些？

工作任务训练

工作任务一：查找奇瑞QQ汽车资料，分析它的目标受众、营销目标、广告目标、广告主题及其目标是否得以实现，并为它将来的发展设计广告策略。

工作任务二：考察你最近购买的一件商品。它的广告是怎样的？在广告中，你能辨别出它使用了什么策略？它的广告有没有帮助你决定购买这件产品？为什么？

工作任务三：从广告战略设计角度分析以下广告，它们是从什么角度对产品进行诉求的？

1. “一万个证人”的专题广告。日本雄师会社是一家生产牙膏、洗涤剂和洗发精的企业。他们研制成功的“脱普”洗涤剂去污能力强，比一般洗涤剂强10%左右。为了扩大市场，进一步打开产品销路，他们不仅在报纸上大做广告，宣传这种新型洗涤剂的效能，同时，还向一万人每人免费提供一份“脱普”洗涤剂，请消费者自己来检验它的性能。广告刊出后，应征者竟达15万人之多。他们从中选取一万多经常使用洗涤剂、有影响的家庭主妇，每人免费赠送一份。之后，他们将主妇们使用“脱普”洗涤剂的效果在电视上播放，别出心裁地取名为“一万个证人”专题节目，还为此发行专刊，广为散发。看了广告后，人们自然会想，既然有一万人证明，可见其质量可靠，顿时，“脱普”洗涤剂身价百倍，人们竞相争购。

2. 旅游公司的警告。一旅游公司在做广告时宣称，在本地旅游有“十大危险”，警告游客当心，广告内容是：

（1）当心吞下舌头或胀破肚子，因为这里的食物味道太美了；

（2）当心晒黑皮肤或脱几层皮，因为这里的海滩过于迷人了；

（3）当心潜在海底太久而忘了上来换气，因为这里的海底生物太令人惊讶着迷了；

（4）当心胶卷太少不够用，因为这里的生动镜头取不胜取；

（5）当心登山临渊累坏了您的身体，因为这里山青水碧，常常使人流连忘返；

（6）当心坠入爱河不能自拔，因为这里是谈情说爱、欢度蜜月的世外桃源；

（7）当心买的东西太多而不易带走，因为这里的物价太便宜了；

（8）当心被这里的豪华酒店、旅馆宠坏，因为这里的服务太体贴入微了；

（9）当心与本地的所有人都交上朋友，因为他们太友善、太好客了；

（10）当心乐不思蜀，不愿归家，因为……

3. 红豆衬衫电视广告片的画面是一个情谊暖暖的三口之家。妈妈教女儿背唐诗，女儿摇着脑袋，口齿清晰地背诵：“红豆生南国，春来发几枝，劝君多采撷……”然后怎么也想不出下一句。这时，父亲拿着盒装的红豆衬衫走过来，续道：“此物最相思。”于是，妈妈会意地笑了。红豆衬衫电视广告语在画面的配合下蕴涵亲情、爱情，感情的流露因自然和谐而具有情韵。红豆衬衫也因以红豆诗为广告语的电视广告片的播放而成为情侣、亲友间的赠品。

补充阅读

阅读一：网上广告成为企业广告战略中不可缺少的重要形式

最近，据TNS Media Intelligence公司调查显示，由于网络的普及，各国品牌产品对互联网的兴趣也越来越大。今年前9个月，网上广告投资占品牌产品广告投资总额的9%以上，上半年增长57%，共1 799条广告信息。根据IAB公司的调查显示，网上广告更容易被人们接受。31%的受访者认为网上广告帮助他们作出购买决策，而通过报纸广告进行决策的人仅占17%，电视为2%。IAB公司总裁表示每一种媒体都有其自己的领域：电视是一种消遣媒体，报纸是舆论媒体，杂志是专家媒体，而网络正在建立自己的领域，它是多重媒体，把发言权交给网民。网上广告成为企业广告战略中不可缺少的重要形式。

（选自《市场观察广告主》）

阅读二：奥巴马——美国最出色的广告人

奥巴马获选总统，成就了美国历史上第一个黑人总统的美国梦，他的成就也代表了广告、营销、公关手段的进化和发展，伴随着新媒体和数字技术的飞速发展，美国总统竞选也以更深入和互动的方式建立起与选民之间的关系，获得选民的忠诚和信任。

奥巴马的胜利创造了许多个第一：美国第一个黑人总统，第一个拒绝使用政府提供的公共竞选资金（8 400万美元）的总统，甚至奥巴马还成为了美国第一个“互联网总统”——因为他的竞选极大地利用了互联网Web 2.0的优势，吸引了大量的“长尾”和草根力量，并最终获得了成功。

让我们一起来感受奥巴马的“网络营销”。

视频网站传播——新媒体力量的生动化运用

奥巴马曾经是一个社区创建者，深知网络力量的他在本次竞选中也操起了老本行，他的竞选团队创建了一个社交网络来增进奥巴马在网络的影响力。奥巴马在Facebook拥有一个包含230万拥护者的群组，而在最流行的视频类网站YouTube上，仅仅一星期，其竞选团队就上传了70个奥巴马的相关视频。

这些在网络上的竞选视频，开拓了除电视媒体外更广阔的广告平台，这些看起来非常草根的网络节目，实际上是由专业的奥巴马竞选团队量身定做的。但它们看起来更平实、更叫人容易接近，所以实际上这些视频所获取的关注不比那些制作精良的电视广告差。其中奥巴马关于种族问题的37分钟演讲，自从3月上传至网络以来查看率已经超过500万次，使他成为网络“红人”中的一颗闪亮的明星。

关键词购买——搜索引擎广告的精准狙击

大家广为熟悉的搜索引擎广告也没有被奥巴马忽视。奥巴马购买了Google的“关键字广告”。如果一个美国选民在Google中输入奥巴马的英文名字Barack Obama，搜索结果页面的右侧就会出现奥巴马的视频宣传广告以及对竞争对手麦凯恩政策立场的批评等。

奥巴马购买的关键字还包括热点话题，如“油价”、“伊拉克战争”和“金融危机”，上网一搜，即知道奥巴马对这些敏感问题的观点评论，有助于人们更好地了解这位竞选人。

可以想象，美国人日常搜索的关键词都打上了奥巴马的烙印，想不关注奥巴马都难。这可难为了同台竞争的麦凯恩，麦凯恩在互联网的信息中就这样轻松地被击败了。

奥巴马的竞选团队甚至发动了病毒营销这种形式。一封名为《我们为什么支持奥巴马参议员——写给华人朋友的一封信》的邮件到处传播。邮件内容甚至非常有针对性地采用了中文，非常详细地阐述了奥巴马当选对美国当地华人选民的好处，最后他们说“请将这封信尽快转发给您的亲朋好友，并烦请他们也能将这封信传下去。这是您在最后几天里所能帮助奥巴马参议员的最为有效的方式之一。”

博客战争——让每个人都有自己的媒体

博客一开始是网民共享个人思想的一种方式，但是，现在博客已经成为一种高级媒体，美国联邦选举委员会甚至正式裁定政治博客属于媒体。按照这一裁定，博客已经被列入媒体的范畴，并将拥有媒体活动豁免权，不受竞选募款法案的限制。

而本次的总统选举则给我们上了生动的“关于博客的媒体作用”的一课。

奥巴马的竞争者之一希拉里通过自己的博客发布了自己的竞选宣言，并且不断通过博客这一窗口展示着自己的政见和观点。选民可以在她的博客发表对她的看法，希拉里的团队则会选择好的博客放在首页进行推广。

而善于学习的奥巴马则通过自己在网络的博客为自己鲜明地树立起清新、年轻、锐意进取的候选人形象。拉近了选民与自己的距离，更具亲和力和竞争力。

无论是希拉里还是奥巴马，都生动演绎了博客在总统竞选广告战中的重要性。

总统大选已然结束，奥巴马的胜利代表着太多太多的革新，尤其是网络互动的应用。奥巴马筹集的超过5.2亿美元的竞选经费，据估计超过85%来自互联网，其中绝大部分是不足100美元的小额捐款。凭借着网络的力量，奥巴马互动的手法赢得的不仅仅是捐款，更是一张张珍贵的选票，以及伟大的美国梦的传奇。

奥巴马的多重胜利，代表了这个时代最“生鲜”、最互动、最民主的一面，否则NIKE也不会选择他的头像作为新款鞋的图纹。

从这个意义上说，奥巴马不单单是一个成功的总统，更是美国最出色的广告人！

（《企业研究》2009年1期）

任务三 分析消费者广告心理

能力目标

1. 定义消费者行为并描述它与广告之间的关系
2. 解释影响广告和消费者的社会和文化因素
3. 能够解释广告如何影响目标受众
4. 掌握广告诉求的方式与广告说服的基本方法

引入案例 心智营销 策略攻心——福润食品广告

当下的市场竞争今非昔比，产品的同质化现象越来越严重。站在中小型企业面前的是"强壮"的品牌企业，新产品要在激烈的市场竞争中拥有一席之地，已不再是件容易的事。策略的运用在营销推广的过程中显得至关重要。产品广告片是消费者认知产品的主要载体，传播速度快、记忆效果佳是它的特点。一个同质化的产品要想抢占市场更离不开电视广告。

"福润家"水饺产品在速冻食品行业中是一个新品。在这种激烈的市场状态下，福润食品公司要想第一时间进入市场，打开自己的销售局面，不可缺少的一个环节就是迅速在消费者心里占有位置。为自己的产品寻找一个差异点，从而树立起企业的品牌形象，抢占目标客户的心智，取得市场当中的"话语权"。

产品创新——心智营销策略之一

福润食品研制开发出了新产品——"福润家骨汤水饺"。骨汤水饺是产品差异化的策略之一，采用养生学独家骨汤配方，融合现代科学工艺纯手工精制而成，皮薄汤鲜、美味可口。

随着国民收入的增加，消费者在选购食品时味美、安全、营养、便捷成为了主要因素，而速冻食品恰恰满足了消费者这样的需求。速冻食品以其品质的可接受性、食用的方便性、价格的合理性越来越受到人们的喜爱。据调查表明，半数以上的城市居民喜爱速冻食品，其中最受欢迎的速冻食品就是水饺。并且消费者在选购食品时，不仅关注产品的口味，而且更加注重信赖的品牌。数据表明，消费者在选购速冻食品的考虑因素已经由之前的"价格—口味—品牌"转变为"品牌—口味—价格"。在产品口味的要求上，人们已经不仅仅满足于充饥的需要，更加注意产品的口感、营养以及超出于本身生理需求之外的感情需求。

抓住消费者的这一心理特点，此次广告创意的诉求重点也就找到了，那就是要突出产品特色，满足消费者的心理需求，更要赋予产品一种感性的概念，以抓住消费者的感情需求。

明星魅力——心智营销策略之二

最先想到的是寻找一个与福润家品牌定位相吻合的代言人。

品牌代言人的作用是为传播做加分。在代言人的选择上厂家找到了刘仪伟，主要考虑到以下几个原因：

首先，刘仪伟是家喻户晓的饮食栏目主持人，在观众中拥有众多fans，他幽默风趣的个性，厨艺高超的形象深入人心，深受广大观众尤其是家庭主妇的喜爱，在女性消费者当中具有极高的知名度。而速冻食品的购买者大多为女性消费者，与产品所要面对的目标消费群体相吻合。

其次，刘仪伟顾家爱家，有“围裙丈夫”之称，这与福润家品牌定位和产品属性完美吻合，使代言人产生最深入、最打动人心的品牌传播效果，使钱用在刀刃上。

代言人选定了，接下来的工作就是为产品及代言人量身定做符合企业品牌宣传的创意策略。

创意借力——心智营销策略之三

TVC广告主要突出以下几个特点：体现产品的原料新鲜，绿色健康；体现骨汤熬制，营养丰富；体现产品味道鲜美、诱人；体现诙谐并不乏温情的家庭亲情。

温馨的家庭厨房，超大流线型的案板，案板上造型独特的厨具：圆形的厚重的木头砧板，七八只圆形透明的玻璃器皿盛有五颜六色的调料，几只精美的带有花纹的陶瓷花碗，精美超大炖锅冒出白雾腾腾的蒸气；炖锅里，诱人的骨汤中露出几块硕大的骨头，配合撼人心魄的交响曲作为背景音乐——突出产品的骨汤特色，同时也渲染了一种浓浓的家庭气息，为后面刘仪伟的出现及表演作铺垫。

紧接着就是刘仪伟上场表演：刘仪伟一身周星驰在《食神》里的扮相，胸前“福润家”三个大字，俨然一位功夫大师，用一把超大的勺子，舀出一勺骨汤后顺势一泼，浓厚醇鲜的骨汤被泼出一条漂亮的弧线，还有抛在空中的很多蔬菜，刘仪伟“刷刷刷”挥动了几下手中的两把超级大菜刀，空中的蔬菜被整齐地切成数段，在他面前纷纷落下，均匀地撒在调好的水饺馅上，水饺馅用装饰精美的陶瓷盛装。

通过上面刘仪伟一系列精彩的表演，将水饺馅的原料展现在消费者面前，突出“福润家骨汤水饺”所用原料新鲜，绿色健康。家喻户晓的影片《食神》与福润家骨汤水饺构成联想，明星刘仪伟夸张的表演增加了广告片的趣味性。

TVC广告中的水饺纷纷落入沸腾的水中，水中翻滚的水饺，盘子里晶莹透亮的水饺。一系列的镜头表现告诉我们鲜美的水饺已经出锅，诱人的外表让人垂涎欲滴，再加上旁边“小儿子”望着煮好的水饺舔着舌头、流着口水，可见盘中之物是多么的诱人。“爸爸”为儿子做出这么一盘美味的水饺，暗透着一种亲情，此时的水饺已经不仅仅是盘中所表现出来的外像，更赋予了一种父亲对儿子的爱，一种温暖之情，一种关爱。

结尾镜头中机灵的小儿子与刘仪伟一大一小两个食神的相同造型，诙谐有趣。“福润家骨汤水饺，香！”父子二人同时点出产品卖点，以“香”来结束整个广告，给人留下深刻的印象，既突出产品的核心诉求又简单易记。

广告诉求是产品广告的灵魂。精简、准确、单一的传播策略元素是产品营销成功的关键，策略不明晰将会导致传播效率降低50%，并为企业带来推广成本的加大。福润家食品在广告中更加重视消费者的“攻心术”，福润家骨汤水饺“香”在消费者的心里。

（资料来源：http：//www.globrand.com/2009/176411.shtml）

案例思考题

1. 你如何看待视频广告中的理性诉求和感性诉求？
2. 请分析福润广告成功的原因。

理论引导

1. 6W +6O 理论与消费者行为研究
2. 消费者心理过程
3. 消费者认知理论与广告心理研究
4. 广告心理战术

凡是利用广告来招揽顾客的广告主，无不希望自己的广告能够发挥出最佳的效力，从而达到推销自己产品的目的。然而，怎样的广告活动才能够激起消费者的欲求，促使他们购买并持久地使用广告主的产品呢？要探讨这个问题，就必须对消费者心理进行研究。例如，人的需要是怎样产生的？消费者有哪些需要心理？消费者对商品是怎样进行决策的？哪些因素影响着消费者进行决策？消费者的购买动机是怎样产生的？只有弄清了这些问题，才可能使广告符合消费者心理，打动消费者的心，达到预期的广告效果。

心理学是研究心理现象、心理规律的科学。把心理学的基本原理运用于广告，就是我们现在要研究的广告心理学。

广告是以说服的形式，让消费者自觉自愿地购买商品。说服的过程是一个非常复杂的过程，有时一次性的说服不能使消费者产生欲望，要经过反复说服。说服者事先还要对消费者购买商品前后的一些心理活动有所了解，如自尊、求实、求新、求美、求廉、求乐、求荣、求速、求情、求名等心理。有的消费者购买商品时是几个心理活动并存的。另外，消费者在决定购买之前心理活动还要经历这样一个过程：注意——知觉阶段；兴趣——探索阶段；欲望——评估阶段；确信——决策阶段；购买——行动阶段。

只有真正了解消费者的这些心理活动及心理活动过程，才能使广告的知觉与观念、理智与情感的诉求达到预期目的。所谓说服过程就是让消费者对广告的内容有兴趣，引起注意及共鸣，相信广告内容，接受广告内容，按照说服者的意图采取购买行动。由此看来，掌握心理学的基本原理在广告活动中的运用是非常重要的。如果说没有对市场进行调查分析的广告计划是无根据的，那么，没有对消费者心理进行研究的广告计划更是盲目的。

心理学在广告活动中的运用多种多样，并且很复杂。本章在此着重理论方面的介绍。

案例：

王先生与王太太的故事

消费者的购买动机多种多样，而且“表里不一”。有时候动机明显，如为了满足物质方面的需要；有时候却只是隐隐约约，如为了满足某种精神方面的需求。

王先生的手表丢了，需要再买一块表。“西铁城”牌手表一直是他的钟爱之物，在市内钟表店有售，于是王先生直接搭车去买了一块“西铁城”。

王先生的购买动机是非常明确的，首先是他有买表的需求，其次是对“西铁城”情有独钟。因此，这是一种有意识的动机，表现在消费者在购买之前有一个详细的计划，如品种、大小、型号等与产品本身有关的参数。消费者对需求有明确的判断能力——喜欢还是不喜欢。

与王先生相反，王太太的行为则是一种无意识的行为。

王太太上街，准备到超级市场买一件衣服。可从超级市场出来之后，却只买到一盒S牌香皂。

“你为什么不买衣服，而去买块香皂?”王先生不解地问。

“我也不晓得，走到那里看到它，就顺手买了它。不过，它的香味挺不错吧!”王太太不无自豪地说。

王太太这种“不晓得”但又“顺手”的行为，表面上只是举手之劳，而实际上是一种潜意识行为。

那么，潜意识是什么呢?

潜意识就是消费者过去的经历、想法和欲望的储藏室，其中包括过去所做过的事、所读过的书报、所听过的事、所观察过的事……以及其他印象、想法等。

潜意识的世界是一个广阔的世界，它不仅与产品的特征有关，更为重要的是与消费者的个人“素质”有关。

如何去开垦这片辽阔的处女地？这是广告人“收买消费者”能否成功的关键。

3.1　6W+6O理论与消费者行为研究

当前，广告作为一种信息传播方式已经成为企业营销的一种重要手段，愈来愈受到企业管理者的重视。随着市场经济的发展，企业面临的外部营销环境也发生了很大变化：来自国内外的竞争日益激烈，传播媒体高度分化、信息膨胀过剩，而与此同时消费者在市场上则越来越居于主动地位。在这种背景下，企业的广告宣传必须更加关注市场和消费者的需要，在进行细致的消费者心理与行为分析的基础上制定企业具体的广告战略，这也正是当前对广告与消费者购买行为关系的研究受到关注的原因之所在。

一、消费者行为分析

消费者的购买行为十分复杂，对消费者而言，实现一次购买行为是一次解决问题的决策过程，但消费者作出购买决策并非一种偶然发生的孤立现象，它通常包括五个阶段（如图3-1所示），其中既有表露于市场上的有形活动，又有看不到的心理活动过程，这里强调的是整个购买过程而不仅是购买决策。可以看到，购买过程早在实际购买前已经开始，而在购买行为之后还会继续产生影响。为此，广告策划人员需要了解每个阶段消费者的行为及其影响因素，有针对性地制订广告计划。

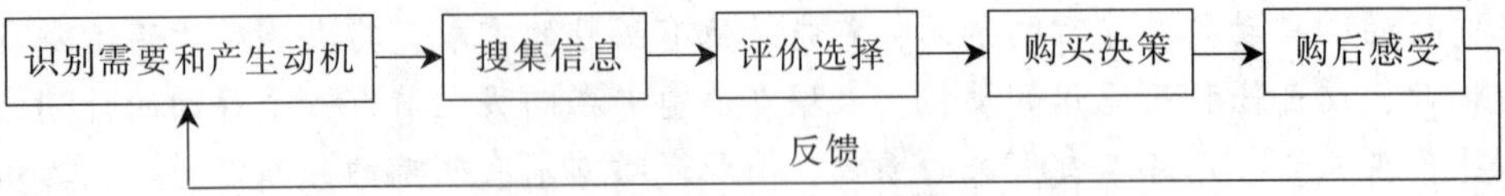

图 3－1　消费者购买的五个阶段

1. 识别需要和产生动机

当消费者发现自己的实际状态与期望或理想状态存在差异时，就会产生需求，这是购买过程的初始阶段。虽然需要可以自发产生，但也可能受到外部刺激而引起，如看到别人在使用某种产品或从电视上看到某个产品广告而产生购买的欲望。

动机是促成人们行为的内在动力，而购买动机则是当消费者希望其需求得到满足时被激发产生的，并可以导致相应的购买行为。产生动机的根本原因是需求未满足，一旦消费者受到某种内部或外部的刺激，某种需求被激发，一种紧张的状态便会存在，它驱使消费者企图减少或排除这种心理状态，企业则希望自己的产品或服务能提供消费者所期望的帮助，使他们减少这种紧张感。

2. 搜集信息

市场营销人员最感兴趣的是消费者所需的主要信息来源及其对今后购买决策的影响程度。通常消费者的信息来源可以分为四类。商业来源：如广告、售货员、经销商、包装、展览等；公众来源：各新闻媒介、消费者权益组织等；个人来源：指消费者通过家庭、朋友、熟人和邻居等获得信息；经验来源：如产品的使用经验等。

一般来说，商业来源中的广告是消费者搜集产品信息的重要渠道，也是广告主所能控制的渠道，通过该渠道可以使消费者注意和熟识自己的品牌，增加他们选择自己品牌的机会。

3. 评价选择

消费者购买某种商品或服务是要满足某种需要，即从产品上寻求某些特定的利益。由于一个产品具有不同方面的属性，而不同的消费者对产品各种属性的关切程度不同，即他们在一种产品中所寻求的利益点不同，因此他们对商品的评价标准就会不同。例如，家用汽车的选择，有些消费者侧重于安全，他们愿意选择富豪牌轿车；有些消费者愿意享受豪华舒适的尊贵感觉，他们会选择奔驰牌轿车等。

4. 购买决策

消费者在评价阶段已形成了对品牌的喜好，他们可能形成购买最喜好品牌的购买意图。但从购买意图到最终形成购买决策的过程中还会受到他人的态度、购买时的情况以及消费者本人对品牌喜好的强烈程度等因素的影响。如当消费者到自己常去的商店购买想要的品牌商品时，同行者或商店售货员的态度、店面的促销活动、价格与预期的差异或该商店中本品牌已经销售的情况等原因都可能会影响消费者的最终选购。

5. 购后感受

消费者满意或不满意是由一个人购买一种产品之后总体的感觉或者态度决定的，也与他们对该产品的预期有关。消费者满意与否对产品的营销潜力极其重要。资料表明，对于多数产品来说，消费者在非常满意上次购买的品牌与再次购买该品牌的意图之间有很高的相关性，可以说，购后满意是产生品牌忠诚的基本条件。因此，对于质量和价值的保证是企业维持竞争优势的战略关键，而广告策划人员也必须根据消费者的品牌忠诚度和满意度来制订其广告宣传计划。

从理论上讲，消费者为满足其需要必须去选择、获取、使用或处置某种产品或服务。在这个过程中，消费者所表现出来的种种心理活动和外在行为，统称为消费者行为。美国营销协会对消费者行为的定义是：人类在进行生活中各方面的交换时，表现出来的情感、认知、行为和各种环境因素的相互作用的动态过程。

从定义中我们可以看出，消费者行为具有以下特点：

1. 消费者行为是动态的

无论是个别消费者还是群体消费者，或者是全体社会，总是处在不断的发展变化中。这种变化对于消费者行为研究和制定营销策略都具有重大的意义。从消费者行为研究的角度来看，对特定的时期、产品和个别消费者或消费者群体来说，一般化的消费者行为是很有局限性的，因此，消费者行为研究必须注意研究最新的调查结果，而不能过分套用理论。从制定营销策略的角度来看，消费者行为的动态属性，意味着与消费者打交道将有无穷无尽的不确定性。同样的营销策略不可能适用于任何时间，所有产品、市场和行业。更进一步说，在某一点上取得的成功的策略，可能会在另一点上遭到惨败。因此，营销者必须采取不同的营销策略适应不同的市场。

2. 消费者行为是各种因素的相互作用

消费者特定的行为总是在各种个人或社会因素的综合影响下发生的，总的来说，它是消费者情感、认知、行为和环境因素之间相互作用的结果。这意味着要了解消费者，制定切实有效的营销、广告策略，就必须了解消费者的所向（认知）、所感（情感）、所为（行为），以及影响消费者所想、所感、所为，或被消费者所想、所感、所为影响的环境因素。只有对这些因素进行综合的分析而不是仅取其一点，才能够深刻地把握消费者行为的真正动力，并制定相应的策略。

3. 消费者行为是一个过程

消费者行为不仅仅是交换或是消费者掏钱购买的那一刻，它是一个内容丰富的过程。仅从外在行为来看，消费者行为就包括购买前、购买时和购买后的与销售人员的交谈、受到某个现场促销活动的吸引等，以及购买后的使用、投诉、包装处理等。而更进一步探讨，完整的消费者行为应当包括内在的心理过程（认知处理、情感变化和态度改变等）和上面所讲的外在可观测行为的过程。

4. 消费者行为往往涉及许多不同的参与者

在消费者进行消费活动的过程中，往往会涉及许多不同的参与者。尤其是在家庭购买或组织购买中，通常会涉及发起者、信息收集者、影响者、决策者、购买者和使用者等不同角色，“买者不一定是用者”的情况十分常见。即使在完全独立自主的购买活动中，消费者行为依然不是完全个人化的。消费者可能在使用产品时受到别人的评价，而这个作出评价的人可能因此对消费者的下一次购买产生比较大的影响，从而介入消费者的行为之中，成为消费者行为的参与者。

（1）消费者行为本质上是一种理智行为。

前面我们提到，消费者有很大的选择权。实际上，任何消费者的每一次消费活动都有明确的目的性和自觉性。他知道自己要买什么，并自主作出决定，尽管这种决策有时在旁人看来可能是很冲动的，或是不可思议的，但是在购买的那一刻，消费者本人是有一个判断标准的：所得大于或等于付出。这种判断可能是错误的、不真实的，或者是非常冲动的，但是只要消费者认为是符合标准的，就会促使他作出购买决定。

（2）消费者行为是有意识地尽量逃避风险的行为。

显然，每一次消费都有风险，可能是价格太高（财政风险），或者是功能达不到要求（功能风险），也许是买完某种产品后得不到其他人的肯定（社会风险）。这是消费者在购买时，尽量选择他认为“综合风险”最小的产品或品牌，使消费者行为表现出尽量逃避风险的去向。

总之，消费者行为作为消费者对企业及产品作出的购买反应，具体包括以下类别：谁购买公司的产品或服务？如何购买？何时购买？何处购买？为什么购买？

二、6W＋6O 理论

国外市场营销学家把消费者的购买动机和购买行为概括为6W 和6O，从而形成消费者购买行为研究的基本框架。

（1）市场需要什么（What）——有关产品（Objects）是什么。

通过分析消费者希望购买什么，为什么需要这种商品而不是需要那种商品，研究企业应如何提供适销对路的产品去满足消费者的需求。

（2）为何购买（Why）——购买目的（Objectives）是什么。

通过分析购买动机的形成（生理的、自然的、经济的、社会的、心理因素的共同作用），了解消费者的购买目的，采取相应的市场策略。

（3）购买者是谁（Who）——购买组织（Organizations）是什么。

分析购买者是个人、家庭还是集团，购买的产品供谁使用，谁是购买的决策者、执行者、影响者。根据分析，组合相应的产品、渠道、定价和促销。

（4）如何购买（How）——购买组织的作业行为（Operations）是什么。

分析购买者对购买方式的不同要求，有针对性地提供不同的营销服务。在消费者市场，分析不同类型消费者的特点，如经济型购买者对性能和廉价的追求，冲动性购买者对情趣和外观的喜好，手头拮据的购买者要求分期付款，工作繁忙的购买者重视购买方便和送货上门等。

（5）何时购买（When）——购买时机（Occasions）是什么。

分析购买者对特定产品的购买时间的要求，把握时机，适时推出产品，如分析自然季节和传统节假日对市场购买的影响程度等。

（6）何处购买（Where）——购买场合（Outlets）是什么。

分析购买者对不同产品的购买地点的要求，如消费品种的方便品，顾客一般要求就近购买，而选购品则要求在商业区（地区中心或商业中心）购买，一边挑选一边对比；特殊品往往会要求直接到企业或专业商店购买等。

3.2　消费者的心理活动过程

消费者的心理活动过程，指的是消费者在其购买行为中的心理活动的全过程，是消费者的不同心理活动现象对商品现象的动态反映。消费者的心理过程，大致可以分为认知过程、情绪过程和意志过程三个部分，在这些不同的过程中，消费者的心理行为直接地反映出消费者个体的心理特征。

一、消费者的认知过程

消费者购买行为的心理活动，是从对商品的认知过程开始的，这一过程构成了消费者对所购买商品的认识阶段和知觉阶段，是消费者购买行为的重要基础。在这里，认知过程指的是消费者对商品的个别属性（如形状、大小、颜色、气味等的各个不同感觉）相互间加以联系和综合的反映过程。在这一过程中，消费者通过自身的感觉、记忆和思维等心理活动，来完成认知过程的全部内容。消费者的感觉过程，是指商品直接作用于消费者的感官、对消费者加以刺激而引起的过程。在这一过程中，消费者获得有关商品的各种信息及其属性的材料，如品牌、商标、规格、用途、购买地、购买时间和价格等，是消费者接触商品的最简单的心理过程。在购买中，消费者借助于触觉、视觉、味觉、听觉和嗅觉等感觉来接受有关商品的各种不同信息，并通过神经系统将信息感觉传递到神经中枢，产生对商品个别的、孤立的和表面的心理印象。

在消费者对商品产生心理印象，也即对商品产生感觉之后，在感觉的基础上，消费者的意识还会随着对感觉材料的综合处理，把商品所包含的许多不同的特征和组成部分加以解释，在头脑中形成进一步反映商品的整体印象。这一过程，就是消费者的知觉过程。在这一过程中，消费者在头脑中形成了对商品的完整形象，从而对商品的认识更进一步。当然，在日常生活中，消费者对商品从感觉到知觉的认识过程，在时间上几乎是瞬间或同步完成的。

感知是消费者对商品的外在特征和外部联系的直接反映，是原始形态的，是对商品认识的初级阶段。但是，消费者只有通过这一阶段，才能为进一步认识商品提供必要的材料，形成记忆、思维、想象等一系列复杂的心理过程。在此基础上，对商品产生信任情感，采取购买行为。在购买中，消费者借助于记忆，对过去曾经在生活实践中感知过的商品、体验过的情感或有关的知识经验，在头脑中进行反映的过程，也是异常复杂的认识过程。它包含对过去所经历过的事物或情感或知识经验的识记、保持、回忆和认识等过程，在消费者的购买行为中起着促进购买行为的作用。如果消费者的生活经验或购买经验在神经中枢中没有存贮，或者在消费者的神经中枢中没有存贮有关商品的任何信息的话，就必然会影响到消费者对商品的认识，使消费者难以完成对商品的认识过程，这样，就很难促成购买行为。所以，在广告宣传中，采取强化记忆的手段来强化认知，是相当重要的。

此外，在消费者发生对商品的表象认识、并在神经中枢中建立起商品的印象之后，他就会把对商品的认识过程更向前推进一步，使认识过程从表象形式向思维过渡，进一步认识商品的一般特性和内在联系，从而全面、本质地把握住商品的内在品质。这一思维过程是认识过程的高级阶段——理性认识阶段。在这一过程中，消费者对商品在神经中枢中进行概括，产生间接的反映，从而使消费者间接地理解和把握那些没有感知过的或根本不可能感知的事物。在这一过程中，消费者还始终保持着与感知、表象的联系，即保持着商品的个别属性与整体形象的联系，以继续发挥感知和表象的认识功能，从而使认识的两个阶段互相转化，交替发展，相互制约和相互促进，完成对商品的认知过程。

二、消费者的情绪过程

消费者对商品的认知过程，是采取购买行为的前提，但并不就等于他必然采取购买行为。因为消费者是生活在复杂的社会环境中的具有思维能力的人，是容易受影响的个体，因此，他们在购买商品时必然会受到生理需求和社会需求的支配，两者构成其物质欲求的强度。由于生理欲求和社会欲求会引起消费者产生不同的内心变化，可以造成消费者对商品的各种情绪反应。如果情绪反应符合或满足了其消费需要，就会产生愉快、喜欢等积极态度，从而导致购买行为；反之，如果违反或不能满足其消费需要，则会产生厌恶态度，就不会产生购买欲望。消费者对待客观现实是否符合自己的态度而产生的行为态度，就是购买心理活动的情绪过程。情绪过程是消费者心理活动的特殊反映形式，贯穿于购买心理活动的评定阶段和信任阶段，因而，对购买活动的进行有着重要影响。

消费者的情绪表现大多数是通过其神态、表情、语气和行为等来表达的。各种情绪的表达程度也有着明显的差异。消费者在购买活动中的情绪表现，大致可以分为三大类：积极的、消极的和中性的。在购买活动中，消费者的情绪主要受购买现场、商品、个人喜好和社会环境的影响。

购买现场环境条件，是影响消费者情绪的重要因素。宽敞明亮、色彩柔和、美观典雅、气氛祥和的商场，会引起消费者愉快、舒畅的情绪反应，使消费者处于喜悦、欢快的积极情绪之中，从而刺激消费者的购买欲望；反之，环境条件差的场所，则会使消费者产生厌恶、烦躁的情绪。

商品本身是影响消费者情绪的另一个因素，当商品能使消费者产生符合自己过去经验所形成的愿望需要的想法时，就会产生积极的情绪，从而导致购买；反之，就会形成消极情绪，打消购买欲望。在现实购买活动中，消费者的情绪是随着对商品的认识过程而发生变化的。随着对商品的深入了解，会产生对商品的“满意——不满意”、“愉快——失望”这样的对立性质的情绪变化。如在购买商品时，消费者发现某种商品的外观好，则会引起愉快情绪，但在深入认识商品时，发现商品的品质较差，则会转变情绪，产生对商品的不满意态度。

影响消费者情绪的第三个因素，是消费者本人在进行购买活动时自身所带有的情绪态度，如欢愉、开朗、振奋或忧愁、悲观等。消费者的这种持久情绪的形成，是以他的心理状况为背景的。这种心理状况背景包含多项内容，如消费者的生理特点、性格倾向、生活经历、事业成败、需求顺逆、道德观念、社会地位、理想信念，乃至生活环境、身体状况和社会关系等。消费者的这些心理背景的差异，构成了各自不同的情绪状态，而这种状态是使消费者的购买心理和购买行为染上同质情绪色彩的根源。

由社会性需要所引起的情感，是人类的高级社会性情感，这种情感具有稳定的社会内容，往往以鲜明的、突发性的情绪表现形式表达出来。这种情感对消费者的购买行为也是具有很明显的影响的，因为它代表了人的社会欲求。

消费者的社会性情感可以分为三类：道德感、理智感和美感。

所谓道德感，就是消费者依据社会道德的行为规范去评价事物时产生的一种情感反应。如服务人员的热情、礼貌，因为符合道德原则，就会使消费者产生诸如赞赏、友谊、满足和人情归属的感觉，并以愉悦、兴奋和欣喜的情绪反应表现出来。所谓理智感，是消费者的求智欲望是否得到满足时产生的一种情感。消费者对一些结构新奇、功能特殊、性能复杂的商品进行认识活动时所产生的疑惑、求知、好奇和自信、犹豫，都属于理智感，他们都可能促使消费者作出某种情绪反应。所谓美感，是消费者出于审美的需要，对客观事物或社会现象和它们在艺术上的反映进行评价时产生的心理体验。

在购买活动中，消费者有着各自不同的心理背景和美感能力，必然使他们在购买过程中对客观事物或社会现象的反应具有不同的情绪方式，从而导致不同的购买行为。

三、消费者的意志过程

在购买活动中，消费者表现出有目的地和自觉地支配和调节自己的行为、努力克服自己的心理障碍和情绪障碍、实现其既定购买目的的过程，这被称为消费者的心理活动的意志过程。它对消费者在购买活动中的行动阶段和体验阶段有着较大影响。

消费者的意志过程具有两个基本特征：一是有明确的购买目的；二是排除干扰和困难，实现既定目的。

消费者对商品的意志过程，可以在有目的的购买活动中明显地体现出来。在有目的的购买行为中，消费者的购买行为是为了满足自己的需要。因而，总是在经过思考之后提出明确的购买目标，然后有意识、有计划地去支配自己的购买行为。消费者的这种意志与目的性的联系，集中地体现了人的心理活动的自觉能动性。意志对人的心理状态和外部行为进行调节，推动人实现为达到预定目的所必需的情绪和行动，同时，还制止与预定目的相矛盾的情绪和行动。意志的这种作用，可以帮助人们在实现预定的目的的过程中克服各种阻挠和困难，使购买目的顺利实现。在意志行动过程中，消费者要排除的干扰和克服的困难是多种多样的，既有内在原因造成的，也有外部因素影响的结果。并且，由于干扰和困难的程度不同，以及消费者意志品质的差异，消费者对商品的意志过程有简单和复杂之分。简单的意志过程一般是这样的，在确立购买目的之后，立即就付诸行动，从决定购买过渡到实现购买；而复杂的意志过程则是这样的，在确立购买目的之后，从拟订购买计划到实现购买计划，往往还要付出一定的意志努力，才能把决定购买转化为实现购买。

总而言之，消费者心理活动的认知过程、情绪过程和意志过程，是消费者决定购买的心理活动过程的统一，是密不可分的三个环节，其相互作用关系也是显而易见的。意志过程有赖于认知过程，并促进认知过程的发展和变化。同时，情绪过程对意志过程也具有深刻的影响，而意志过程又反过来调节情绪过程的发展和变化。

四、消费者的个体心理特征

在日常生活中，消费者的购买行为是千差万别的，而构成这种千差万别的心理基础，就是消费者的个体心理特征。消费者在进行购买活动时所产生的感觉、知觉、记忆、思维、情感和意志等心理过程，体现了人的心理活动的普遍性规律。对于具体的个体，其所发生的心理活动具有鲜明的个性特色，即个性心理特征。这种个性心理特征，既体现了心理活动的普遍规律性，同时，还反映了心理活动的个性特点，从而形成了各具特色的购买行为。

个性是表现在人身上的经常性的、稳定性的和具有本质特点的心理特征。所谓经常性和稳定性，是指那些以某种机能特点或结构形式在个体身上比较固定的特点。偶尔出现的某些特征，是不能成为人的个性心理特征的。所谓本质特征，是指人所固有的精神面貌。消费者的个性心理特征，就是消费者在各自的心理活动实践中经常表现出来的、比较稳定的个性心理的特殊性。个性心理特征影响着消费者的一切言行举止，个性心理特征与消费者的购买活动相结合，给消费者的购买行为涂上了独特的色彩，显现出明显的差异。

个性心理特征具体地体现在一个人的能力、性格和气质等方面的特点上。消费者在这些方面的差异导致了他们在个性心理特征的差异。

能力是一个人能够顺利地完成某种活动、并直接地影响其活动效率的个性心理特征。一个人的能力包括这样一些内容：观察力、记忆力、想象力、思维能力和注意力，以及听觉、运算、鉴别能力和组织能力等。这些不同种类的能力彼此联系，相互促进，共同发挥作用。当然，不同的活动具有不同的能力活动结构，所需的能力强度也不相同。例如，在进行购买活动时，一般商品的购买，一般只要求消费者具有注意力、记忆、思维、比较和决策的能力。而购买特殊商品时，则还须加上鉴别能力和检验能力等。

气质是人的典型的和稳定的心理特征，表现在人的心理活动的各个方面。个人间气质的差异，导致每个人在进行各种活动时表现出不同的心理活动过程，形成各自独特的行为色彩。

人的气质反应可以分为四大类型：兴奋型、沉静型、活跃型和安静型。兴奋型的人的神经素质反应强烈，但不平衡，兴奋过程强于抑制过程，易于兴奋而难于抑制。其个性特点是，情绪反应快而强烈、控制能力差、对外界敏感但不灵活、脾气倔强、精力旺盛、不易消沉、耐受性和外倾性较为明显。沉静型的人的神经素质反应较弱，但较为平静，兴奋速度慢。其个性特点是，主观体验深刻、对外界反应速度慢而不灵活、敏感多心、言行谨慎、易于激动和消沉、感受性和内倾性较为明显。活跃型的人的神经素质反应强，而且平衡，灵活性也好。个性特点为，情绪兴奋高昂、活泼好动、富于表现力和感染力、较敏感、容易适应环境的变化、精力分散、联系面广、兴趣广泛、见异思迁、反应性和外倾性较为明显。安静型的人的神经素质反应迟钝，但较平静，灵活性较低，抑制过程强于兴奋过程。其个性特点表现为，情绪稳定、冷静沉着、善于忍耐、反应迟缓、行动慢、心理状态不外露、耐受性和内倾性都较为明显。人的神经活动的特征，还存在许多其他的组合方式，因而，人的气质并非只存在以上四种状态。并且，在日常生活中纯粹为上述四种气质的人比较少见，多是混合型气质。因此，在我们对某个人的气质进行判断时，主要应该观察的，是构成他气质的各种心理特征，以及构成他气质生理基础的高级神经活动的基本特征，而并非简单地把他归入某一类型。

气质对消费者的购买行为具有比较深刻的影响。在购买活动中，消费者带特性的言谈举止、带特性的反应速度和带特性的精神状态等一系列的表现，都会不同程度地将其气质反映出来。兴奋型的人，在购买过程中其购买行为表现出情绪激烈、脾气暴躁、表情丰富、行动迅速等特点；沉静型的人，则表现出情感变化缓慢、体验深刻、反应迟钝、多疑谨慎等特点；活泼型的人，则表现出情感易于变化、反应灵敏、活泼好动、热情奔放、言行快速等特点；而安静型的人，则表现出冷漠、拘谨、稳重固执、自制力强等特点。

最后，还有一个对消费者的购买行为产生影响的个性心理特征，就是性格。性格是人对客观现实的态度和行为方式中经常表现出来的稳定倾向。它是人的个性中最重要、最显著的心理特征。人的各自不同的习惯的行为方式首先取决于其对现实的态度。一个人对某些事物的态度和反应，如果在其生活中巩固起来，成为经验程序，就会变成他在一定场合中习惯了的行为方式，也就构成了他的性格特征。人对现实的态度是由多方面因素结合而成的，主要包括社会态度、团体态度和合作态度，以及对劳动、对生活的态度和学习态度等内容。人们在这些方面可以表现出不同的性格特征，尤其是人在处理社会关系时所表现出的性格特点，是构成人的性格的一个重要因素。

在商业活动中，消费者千差万别的性格特点，也往往表现在他们在商品购买活动中的态度和习惯化的行为方式上。消费者的个体性格对其购买态度、购买情绪、购买决策和购买方式的影响是客观存在的，其性格及其特点会在这些方面表现出来，因此，我们可以通过观察、交谈和调查分析等手段，来认识消费者的个体性格，掌握消费者的性格类型。

3.3 消费者认知理论与广告心理研究

一、广告与消费者行为的关系

广告主进行广告宣传的最终目的是推动消费者对产品和企业产生好感并且促使其购买该企业的产品或服务。因此，消费者既是广告的接受者，又是广告中产品的购买者，消费者对广告的态度和最终的购买行为反映了广告发挥作用的大小。消费者是广告作用的对象，广告要想取得成功，必须符合消费者的心理和行为特点。消费者的需求动机、消费习惯和购买行为等特征是决定广告策略的最基本的依据。

广告界有一句名言说得好，“科学的广告术是依照心理学法则的”。消费者的购买行为对广告的发布时机、发布频率、广告的主题与创意、广告的表现形式等都有很大的影响，只有符合消费者心理的广告，才能刺激并打动消费者，促进其购买。

广告对消费者的影响基本上可分为：接触、注意、态度、记忆和购买行动五个阶段。而一个广告计划一般也包括广告目标、表现计划、媒体计划、实施和评价计划五个部分。广告计划的第一步就是要确定广告活动的长期目标和短期目标。长期的广告目标一般与品牌的长期发展目标相一致，而短期目标一般是让消费者了解企业和产品并树立好感，塑造品牌特色，增加销售量和利润，扩大声势以谋取市场地位等。一旦制定了广告目标，下一步就是制订表现计划。广告表现计划的内容包括广告的传达内容（应该说什么）、表现构思（应该怎样说）和表现技巧（应该怎样完成）。表现技巧和表现构思直接的作用是影响消费者对广告的注意和记忆，而传达内容关系着消费者对品牌态度的改变。为了达到广告的目标，广告必须通过某个媒体，借助某个时机，才能使广告最大范围地接触到广告的目标受众，并在一定程度上引起注意。最后通过将广告计划付诸实施来影响消费者的购买行为，促成其购买行为的发生。

在市场经济社会里，人们的消费需求都依赖于市场，都要通过具有支付能力的特定购买行为得到满足，所以消费者是市场的主人，市场营销的核心就是满足消费者的需求。企业只有分析和研究消费者的需求及其影响因素，研究消费者的购买行为及其自身特有的规律，才能有效地开展广告营销活动，实现其营销目标。

广告对消费者发挥的积极作用在于：首先，唤起消费者潜在需要，产生购买愿望进而激发起购买动机；第二，提供有关商品信息，进一步指向具体购买物品或劳务；其次确认广告的商标，以选择特定的商标产品。

因此一个成功的广告，必须积极地利用有针对性的诉求，把广告主所需传播的信息进行加强，传递给消费者，从而引起消费者的注意，使消费者对广告主的产品发生兴趣，并进而刺激消费者的欲求，促使其产生购买行为。可以看出，广告发生作用的这一机制和过程完全是心理性的，而广告也是针对消费者的物质欲求心理而策划的。这就是所谓的广告的心理功效，它是广告宣传通过对消费者的感觉和知觉刺激去激发消费者的认知过程的结果。广告的作用机制与消费者的认知过程有着高度的契合，心理学的法则渗透于广告传播与消费者认知过程中的每一个环节。

二、广告与感觉、知觉

感觉是人脑对直接作用于感觉器官的外界事物的个别属性的反应，而知觉则是人脑对直接作用于感觉器官的客观事物的整体反应。感觉和知觉都是人脑所固有的本能，是人的心理活动的基础。

感觉和知觉的途径有许多种，但对人的认识有重要作用的首先是视觉、听觉和知觉。对于广告宣传和创作来说，有重要意义的也是视觉、听觉和知觉这三种认知形式或途径。广告宣传事实上就是从对这三种认知形式的刺激开始的。

1. 视觉刺激

一个正常人从外界接受的信息中，80% ~90% 是通过视觉而获取的。视觉是我们认识外部世界的主导器官。而广告活动就是把通过对视觉器官的刺激使消费者产生兴奋作为一种基本手段。

视觉包括颜色视觉、暗适应与明适应、对比和视觉后像等内容，其中，颜色视觉对于广告心理学有着特殊的意义。因为颜色对人的心理情绪和行为有着十分重要的影响，因而人们对颜色的这种重要性的认识也越来越深刻。

色彩在广告中的使用，是应用颜色的视觉刺激原理的结果。在广告中应用的颜色视觉刺激，至少有以下五方面的功效：①吸引人们对广告的注意力；②完全真实地反映人、物和景致，从而使人产生美感；③可以强调产品和宣传内容的特定部位，从而加强视觉刺激，加深消费者对广告的关键内容的记忆；④表明销售魅力中的抽象质量，从而增强体认效果；⑤使广告在第一眼就给人良好印象，从而为广告的项目内容、产品或广告作者本身树立威信。所有这一切，无不是围绕着加强刺激、增强记忆做文章的。

对商品色彩的恰当运用，在广告设计中是不容忽视的。因此在广告设计中必须考虑色彩的心理因素，下面我们再就几个基本色相共有的心理效应作一个简单介绍。

（1）红色。

视觉刺激强，让人觉得活跃、热烈、有朝气。在人们的观念中，红色往往与吉祥、好运、喜庆相联系，它便自然成为一种节日、庆祝活动的常用色。同时红色又易联想到血液和火炮，有一种生命感、跳动感，还有危险、恐怖的血腥气味的联想。灭火器、消防车都是红颜色的。

（2）黄色。

明亮和娇美的颜色，有很强的光明感，使人感到明快和纯洁。幼嫩的植物往往呈淡黄色，又有新生、单纯、天真的联想，还可以让人想起极富营养的蛋黄、奶油及其他食品。黄色又与病弱有关，植物的衰败、枯萎也与黄色相关联。因此，黄色又使人感到空虚、贫乏和不健康。

（3）橙色。

兼有红与黄的优点，明度柔和，使人感到温暖又明快。一些成熟的果实往往呈现橙色，富于营养的食品（面包、糕点）也多是橙色。因此，橙色又易引起营养、香甜的联想，是易于被人们所接受的颜色。在特定的国家和地区，橙色又与欺诈、嫉妒有联系。

（4）蓝色。

极端的冷色，具有沉静和理智的特性，恰好与红色相对应。蓝色易产生清澈、超脱、远离世俗的感觉。深蓝色会滋生低沉、郁闷和神秘的感觉，也会产生陌生感、孤独感。

（5）绿色。

具有蓝色的沉静和黄色的明朗，又与人自然的生命相一致、相吻合，因此，它具有平衡人类心境的作用，是易于被接受的色彩。绿色又与某些尚未成熟的果实的颜色相一致，因而会引起酸与苦涩的味觉。深绿易产生低沉消极、冷漠的感觉。

（6）紫色。

具备优美高雅、雍容华贵的气度。含红的个性，又有蓝的特征。暗紫色会引起低沉、烦闷、神秘的感觉。

在广告中的用色，需要把握住消费者心理，运用特定的色彩关系，发挥出色彩特有的个性，为广告创意锦上添花。

2. 听觉刺激

听觉刺激也是广告宣传发挥其功效作用的有效途径。实践证明，音的高低、响度的大小和音色的优美，对广告宣传具有极为关键的影响。广告宣传不仅要考虑这三种因素的选择，而且还应该注意由它们演变或相互作用形成的听觉变化。

人对声音的选择比较复杂。有的广告心理学家指出，男性高音与女性低音所产生的效果，比男低音和女高音的效果要差，给人的感觉也不舒服。另外，从社会和心理的意义上说，人所不需要的噪音也会对广告宣传起反作用。此外，广告的气氛和环境对声音也有严格的要求。因此，在进行广告宣传时，应该小心从事，选择好广告伴音的音色、音高和响度，有效地发挥听觉刺激的愉悦效应，避免造成过度的令人厌烦的听觉刺激。

3. 广告知觉的特性

商品的个别属性总是与整个商品结合在一起被反映着。例如，广告或广告节目、商标、包装等，这些刺激物以光、声等形式作用于人的眼耳等器官，于是这些信息传送到大脑，产生了视听等感觉，而大脑经过对来自各器官所获信息进行加工之后，才形成知觉。感觉是对商品个别属性的反映，而知觉则是选择、组织和解释感觉刺激，使之成为一个有意义和连贯的现实印象过程。知觉的以下特性对广告信息的传播有着重要的影响。

（1）知觉的选择性。

消费者对一些商品或商品的某个属性知觉，而不对另一些商品及其某个属性知觉，叫做知觉的选择性。决定知觉选择性的机制有三个：知觉的超大负荷、选择的感受性和知觉防御。

知觉的超负荷指外来商品信息超出消费者在正常情况下所能接受的能力时，一部分刺激就会受到心理上的排斥。早在 1969 年，美国广告公司协会与哈佛大学联合进行的一次全国范围内的调查，旨在了解半天内大众实际看到的广告数。结果表明，接受过调查的多数人实际上半天只注意了 11 至 20 则广告。而通常可能遇到的广告数半天内大约为 150 则。当消费者考虑是否购买特定商品时，尽管可供选择的商品很多，但是，一般也只在 6 个或者更少的商标上斟酌。

知觉的感受性是指消费者对自己认为有价值的或有兴趣的对象表现出较高的感受性。例如，小孩子们对玩具要比对服装、化妆品更敏感；而姑娘们对女服和化妆品则更快觉察。

知觉防御指消费者表现出对恐惧或感到威胁的刺激倾向于回避、阻滞或反应缓慢。因此，在广告实践中采用否定的感染力方式说服消费者时，应持审慎的态度。

案例：“你把螨虫传给了女儿”，电视画面上是一位年轻的爸爸正在与女儿亲热地拥抱，父女面颊接触的特写。镜头拉近，三维效果表现出父亲皮肤毛孔中蠕动的大号螨虫向女儿幼嫩的皮肤爬去。这则广告很好地利用了恐惧作为情感诉求方式，引起受众的关注，加深印象。

（2）知觉的整体性。

商品具有许多属性，并且由不同部分组成。当商品信息作为刺激物对消费者发生作用的时候，通过消费者的感觉器官，大量离散的感觉信息传到大脑，然后按照一定的规则将它们组成某个整体或完形。这种把商品信息各个部分有机地结合在一起的特性，称为知觉的整体性。忽视知觉的整体性，可能给广告带来不良后果。例如，福建生产的一种名叫“葫芦牌”的神曲酒，打入香港市场后，很受当地人的青睐，知名度高，销路也好。后来，改换了商标，该产品顿时销路锐减。

（3）知觉的解释性。

当离散的感觉信息被知觉组成一个整体的模式之后，该模式同过去的经验作比较，进而推得意义。这种从感觉信息组织后的模式中推得意义，就是对刺激的解释。它紧紧地依赖于消费者先前的经验、动机、情绪、态度等因素。例如，一位饥肠辘辘的顾客进入水果店，眼看苹果色泽鲜艳，手触光滑圆润，鼻嗅清香，根据以往的经验，该顾客判断该种苹果汁多味甜，这就是知觉的解释性。

总之，市场刺激包括大量的变量，如产品的特性、包装设计、色彩、形状、商标、名称、广告与广告节目的设计、模特的选择、广告节目的播放时间等，诸如此类的因素，都会对消费者的信息接收产生影响，从而影响消费者的知觉选择。人们在其知觉选择中表现出明显的防御性，对自己感兴趣的东西尽力接纳，而对自己恐惧或感觉有威胁的刺激则尽可能地不去感知。同时，在人们对环境中各种信息进行选择时，并没有产生离散的感觉，而是把它们组合起来，作为一个整体来识别。因而，在我们的广告设计中，就应该对诸如主次关系、图形与背景的关系、信息联想等这样一些问题进行艺术化的处理，引导消费者在接受广告信息刺激的同时，产生一些有关产品的美好联想，从而激发消费者的购买动机。

案例： **立邦推出《让世界瞧瞧中国的颜色》系列主题**

奥运会开幕式上，展示了中国五千年文明的巨型长卷震撼了世界。而近日，立邦公司在上海《外滩画报》上推出了《让世界瞧瞧中国的颜色》系列主题，将“中国本色”的概念及故事相结合，也向人们展示了一幅绚丽多姿的“中国画卷”。

《让世界瞧瞧中国的颜色》系列主题，用各种颜色来诠释中国文化与底蕴，深入挖掘了代表中国色彩的典型元素。在该系列主题中，《上海是一个金色的梦》这则图文并茂的主题尤其抓人眼球，用情节赋予了“金色”和“上海”更多的含义，把上海弄堂文化渲染得格外动人，将一份关于母爱和金色阳光的温暖记忆向读者们娓娓道来。

此外，与其相呼应的是，在立邦的 icolor 网站上，正如火如荼地进行着一场“中国本色”的命名大赛，号召网友为每一个颜色取一个具有中国色彩的名字，创造出一套充满中国文化的色谱。该活动引起了众多网友的兴趣，充分调动了网友的热情与智慧。从命名的作品来看，许多网友对“中国”这个主题有着深刻而独特的理解，许多色彩都被网友赋予了深厚的中国内涵和意味，如“云南蓝”、“关羽红”、“黄河黄”等。

立邦在诠释色彩、用色彩故事来沟通色彩等方面有着独特的创意与视角，善于让受众了解并不断挖掘色彩，发现色彩形象之上的深远意味。不管是《外滩画报》刊登的系列主题所描绘的中国情愫，还是立邦 icolor 网站活动凸显的中国意味，都印证了立邦那句经典的广告词“我的灵感，我的立邦”，让人们对于色彩有了全新的认识和想象，同时展现了立邦这个国际大品牌擅长驾驭色彩的无限魅力。

三、广告与注意

广告诉求的原理即“AIDAS”，包含着引起注意（Attention）、产生兴趣（Interesting）、刺激需求（Desire）、激起购买欲望和行为（Action）、使购买者满意（Satisfaction）几个方面。这里我们看到，注意是达到广告诉求目的的第一步。

1. 注意及其特征

注意具有两大特点：指向性和集中性。所谓指向性，是指人的心理活动所具有的选择性，即在每一瞬间把心理活动有选择地指向某一目标，而同时离开其他对象。所谓集中性，是指人的心理活动只集中于少数事物上，对其他事物则视而不见，听而不闻，并以全部精力来对付被注意的某一事物，使心理活动不断地深入下去。在广告活动中，充分地利用注意的这两个特点，可以使消费者专注于广告宣传对象，使之离开一切与广告宣传无关的其他事物。这样，就可以使广告宣传的内容在消费者的心理活动中得到清晰、鲜明的反映。

2. 消费者注意广告的形式

根据产生和保持注意的有无目的和意志努力的程度不同，在心理学上把注意分为无意注意和有意注意两种形式。研究注意的这两种形式，对于广告人员来说，搞清楚人们如何注意，怎样引起人们的注意，有莫大的价值。

无意注意指事先没有预定的目的，也不须作任何意志努力的注意。引起无意注意的原因，可分为客观刺激物的本身和人的主观状态。在设置广告时，这是必须考虑的两个因素。

有意注意是一种自觉的、有预定目的的、在必要时还需要付出一定的意志努力的注意。有意注意是根据人的主观需要，把精力集中在某一事物上的特有的心理现象。其特点是，主体预先有内在的要求，并集中注意在已暴露的目标上。有意注意是一种主动服从于一定的活动任务的注意，它受人的主观意识的自觉调节和支配。相对而言，有意注意对于广告刺激的要求，没有无意注意要求那么高。

3. 如何使广告受到人们的注意

广告界流行这样一句话：使人注意到你的广告，就等于你的产品推销出去了一半。可见在商业广告设计中，充分运用注意的心理功效，是增强广告效果的重要环节。根据注意产生的原因及特点，广告宣传与创作要吸引和维持消费者的注意，大多采用如下办法：①增大刺激物的强度；②增大刺激物之间的对比；③提高刺激物的感染力；④突出刺激目标。

案例： 广告是如何影响消费者的

广告是丰富多彩的，广告的脸孔也是多面的。但是，无论广告的表现形式如何，它的最终目的是要促进消费者的购买欲望，从而带动销售。

夏天来了，气候闷热，换洗衣服增多。一些家庭主妇非常厌烦洗衣服，于是，她们非常注意电视上的洗衣机广告，如看过广告之后，拉上丈夫就到商场去选购。“爱妻牌”不错，既能洗衣服，又能体现丈夫对自己的爱，很可能就搬回家了。

与前面案例的王先生买手表一样，主妇们买洗衣机是一种有意识的行为。广告的作用只是提供了实现这种动机的途径——到××商场去购买“爱妻牌”洗衣机。因此，广告只是传播了商品的信息，真正地广而告之。

但是，广告不仅仅只是传播信息，更重要的刺激消费者的潜意识，使之变成购买的冲动。

王先生上班途中，有许多电线杆广告，如“祖传秘方”、“TOEFL 冲刺”、“房屋招租”等琳琅满目。在这些广告中，尤其是搬家、房屋出售和清洗厨房等家政服务广告最多。

王先生每天早上经过这些电线杆广告时，只是有意无意地扫上两眼，从没有特别留心这些广告。虽然如此，在他的印象中，对这些广告总存有隐隐约约、模模糊糊的印象。

一天，王先生家的抽水马桶开始漏水，王先生突然想起电线杆上曾有修厕所的广告，就打电话给那家修理店，解决了抽水马桶的问题。

透过王先生的行为，我们不难发现，电线杆广告透过潜意识的媒介，引导他去寻找厕所修理店的服务，这就是潜意识的作用。

生活中，这样的例子不胜枚举。当我们随便翻开一本杂志，看见其中一个广告；打开电视机，看见一个广告片断，我们的潜意识就已经接受了广告的刺激，并珍藏于心灵深处。如果我们将来某一天有这种欲求时，潜意识就会支配我们的行动。

并非所有的广告刺激都能给人以明确的意识，但却把“根”深深地扎于潜意识之中。“立竿见影”式的广告效果并不多见，厂商希望今天播广告，明天见效果的梦想是不现实的天方夜谭。

从广告对潜意识的影响来看，广告即使未见效益（短时间内），广告费也并没有浪费，因为植于消费者心里的“根”，总有一天会发芽、开花、结果。

四、广告与记忆

当今社会是一个到处充满广告的社会，广告犹如生活中的空气一样，无处不在，无时不有。但人们对广告的态度却越来越淡漠，许多人对广告漫不经心或熟视无睹，导致大量的广告被消费者忽视和遗忘。为了吸引消费者的眼球，广告人越来越注重广告的艺术表现，千方百计追求广告的完美和华丽，这样一来反而走入另一个误区，正如史玉柱所说：“中央电视台的很多广告，漂亮得让人记不住。”

广告是一种经济行为，它必须遵循基本的商业法则，即广告的目的是传递信息、诱导行为。因此，广告传达的信息能否被消费者真正理解并记住，这一点很关键。完美的广告不等于是一则好广告。美国波立兹调查公司总经理阿夫来德·波立兹曾说过：广告人会失望地发现他做的广告越是完美，就越容易成为不被人们注意的“广告”。在日常生活中我们也会看到，有一些广告的确很漂亮，但人们不知道它是卖什么的。相反，有些广告被业内人士评价为缺乏创意和美感，但至少人们都知道它是卖什么的，而且被牢牢地记住。如脑白金，当年就凭借着被网上称为“第一恶俗”的广告，创下了几十个亿的销售额，从这一层面上来说，脑白金是一则成功的广告。

记忆是人们在过去的实践中所经历过的事物在头脑中的反映。对于广告信息的记忆，是消费者思考问题、作出购买决策的必不可少的条件。因此，在广告设计中有意识地增强易于为消费者记忆的效果是非常必要的。

1. 广告记忆过程的基本特征

人的一般记忆过程和广告的记忆过程，都可以相对地分为识记、保持、再认和回忆四个基本环节。广告识记就是识别和记住广告，把不同的广告区别开来、使记忆在头脑中不断积累的过程；保持是巩固已得到的广告宣传的过程；回忆是把过去发布过的广告进行回想的过程；而再认则是当过去见过的广告再度出现时能把它认出来的过程。对广告的记忆过程进行研究，其目的是系统地了解广告对记忆进行促进的全过程，从而在今后的实践中充分地利用广告促进记忆的功效进行广告设计，以求获得更好的广告效果。

广告识记是获得广告的印象并使其成为经验的过程。从理论上，可以把广告识记划分为有意识记和无意识记。

广告无意识记是事先没有自觉和明确的目的、不用任何有助于识记的方法、也没有经过特殊的意志努力的识记。广告的有意识记则是具有明确的识记目的，运用一定的方法、经过一定的意志努力的识记。有意识记广告是一种复杂的智力活动和意志活动，要求有积极的思维活动和意志努力。它在广告宣传中具有重要意义，人们掌握系统的知识、系统的广告内容，主要依靠有意识记。

对过去经历过的广告宣传重新出现时能够识别出来，这就是广告再认；而对过去出现和经历过的广告能够回想起来，则是广告回忆。对广告的再认和回忆都取决于对旧广告的识记和巩固程度，保持巩固，则再认或回忆就容易；否则就很困难。借助于广告的再认或回忆，可以大大地巩固广告的效果。

广告的保持是过去接触过的广告印象在头脑中得到巩固的过程，它是大脑把广告信息进行编码、储存的过程。相反，广告遗忘则是对识记过的广告不能再认或回忆、或表现为错误的回忆的现象。广告保持和广告遗忘是两个相反的过程。它们对广告学的意义在于，广告保持不仅能巩固广告识记，而且是实现广告再认或回忆的重要保证；另外，我们在广告宣传中，要根据遗忘规律有针对性地安排广告的重播时间，以强化广告的记忆和保持。

上海通用正式发布“别克凯越”时，认为广告的实施策略至关重要。上海通用投放凯越广告时，在时间上选择了集中与分散相结合的实施策略。7月8日是凯越正式发布的日子，这一天上海通用在17种大众都市报上发布了大幅广告，其中12个整版，5个半版，以广告强势隆重登场。此后几天广告投放没有7月8日这样集中，日广告量维持在6到10个左右，到了7月下旬第四周广告量明显减少，日广告量下降到1至2个。对于同一媒体，凯越7月份广告一般出现2～3次，每周只会投1次。这样做的优势在于利用了人脑的遗忘规律，在一定的广告次数下，可以有效地提高人们对广告的记忆效果。

2. 增强广告记忆的心理学方法和广告策略

根据记忆原理及其个性差异，在广告宣传中采取有效的办法，正确地发挥记忆在广告过程中的作用，可以采取以下策略：适当减少广告识记材料的数量；充分利用形象记忆优势；设置鲜明特征，便于识记、回忆和追忆；适时重复广告，拓宽宣传途径；提高消费者对广告的理解；合理编排广告重点记忆材料的系列位置；引导人们使用正确的广告记忆。

脑白金的广告一直重复着“今年过节不收礼，收礼只收脑白金”，这句广告语，为脑白金创下了几十个亿的销售额。恒源祥绒线羊毛衫连续重复三遍“恒—源—祥—绒线羊毛衫，羊、羊、羊”的广告语挽救了一个企业，成就了一个品牌。另外，“保护嗓子，请选用金嗓子喉宝”、“维维豆奶，欢乐开怀”等广告既没有诗情画意，也没有大腕明星，仅通过不厌其烦地重复播放，使其家喻户晓。

五、广告与联想

所谓联想，就是人们在回忆时，由当时感觉的事物回忆起有关的另一件事，或者由所想起的某一件事物又记起了有关的其他事物的一种神经联系。依照反映事物间的联系的不同，可以将联想分为四类：接近联想；类比联想；对比联想；关系联想。无论是哪种联想，都可以帮助人们从别的事物中得到启迪，促成人的思维活跃，引起感情活动，并从联想中加深对事物的认识。在广告宣传中，有意识地运用这种心理活动的重要功能，充分地利用事物间的联系形成各种联想，可以加强刺激的深度和广度。

运用联想的商业广告设计，实际上是对有关信息的升华，是具体和抽象的综合表现的广告手法。具体的方法很多，如可以用消费者熟知的形象，也可以创造出深入浅出、耐人寻味的意境来暗示商品与劳务给人带来的乐趣和荣耀等。总之，采用直喻、暗喻或借喻等手法揭示有关信息的内涵，往往可获得引人入胜的艺术魅力，给消费者留下艺术再创造的余地，从而增强主题的说服力。

案例：

钢丝　鸟巢　稻草

你见过一个青春靓丽的美女，头顶的却是一头钢丝、一窝鸟巢和一丛稻草吗？这是台湾资生堂股份有限公司最新推出的资生堂“芳迪蒂尔”洗发精招贴广告的一组奇异画面。

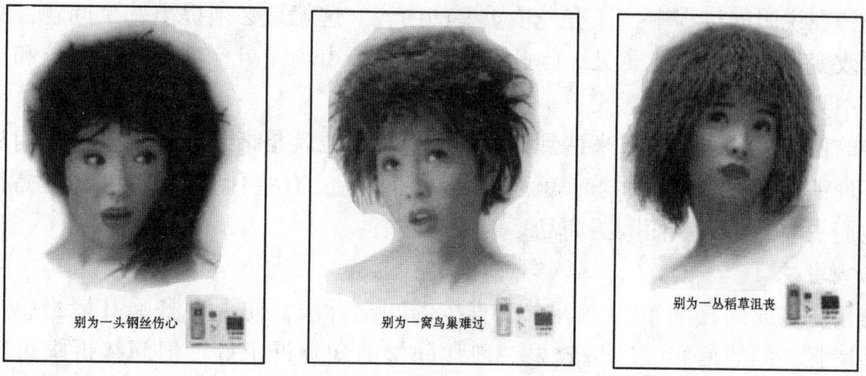

图3－2　资生堂“芳迪蒂尔”洗发精招贴广告

这次资生堂推出的“芳迪蒂尔”洗发精，拥有独特的西洋天然草药专业配方。它的优点就是能针对不同发质的头发，进行专业护理，既能洗净头发，又能有效护理头发，切实改善头发的生态环境，解决不同发质的烦恼。

在归纳、明确了产品的个性后，我们看创造者如何实现创意的关联性原则。

首先，是创意中采用的喻体喻产品的关联。在本广告中，应该是喻体喻产品所要解决的问题的关联，针对现实生活中人们不同的发质如坚硬、碎乱、干涩的特征，并以由此带来内心烦恼为切入点，创意者大胆地以一头钢丝、一窝鸟巢和一丛稻草分别对应，虽很夸张，却非常形象，用来比喻消费者的内心感受十分贴切。

其次，是与消费者的关联。应该说，该招贴广告的创意原创点就是从消费者内心需求出发的。创作者正是理解了不同发质消费者的烦恼，感应了他们的内心需求，并切实从消费者的利益出发，以解决消费者问题的真诚态度进行创意的。“芳迪蒂尔用西洋天然草药专业配方，解决不同发质的烦恼”体现了一种与消费者设身处地的关联。

再次，是与竞争品牌的关联，体现在创意里，则是诉求点上的独树一帜。当P&G旗下的洗发水品牌“飘柔”、“海飞丝”、“潘婷”以及花王的“诗芬”、“蓝蓓丝”不断地表现去头屑、飘逸、让头发乌黑亮泽、沉醉迷人之时，“芳迪蒂尔”则理智地回归自然、回归消费者本位，提出了“不要为一头钢丝而伤心”、“不要为一窝鸟巢而难过”、“不要为一丛稻草而沮丧”的口号。同样是保护头发的角度，“芳迪蒂尔”显然更实在、实际、实惠。

六、广告说服消费者

所谓说服，就是使某种刺激给予消费者一个动机，使之改变态度或意见，并依照说服者预定意图采取行动。广告的心理功效，就是最终说服消费者采取购买某种商品或劳务的行动。

心理学研究证明，为了达到说服消费者的目的，必须具备以下条件：①使接受者对说服者的诉求产生共鸣或关心；②使接受者依照说服者的指示，采取一定的行动；③使接受者与说服者采取同一步骤或立场；④使接受者赞成说服者的意见或行动；⑤使接受者重视说服者的立场或信念。

此外，在说服的过程中，还有一项重要的内容，这就是必须提出一个问题，并且针对这个问题改变他人的态度或意见。因此，广告的目标市场或目标消费者的定位和指向，在广告宣传中具有十分重要的意义。

广告的说服，是通过诉求来达到的。所谓诉求，也就是指外界事物促使人们从认识到行动的心理活动过程。广告诉求，就是要告诉消费者，有些什么需要，如何去满足需要，并敦促他们去为满足需要而购买商品。一般方法有：

1. 知觉诉求

就是用直接或间接的事物来诉求。直接的知觉诉求，使人有身临其境之感。亲身体验，容易增强人们的信心，广告效果一般比间接的知觉诉求好。但间接诉求可以广泛使用，不受时空限制，因而在实际中大多数广告采用间接诉求，而把直接诉求作为一种辅助手段。

2. 理性诉求

就是偏重于运用说理的方式，直接陈述商品的好处。运用理性诉求的广告，多是技术型的商品，或与人身安全有关的商品，侧重于说明和对消费者的利益承诺。通常在理性诉求中，注重传达以下几个方面的信息：

（1）有助于消费者进一步认知产品或服务的诸种信息。

（2）产品或服务的质量。

（3）基本性能和性别功能。

（4）消费者从中可以得到的利益。

（5）产品在竞争中的优势所在。

3. 情感诉求

就是采用富有人情味的方式，着重调动人们的情感，诱发其购买动机。情感诉求是以满足人们的“自我形象”的需要作为诉求重点的。一般来说，情感诉求必须能够给消费者以积极的心理倾向才可能发生作用。

当今社会是一个感性消费的时代，感性消费就是一种情绪和情感的消费。“怀旧”、

“孝悌”、“念家”、“关爱”、“力量”、“同情”等成为消费者重家庭的温馨和谐、重人与人之间“情”的思维定式，并深深影响着人们对事物的评价和选择。只有激发消费者积极的情感，才能使广告成功。

例如，美国贝尔电话公司广告。一天傍晚，一对老夫妇正在进餐，电话铃响，老妇去另一房间接电话，回来后，老先生问：“谁的电话?”老妇回答：“是女儿打来的。”又问：“有什么事?”回答：“没有。”老先生惊奇地问：“没事几千里打来电话?”老妇呜咽道：“她说她爱我们。”俩人顿时相对无言。旁白则是：“用电话传递你的爱吧。”这则广告以最易引起人们共鸣的亲情入手，通过远在千里之外的女儿用电话向年迈的父母传达爱心而赋予电话以强烈的情感色彩，营造一种浓浓的亲情，最后水到渠成地推出要宣传的企业——贝尔电话公司。广告整个过程自然得体，情真意切，有很强的感染力。

4. 观念诉求

就是通过广告宣传，树立一种新的消费观念，或改变旧的消费观念，从而使消费者的消费观念发生对企业有利的转变。

三九感冒灵有一个非常经典的广告：婆婆和媳妇站在男人两边，为买什么感冒药，左一个中药好，右一个西药快，无休无止地争吵着，男人则夹在二人中间抱着头，痛苦地高喊一声：“中西结合!”

这真是个聪明男人，急中生智在婆媳中间搞了个平衡，平息了这个家庭的纷争。而这个广告一点也不夸张，现实生活中经常会发生类似的一幕。在广告诉求中既采用理性方法，真实、具体地传达信息，又使用感性方法，力求使信息的诉求注入感情色彩，很好地传达了“中西结合”这一概念。

按照心理学研究，说服是通过给予接受者一定的诉求，引导态度和行为趋向于说服者预定的方向。诉求就是说服，诉以欲望或需要，博得关心或共鸣，最终达到诱致购物动机的目的。在商业广告中，巧妙地运用这几种类型的诉求，可以收到相当可观的说服效果。

3.4 广告的心理战术

随着商品市场的多样化，瞄准消费者的广告变得越来越重要。事实上，广告在这里承担着市场领导者的作用。然而，人心不同各如其面，人的这种差异完全是心理性的，因此，商品也就必须配合人的不同需求心理去设计，广告也是如此。尤其是在所有的商品越来越趋于同质化之后，这种心理上的针对性就显得更重要。

1. 选择适合心理诉求的广告媒介

广告媒介包括报纸、杂志、广播、电视、户外广告和直接函件等一切能使广告接受者产生反应的手段和方法。但不同的广告媒介在消费者中所能激起的反应程度是不同的，因此，如何选择最适合于心理诉求的媒介，就成了广告的心理策略的第一个问题。

2. 制作更佳的印象

广告在刺激消费者的心理活动之后，表现为在神经中枢的印象反映。富于想象力的文案或广告画面能给人以更强烈的刺激，从而产生更佳的印象，使广告的魅力和艺术表现力大增，同时亦可加强心理诉求效果。能启发想象力的广告，可以使读者心理移向新的领域，使得读者产生实际使用广告商品和服务时的那种美好感觉的想象。这对商品的销售是极有帮助的。

3. 刺激欲望

所谓刺激欲望，就是通过广告宣传，激发消费者潜在的特殊欲求，从而促使其购买能够满足其心理欲求的商品。这一过程事实上就是说服购买的过程。为使消费者产生购买欲望，“商品对我们有什么好处”就成为广告诉求的重点，也就是说，站在消费者的欲望立场，说明有关商品的特性。

4. 利用时尚流行

时尚流行是社会生活的一个普遍现象。宣传流行商品的广告，应注意几个重点。首先对权威言行的渲染，是广告推动和利用流行的手段之一；其次，注重广告的新闻效果，为创造流行准备条件；再次，发挥教育者和消费指导的功能；最后，要注重对流行商品的赞赏，刺激逞强的模仿的欲求行动。

5. 注重个性

注重个性，也就是在广告宣传中突出商品的特性和不同于其他同类产品的优异之处，从而刺激消费者的荣誉感。这也是广告宣传的策略，是对目标市场进行分类后的要求。

精选案例

丰田瞄准Y世代

——一个汽车巨人的游击营销

近两年来，由于美国“婴儿潮”一代的渐趋老龄化，购买能力和市场潜力缩小，各大汽车厂商纷纷把目光投向了刚刚涌现的“Y世代”。美国《商业周刊》对于“Y世代”的定义是出生于1978年以后的美国青少年，他们是“婴儿潮”一代的子女。

根据J. D. Power & Associates的统计表明，2002年，“Y世代”已经超过了7 000万人，全球“Y世代”共购买新车70万辆。虽然现在“Y世代”只占到美国汽车市场6%的份额，但是到了2010年，将有6 300万“Y世代”超过合法的驾驶年龄，他们每年将购买400万辆新车，占全球汽车消费市场的25%，保守估计市场价值将达1 000亿美元。

正因为如此，日本和美国的各大汽车厂商都在近期推出了针对“Y世代”的新车型。但是，由于丰田公司的顾客群集中在“婴儿潮”一代的美国人，在所有的日本汽车厂商中，丰田公司的消费群老化最为严重。丰田公司Scion品牌的营销副总裁James Farley称，丰田公司顾客的平均年龄达到了50岁，是日本汽车厂商中顾客平均年龄最大的。目前，超过一半的丰田顾客是“婴儿潮”一代，丰田公司面临着其购买者平均年龄每过一年增加一岁的窘境。更加令丰田公司担忧的是，年青一代的消费者虽然都认为丰田汽车质量非常好，但是他们都认为这是他们父母开的车，寒酸而又过时。美国顶尖的汽车营销和产品顾问公司Auto Pacific的总裁乔治·帕特森说：“这种情况如果持续下去，不出几年，丰田将成为日本汽车厂商中的别克。”J. D. Power的调查显示，起亚、大众和本田品牌对25岁以下的购车者有更大的吸引力，丰田在这方面则做得不够好。

为了避免丰田汽车步20世纪七八十年代美国汽车公司的后尘，摆脱顾客群和品牌形象老化的困境，丰田公司从1999年底就开始在美国和日本市场推广其“年轻战略”。而2003年6月9日，又在美国加州的150个经销点同时隆重推出其第三个品牌Scion，此品牌市场定位为入门级的汽车，瞄准的正是年轻族群“Y世代”。对于丰田公司来说，Scion品牌是否能取得成功，将决定公司能否在未来十年里继续称雄美国市场。为了配合Scion品牌的消费者心理和习惯以及品牌的市场定位，丰田公司采取了与以往不同的完全营销方式。

游击营销对付难捉摸的“Y世代”

Scion的字面意思是“贵族后裔”，Scion字体位于商标中央，两片锐利的扇叶从此伸展开，外围椭圆则是神似丰田厂徽外形，意味着Scion有着丰田一样的优良品质。在纽约车展上，丰田打出的口号就是——“下一代的TOYOTA来了！”明确地瞄准了年轻买家。

Scion绝不是丰田公司的一时冲动，丰田对Scion品牌的期望也不仅仅只有销量那么简单。公司希望这一品牌在功能上犹如一个专门针对年轻族群汽车市场的试验田。Scion品牌的营销副总裁Jim Lentz说：“在过去的四年里，我们一直在倾听和研究这个群体，现在，时机已经成熟了。”经验告诉营销人员，“Y世代”的市场潜力虽然诱人，但是他们的购物心理也最难以捉摸，过去针对他们的市场策略往往流于低俗肤浅的花招，大多难逃脱生硬的定型。

丰田北美汽车销售公司执行总裁Yoshimi Inaba称：“经过慎之又慎的研究和分析，我们发现‘Y世代’的范畴其实非常广泛，如果不把他们细分的话对公司是非常危险的。我们最终找准了他们中的一个利基市场——我们称之为‘潮流创新者’（Trend setters），这群人从来不会理会丰田的产品，但是这一次，我们相信他们会被Scion品牌所吸引。”

为了使Scion完全摆脱丰田的老旧形象，丰田公司舍弃了御用的Saatchi & Saatchi广告公司，选择了旧金山的Attik广告公司，负责公司的整体上市计划。Attik在年轻人市场具有丰富的经验，他们雇了一班年轻人专门研究其同龄人的生活习惯并把信息反馈回来。Attik总裁威尔·特拉维斯表示：“我们就生活在他们当中，要想赢得年轻人的青睐，你必须证明自己品牌的真实和价值。”另外，丰田还雇用了纽约的Oasis设计公司，为品牌设计和推广网站。

经过丰田公司和其广告代理公司的调查研究发现，“Y世代”是和他们的父母以及兄长非常不同的一代，特别是Scion的目标客户“潮流创造者”。他们看电视的时间明显减少了，而用来上网和听音乐的时间是平均水平的两倍。由于他们是在“营销饱和”的环境中成长起来的一代，他们不仅对大众广告的接受度不高，而且很厌恶“推销”。相反，“意见领袖”和朋友的话对他们非常起作用，同时，他们还很喜欢“自己寻找”到的产品。因此，公司最终决定采用非传统而且较便宜的游击队营销的方式来推出这一品牌，从而避免耍花招和用太多的噱头，以使营销显得直接而有说服力。

借助活动，低调营销

游击队营销的精髓之一就是采用看似低调的方式，借助各种活动来调动受众的兴趣，这也不失为一种廉价、高效的方式。

(1) Scion和深受“Y世代”喜爱的杂志*URB*、*PIONEER*（这两本杂志在青少年中口碑相当好，是他们的“潮流圣经”）签订了相关协议，*URB*和*PIONEER*会定期将加州地区的有关活动（如CD发布会、流行音乐会、画廊等）通知Scion的营销人员，这些活动往往是Scion品牌的目标客户群“Y世代”聚集的场所。届时，Scion的营销人员会将两款概念车开到这些活动的现场，并摆放在显眼的位置，吸引活动参与者的注意力。

(2) Scion品牌的营销人员在加州很多大学的音像店和草坪举办“试驾”活动，让大学生们有了一个近距离接触Scion品牌的机会。

(3) Scion品牌还赞助了一些“涂鸦艺术家”、“地下音乐家”和“唱片骑师”，在品牌上市之前就赠送了他们新车。这些人收入都不高，所以非常喜欢Scion的这一做法。他们经常开着丰田公司赠送的Scion概念车出入一些所谓的先锋场所，对于“Y世代”来说，他们是当仁不让的“意见领袖”。

(4) 丰田专门为Scion建立的网站在营销中也起到了相当重要的作用。James Farley说，“Y世代”不会像他们的父母那样，花4个小时在经销商那里挑选、试驾。通过我们的网站，他们只需要在网站上把想要的车型和配件选好，然后去经销商那里取货就可以了。另外，通过与*URB*、*POINEER*的合作，Scion网站还为“Y世代”提供了大量音乐会、发布会的信息。不到一年的时间，Scion的网站上已有了4万多会员，James Farley认为，他们都将成为Scion的品牌忠诚者，也将成为口碑营销的传播者。

选择小众媒体，广告做到电影院

Scion进行游击队营销的另一个重大举措就是避开昂贵的大众媒体，利用非大众媒体做广告，这也是游击队营销的精髓之一。

专业网站、电话亭里的招贴画、夜总会和酒吧内的海报、电影院等受众群相对集中的小众媒体，都成了Scion品牌宣传的利器。正如James Farley所说：“如果你没有看到过我们的广告，那没有关系，因为这表明你不是我们的目标客户！”

Scion品牌委托著名收视率调查公司Arbitron公司和爱迪生媒体调查公司做一份受众调查，随机调查了北京2 511名受众，充分说明了Scion选择电影院作为其主要广告投放媒体的原因。

据2003年1月的调查统计，约有9 500万美国人（占总人口的40%）在过去的1个月里到电影院看过电影，放暑假时观众人数会更多。经常看电影的人（平均每个月去三次以上）基本上可以描述为：35岁以下、思想活跃的年轻人。他们平均会在电影正式放映前19分钟到达电影院。相对于电视、杂志等大众媒体广告和网站的弹出广告来说，他们对电影院广告的接受程度要高得多，70%的“十几岁的年轻人”称，他们完全能接受电影院里各种形式的广告。报告指出，在电影院投放的各种形式的广告（包括在走廊和小卖部粘贴的海报、电影放映前的广告片等），可以作为户外和互联网广告媒体的一种重要的补充形式，特别适合针对年轻消费者的汽车、电信、娱乐和旅游等各种产品。

Scion的目标是今年在加州地区能够售出1万辆XA和XB，明年在全美上市时，市场目标要达到10万辆，届时，丰田还可能考虑推出新的车型。从6月9日始，产品在150个经销点同时上市到8月底，Scion已经卖出了2 000辆，雄心勃勃的丰田对这个成绩非常满意。

（选自《成功营销》2003年第九期）

思考题：

1. 在推出新品牌 Scion 时，丰田公司为什么要改变以往的广告和营销策略，而将目光投向“Y 世代”？

2. 所谓的“Y 世代”具有什么样的特征？针对这一特定群体，丰田公司开展了哪些特殊的营销活动？

3. 在具体的广告投放上，丰田公司为什么舍弃了传统的大众媒体？具体采取了什么样的投放策略？

4. 请简要评析丰田公司的这场“运动”，并说明明确广告受众对选择广告和营销策略的意义。

复习思考题

1. 影响消费者心理和行为的主要因素有哪些？

2. 广告心理过程包括哪些部分？请举例说明。

工作任务训练

工作任务一：参观一家经销音响设备、手机或其他电器的商店，将其使用的销售技巧（广告、卖场展示、店内设计等）做一份报告。这些策略表现出哪些有关消费者心理的理念？

工作任务二：麦当劳的营销战略。

它是做小生意的，25 美分的一个面包加牛肉饼，10 美分一个的炸土豆条，20 美分一个的冰淇淋，一瓶橘子水，几片酸黄瓜……然而，它又是世界最大的食品工业：1983 年的营业额是 86.87 亿美元，纯利润 3 亿美元；它有职工十七八万，8 000 多家分店遍及世界各大洲，平均每年还增加 500 家分店。

靠几毛钱的小买卖，怎样从众多同行的包围中杀出一条财路来？麦当劳汉堡包王国的“国王”克劳克只有一句话：“我认真对待汉堡包生意，它重于一切。”这似乎是一句大实话，然而克劳克把“认真”两个字变成一门内容浩瀚的经济学。因为认真，克劳克从频率加快的社会生活中摸准了顾客的心理：供应廉价、快速的食品；紧张的工作需要能供应足够体力消耗的各种营养。因为认真，快餐店开设的位置都经过仔细选择。火车站、地铁站、长途汽车停车点、校园军事基地商业区……都挂起了醒目的“M”字的黄色招牌。因为认真，克劳克注意到电视广告的作用，1967 年以后不惜重金制作生动有趣且富有号召力的电视广告。为此，专门设计了一个引起轰动的罗纳德·麦克唐纳的滑稽角色。各种各样的有奖测验和猜谜游戏也应运而生。仅仅在 1983 年，麦当劳公司就以在美国营业总额的 4.4%，即 3.1 亿美元做广告宣传，其中 60% 花在电视插播与专题广告上。因为认真，克劳克不惜巨金在 20 世纪 60 年代后期将所有食品、用具都规格化和系列化，并成立了一套完整的企业管理系统，有专用的农场、牧场，特约的面包点、餐具店。他自豪地说：无论你在哪一个地方的麦当劳快餐店用餐，其大小、分量和味道完全一模一样。

在激烈的竞争中，万事需认真。土豆条炸糊了，牛肉饼变质或不够分量，店堂不够清洁，音乐不够优美，桌椅板凳不够舒适等，都是麦当劳公司绝对不能容忍的。它有一个“Q、S、C、V 战略”，即：讲究营养、味美的质量（Quality）、令人满意的服务（Service）、清洁卫生的环境（Cleanness）、合理的价格（Value）。凡不符合这四项要求的，经理就会被开除，分店也要被吊销经营许可权。

请认真阅读以上案例，回答下列问题（在每小题后的备选答案中选择一个或一个以上最恰当的，将其序号填入题后括号内）：

1. 麦当劳成功的根本在于（　　）。

A. 企业的组织结构　　B. 摸准了顾客的心理并努力去满足顾客

C. 遍布世界的网点　　D. 巨额的广告投入

2. 如果有竞争者向麦当劳发起价格挑战，麦当劳理想的竞争对策应该是（　　）。

A. 凭借自身的优势，不予理会

B. 针锋相对，降低产品和服务品质，从而降低成本和价格

C. 通过产品差异化展开非价格竞争

D. 提高产品价格

3. 麦当劳的成功，除了其根本的市场观念以外，还取决于（　　）。

A. 完美的营销组合　　B. 完整的企业管理系统

C. 一丝不苟的工作态度　　D. 花样翻新的促销手段

4. 请简要回答：麦当劳现已风靡全球，你认为它会不会走下坡路？请为它下一步的发展思路提出一个建议。

工作任务三：能够用广告心理理论分析以下案例。

（一）请对以下广告从广告心理角度加以分析

1. “不可偷看”的缘由　外国一家饮食店，门前摆了一个大酒桶，并在上面写了 4 个引人注目的大字“不可偷看!”可是，过路行人都禁不住好奇心的驱使，想看个究竟。看完之后不禁哈哈大笑，原来桶里写着：“我店卖与众不同、清醇芳香的生啤酒，一杯 5 元，请享用。”这一广告倒也引来众多顾客。

2. 手表走时不精确，望君三思而择　瑞士一家钟表店由于手表大量积压，资金周转不灵，前景堪忧。表店老板心生一计，贴出一张广告：本店现存一批手表，走时不太精确，24 小时慢 24 秒，望君三思而择。广告贴出不久，钟表店突然门庭若市，生意异常兴隆。积压的手表一销而空，店主喜出望外。

3. 摔、打手表　泰麦斯克公司生产的手表在欧洲、非洲久负盛名。究其原因，除了产品质高价廉外，就是因为它的推销方式和电视广告镜头出奇地吸引人。泰麦斯克的推销员访问零售店时，常常把手表猛摔在墙上，或放入水中，以证明其防震和防水质量。该公司在做商业广告时，实况播出泰麦斯克手表被拴在飞奔的马尾上，或从 135 英尺的高处投入水中，或被捆在冲浪板上或水陆两栖飞机之后，人们仍可看到它还在继续走动。1962 年，泰麦斯克在非洲还是一个不知名的牌子，公司发动“拷打试验”广告宣传后，仅在 1962 年 12 月份，泰麦斯克公司就在非洲市场售出 1 万只手表。接着，泰麦斯克又以同样的方式进军法国市场，取得了很好的效果。

（二）对以下流行广告语，请你从广告心理角度进行分析

1. 味道好极了（雀巢咖啡）
2. 大宝，天天见（大宝）
3. 当太阳升起的时候，我们的爱天长地久（太阳神）
4. 喝了娃哈哈，吃饭就是香（娃哈哈）
5. 喝贝克，听自己的（贝克啤酒）
6. 新飞广告做得好，不如新飞冰箱好（新飞电冰箱）
7. 27 层净化（乐百氏纯净水）
8. 飘柔，就是这么自信（飘柔）
9. 我的地盘听我的（中国移动通信动感地带）
10. 神州行，我看行（中国移动神州行）

补充阅读

不同顾客的消费心理及促销应对技巧

一个优秀的促销员经过长期的工作经验积累之后，能练出一双火眼金睛，能对顾客作出准确的判断，从顾客的年龄、衣着、语言、表情等方面可以综合判断顾客的身份，并对顾客作出分类，结合顾客消费心理使用相应的沟通销售技巧，最终实现销售目的。

不同年龄顾客的消费心理及应对技巧

分类	消费心理	应对要点
老年顾客	1. 喜欢购买惯用的商品，对新产品常持怀疑态度 2. 不易受广告宣传的影响 3. 希望购买质量好、价格公道、方便舒适、结实耐用、售后服务有保障的商品 4. 挑选仔细，对促销人员的态度反映非常敏感	1. 多举例子，以事实说话 2. 多对他们的观点表示认同 3. 耐心地说明商品用法、用途 4. 服务时要耐心、热情
中年顾客	1. 喜欢购买已被证明其使用价值的新产品 2. 对既经济、质量又好，还有装饰效果的商品感兴趣 3. 多属于理智购买，购买时比较自信 4. 经济状况较好，但头脑中价值观念较强	1. 以亲切、诚恳、专业的态度对待他们 2. 不要急于介绍商品，先注意观察判断 3. 介绍商品时侧重商品性能和特点，突出商品内在品质使用性、便利性 4. 推荐中注意培养感情，发展“回头客”
青年顾客	1. 喜欢购买新颖、流行的商品 2. 多数购买行为具有明显的冲动性，易受外部因素影响 3. 追求档次、品牌，对消费时尚反应敏感，具有强烈的生活美感 4. 价值观念淡薄，只要是喜爱的商品，就会产生购买欲望和行动	1. 尽量给他们推荐流行、前卫的商品 2. 介绍商品时不要反复介绍产品知识，而应强调产品的特点、新功能、新用途 3. 宣传商品时注意激发其购买欲望

女性消费心理

在现代社会，谁抓住了女性消费者心理，谁就抓住了赚钱的机会。要想快速赚钱，就应该将目光瞄准女性的口袋。店铺在市场销售中，应当充分重视女性消费者的重要性，挖掘女性消费市场。女性消费者一般具有以下消费心理：

(1) 追求时髦。

俗话说“爱美之心，人皆有之”，对于女性消费者来说，就更是如此。不论是青年女子，还是中老年女性，她们都愿意将自己打扮得美丽一些，充分展现自己的女性魅力。尽管不同年龄层次的女性具有不同的消费心理，但是她们在购买某种商品时，首先想到的就是这种商品能否展现自己的美，能否增加自己的形象美，使自己显得更加年轻和富有魅力。例如，她们往往喜欢造型别致新颖、包装华丽、气味芬芳的商品。

(2) 追求美观。

女性消费者还非常注重商品的外观，将外观与商品的质量、价格当成同样重要的因素来看待，因此在挑选商品时，她们会非常注重商品的色彩、式样。

(3) 感情强烈，喜欢从众。

女性一般具有比较强烈的情感特征，这种心理特征表现在商品消费中，主要是用情感支配购买动机和购买行为。同时她们经常受到同伴的影响，喜欢购买和他人一样的东西。

(4) 喜欢炫耀，自尊心强。

对于许多女性消费者来说，之所以购买商品，除了满足基本需要之外，还有可能是为了显示自己的社会地位，向别人炫耀自己的与众不同。在这种心理的驱使下，她们会追求高档产品，而不注重商品的实用性，只要能显示自己的身份和地位，她们就会乐意购买。

任务四 广告创意策划

能力目标

1. 能够描述创意总监的工作
2. 明确创作过程的各个阶段和特点
3. 能够做一些小的创意策划
4. 挖掘潜在创造力，并借此激发创意思维

引入案例

一品创意“一品”茶

众所周知，浙江的龙井茶举世闻名，某种程度上，龙井茶甚至成了江浙人文气息的一种象征。同样，在1997年的广州，第五届全国广告作品展评暨中国广告节上，这幅由浙江省广告策划中心创作的“一品”龙井茶招贴广告，也引起了中国广告界的广泛关注，并获得多方好评，被誉为“散发苏杭气息的招贴广告精品”。

这幅招贴广告的最大妙处是一个“巧”字。画面上端是一汉字书法“品”字，秀丽隽美又不失孤傲风骨的字体象征着龙井茶的清醇脱俗；下方与之相对应的是摆成品字形的三杯龙井茶，精致小巧的茶具，淡绿清幽的茶汁，仿佛还散发着龙井的浓韵浅香；在这两个意象之间，是绿色的一块长形色块，上面黑墨楷书：“请品一品龙井茶”，其中“一品”是反白字，昭示“一品”是品牌名。这既是中心广告语，同时绿色块的横条又与上端的书法“品”字和下端品字形的茶杯巧妙地构成了“品一品”的格局。

作品构思巧妙，构图上也暗藏玄机，耐人寻味。作者充分调度了汉字特有的形体美、形式美，三“口”成“品”，三“杯”亦成“品”，纵向视觉的“品一品”，意为亲口品尝有品味的龙井好茶；横向视觉的“品一品”，意为品尝一下“一品”龙井茶，两者既有关联，又各有侧重，相得益彰。

案例思考题

1. 请查找资料，了解产品广告信息，并作出评价。
2. 请谈谈文化在广告创意中的作用。

理论引导

1. 广告创意概念
2. 广告创意基本理论
3. 整合营销传播理论（IMC）
4. 广告创意思维

4.1 广告创意概念

一、广告创意概念

创意，在英语中用“creative、creativity、ideas”表示，是创作、创制的意思，有时也可以用“production”表示。

20世纪60年代，在西方国家开始出现了“大创意”（the big creative idea）的概念，并且迅速在西方国家流行开来。大卫·奥格威指出：“要吸引消费者的注意力，同时让他们来买你的产品，非要有很好的特点不可，除非你的广告有很好的点子，不然它就像很快被黑夜吞噬的船只。”奥格威所说的“点子”，就是创意的意思。

詹姆斯·韦伯·扬在《产生创意的方法》一书中对于创意（ideas）的解释在广告界得到比较普遍的认同，即“创意完全是各种要素的重新组合。广告中的创意，常是有着生活与事件‘一般知识’的人士，对来自产品的‘特定知识’加以新组合的结果”。

我国目前在创意词的使用上非常灵活，这大概是由于广告创意理论在引进过程中，几乎同时将“creative”、“creativity”和“ideas”引进来，而这三个观念在产生和运用中都曾经存在不同方面的指向或特定的含义，译成中文后都笼统地解释为创意的原因；也可能是“创意”的思想，在国内流行开来之后，许多人盲目赶时尚，导致概念混乱所致。

广告创意是为了确立和表现广告主题而进行的一种创造性思维活动。换言之，广告创意是使广告传播达到广告目的的、富有创造性的主意、意念或新奇的点子。广告创意贯穿在广告策划的全过程中，它是通过构思形成的新颖而富有吸引力的广告创作意念。广告创意实质上是根据产品市场、目标消费者、竞争对手等情况制定的广告策略，寻找一个说服目标消费者的理由，并根据这个理由通过视、听表现来影响目标消费者的感情和行为。广告创意不同于纯艺术创作，它是一种目的性很明确的信息创作，通常是广告人集体智慧的结晶。因此，它必须服从于广告目标和广告策略，在此前提之下，展开思考与联想，确定广告的表现方针，如广告诉求重点、信息的传播方法、说服的方式、技巧等。广告创意从根本上说是一种商业行为，它的功能是传达信息，目的是促进销售，使用的手段是艺术。因此，广告创意有自己的创意形态、创作方法，不能照搬艺术创作。正确的广告创意程序是从商品、市场、目标消费者入手，首先确定有没有必要说，再确定对谁说，继而确定说什么，然后是怎么说。广告创意的核心在于提出理由，继而讲究说服，以促成行动。而这一理由应具有独创性，是别人未曾使用过的。因此，广告创意的过程，就是想出各种好点子的过程。广告创意的基本原则是任何创意都是对客体的反映。广告创意是表现客体的思维活动，它来自对商品、市场、竞争、消费者，以及内外环境等方面的认知和把握。现代广告创作人员必须遵循以下基本原则：

（1）立于真实，创意的本质是真实。创意建立在诚实基础上是获得成功的关键，搞创意要“言在其真”。

（2）注重文采，强调文采是指辞美意实。要把“语不惊人死不休”作为广告创意的座右铭。

(3) 动之以情，要打动人的心。首先要从情入手，语言的感人，声音的亲切、意义的深刻，都能打动人心。创意的原则不是说教，而是以情感人。

(4) 标新立异，创意是一种创造性的劳动，它以标新立异，推陈出新为其特点。立意要新颖，用语要巧妙，要创作出前人没有写出过的东西，才算是好作品。

(5) 意在言外，创意的妙处不在明言直说，而是意在言外。“意中有景，景中有意”，是广告创作工作者创造优秀作品的绝招。

(6) 大胆幻想，幻想是创造性想象的一种特殊形态。幻想的过程是广告创作人员根据自己所收集的材料对向往和憧憬所需表象和意念的一种映象。创造性的、积极的幻想使广告创作人员可以展望和预见未来，并把广告创作人员的思路引入瑰丽神奇的意境之中。因此，创造性的、积极的幻想是推动创意活动的巨大动力。

(7) 着力想象，想象是创意活动的主体，是广告创作人员创造出新形象的重要手段。只有着力想象才有可能促使广告创作人员在头脑中产生回忆、联想、类比的心理活动。在报刊想象过程中，可激发创造力。

案例：

斯达舒：营销创新 “渗”者为王

斯达舒的成功是以其完善的广告传播策略为背景的。

“斯达舒”胶囊是修涞贵与数十位博士和医药专家苦心研究的成果，据称这是50年来胃病治疗史上的重大突破，一般胃药往往只针对胃病的单一症状，而“斯达舒”胶囊既能快速止痛又能促进溃疡愈合。1997年“斯达舒”胶囊推向市场，即使有很强的疗效作后盾，还是不敢过于乐观。毕竟从三九胃泰开始，丽珠得乐、胃炎平、吗叮啉、胃仙U等，近十年来胃药市场已形成了众多的胃药品牌。在强手如林的胃药市场，“斯达舒”只是一个毫无根基的小字辈。我们把斯达舒的成功总结归纳起来，基本上有这样的三部曲：

“恶俗”广告的有效反应

“斯达舒”在古汉语中有“迅速舒缓”的意思，一语点出了药效。在初期，投向市场以后发现消费者很难记住这个拗口的名字。斯达舒要解决知名度的问题，就必须让消费者先记住这个名字。经过反复斟酌，人们很快就在中央电视台（每天12次）看到这样一条广告：在紧张的鼓点节奏下，一位年轻的母亲焦急地翻找着抽屉，原来丈夫胃病又犯了，找不到胃药，年轻的母亲急忙让儿子去找斯达舒，结果儿子却找来了一个呆头呆脑的男人，原来是所谓的四大叔。妈妈气鼓鼓地拿出真正的斯达舒胶囊纠正儿子的错误。该产品1999年上市之时，修正药业用了近一年的时间，在电视广告里反复强调三个字“四大叔”，并获得了该年度“最恶俗广告”的“荣誉”。尽管如此，人们还是记住了这三个字。

在广告的媒体投放策略上，修正没有采用常规的普遍性“轰炸”的方式，而是非常重视广告的有效性和专业投放，最终选择了央视。一是从传播的角度出发，央视的名牌栏目包装要比一般的卫视栏目强得多，传播冲击力强，可信赖程度高；二是央视广告对于招商来说，无疑是一把利器。斯达舒集中力量，在央视仅花了300多万元的广告费，就让人们记住了“斯达舒”这个名字，并且直接带动了销售额的增长。

针对症状，一网打尽

2001年开始，斯达舒的广告摇身一变，把胃病常出现的“胃酸、胃胀、胃痛”三大症状罗列了出来，告诉人们胃酸、胃胀、胃痛要用斯达舒，表达比较平实。可就是这朴实无华的诉求，直指胃药的常见几个症状，将其一网打尽。在人们印象中，恶俗广告“四大叔”版已经家喻户晓，现在出了“症状篇”，所以带来了两个广告的心理重叠效应，当人们感觉自己“胃痛、胃酸、胃胀”时，就知道要用“斯达舒”（也许有的想到的是“四大叔”）。简单明确的诉求带来了天文数字的销售额，“斯达舒”迅速跃居国内胃肠药销售排名第一。

深度沟通，前后呼应

2002 年，斯达舒的广告又变为“胃，你好吗?”开始了品牌传播沟通的过程。从战略上来看是一个非常不错的、完整的整合传播策略，从大众印象——显著功效诉求——深度沟通，但是在战术操作层面来看，这个系列的广告缺乏对药品的诉求，将与患者的沟通提升上来，初期还给人以很牵强的感觉，实在担心在这个风云变幻的医药市场，长期背离产品诉求会淡化品牌力量。希望斯达舒一路走好！

案例思考题

1. 总结斯达舒广告发展经历了哪几个阶段?
2. 你是如何看待生活中的“恶俗广告”的?
3. 对于以后斯达舒广告的改革，你有什么建议?

二、广告创意的特征

1. 广告创意要以广告主题为核心

广告主题是广告定位的重要构成部分，即“广告什么”。广告主题是广告策划活动的中心，每一阶段的广告工作都要紧密围绕广告主题而展开，不能随意偏离或转移广告主题。

2. 广告创意要以广告目标对象为基准

广告目标对象是指广告诉求对象，是广告活动所有的目标公众，这是广告定位中“向谁广告”的问题。广告创意除了以广告主题为核心之外，还必须以广告目标对象为基准。“射箭瞄靶子”、“弹琴看听众”，广告创意要针对广告目标对象，要以广告对象为目标进行广告主题表现和策略准备，否则就难以收到良好的广告效果。

3. 广告创意要以新颖独特为生命

广告创意的新颖独特是指广告创意不要模仿其他广告创意，人云亦云、步人后尘，给人雷同与平庸之感。唯有在创意上新颖独特才会在众多的广告创意中一枝独秀、鹤立鸡群，从而产生感召力和影响力。

4. 广告创意要以情趣生动为手段

广告创意要想将消费者带入一个印象深刻、浮想联翩、妙趣横生、难以忘怀的境界中去，就要采用情趣生动等表现手段，立足现实、体现现实，以引发消费者共鸣。但是广告创意的艺术处理必须严格限制在不损害真实的范围之内。

5. 广告创意要以形象化为表现

广告创意要基于事实，集中提炼出主题思想与广告语，并且从表象、意念和联想中获取创造的素材，形象化的妙语、诗歌、音乐和富有感染力的图画、摄影，融会贯通，构成一幅完善的广告作品。

6. 广告创意是原创性、相关性和震撼性的综合体

所谓原创性是指创意的不可替代性，它是旧有元素的新组合。相关性是指广告产品与广告创意的内在联系，是既在意料之外，又在情理之中的会意。如 1996 年 6 月戛纳国际广告节上获得广告大奖的是由日本电·扬（dentsuyoug & rubicam）创作的“volvo 安全别针”，每一个人看到之后都会过目不忘。正如美国评委 gary goldsmith 所言：“它是一幅仅有一句文案（一辆你可以信赖的车）的广告——纯粹的视觉化创意。我认为我们所看到的一些最好的东西，都是传递信息很快，并且很到位，它无须费神去思考或阅读。”因此，广告创意必须巧妙地把原创性、相关性和震撼性融为一体，才能成为具有深刻感染力的广告作品。

三、广告创意的原则

何谓创意？简言之，就是出色的主意、新奇的点子、美感的画面。传播心理学告诉我们，一个人的眼睛每天要看到大千世界的万般景象，只有引起注意观看时间达到 1 秒钟的才能形成形象，仔细看 3 秒钟以上才能产生记忆。因此，广告作品的竞争，最后会归结到创意的竞争上。

创新思维或称创造性思维，是指人们在思维过程中能够不断提出新问题和想出解决问题方式的独特思维。可以说，凡是能想出新点子、创造出新事物、发现新路子的思维都属于创新思维。在广告创意过程中必须运用创新思维。为此，我们应把握以下五个原则：

1. 冲击性原则

在令人眼花缭乱的报纸广告中，要想迅速吸引人们的视线，在广告创意时就必须把提升视觉张力放在首位。

照片是广告中常用的视觉内容。据统计，在美国、欧洲、日本等经济发达国家，平面视觉广告中 95% 是采用摄影手段。2006 年 11 月在昆明举行的第 13 届中国广告节，获得平面类（企业形象项）金、银、铜奖的 16 个广告作品中，有 14 个作品运用了摄影手段。尤其是获得金奖的 4 个作品，将摄影艺术与电脑后期制作充分结合，拓展了广告创意的视野与表现手法，产生了强烈的视觉冲击力，给观众留下了深刻的印象。

2. 新奇性原则

新奇是广告作品引人注目的奥秘所在，也是一条不可忽视的广告创意规律。有了新奇，才能使广告作品波澜起伏、奇峰突起、引人入胜；有了新奇，才能使广告主题得到深化、升华；有了新奇，才能使广告创意远离自然主义向更高的境界飞翔。

在广告创作中，由于思维惯性和惰性形成的思维定式，使得不少创作者在复杂的思维领域里爬着一条滑梯，看似“轻车熟路”，却只能推动思维的轮子作惯性运动，“穿新鞋走老路”。这样的广告作品往往会造成读者视觉上的麻木，弱化了广告的传播效果。

3. 蕴含性原则

吸引人们眼球的是形式，打动人心的是内容。独特醒目的形式必须蕴涵耐人思索的深邃内容，才能拥有吸引人一看再看的魅力。这就要求广告创意不能仅停留在表层，而要使“本质”通过“表象”显现出来，这样才能有效地挖掘读者内心深处的渴望。

好的广告创意是将熟悉的事物进行巧妙组合而达到新奇的传播效果。广告创意的确

立，围绕创意的选材、材料的加工、电脑的后期制作，都伴随着形象思维的推敲过程。推敲的目的，是为了使广告作品精确、聚焦、闪光。

4. 渗透性原则

人最美好的感觉就是感动。感人心者，莫过于情。读者情感的变化必定会引起态度的变化，就好比方向盘一拐，汽车就得跟着拐。

出色的广告创意往往把"以情动人"作为追求的目标。如2004年1月7日《湖北日报》A4版刊发的半版公益广告"你是否考虑过他们？"画面以两个农村孩子渴望读书的眼神和教室一角破烂不堪的课桌椅为背景，已审核报销的上万元招待费发票紧压其上，引发读者强烈的心理共鸣。农民挣一分钱是那么不容易，而有的人用公款招待却大手大脚。如果我们每人省下一元钱，就可以让更多的贫困孩子实现读书梦想。由于这个公益广告情感表达落点准确，诉求恰当，因而获得了2004年度湖北新闻奖一等奖。

5. 简单性原则

牛顿说："自然界喜欢简单。"一些揭示自然界普遍规律的表达方式都是异乎寻常的简单。近年来国际上流行的创意风格越来越简单、明快。

一个好的广告创意表现方法包括三个方面：清晰、简练和结构得当。简单的本质是精炼化。广告创意的简单，除了从思想上提炼，还可以从形式上提纯。简单明了绝不等于无构思的粗制滥造，构思精巧也绝不意味着高深莫测。平中见奇、意料之外、情理之中往往是传媒广告人在创意时渴求的目标。

总之，一个带有冲击性、包蕴深邃内容、能够感动人心、新奇而又简单的广告创意，首先需要想象和思考。只有运用创新思维方式，获得超常的创意来打破读者视觉上的"恒常性"，寓情于景，情景交融，才能唤起广告作品的诗意，取得超乎寻常的传播效果。

4.2 广告创意的基本理论

一、广告定位理论

定位观念源自于美国两位著名的广告人艾·里斯和杰·特劳特。在广告运用历程中，定位观念的提出，对广告策略的确立具有划时代的意义。在现代广告策划中，定位显然是广告决策中具有关键决定的环节。定位是否合理不仅关系到广告运作的效果，而且也决定了广告诉求的方向。因此，定位已成为现代广告运作的一个基本原理。

（一）定位的内涵

广告定位属于心理接受范畴的概念，是指广告主通过广告活动，使企业或品牌在消费者心目中确定位置的一种方法。

定位理论的创始人艾·里斯和杰·特劳特曾指出："定位是一种观念，它改变了广告的本质"，"定位从产品开始，可以是一种商品、一项服务、一家公司、一个机构，甚至于是一个人，也许可能是你自己。但定位并不是要你对产品做什么事。定位是你对未来的潜在顾客心智所下的工夫，也就是把产品定位在你未来潜在顾客的心中。所以，你如果把这个观念叫作'产品定位'是不对的。你对产品本身，实际上并没有做什么重要的事情。"

广告定位是现代广告理论和实践中极为重要的观念，是广告主与广告公司根据社会既定群体对某种产品属性的重视程度，把自己的广告产品确定于某一市场位置，使其在特定的时间、地点，对某一阶层的目标消费者出售，以利于与其他厂家产品竞争。它的目的就是要在广告宣传中为企业和产品创造、培养一定的特色，树立独特的市场形象，从而满足目标消费者的某种需要和偏爱，为促进企业产品销售服务。

（二）广告定位理论的发展

广告定位理论的发展共经历了四大阶段：

1. USP 阶段

在 20 世纪 50 年代左右，美国的罗素·瑞夫斯提出广告应有“独特的销售主张”（Unique Selling Proposition，通常被缩写为 USP）。他主张广告要把注意力集中在商品的特点及消费者利益之上，强调在广告中要注意商品之间的差异，并选择消费者最容易接受的特点作为广告主题。

在 20 世纪 50 年代末期，随着产品时代被市场营销时代代替，确立“独特的销售主张”就变得日益困难。但是，USP 理论中的基本思想则被随后的广告思潮所吸取。因而，直至今日许多广告人仍赋予 USP 诸多的现代意义，为当代广告活动所采用。

2. 形象广告阶段（CI）

20 世纪 50 年代以来，西方经济发达国家的生产力得到迅速发展，新产品不断涌现，同类产品在市场上竞争十分激烈。许多广告人通过各种广告宣传和促销手段，不断为企业提高声誉，开创著名品牌产品，使消费者根据企业的名声与印象来选择商品。在此时期，涌现出一大批著名的广告人，广告思想都以树立品牌形象为核心，在客观的广告实践上，推动了企业营销活动的开展。这一时期最具代表性的人物就是被称为“形象时代建筑大师”的大卫·奥格威。他的最著名的命题之一就是：“每一广告都是对品牌印象的长期投资。”

3. 广告定位阶段

1969 年艾·里斯和杰·特劳特在美国《产业行销杂志》（*Industrial Marketing Mgazine*）上写了一篇名为《定位是人们在今日模仿主义市场所玩的竞赛》，文中使用“定位”（Positioning）一词。广告定位阶段自 20 世纪 70 年代初期产生，到 80 年代中期达到顶峰，其广告理论的核心就是使商品在消费者心目中确立一个位置。正如艾·里斯和杰·特劳特所指出的：广告已进入一个以定位策略为主的时代，“想在我们传播过多的社会中成功，一个公司必须在其潜在顾客的心智中创造一个位置。”“在定位的时代，去发明或发现了不起的事物并不够，甚至还不需要。然而，你一定要把进入潜在顾客的心智，作为首要之图。”

4. 系统形象广告定位

进入 20 世纪 90 年代后，世界经济日益突破地区界限，发展成为全球性的世界性大经济。企业之间的竞争从局部的产品竞争、价格竞争、信息竞争、意识竞争等发展到企业的整体性形象竞争，原来的广告定位思想，进而发展为系统形象的广告定位。

这种广告定位思想，变革了产品形象和企业形象定位的局部性和主观性的特点，也改变了 20 世纪七八十年代广告定位的不统一性、零散性、随机性，更多地从完整性、本质性、优异性的角度明确广告定位。

系统形象广告定位，最初产生于美国20世纪50年代中期，发展于60至70年代，成熟于80至90年代。这种广告形态不但在欧美，而且在亚洲都产生了划时代的影响。当代世界上著名企业，其经营管理过程中都已经在系统形象广告领域做了大量的工作，促进了企业经济效益和社会效益的大幅度提高。

二、关于USP理论

USP是近几年营销、广告类刊物的高频词。它在营销和广告实践中建立了耀眼的功绩。

USP即“独特的销售主张”，是近代广告界公认的美国广告大师罗素·瑞夫斯对“科学派”广告理论的继承和发展，它成为20世纪50年代最主要的广告理论方法，使整个50年代成为USP至上的时代。

罗素·瑞夫斯认为，只有当广告能指出产品的独特之处时才能行之有效，即应在传达内容时发现和发展自己的独特销售主题，并通过足量的重复将其传递给受众。瑞夫斯描述USP具有三部分的特点：

（1）必须包含特定的商品效用。即每一个广告都要对消费者提出一个说辞，给予消费者一个明确的利益承诺。

（2）必须是独特的、唯一的，是其他同类竞争产品不具有或没有宣传过的说辞。

（3）必须有利于促进销售，即这一说辞一定要强有力以招来数以百万计的大众。

从该定义特点可以看出USP理论包括如下几层实效性的思想内涵和功能作用：

1. USP理论的实质

实效的广告必须针对消费者。广告的实效来自于广告主张对消费者的针对性，而不是广告主和广告人的自我陶醉、炫耀。实效的广告必须针对消费者提出一个独特的销售主张，即独特的“卖点”。此主张必须对消费者明示商品给予他的“特殊的实益”。实效广告提出的销售主张必须是具有独特性的，即竞争对手无法也不可能提出的，或者从没提出的。实效广告销售主张的独特个性既可以是商品的独特性，品牌的独特性或者相关请求的独特性，也可以是非广告方面的主张。此主张应具有推销力和号召力，能将新的顾客拉来购买广告商品。实效广告的独特主张应具有广泛的消费者适应性和影响的大众性。

从上述分析中可以明确看出，广告以区别于竞争对手、满足广泛消费者的实际利益为广告的独特主题或独特的诉求重点。并以此为策划增强广告对受众的说服和号召力，从而直接实现广告对商品的促销目的，是USP的实质。

2. USP理论的功能

USP理论的实效性和实质也在它的功能上得到进一步的体现，USP具有如下主要的功能：

（1）差异化功能。

USP通过独特的销售主张的传播与沟通，使产品及其广告具有了区别于竞争者的独特属性，从而实现差异化。没有差异的凸现，就没有广告及其商品突出自己和单独存在的资格。

（2）价值功能。

USP 的实效性的本质和基础，在于它能够提供特殊的、他们需要的具体价值。正是广告展示的，为消费者创造的独特价值，才使这种差异化具有了实效的意义。

（3）促销功能。

USP 的差异化和价值功能促进消费者对广告产品提供的独特的具体利益的认知和认同，促进了商品的购买；USP 对广泛的消费者的适应和影响大众性的要求，使消费者对产品独特利益的认同和接受具有了促销的规模效能。

因此，USP 理论的主要功能是其广告实效性的保证，也是它指导广告实践成功的基本功能保障。

USP 的差异化营销可以说是企业经营观念的一大进步。USP 策略正是适应了这种营销战略的要求。因为差异化的信息诉求是建立在差异的产品基础上的，包括产品的核心差异、产品形体的差异以及产品附加的差异。同时它也是利用人们认知的心理特点，在广告中宣传产品独具的特征以及利益，使消费者注意、记住并对其所提供的利益产生兴趣，从而促成其购买决策。

但是在进入 21 世纪的今天，在共同面临的市场环境中，随着科学技术的不断进步，大部分企业已得到以数字化革命、光纤维通信革命、电脑革命等三大技术革命为媒介的信息高速公路的恩惠。从这个角度来说，企业正处在进一步细分化、专门化、科学化的市场环境中，这也意味着信息高速公路带来了人们共享信息的民主化、开放化的新型企业经营环境。因此，在 20 世纪 50 年代初由瑞夫斯提出 USP 理论，到了 50 年代末 60 年代初，也就由于各种替代品和仿制品的不断涌现，使寻找 USP 变得愈加困难了。

三、CI 理论

CI 系统（Corporate Identity System）即企业形象识别系统，是企业规模化经营而引发的企业对内对外管理行为的体现。时至今日，当全世界都在为 CI 痴狂的时候，过于追究 CI 的字面意义已没有多大的意义，重要的是知道 CI 的实质，是抓住 CI 的灵魂。正如一家台湾 CI 设计公司的名称是“ICOM”即“CI 均 NO CI”一样，正如真正的用剑高手可以折柳当剑一样，CI 说到底是用来解决企业问题的工具，CI 的目的不是制定多么完美的 CI 战略，而是它给企业带来多大的效益。CI 的实质就是要塑造一个独特的、鲜明的、易于识记的品牌形象，这个形象包括理念、行为、视觉等几个方面的一致性。

1. CI 系统的构成

CI 系统是由理念识别（Mind Identify 简称 MI）、行为识别（Behavior Identify 简称 BI）和视觉识别（Visual Identify 简称 VI）三方面构成。

理念识别（MI）是指企业由于具有独特的经营哲学、宗旨、目标、精神、作用等而与其他企业相区别。例如，IBM 的经营理念是“尊重个人、服务顾客、追求尽善尽美”。MI 是 CI 的灵魂，它对 BI 和 VI 具有决定作用并通过 BI、VI 表现出来。

行为识别（BI）是指在企业理念统帅下企业及全体员工的言行和各项活动所表现的一个企业和其他企业的区别。例如，每天早晨郑州亚细亚商场的总经理带领全体员工举行升国旗唱亚细亚歌的仪式，向顾客展现亚细亚人的精神风貌。BI 是 CI 设计的动态识别形式，是理念识别的重要载体。

视觉识别（VI）是指企业由于具有独特的名称、标志、标准包装等视觉要素而区别于其他企业。例如，麦当劳黄色的大写 M 和柯达的红色标志给人以强烈的视觉冲击。由于人们所获取信息的 80% 都来自视觉，因此，VI 是 CI 中最形象直观、最具有冲击力的部分。人们对 CI 的认识是从 VI 开始的，早期的 CI 策划也主要是 VI 策划。

2. 品牌理念设计——MI

MI 是企业 CI 的精髓所在，也是 CI 运作的原动力。所谓“理念”，简而言之，就是观念、信念等纯粹理性的概念。比如，灵魂、自由、品德、诚实、信誉等，都属于理性范畴的概念。西方哲学家黑格尔认为：“理念是自在而为的真理——概念和客观性的统一。”而作为商品经济领域的企业理念，则指带有个性的企业经营活动的思想和观念。其作用如同空气之于生命，虽然看不见、摸不着，却足以影响一个企业的发展乃至生存。世界电脑业巨头 IBM 的创始人在谈及企业理念时说：“任何一个组织要想生存、成功，首先就必须拥有一套完整的企业理念作为一切决策和行动的最高准则。处在千变万化的世界里，要迎接挑战，就必须准备自我转变，而唯一不能变的，就是企业理念。换言之，组织的成功主要是跟它的基本哲学、精神和驱策动力机有关。理念的重要性远远超过技术经济资源、组织结构、创新和时效。”由此可以看出，企业理念是企业生命力和创造力的整体的综合的反映，是一切企业发展和壮大的起点，包括企业经营哲学、企业价值观、企业精神。

案例：

松下集团

被誉为“经营之神”的松下集团创始人松下幸之助先生在总结自己的经营经验时说：“在 60 多年的企业经营中，我深切地感受到经营理念的重要性。换句话说，对于‘公司为什么而存在，应该本着什么目的，用怎样的方法经营’这个问题，必须有一个坚定不移的基本想法实体。”在他的倡导与影响下，并经过松下公司长期发展的积累与沉淀，逐渐形成今天的“松下精神”。

“松下精神”主要体现在松下七精神、松下纲领、松下信条、松下哲学四个方面。松下七精神主要包括：产业报国精神；光明巨大精神；友好一致精神；奋斗向上精神；礼节谦让精神；适应同化精神；感激报恩精神。

松下纲领为：认清我们身为企业人的责任，追求进步，促进社会大众的福利，致力于社会文化的长远发展。

松下员工信条为：唯有本公司每一位成员和亲协力、精诚团结，才能促成进步与发展，我们每个人都要记住这一信条，努力使本公司不断进步。

松下经营哲学：坚定正确的经营观念；自主经营；堰堤式经营；量力经营；专业经营；靠人经营；全员式经营；共存共荣经营；适时经营；求实经营。

正因为有了如此完善、贴实的经营理念，有了员工时刻铭记在心的主观能动，才使得松下创下如此辉煌的业绩。因此，松下幸之助所缔造的商业帝国被称为“松下教”。虽然松下公司的企业理念有诸多的表现形式，但其精华就是以“向消费者提供物美价廉的商品”为己任，并通过这一使命的承担从社会获得回报，松下确立的就是这样的企业精神和经营哲学。他们认为企业如不能正常取得收益，就证明它没有承担社会责任，也就是滥用了社会的人力、物力和财力等资源，造成了浪费。遵循这一经营理念，松下电器一直致力于开发低成本、高附加值的产品，以为顾客服务，对社会负责的态度顽强地壮大着。

3. 企业行为识别——BI

企业行为识别也称名牌商标形象战略的行为识别，简称 BI（Behavior Identity），是指在企业的经营理念、经营方针、企业价值观、企业精神（即上一节中提到的 MI）指导下的企业识别活动。它通过企业的经营管理活动以及社会公益活动等来传播企业的经营理念，使之得到企业内部员工的认可和支持之后，更能进一步得到社会公众的接受，从而进一步强化其品牌形象，在市场创立的品牌中树立一种美誉度极高的企业形象，创造更加有利于企业深化发展的内外部环境。从这一意义上讲，BI 以企业独特的经营理念为基本前提，也就具有了个性化特点，它始终围绕着企业经营理念这个核心展开。

企业对外行为识别主要应从市场营销和公共关系两个方面进行设计。

4. CI 之眼——VI

VI，企业视觉识别，是 CI 的静态表现，是一种具体化、视觉化的符号识别传达方式。它是将企业理念、企业文化、服务内容、企业规则等抽象语言，以视觉传播的手段，将其转换为具体符号概念，应用在形象的展示上面。

视觉识别系统的设计内容如下图所示。

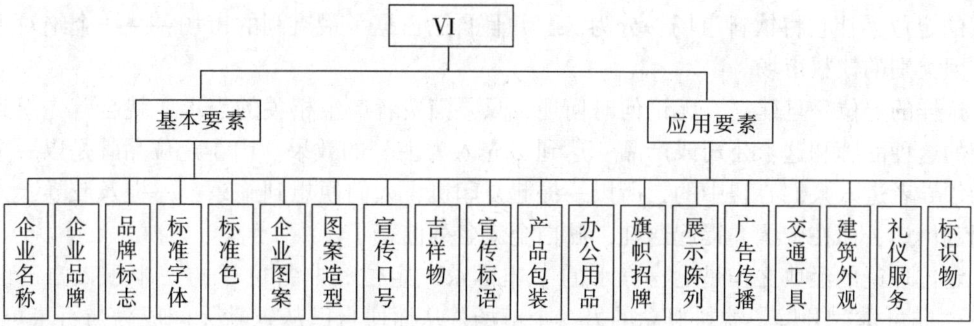

视觉识别系统的设计内容图

因此，VI 设计的内容包括两个方面：基本要素和应用要素，这决定了 VI 不同于一般的美术设计。VI 视觉要素是综合反映企业整体特色的载体，是企业形象外在的符号化的表现形式。究其本质，VI 是一种商业行为，必须传达企业的经营理念，而不能单纯从美术的角度进行设计制作。

三、定位论（Positioning 理论）

定位论是 20 世纪 70 年代由艾·里斯和杰·特劳特提出的，他们对定位下的定义为：“定位并不是要您对产品做些什么，定位是您对未来的潜在顾客心智所下的工夫，也就是把产品定位在未来的潜在顾客心中。”主张在广告策略中运用一种新的沟通方法，创造更有效的传播效果。

很显然，定位将消费者的心智在广告中的地位提高到了决定性的位置。科学广告是尊重现实，主张用事实说话；USP 从产品出发，强调给消费者带来的利益；品牌形象论将形象的位置超过了产品本身；而定位则是把消费者的心智奉为圭臬，视消费者心智资源为企业和品牌第一资源。

广告定位论的基本主张是：

（1）广告的目标是使某一品牌，公司或产品在消费者心目中获得一个据点，一个认定的区域位置，或者占有一席之地。百事定位在“新一代”，其广告语迎合新生代的口吻：“Ask For More（渴望无限）”，百事也因此成为新生代的代名词。

（2）广告应将火力集中在一个狭窄的目标上，在消费者的心智上下功夫，是要创造出一个心理的位置。当所有的力量集中在同一个角度时，再小的力量也会凝成一根针，深深地插入目标受众的心智。如格兰仕主攻微波炉市场，做成了全球规模最大的微波炉生产商，格兰仕也成为微波炉的首选品牌。

（3）应该运用广告创造出独有的位置，特别是“第一说法，第一事件，第一位置”。因为创造第一，才能在消费者心中形成难以忘怀的、不易混淆的优势效果。如海尔在世界品牌排行榜中才刚刚闯进前一百强（2002 年数据），在世界上的知名度显然不及三星、惠普、西门子。但是在中国这个区域市场上，却是家喻户晓的第一家电品牌。

（4）广告表现出的差异性，并不是指出产品的具体的特殊的功能利益，而是要显示和实现品牌之间的类的区别。七喜可乐在美国当时相比两大可乐可以说是名不见经传，“非可乐”的定位，让它将饮料市场一分为二，并且自己占据了最有利的市场——一个绝对不含咖啡因类别的饮料市场。

这样的定位一旦建立，无论何时何地，只要消费者产生相关的需求，就会首先想到广告中的这种品牌和这家公司或产品，达到“先入为主”的效果。由于定位品牌是以一个品类的领导者进入人们心智中的，所以一提起复印机，人们便想到施乐；一提及胶卷，人们便想起柯达；而在中国，提起送礼，脑白金就名列前茅了。

定位理论的经典之作是七喜汽水的“非可乐”定位和非常可乐的“中国人自己的可乐”。“非可乐”开辟了饮料概念的另一个市场，从而使自己从默默无闻成为与百事可乐、可口可乐分庭抗礼的三大饮料之一；而在中国两大可乐盛行之时，非常可乐以一个民族可乐的代表与两大可乐针锋相对，并推出了“爱国者导弹”系列的广告，振奋国人的爱国之心，一时间名声大噪，销售量也直线上升。

目前，定位论对营销的贡献超过了原来把它作为一种传播技巧的范畴，而演变为营销策略的一个基本步骤。这反映科特勒对定位下的定义上：定位是对公司的提供物和形象的策划行为，目的是使它在目标消费者的心智中占据一个独特的价值的位置。

4.3 整合营销传播理论（IMC）

一、整合营销传播的概念

根据全美广告代理联合商协会的定义，整合营销传播（Integrated Marketing Communication，缩写为IMC）是一个关于营销沟通计划的概念，它认为整合性的计划是有附加价值的。这一计划对各种营销沟通项目（如广告、直接营销、销售促进、公共关系等）的战略性角色进行评价，并将这些项目加以综合运用，使分立的信息一体化，以提供明晰、持续且效果最大的营销沟通。

整合营销传播的开展，是20世纪90年代市场营销界最为重要的发展，整合营销传播理论也得到了企业界和营销理论界的广泛认同。整合营销传播理论作为一种实战性极强的操作性理论，兴起于市场经济最发达的美国。在经济全球化的形势下，近几年来，整合营销传播理论也在中国得到了广泛的传播，并一度出现“整合营销热”。

二、整合营销传播的广告策略

广告策略是整合营销传播的重要组成部分，也是整合营销传播成功的关键。消费者可以通过各种接触方式获得信息，可由各种各样的媒体接受各种形式、不同来源、种类各异的信息，这些信息必须保持“一种声音，一个面目”才能获得最大限度的认知。因此，广告策略必须对各种传播媒介进行整合运用。

现代信息社会的特点之一，是图像和声音传播已日益代替文字传播。受众越来越多地通过电视来了解外部社会，其平均阅读能力日益减弱。大众传播媒介一方面出现强势媒体（受众庞大，广告位紧张等），一方面出现媒介数量膨胀，受众细分化。当每个媒体的视听观众越来越少时，就意味着每个消费者或潜在消费者所接触的媒体越来越多，而且消费者越来越依靠主观感性认知来达成购买行为，而不是对产品进行客观理性的评价。消费者在大量的广告信息面前，只能选择零散的模糊的信息，依靠自己的筛选达成对品牌的印象，这种印象的深浅往往决定他们是否购买这一品牌。

消费者的心理图像显示对同一个品牌信息，必须接触多次才能构成记忆留存，只有永不间断地接触这个信息才能构成品牌忠诚。

因此，整合营销传播的广告策略是由“一个声音”的广告内容和永不间断的广告投放两个因素构成的，世界名牌广告所传递的广告内容，一定是整合一致而且广告不会随着品牌的树立而减少。

三、4P组合与4C组合

（一）关于4P理论

4P理论产生于20世纪60年代的美国，随着营销组合理论的提出而出现的。1953年，尼尔·博登（Neil Borden）在美国市场营销学会的就职演说中创造了“市场营销组合”（Marketing mix）这一术语，其意是指市场需求或多或少地在某种程度上受到所谓“营销变量”或“营销要素”的影响。为了寻求一定的市场反应，企业要对这些要素进行有效的组合，从而满足市场需求，获得最大利润。营销组合实际上有几十个要素（博登提出的市场营销组合原本就包括十二个要素），麦卡锡（McCarthy）于1960年在其《基础营销》（*Basic Marketing*）一书中将这些要素一般地概括为四类：产品（Product）、价格（Price）、渠道（Place）、促销（Promotion），即著名的4P理论。1967年，菲利普·科特勒在其畅销书《营销管理：分析、规划与控制》第一版进一步确认了以4P理论为核心的营销组合方法，即：

产品（Product）：注重开发的功能，要求产品有独特的卖点，把产品的功能诉求放在第一位。价格（Price）：根据不同的市场定位，制定不同的价格策略，产品的定价依据是企业的品牌战略，注重品牌的含金量。渠道（Place）：企业并不直接面对消费者，而是注重经销商的培育和销售网络的建立，企业与消费者的联系是通过分销商来进行的。促销（Promotion）：企业注重以销售行为的改变来刺激消费者，以短期的行为（如让利、买一送一、营销现场气氛等）促成消费的增长，吸引其他品牌的消费者或导致提前消费来促进销售的增长。

4P 理论的提出奠定了管理营销的基础理论框架。该理论以单个企业作为分析单位，认为影响企业营销活动效果的因素有两种：一种是企业不能够控制的，如政治、法律、经济、人文、地理等环境因素，称之为不可控因素，这也是企业所面临的外部环境；一种是企业可以控制的，如生产、定价、分销、促销等营销因素，称之为企业可控因素。企业营销活动的实质是一个利用内部可控因素适应外部环境的过程，即通过对产品、价格、分销、促销的计划和实施，对外部不可控因素作出积极动态的反应，从而促成交易的实现和满足个人与组织的目标，用科特勒的话说就是"如果公司生产出适当的产品，定出适当的价格，利用适当的分销渠道，并辅之以适当的促销活动，那么该公司就会获得成功"（科特勒，2001）。所以市场营销活动的核心就在于制定并实施有效的市场营销组合。

（二）关于 4C 理论

在 20 世纪末引发的整合营销传播的营销观念的变革是对传统市场营销理论的一次颠覆，而作为整合营销传播理论的基础就是 20 世纪 90 年代在美国发展起来的 4C 理论。4C 理论从企业经营者的研究全面转向对消费者的关注，实现了"由内而外"到"由外而内"的历史性转变，是对传统 4P 理论的扬弃。但是，可以说 4P 是代表了销售者的观点，即卖方用于影响买方的有用的营销工具。从买方的角度，每一个营销工具都是用来为顾客提供利益的。于是在 20 世纪 80 年代，美国劳特朋针对 4P 存在的问题提出了 4C 营销理论，即：

① 消费者的需求和欲望（Consumer Want And Need）：企业要生产消费者所需要的产品，而不是卖自己所能创造的产品。

② 消费者满足欲求需付出的成本（Cost）：企业定价不是根据品牌策略而是要研究消费者的收入状况、消费习惯以及同类产品的市场价位。

③ 产品为消费者所能提供的方便（Convenience）：销售的过程在于如何使消费者快速便捷地买到该产品，由此产生送货上门、电话订货、电视购物等新的销售行动。

④ 产品与消费者的沟通（Communication）：消费者不只是单纯的受众，本身也是新的传播者。必须实现企业与消费者的双向沟通，以谋求与消费者建立长久不散的关系。因此，获胜的公司必须经济方便地满足顾客需要，同时和顾客保持有效的沟通。

4P 理论的思考基础是以企业为中心，4C 理论的思考基础是以消费者为中心。4P 只适应于供不应求的卖方市场或竞争不太激烈的市场营销环境。在竞争激烈、产品供大于求、消费者个性化、媒体细化、信息膨胀、顾客挑剔等营销环境条件下，应该也必须把顾客直接作为市场营销的决策变量，由经营企业转化为经营顾客。

（1）4C 理论，首先强调要注意消费者的需求与欲望。

只有深刻探究和领会到消费者的真正的需求与欲望，才能获得最终的成功。产品的品质、产品的文化品位都取决于消费者的认知。真正的营销价值是顾客的心智，要为消费者提供合适的产品，必须调查消费者的内心世界。正如威廉·H. 达维多所言："伟大的设计在实验室产生，而伟大的产品在营销部门产生。"因此，只有充分与消费者进行沟通，了解其产品知识、品牌网络、产品的效用需求及其评价标准、消费者的个性品味等因素，才能找准顾客心理，获得消费者。企业产品策略只是企业向消费者传达利益的工具和载体，也就是满足顾客需求与欲望的形式。企业发展产品策略必须从消费者的需求与欲望出发，而不是从企业的研究与开发部门出发。

(2) 4C 理论要考虑的第二个 C 就是对顾客的成本。

对消费者来说，顾客的成本不只是产品的价格。顾客付出的货币只是其中的一部分。例如，汉堡包的销售需要考虑的因素包括顾客付出的货币成本，顾客到快餐厅所花费的时间和排队购买的时间成本，以及因选择汉堡包而没有其他选择的机会损失，还包括在购买产品时所产生的烦恼与不快，甚至包括对购买产品后可能产生不良后果的担忧。这是对顾客的成本的一层意思。

另一方面，顾客绝对不会买他未认同的价值，无论这种价值有多么真实。顾客只会购买他们认同的价值，告诉我们定价也要导入由外而内的营销思考方式。由外而内的营销思考模式告诉我们，首先要分析消费者的认知，根据认知价值对产品进行定价。作为定价的关键，不是卖方的成本，而是买方对价值的认知。而认知价值是利用其他沟通手段在购买者心中建立起来的。例如，某保健品在广告宣传中，称是 21 世纪的保健极品。在宣传中，利用了许多达官显贵使用此类产品的例子作为诉求，但其价格却采用利润加成本的方法，与一般保健品价格相差无几。这与消费者对保健品认知极相矛盾，有受骗上当之感，从而导致某保健品的夭折。

(3) 4C 理论的第三个 C 是便利。

企业应该忘记通路策略，应当站在消费者角度，考虑如何给消费者方便以购得商品。企业必须深入了解各种不同消费者对购买方式的偏好。从企业角度看，企业生产出来的产品，只有通过一定的市场营销渠道，经过物流过程才能在适当的时间、地点以适当的价格供应给广大消费者或用户，满足市场需要。这时企业考虑的是如何大量销售、如何降低成本。然而随着市场营销环境的改变、竞争的加剧，任何通路策略都可以复制。为了形成竞争优势，企业必须不断分析竞争状况、消费者购买行为、如何根据消费者的购买方式的偏好给消费者最好的服务、最大的方便。例如，无店铺零售的兴起，就是由于竞争加剧，消费者购买方式和购买行为的改变，职业妇女越来越多，家庭收入越来越高，人们更重视休闲活动，而使得上街到店铺购买商品的时间相对减少，有许多家庭希望拥有更省时、更便捷的购买方式。

从"通路策略"向"消费者购物便利"的转化，实际上也是营销思考模式由内（企业）而外（消费者）向由外而内的转化。塔壳贝尔快餐连锁店实行餐馆业多渠道的销售，就是营销思考模式的改变。在人们心目中，餐馆就是由砖、玻璃、混凝土以及各种餐馆设施组成的建筑物，这种概念在过去的几十年里，限制了公司对自己的认识。如果把餐馆界定在四周围墙之内，那么，其目标顾客只是在快餐店就餐的人，相应的市场容量仅为 780 亿美元。但突破围墙，目标顾客单在美国就可达 6 000 亿美元。塔壳贝尔突破了对餐馆的传统定义，把所有要吃饭的人作为目标顾客，于是，砖头混凝土建筑仅仅成为公司多种销售渠道中的一种。于是塔壳贝尔公司开始把食品送到人们的聚集地，如写字楼、学校、机场、体育馆等。近几年来，在各大城市兴起的呼救医生，就是方便顾客的流动医院，既方便了顾客，扩大了销售，又树立了医院形象。同时，呼救车走街串巷，成为医院的“流动广告”。此外，还有流动书店——巴士书屋、信用卡购物目录、800 消费者免费电话、自动取款机等，这一切都是这种思考模式的产物。

总之，分销通路不是由企业决定，而是由消费者自行决定何时、何地，如何购买其所需的商品。

(4) 4C 理论的最后一个 C 就是沟通。

4C 理论认为，媒体和消费者传播和接受信息的模式发生了深刻变化。媒体分散零细化，使任何一种媒体的听众剧烈减少，任何一种媒体都难以接触到所有的目标受众消费者，这使传统的大众营销陷入困境。消费者每天接触成千上万的信息，仅广告信息每天达到 1 500 ~ 2 000 个，使得消费者无法对信息进行深入加工吸收，大多数情况下，只能对信息进行粗浅的认识。这使得传统的促销方式对消费者的影响力开始减弱。企业从试图影响消费者行为的角度看，这种促销模式显得苍白无力。于是，新的营销环境要求与消费者“对话”，进行沟通，而且是双向沟通。企业必须与消费者进行信息交换。为了达到这种目的，企业必须首先了解消费者的媒体习惯和类型；其次，了解消费者需要何种信息，然后对消费者的需要进行回应。从促销到沟通转变的必要性的另一个原因，就是产品同质化程度提高，同类产品的相似信息太多，而新产品每天都在不断涌现。产品以及品牌种类与数量膨胀，在媒体以及信息通道快速作用下，消费者无所适从，对信息的认知可能与企业所想象的并不一致。另外，产品生命周期缩短，消费的多样化、个性化也要求企业时刻倾听消费者的声音。

媒体的零细化、产品同质化、消费多样化、个性化、消费者认知差异化要求我们改变促销模式，变促销为沟通，变单向沟通为双向沟通，变单次沟通为循环往复的连续双向沟通。

四、五 W 理论与广告传播

广告与传播有着特别密切的关系。广告学在其发展的过程中是以整个传播学体系作为自己的依据的，从本质上说广告就是一种信息传播的过程，必须依靠各种传播手段，广告信息才能传递给一定的受众。广告现代化的过程也是和传播技术现代化的过程并驾齐驱的，而作为广告效果的评定，在相当大的程度上也取决于其与信息传播学规律的吻合程度。所以作为广告学的分支学科之一的广告传播学便处于十分重要的位置。

传播学正式形成的第一个标志就是美国学者 H．拉斯维尔于 1948 年在《传播在社会中的结构与功能》一篇论文中，首次提出构成传播过程的五种基本要素，并按照一定结构顺序将它们排列而形成后来人们称之为“五 W 模式”或“拉斯维尔程式”的过程模式。这五个 W 分别是英语中五个疑问代词的第一个字母，即：Who（谁）；Says What（说了什么）；In Which Channal（通过什么渠道）；To Whom（向谁说）；With What Effect（有什么效果）。

由此可以看出，对于广告而言，拉斯维尔对定义的五项分析具有重要的意义，五要素构成了广告运动的全部内容。这五个 W 对广告效果之间进行了系统的研究，对每一个要素的把握是广告运动能否成功的基础。

(1) 广告传播的主题“谁”就是“个人或组织机构”，这是广告传播的第一要素。

广告传播必须明确广告主，这是由广告传播的目的和责任所决定的。作为商业广告，其目的是向消费者传播商品或提供某种服务信息。当消费者接受到这一信息后需要购买这种商品时，需要了解这是谁生产的；另外，广告传播是要对社会、对消费者负责的，只有明确是谁发出的广告传播，才能真正明确责任。

(2) 广告传播的客体是“说什么”，即“信息”。

这是广告传播的第二要素。信息具体是指思想观念、感情、态度等，这里的信息不是泛指任何方面的信息，而是限于广告所“诉求”的信息。“诉求”就是“意欲传播”，“意欲告诉受众什么”的意思。广告主只有把诉求的信息传播给受众，才能实现广告传播的目的。

(3) 广告传播的第三个要素是“媒介”，即所通过的渠道。

传播媒介把信息转化为“适当的符号形式”，只有经过这种转换才可能实现跨越时空的传播。这里“适当的符号形式”，意思是指广告传播通过特定的媒介或渠道，把信息或变成文字、图像，或变成语言等符号形式，被传播对象所接受。由于选择了不同的媒介和渠道，则信息或者变成文字或者变成图像也就会随之相应地改变。

(4) “受传者”即“其他人或组织”，是指广告传播的对象，也就是信息的接受者或受众。

这是广告传播的第四个要素。广告传播总是针对一定对象进行的。没有对象的传播是毫无意义的，即使传播者不能具体确定接受其广告信息的人在哪里，人数有多少，是哪些人，但这并不妨碍广告传播是针对某些人来进行的。事实上，广告主在开始发起传播活动时，总是以预想中的信息接受者为目标的。

(5) “反馈”是指广告活动不仅是一个信息传播者向接受者发出信息的过程，还包括信息的接受以及由接受者作为反应的反馈过程在内，是传播、接受、反馈活动的总和。

这就是广告传播活动不应看成是一个单向的直线性的传播，而是由接受者和反馈信息构成的一个不断循环、发展、深化的连续而又完整的过程。

4.4　广告创意思维

一、广告创意常见方法

一个好的药品广告创意绝对是智慧的灵光闪现，同时，好的广告表现则会让好的创意更加光彩四溢。广告创意尽管是智者的妙手偶得，但大凡事物总会有规律可循。因此，如果能够掌握广告创意的一些基本方法和表现手段，偶得的机会往往会更多一些。

(1) 常用创意方法之一：对比法。

例一：“三十岁的人，六十岁的心脏；六十岁的人，三十岁的心脏！”电视画面一侧是一位三十多岁的年轻人慢腾腾地拍着皮球，另一侧是一位老人矫捷地拍着皮球，伴随皮球嘭一声落地的音效——海王银杏叶片的电视广告。例二：“有弹性，当然有韧性！”电视画面上一排因拉力而变得紧张弯曲的钓鱼竿，但它们却在拉力的作用下一个接一个地折断了，只有一只鱼竿韧性十足坚挺如初——巨能钙的电视广告。

将药品的功效凭借一类事物恰当的电视或平面语言方式进行对比，即会产生无限的联想和强大的视觉及心理冲击力。而且，这种创意及表现手法还可以机智地规避《中华人民共和国广告法》所不允许的贬低同类产品的嫌疑，是医药广告最常用的创意及表现手法之一。

(2) 常用创意方法之二：恫吓法。

例："你把螨虫传给了女儿！"电视画面上一位年轻的爸爸正在与女儿亲热地拥抱，画面显示父女面颊接触的特写。镜头拉近，三维效果表现父亲皮肤毛孔中蠕动的大号螨虫向女儿幼嫩的皮肤爬去……

将所要诉求的广告卖点以恐怖的电视语言尽量地放大，对于那些目标消费群体来说无疑是一种震惊抑或威胁！可以想象，经过频繁的恫吓与诱惑，那些担心自己就是被螨虫或其他病菌所侵犯的对象定会心甘情愿地掏出钞票，"破财免灾"吧！

(3) 常用创意方法之三：机理法。

例："融了、排了、通了，中科甲尔！"电视画面上一条鲜红的血管中流淌的血液被血管壁上的血栓阻挡着，缓慢地流动。中科甲尔的"××药物因子"进入血管，迅速融掉血栓，同时推动溶解的血栓向前流去（但不知流到哪去了），接下来，整条血管变得畅通……

药品机理广告多数是通过三维动画技术将发病的病灶或致病菌以拟人或拟物的形式表现在画面上，同时，将药品的某种成分或所谓秘密成分以对立面的方式或形象（正面形象）直接破坏或杀死病灶或致病菌。整个过程给人以非常鲜明和直接的"确切治疗"来表现感官认识。该种创意或表现方式如果画面处理得当对于目标人群来说将极具诱惑力！

(4) 常用创意方法之四：名人法。

例："抽完之后你给我含一片！"吕丽萍愠怒地用手指点着葛优的额头，葛优故作傻相地冲着电视画面一笑："呵呵，我有吃！"——伊利甘草良咽的广告。类似的以形象代言人为产品进行广告宣传的数不胜数，如盖中盖与李丁、曲美与巩俐、护彤与宋丹丹等。

名人广告或形象代言人广告是较为古老和常用的广告创意和表现手法。寻求合适的广告形象代言人，利用他们的知名度、美誉度及其形体、演艺和生活中的特点充分展示广告产品的诉求点能够增强消费者的趋同心理。

(5) 常用创意方法之五：幽默法。

例：甲："咋地了哥们，让人给煮了？"乙："感冒了，正发烧呢！"甲："我有办法呀，整点易服芬吧！"电视画面上两个螃蟹哼哼唧唧地说着人话……再如："胃酸、胃胀、消化不良，请吗叮啉帮忙！"电视画面上一只青蛙挺着大肚子痛苦地呻吟——吗叮啉的广告。

幽默法大体分为情节幽默法和表现幽默法两种，以上的例子属表现幽默法。与名人广告相比，动物的幽默与滑稽表演更能拉进人与产品的距离，因为人们从心理上更愿意接受原始的玩笑表现形式，正比如迪斯尼的动画片依旧有无数的成人在津津有味地欣赏一样。但是，动物幽默法必须同时注意产品的品牌形象的正面树立，防止知名度升高的同时诋毁了产品的美誉度。

（6）常用创意方法之六：悬念法。

例："我要清嘴……，要清嘴，不要亲嘴！"电视画面上一位青春少女嚷嚷着要"亲嘴"，正当观众们为其惊诧之时，而画外音解释道要"清嘴"而不是要"亲嘴"！再如："你爸爸胃病又犯了，快去找'四大叔'……是斯达舒，不是你四大叔！"

悬念法最大的特点就是在广告的一开始就以一种似乎非理智或不符合逻辑的方式吸引人们的眼球、揪住人们的心，而正当你想了解其真相的时候，诉求点便展现在你的眼前——于是你记住它了！

（7）常用创意方法之七：情感法。

例：电视画面展示出青山绿水，一对母女亲密地站在山顶欣赏如画的风景。女儿温柔地将脸贴在母亲怀中，突然被母亲身上的植物针刺刺痛，画面出现千斤片的药品包装，继而母女俩会心地笑了！画外音"贴心还是千斤！"。此则广告当中利用"千斤"与"千金"的谐音，巧妙地抓住了母女之间情感，深深打动了该产品的目标人群，是一则成功的情感诉求广告。另外还有丽珠德乐胃药广告——"其实，男人更需要关怀"，这句广告语配合普通百姓的目标人群定位，同样征服了大多数消费者的心。情感法的运用一定要挖掘人性深处的、能够引起人类共鸣的东西，否则将会适得其反。

（8）常用创意方法之八：暗喻法。

例："汇仁肾宝，他好，我也好！"电视画面上一名中年女性手捧一盒汇仁肾宝略显羞涩而又自豪地说出了不能过于直白的"感受"。同样，一位中年人更是多了一份诡秘和兴奋的表情重复了这句话。好一个"羞答答的玫瑰静悄悄地开"！暗喻手法往往对那些不便于公开阐述的病症的目标人群十分有效。再比如，洁尔阴的广告语："难言之隐，一洗了之"，更加简洁、清晰地阐述了广告本身诉求的"难言之隐"，由此成为经典的广告创意被广泛流传和借鉴。

（9）常用创意方法之九：歌唱法。

例一："老张今天感冒了，头疼鼻塞咳嗽了，多亏准备了白加黑呀……"利用雪村的《东北人都是活雷锋》的滑稽曲调重新填词，很好地借助流行歌曲的大众传播性，尤其是那些青年目标人群被牢牢地吸引过来，感冒的时候便哼着小曲到药店买药。不能不说该广告创意的机智与幽默是成功的。例二："腰腿痛，肩背痛，痛痛痛，贴贴贴，早贴早轻松！"——天和牌骨通贴膏的电视广告。电视画面上一群"夕阳红"韵味十足地用京剧的腔调演绎了一则中老年人喜闻乐见的止痛膏的广告画面。电视广告鲜明的画面语言同时配合个性、幽默的音乐或歌唱无疑使得观众为之一震，从众多的广告夹缝中跳跃出来，便于识别、记忆和传播。

（10）常用创意方法之十：专家法。

例："医学研究证明，感冒是由于病毒引起的，感康有效杀灭病毒，治疗感冒！"——治疗感冒的药品感康的电视广告。电视画面上一位身着白色西装、表情凝重又略显兴奋的老年长者，站在酷似人民大会堂的礼堂里以庄严的语调向全场人员宣布着似乎很重要的消息（实际上有故作神秘之嫌）。运用专家法创意广告能够制造庄严、可信的氛围，从侧面烘托广告对象的权威性，从而坚定消费者购买产品的信心。

（11）常用创意方法之十一：地域神秘法。

例："这是观音草，我们苗家千百年来一直用它治疗咳嗽……"——咳速停糖浆的电视广告。电视画面上一位身着苗族服饰、背着采药筐的老者向面前的一位小姑娘诉说着苗药的历史和功效，画外音乐神秘而悠远。包括苗药、藏药、蒙药等少数民族的药品广告多采用民族和地域的神秘感向消费者讲述广告产品背后神秘的故事，以激发消费者的好奇心和崇拜感，进而期望消费者从意识上认定神秘故事的背后必有神奇疗效。事实证明，该手法也确实起到了满意的效果，20 世纪 90 年代藏药、蒙药因其神秘色彩市场销售曾经兴旺一时。

（12）常用创意方法之十二：虚张声势法。

例："如果脑白金有效，请你告诉 100 名朋友；如果脑白金无效，请你告诉 10 000 名朋友！"——脑白金的电视广告。电视画面上包括厨师的各色人等列队游行，高呼上述口号，声势如此浩大！另外同样是史玉柱的前些年的作品巨人脑黄金的"巨人大行动"广告，又是飞机投弹，又是坦克开炮，又是铁蹄践踏……如此等等，其目的都是以强烈的视觉冲击力起到快速引起消费者注目的作用。

二、专项广告创意方法

（1）感性化创意法。

含义：把具有抽象意义的商品文化意念、社会消费观念和人类思想境界转化为直观的具体形象。

技巧：紧扣主题、理念直观化、收集生活素材。

（2）主题化创意法。

含义：根据产品特性和公众情况进行主题定位和提炼，以此构思具体的情节和文案。

策划：企业（行业）、商品、节假日、传统文化、社会热点。

技巧：标题、标语、氛围、项目。

（3）商品本位创意法。

含义：根据公众心理和和商品特征，以某种商品文化为主题，创造商品形象、生产消费意境。

题材：历史、功能、质量、技术、心理。

技巧：文化为主题、信息为文稿内容、形象为构图依据、形态为造型设计素材。

(4) 顾客主体创意法。

含义：根据公众生活的背景和时代特点，以公众形象为主体，以商品为道具进行意境创造。

技巧：人物形象、突出品牌、大众化。

(5) 观念倡导创意法。

含义：创造旨在倡导社会进步、对人类发展具有促进意义的意境来宣传商品创意思维。

方式：恢复性、全新性。

(6) 演示生活情景创意法。

含义：设置符合商品基本消费用途的日常生活场景，在生活化、真实化的情景中展现商品功效。

技巧：符合消费用途、有民族和时代文化色彩、源于生活但高于生活。

(7) 附加形象创意法。

含义：对商品进行人格化、情感化、心理化的形象定位和渲染以获得全新形象。

方式：升华、包装。

内容：道德、政治、爱国、幽默、情感、朝气。

(8) 时机捕捉创意法。

含义：以特定时机人们特有心理定势、大众心理和节日文化、特定背景下的生活情景为主题。

素材：社会节假日、重大社会活动、公众热点期。

技巧：文化性、适宜性、鲜明性。

精选案例

一、隆乳口服液创意

(一) 创意内容

画　面	音　响	旁　白
一个穿白色舞衣的芭蕾演员随乐起舞	音乐柔美	“人人都说我是那么自信”
这时乐曲变得欢快，芭蕾舞演员也跳起了轻快的舞步	音乐欢快、轻松	“我总能把最美的一面展现给观众”
芭蕾舞演员谢幕	音乐渐停，伴掌声	
芭蕾舞演员服用隆乳口服液的特写		“其实我的自信来源于它”
芭蕾舞演员手拿隆乳口服液		“试试看，想恢复青春，当然不是梦”
标榜：先打出产品名称，后打出“通化东宝”（主要强调“通化东宝”）及标志。	音乐有助于瞬间记忆	“通化东宝”

（二）创意说明

主要突出产品为女性保健品及突出“通化东宝”药业。

二、隆乳口服液电视广告创意　15秒

（一）创意内容

画　面	声　音
画面中出现一堆干瘪、枯萎的水果	如果不精心地照顾，就会这样
清凉的水浇在干瘪、枯萎的水果上	如果这样……
画面上变成一堆鲜美、光洁的水果	其实这很简单，只须……
画面切在隆乳口服液上	服用“隆乳口服液”
标榜：厂家标志及企业名称	旁白：“恢复青春，不是梦”

（二）创意说明

本创意采用了拟物的手法，用水果象征女性的乳房。通过前后两个画面的对比，说明隆乳口服液所起的显著作用，从而道出“恢复青春，不是梦”。

三、隆乳口服液电视广告创意　15秒

（一）创意内容

画　面	声　音
飞机上坐着一位30岁出头的女人。她手里拿着一张照片，照片上是年轻时她与男友的合影	
在候机厅里，男友正在等待飞机的降落	
她走下飞机，与男友拥抱（照女人胸部特写）	音乐响起，由舒缓到热烈
拥抱后，男友对她说：“对你的感觉一点没变”	
画面切在隆乳口服液上	女人的声音：“因为有了它”
标榜：厂家标志及企业名称	旁白：“恢复青春，不是梦”

（二）创意说明

本创意写的是一位与恋人分别多年的女人与男友重逢的故事。通过男友对她拥抱的感觉，影射出她的胸部依旧像年轻时那么饱满，从而说明隆乳口服液所起的显著作用。

四、通化东宝隆乳口服液 15 秒

(一) 创意内容

画面 (均在右下角打上东宝标志)	声音 (舒缓的音乐贯穿全片)
(特写) 浅蓝色的轻纱在风中飞舞，间隙露出一张轮廓俊俏的脸庞，她回眸冲镜头一瞥。	俏丽的面容
(特写) 粉色的轻纱在肩颈处划过，露出女演员穿着吊带丝裙的肩线。	
(特写) 浅绿色的轻纱从手臂上划下，露出她白皙的皮肤。	白皙的肌肤
(特写) 隆乳口服液药盒浮现在飘动的丝绸般的背景前，一道光影轻轻掠过药盒表面，一只纤手入画，轻轻抚摸药盒。	还因为有它……
(小全景) 她向落地窗走去，肩上披着轻纱。窗户与墙在她前面消失，蔚蓝色的大海出现在她的前面，一阵海风吹来，将她的吊带太阳裙吹起，将披纱吹得跑开去。	这个夏天，……
(中景) 她伸手想抓住披纱，逆光中，她的侧影健美、性感。	你可以抛开顾虑，……
(大特写) 她用手捋着被风吹起的长发，妩媚地笑着。	尽情享受青春乐趣！
(标版) 产品特写及企业名称。	通化东宝隆乳口服液。

(二) 创意说明

本创意旨在以美女诉求吸引受众，并将产品特写穿插其间，喻意“东宝”隆乳口服液是追求完美的女性不可缺少的伴侣。

创意抓住身材有缺陷的女性对夏季将至的恐惧心理，用轻柔的画面与音乐，让她们放松心情，引诱她们的购买欲。

此版广告格调高雅，专为追求高品质的女性而作。因为，这个阶层的女性才是本产品真正的潜在消费群。

影片的品质直接反映企业的形象，故本片在拍摄时将精益求精，实拍与特技相结合，以完美的画面来印证“通化东宝”良好的企业形象。

复习思考题

1. 试分析现代广告学的研究范畴及发展现状。
2. 谈谈你对USP理论的理解，试举例分析其在广告运作中的作用。
3. 定位理论的主要观点以及具体策略是什么？
4. 你认为“营销”和“传播”是广告运作中截然分开的两个层面吗？谈谈你的看法。
5. 试分析整合营销传播产生的背景、本质及其发展前景。
6. 谈谈你对广告传播的特点及其原理的理解。

工作任务训练

工作任务一：找一个你认为有创意的广告，分析它创意的有效性、特点。

工作任务二：广告创意要表现一种产品，但产品的主要性质却很难被消费者察觉。假设你是一个客户的广告主管（8人一组），他们卖一种具有技术专利的淋浴器和浴盆的小垫，能使浴盆不滑（垫子下面有许多小吸杯可以附在浴盆表面）。请用头脑风暴法想出几种方法在电视广告中表现产品特性。记下每一个构思，不管它看起来多么疯狂或愚蠢。

工作任务三：从广告战略设计上分析以下广告，它们从什么角度对产品进行诉求？

1. 一则孕妇装广告，出自台湾《美丽心声》广告：标题是“最美的曲线”，广告词是：“挺身而出，展露女性最美的曲线”。分析它的创作特点，目标群体是什么人？是否符合创意相关性原则？

2. 请分析以下两则广告用哪项专项广告技法。

（1）哈磁驱虫消食片——妈妈篇

电视画面：一位年轻漂亮的妈妈一手端着饭碗，一手举着勺子对孩子说：“宝宝吃一口，就吃一口，好不好？再不吃，妈妈就生气了，你吃不吃，你到底吃不吃……”

“当”的一声，妈妈把饭碗一摔。

画外音：你可以给孩子试一试哈磁驱虫消食片，甜甜水果味，特别适合孩子口味。

镜头突出哈磁驱虫消食片。

……

（2）Baygon杀虫剂广告——“是谁在逃跑”

一蟑螂冲入一居民家中，女主人尖叫着从家中逃出来；一蟑螂冲入另一居民家中，又一女主人尖叫着从家中逃出来；当蟑螂冲入第三个居民家中，这家女主人竟然毫无反应，而这时蟑螂却尖叫着四散逃跑。原来第三家居民使用了Baygon杀虫剂。此时，画面出现了字幕：新型Baygon杀虫剂，药效维持一周。

补充阅读

139全球通广告创意

服务业的广告宣传，创意策略上采用功能诉求的方式较多。一方面服务业的宣传重点在服务的特色及相关的承诺上，适合做功能诉求；另一方面，功能诉求策略相对于其他创意策略能更直接更明白地传达服务信息，取得与消费者更直效的沟通。但服务业的功能诉求，在表现上也容易陷入另一个泥沼：强推式、较生硬、孤芳自赏、过于矫情、不能引发消费者内心真正的共鸣。如何让功能诉求策略在服务业推广中切实发挥作用呢？

139全球通系列报纸广告给了我们一个成功的启示，它的主要特点表现在以下三个方面：

(1) 主题清晰、功能诉求更有针对性。

整个系列广告被分解为三个部分，分别针对"通话范围"、"基站、网络优势"和"服务承诺"作为诉求，让消费者清晰地了解到"139全球通已实现全国25个省市自治区和全球35个国家和地区的联网漫游"，"139全球通移动通信网用户更多、基站更广、覆盖面更大"以及"139全球通即买即通、安全防盗、带机入网、分期付款、终身维护、备机服务等多项服务承诺"的信息，充分展示了139全球通的功能优势。

(2) 版式生动，黑白分明。

为了打破功能诉求常给人的"冷冰冰"的印象，创作者摆脱传统表现的窠臼，以反白、反黑对比强烈的版式，吸引广大读者的视线，继而引起他们的兴趣。三个系列，版式相同，内容各有侧重。左边五分之三版面黑底反白字，大大的"1"、"3"、"9"十分抢人耳目，右边五分之二版面以概要的文字阐述了"139全球通"的功能优势。创作者有意加大左右两边的视觉对比，左边的"1"、"3"、"9"字体大而醒目，右边对应的文字说明小而精致，形成一种强烈的视觉反差，吸引读者情不自禁地想看个究竟。

(3) 递进式、系列化，独立主题，相互关联。

"139全球通"被拆成"1"、"3"、"9"三个部分，并分别配上"一机在手通全球"、"三大优势连全球"和"九项承诺为全球"的主题，构思巧妙，层层推进，"1"、"3"、"9"独自可成篇，组合又成为"139全球通"的完整概念，且每个独立篇章中"通全球"、"连全球"和"为全球"相互连接、交叠，把"139全球通"的"通话范围"、"基站、网络优势"及"服务承诺"有机地统一在一起，从点到面展示了"139全球通"的功能优势。

"139全球通"系列报纸广告由无锡市广告事务所创作，该系列作品曾荣获1997年第五届全国广告作品展评平面奖银奖，不愧为功能诉求创意策略的表现佳作。

任务五 创作广告文案

能力目标

1. 掌握广告文案写作的基本要点和原则要求
2. 能够根据企业广告活动要求撰写广告文案
3. 会为小企业设计广告语
4. 理解广告标题设计原则

引入案例

万家乐电器广告语赏析

万家乐作为一家上市公司，其主打产品热水器比较畅销。这与公司的广告促销密切相关，其广告语是："万家乐，乐万家。"

【案例评析】

均衡，是美学的基本原则之一；同样，均衡也是语言艺术的原则之一。作为广告语言艺术，常常也追求一种均衡美，因为失去均衡美的声音听起来逆耳，失去均衡美的句式读来别扭。逆耳、别扭的语言总是很难让人记住，让人难以记住的广告语言不是成功的广告语言。反之，具有均衡美的广告语言人们乐于接受、易于记住。此广告采用的是回文手法，前边"万家乐"是商品的商标，后边"乐万家"意义为"使万家欢乐"。此处的回环非常巧妙，语言干练，效果突出，人们很容易就记住了：能"乐万家"的电器是"万家乐"。这则广告，抓住"易于记忆"、"巩固记忆"等制作要点，充分运用汉语文化的魅力，使用恰当的修辞手法，展现广告语言的均衡美，加深了人们对广告语的记忆效果，达到广告语影响消费者、说服消费者、促进消费者行动之目的。

广告语要力求用最简练的语言去表达特定的信息，广告对公众所引起的注意都是无意注意，98%的广告信息是会被人们忽略的，冗长的广告语，人们会连看也不看，听也不听，或者是粗略地看了听了，却不得要领。所以这篇广告运用回文手法，只有一句话，就十分醒目突出，在片刻之间迅速抓住消费者，收到了良好的广告效果。

广告效果50%～70%来自广告语的力量，正所谓"题好一半文"。广告语，是以高度概括的语句表现了广告的中心内容，表明了广告的宗旨，使人们见广告语而知文意，见广告语而感兴趣。新颖出众的广告语，不但使关心某种商品广告的消费者引起有意注意而从速阅读正文，而且还诱导无具体目的的人引起无意注意，耐人寻味。广告语的魅力在于把人们的视觉导入主文位置或广告画面上。广告语驱使你迫不及待地阅读广告的内容、注意广告的画面、了解广告的内涵、产生强烈的购买欲望。

广告语功效关键在于精练顺口、巧妙风趣。"万家乐，乐万家"，简洁易记。据研究，10个字以内的标题、标语，人们的识记率为34%，超过10个字的则只有13%。广告语冗长就失去了记忆的基础，使人难以对信息接收与贮存，更谈不上唤起消费者的兴趣。设计广告语是一门扣人心弦的艺术，的确应拥有让人停下别的事情去看它的力量，拥有把冰箱卖给北极人的本领。精妙的广告语能创造诗意盎然的美学境界，唤起人们的审美感受，启人心智，引发联想，缩短商家、产品与消费者的距离，产生有效的促销效果。

讨论题：

1. 广告语为什么要追求均衡美？
2. 广告语怎样才能“深入人心”？

理论引导

1. 广告文案基本概念
2. 电视广告文案
3. 广告标题
4. 广告口号

5.1 广告文案的基本概念

一、广告文案的含义和作用

广义的广告文案（Advertising Copy）泛指广告作品的全部，包括广告的文字、图片、编排等内容。这是因为最初的广告作品，主要是平面广告作品。狭义的广告文案是指广告作品中的语言文字部分，包括平面广告中的文字、广播电视网络广告的字幕、旁白、人物对话、商标、商品名称、价格、企业地址等内容。

广告文案的概念包括两个要点：一是存在于广告作品之中。但广告活动需要运用语言文字形成其他的广告文本并不称为“广告文案”，如广告策划书、广告媒体计划书、广告预算等；二是仅指广告作品中的语言文字部分。构成广告作品的图片、编排布局、色彩甚至包括字符的变化等要素，都不属于“广告文案”。

在广播电视等电子传播媒体没有诞生之前，广告主要是通过报刊等印刷媒体传播有关信息的，文案的撰写显得非常重要。一则广告作品的优劣，主要是以文字表述及编排变化等作为标准来进行衡量的。随着科学技术的进步和广告业的发展，广告作品逐渐开始运用非语言文字的表现要素向消费者传递商品信息或提供服务。这些非语言文字如图画、音乐、画面等表现要素，具有更大的冲击力，能够给消费者更多的刺激，留下深刻的印象。但是，并不能因此低估广告文案的作用。一则广告可以没有画面或音响，却不能没有文案。据有关专家调查统计，广告效果的50%～75%来自语言文字部分。它仍是广告作品的核心，能够比较详尽、准确、直接地传递有关商品信息和劳务信息，是沟通消费者与企业的主要桥梁。广告作品中非语言文字要素的表现力，也有待于广告文案的补充和加强。正如大卫·奥格威所言：广告是词语的生涯。写好广告文案，仍然是广告创作人员的一项重要任务。

二、广告文案的构成

平面广告的文案，通常包括标题、正文、广告口号、随文四大基本部分。但随着广告表现形式的创新，表现这些部分的形式和方法也在发生变化。根据广告策略的不同要求，有的广告标题与广告口号合二为一，有的广告正文与标题难以分清。

案例：**标题：新世纪，新美菱，新生活！**

正文：新鲜的美菱向您郑重承诺“新鲜服务　美菱快一步”的新服务理念，理念以新鲜的服务内容和崭新的服务形象让您倍感新鲜美菱的无穷魅力！为此，我们以“更新、更快、更人性化”为服务宗旨，奉献给您的将是一次次优质、快捷、专业的满意服务。

广告语：新鲜服务　美菱快一步

精确每一度　新鲜每一处

新鲜的　美菱的

(随文从略)

分析：这一文案包含了标题、正文、广告语、随文等基本要素，是比较典型的广告文案构成形式之一。作为完整的广告文案，基本上需要涵盖这些部分。

按传播媒体来分，广告文案可分为报刊广告文案、广播广告文案、电视广告文案，另外还有包装广告文案、产品说明书、传单以及其他一些应用性广告文案，它们往往根据自身的媒体特点和文体特征而有不同的写作要求。按照文案的篇幅来分，可分为长文案和短文案。应该说，文案的长短在字数上不应有严格的界限，但通常认为超过400字的文案可以视为长文案，400字以下的属于短文案。在资讯过剩的信息时代，广告文案应该短一些、精一些，但也不可一概排斥长文案。

长文案写得好，能使消费者得到比较完整的商品或服务信息，所获取的传播效果也不比短文案差。大卫·奥格威曾谈到对写作长文案的看法，举出他写的罗尔斯·罗伊斯轿车的广告和波多黎各经济开发署招商的广告等文案的例子，这两则广告文案一个有900多字，一个曾达1 400字。文案虽长，但目标消费者大都耐着性子读完了文案，后来也成为经典之作。长文案广告能够吸引读者，关键在于陈述事实，这些事实又是与目标消费者的利益、关心的信息等是息息相关的。一般来说，招贴广告、杂志广告等的文案往往要长一些，这也是媒体组合的一种策略，可以弥补其他广告形式信息传播的不足，能够加深理解，增强复合效果。

三、广告文案写作的基本要求

广告文案的撰写，同一般文章的写作有不同的要求。它并不追求文字的华丽，也不完全要求成为受众鉴赏的对象。广告文案要服从广告传播活动的总体目标，符合广告总体设计的要求，能够在瞬间形成强烈的刺激，引起消费者的关注，使消费者认知、感觉，产生浓厚的兴趣和留下深刻的印象，并能具有强烈的号召力，促使消费者采取一定的购买行动。

1. 引起注意

生活在当代社会，人们每天要接触大量信息，要受到各种广告信息的刺激。一则广告能否被注意到，是广告效果能否实现的关键。因此，首先要能抓住受众的眼睛和耳朵。

2. 唤起兴趣

对目标消费者进行针对性诉求，从他们的生理和社会需要出发，调动其情感等。为达到这一要求，必须明确广告的传播对象，了解其有什么样的需求。

3. 刺激欲望

通过文字的表述，能够使消费者从喜爱某种商品，发展到产生购买此商品的欲望。要注意突出商品的特质，表明其能给消费者带来的实际利益和好处等，进行诱导。

4. 加强记忆

要能让消费者记住广告的内容，广告文案应简练、易懂、有节奏，特别是广告标题、广告口号、商品和企业名称等，要突出、醒目。也可设置悬念、促使联想、进行多重刺激，以加深消费者的印象。

5. 促成购买行动

广告的目的之一是促使消费者能尽快采取购买行动。所以，广告文案中也要注意含有促销的内容，如能享受优惠、得到赠品、欲购从速等。比如上面两则广告，都包括促销方面的内容。

四、广告文案的语言要求

语言是广告文案的基本单位，广告文案则是一种崭新的语言体裁。在广告作用的诸要素中，广告语言最具有实用性、应变性，最具生命力和表现力。广告宣传就是要把各种创造性的意念生动形象地传达出去。一个出色的广告文案人员，必须能够写出“人人心中有，人人笔下无”的广告文案，才能有效地传达出色的广告创意。因此，掌握广告语言技巧，是广告文案人员的基本功。

从现状来看，广告语言的形式可分为口语、诗语和陈述语几类。口语化的广告语最平易近人、最富有感情色彩、最有感召力；诗化广告语富有韵律、易读易记；陈述化的广告语则朴实亲切，具有较强的说服力。

无论哪一种形式的广告语言，都必须遵循如下要求：

（一）准确、简洁

广告学家认为：“广告文案不是文案，而是一种专门艺术”，“广告文案是具有特殊感召力的文学”。因此，广告文案必须注意“准确语意的表达”，只有语意准确，才不会引起消费者误解，才能如同一把利剑直入消费者心扉。同时，广告文案还必须简洁，必须以最少的词汇传递出最多的真实信息，做到“言出意达”、“言简意赅”，即不能用有之不多、无之不少的堆砌辞藻，也不能用模棱两可、含糊不清的虚拟语气，更不能用子虚乌有、言过其实的溢美之词。

古人在写诗做文章时，非常讲究造词炼句的准确、简洁。贾岛有诗为证：“两句三年得，一吟双泪流。力求一字稳，耐得半宵寒。”杜甫也说：“语不惊人死不休。”因此，我国古代出现了许多言简意赅的广告语和脍炙人口的广告诗。

例如，《水浒传》中景阳冈上的酒旗广告“三碗不过冈”，虽然只有简简单单的5个字，却绝妙传神地亮出了商品特性，既实事求是地宣传了美酒，又有效地刺激了顾客的逆反心理，堪称准确简练的典范之作。

唐代大诗人李白的《客中作》也是一首脍炙人口的广告诗作，诗云：“兰陵美酒郁金香，玉碗盛来琥珀光。但使主人能醉客，不知何处是他乡。”诗中只字未提酒的质量，却用“酒香”、“醉客”四字，把兰陵美酒的色、香、味描绘得淋漓尽致，令人不饮自醉。

宋代诗人苏东坡曾为买馓子的妇女写过一首推销馓子的广告诗：“纤手搓来玉色匀，碧油煎出嫩黄深。夜来春睡知轻重，压扁佳人缠臂金。”诗人用生动、形象的语言将馓子的色香味描绘得淋漓尽致。

（二）生动、新颖

美国广告专家威廉·彭立克认为：“广告文案最重要的就是‘新鲜’与‘独创’。”新鲜、独创的广告，可以使消费者产生美好的情绪和强烈的购买欲望，而那些内容枯燥呆板、语言老套陈旧、众口一词的广告，只会使人厌烦，即使是卓越出众的产品也会因此而失去吸引力和竞争力。那么怎样才能使广告语言生动、新颖呢？

1. 妙用文字、耐人寻味

妙用文字，是指活用名词、巧用动词、妙用形容词，或普用形容词等方式，使语言更加生动形象。例如：

台湾一家矿泉水广告：“口服、心服。”构思巧妙，含义丰富。

红梅味素广告：领“鲜”一步。生动、形象、贴切。

湖南湘潭“天仙”电扇广告词：实不相瞒，天仙的名气是吹出来的。老实又俏皮，耐人寻味。

2. 巧用辞格

辞格是对广告语言进行润色和修饰的一个强有力手段，是使广告语言准确、鲜明、形象、生动地表情达意的具体方法。辞格共计 38 格，主要包括比喻、比拟、夸张、反复、对偶、排比、顶针、借代、拈连、摹状、双关等，巧妙地使用这些辞格，可以为广告文案增色添香，使之熠熠生辉。例如：

——像母亲的手一样柔软。（比拟）

（儿童鞋广告词）

——除了妈妈以外，最爱护我的就是强生。（拟人）

（强生婴儿护肤品广告）

——皮张之厚无以复加，利润之薄无以复减。（夸张）

（上海鹤鸣皮鞋广告）

——绿色是生命活力，绿色是脱颖而出，绿色是滋养柔美，绿色是吐故纳新，绿色巨妮丝海藻系列化妆品。（排比）

3. 具象描绘

所谓具象描绘，就是具体形象地描绘商品或企业的形象。例如：

——一片新绿，一抹火红，一汪蔚蓝，绿丹兰化妆品。

——霞飞大自然系列美容品，让冬日的阳光亲吻你。

玉晶露——晶莹透体、营养保湿；

雪肤霜——消皱防皱、娇美肌肤；
怡春霜——细腻滋润、温和怡人；
郁发灵——营养发丝、乌黑亮丽；
冬福灵——消除冻疮、温馨备至。

这则广告应用排比句式，生动形象地描绘了霞飞系列化妆品的特点、作用，富有吸引力。

（三）风趣、幽默

使用诙谐、幽默的广告语言，可以使人在轻松愉快的气氛中接受劝说。一般可采用相声、小品、滑稽对话、幽默说唱、图案等形式，增强广告的喜剧效果。

例如，台湾一家电冰箱广告："把'新鲜'直接拉出来。"诙谐有趣地突出了冰箱的最大特点和作用。

晚清诗人李静山，曾为北京王麻子剪刀店写过一首广告诗："刀店传名本姓王，两边更有刀同汪。诸公拭目分明认，头上三横看莫慌。"此诗文字幽默、含蓄，颇有趣味。

香港某化妆品公司的广告是："趁早下'斑'，请勿'痘'留。"可谓贴切生动，令人捧腹。

一家眼镜公司的广告是："眼睛是心灵的窗户，为了保护你的眼睛，请为你心灵的窗户安上玻璃。"巧妙的引用，生动有趣。

（四）通俗上口，便于记忆

大卫·欧格威在《一个广告人的自白》中指出："广告中任何文学痕迹，都可能是妨碍广告成功的致命因素。文案撰稿人可能不那么有诗情，文字也不那么高深奥妙，他们必须使人了解，一则好的广告和戏剧、演讲都有这样一个共同点：它使人一看便知、一听便晓，直接打动人心。"他所说的正是广告语言的通俗性特点。

广告是一种最典型的雅俗共赏的通俗文化，广告的语言不要过于庄重、修饰太多，大量使用一些通俗化、大众化的日常用语、口语等，便于记忆和传送。尽量不要使用那些艰深晦涩的词语和专业性极强的术语、行语。

通俗上口的广告用语多采用诗歌、快板、对联、顺口溜等表现形式，另外格言、警句、成语、谐音、双关等也上口易记。例如，19 世纪末，上海南洋兄弟烟草公司为"白金龙"香烟所做的广告是"饭后一支烟，胜过活神仙"，没想到这句话竟然成为家喻户晓、老幼皆知的谚语，流传至今。

马雅可夫斯基是苏联大诗人，他极喜欢写广告诗，并自豪地把写广告诗称为诗人的副业。他曾为百货公司、橡胶公司、出版社等写过 23 首广告诗。其中有一首为橡胶公司写的广告诗，非常通俗上口：小雨纷纷，大雨倾盆/没有套鞋，我不出门/全靠有了，橡胶公司/东奔西跑，脚下不湿。

当然，广告写作是没有法则的。即使有，如果大家都一哄而上共同使用，也会很快不成其为法则了。

五、广告文案分类

（一）按广告文案媒体表现分

1. 平面广告文案

案例： **伊利纯牛奶平面广告**

（1）广告文案：

无论怎么喝，总是不一般香浓！这种不一般，你一喝便明显感到。伊利纯牛奶全乳固体含量高达12.2%以上，这意味着伊利纯牛奶更香浓美味，营养成分更高！

广告口号：青青大草原 自然好牛奶

（2）广告文案：

一天一包伊利纯牛奶，你的骨骼一辈子也不会发出这种声音。每1 100毫升伊利纯牛奶中，含有高达130毫升的乳钙。别小看这个数字，从骨骼表现出来的会大大不同！

广告口号：青青大草原 自然好牛奶

（3）广告文案：

饮着清澈的溪水，听着悦耳的鸟鸣，吃着丰美的青草，呼吸新鲜的空气。如此自在舒适的环境，伊利乳牛产出的牛奶自然品质不凡，营养更好！

广告口号：青青大草原 自然好牛奶

赏析：这三则系列广告，除角落里的品牌标识及产品包装外，没有任何图形。画面中心，巧妙地利用汉字字型的精心编排设计，通过一系列的象声词，分别表现人们迫不及待地喝牛奶的声音，因缺钙而导致的骨骼碎烈的声音，以及乳牛在舒适的环境中惬意地吃草欢叫的声音，调动受众的想象和联想，形成视觉冲击力。而广告文案又对画面主体文字作了形象的说明、注释和深化，道出了伊利纯牛奶诱人的浓香、纯真精美的品质和饮用后的效果及其根源，非常有说服力，很能打动消费者。是以文案写作为主要表现形式的典型佳作。

2. 电视广告文案的特征

电视广告文案是广告文案在电视广告中的特殊形式，是以画面语言和声音为表现手段的广告传播形式。电视广告主要由以下两部分要素构成；视觉部分（包括屏幕画面和字幕）；听觉部分（包括有声语言、音乐和音响）。

电视广告的各种构成要素：素材、主题、艺术形式、表现手段以及解说词等，都是广告创意的重要组成部分，这一切都必须首先通过电视广告脚本的写作体现出来，从而使电视广告文案显示出有别于其他广告文案的特殊性。电视广告文案的特点在于直观生动、感染力强，但它也存在着费用过高、不可存留、可选择性较差等缺点。

3. 广播广告文案

案例： **一：相声式广播广告——爱“嘉陵”**

唐杰忠：老马，您在等谁呀？

马季：我的那个“嘉陵”。

唐杰忠：“嘉陵”是您“爱人”呀？

马季：我太喜欢“嘉陵”了，它有许多优点，容貌长得盖世无双，绝代佳人，风度潇洒、帅气，平地走路像仙女腾云驾雾，爬坡就如嫦娥奔月，唱歌优美动听。与“嘉陵”结为“伴侣”太幸福了。追求“嘉陵”的小伙子太多了，连姑娘们也都在追求“嘉陵”哪！

唐杰忠：什么，姑娘们也向您“爱人”求爱？

马季：什么呀？瞧，它来了。

唐杰忠：呵，原来是“嘉陵牌摩托车”啊！

案例：二：快板式广播广告——药到病除“盖胃平”

说有个同志他姓冯，
三天两头犯胃疼，
有时他“哇哇”地吐酸水，
有时他紧皱双眉脸色青。
这一天，老冯又犯胃疼病，
捂着肚子直哼哼：
“哎哟！哎哟！哎哟哟！”
看样子病得还不轻哪！
这时候，来了他的朋友“活广告”，
这人的商品信息特别灵：
“老冯，你这是怎么了？
噢，不用说你又犯胃疼了！
正好我身上带着一种药，
你试试这药品行不行。
来来来，给你四片含在嘴，
再倒杯热水把药冲。”
说着话，老冯把这药吞进肚，就觉得胃口发热不再疼啦；
老冯忙问：“这是什么药哇？”
“它就是力生制药厂的产品——盖胃平。”

（二）根据不同的诉求方式而形成的广告文案写作分类

1. 感性诉求广告文案写作

以感性诉求方式对受众的情感与情绪因素进行对应性诉求的广告文案写作。这类写作试图通过对受众的情感和情绪系统的作用，使他们产生情感倾向和情绪的正向变化，接受广告信息并产生相应的消费行为。感性诉求方式一般运用于注重情感因素和附加价值、消费情绪化的受众，适宜于对日用消费品、化妆品以及时尚或流行表现的产品类型的文案表现。

案例： 万宝路香烟广告，强调产品使用者的粗壮、豪放的男子汉形象，而不是香烟质量。

2. 理性诉求广告文案写作

以理性诉求方式对受众的理性进行对应性诉求的广告文案写作。这类写作以对企业、产品或服务的客观、理性、重于实证的诉求来说服受众成为产品的消费者。它的写作特点是论据充分、说理明晰，有很强的逻辑性和理性力量。

案例："用两天的电，交一天的钱"，所强调的就是产品省电的特性。

3. 情理配合广告文案写作

将感性和理性两种诉求方式进行有机地配合表现的广告文案写作。感性诉求与理性诉求方式基础上的文案写作，各有其利与弊。这类写作的目的，是为了排除感性方式在说理性和实证性上的不足、理性方式在情感性和附加价值体现上的不足而产生的。这种写作能够避开两种方式在单一状态中的不足，而将两者的优势结合起来，最大限度地加强广告信息的趣味性和说服力。

5.2 电视广告文案

一、电视广告文案特征

电视广告文案与报刊等平面广告文案的性质有明显的区别：它并不完全与受众见面，因为它不是广告作品的最后形式，只是形成电视广告作品的一个基础和前提。

电视广告文案的主要形式来源是文学写作，没有一定的文学修养和艺术素养，是很难进行电视广告文案创作的。电视广告文案从构思到创作不同于一般印刷广告文案写作和广播广告文案写作，电视广告文案本身是无法独立存在的，必须与其他表现手段相结合、相互配合使用，才能发挥电视广告传播的最大优势。如果过于强调电视广告文案的独立性，则会造成文案与画面脱离，从而会破坏广告效果。所以，电视广告文案的创作者应该充分认识到广告文案非独立性的特点，写作时一定要围绕与画面等因素的融合来进行构思。

再者，电视广告文案的非独立性决定了广告内容的非完整性。电视广告的传播性与广播广告文案大致相同，即通过声音传播，以口耳相传的方式进行交流，其文案的各部分之间的区别无法在听的过程中清楚地辨别，往往融为一体，而且电视广告的时间很短。目前，电视广告片的各种常规时段有 5 秒、10 秒、15 秒、30 秒、60 秒等。我们在选择电视广告文案的表现形式时，不仅要依据广告策略、广告信息内容、广告目标受众等情况，而且还要与时段的选择产生对应。一般来说，电视广告文案每秒不能超过两个字。如果在这么短的时间里还要严格区分正文、随文，势必将文案分割得支离破碎、杂乱无章。现在的很多电视广告都没有标题，有些正文也很简单，有的干脆将标题、随文都舍弃了（在电视广告文案中，较少出现随文，即使需要出现随文，也往往以字幕的形式出现，而不作过多的解说）。单纯从文案上看，电视广告文案的表述是不完整的，但是，这也正是电视广告文案不同于其他广告文案的地方。它的主要特点在于，文案始终服务于看和听，人们在观看电视广告的时候，不可能完全专注于屏幕上的文案，也不会像广播广告的听众那样将注意力集中在听觉上，观众往往是边看边听。所以，电视广告文案的作者一定要注意观众

“边看边听”的特点，使文案创作适应电视画面的需要。

请看下面这则电视广告：

画面：（全景）一辆汽车在画面中急速奔驰，（背景音乐）有节奏的“嘀答嘀答”电子钟声。

广告词：我们的汽车在奔驰时，除了电子钟的声音，别的声音都听不到。

这是福特汽车的广告。单纯从画面中看，这种汽车的质量究竟怎么样，无法作出判断，而只有配合文案“别的什么声音都听不到”，只能听到电子钟有节奏的“嘀答嘀答”声，来让我们充分领会到这种汽车的平衡舒适和安全快速，仿佛我们自己正置身于这种汽车的行驶之中。

从上述例子我们可以清楚地知道，电视广告文案与一般的文案广告不同，不能单独靠文案来完成广告诉求的任务，只有与画面、音乐以及其他手段有机结合才能顺利完成广告诉求。

二、电视广告文案的特殊语言——影视语言

电视广告的影视语不仅是电视广告的信息传达手段，也是电视广告形象得以形成、体现所必不可少的先决条件，因而它是电视广告的基础和生命。

影视语言的特点如下：

（1）具象性、直观性。它总是以具体形象来传情达意、传递信息。

（2）运动性、现实性。摄影机具有客观地记录现实的作用和“物质现实的复原”功能，因而影视画面的基本特征是“活动照相性”，可以使观众产生一种身临其境的现实感。

（3）民族性、世界性。影视语言不仅具有鲜明的民族特征，而且是一门世界性语言，可以成为各国人民交流思想、传递信息、沟通感情的工具。

三、各种常规时段及其对应的文案表现形式

（1）通常情况下，5 秒时段的电视广告片，其目的通常是为了加深受众对广告信息的印象，强化受众对广告主体特定形象的记忆。因此，一般采用瞬间印象体的表现形式，且一闪而过，却具有某种冲击力的画面；与简洁凝练的广告语相结合，来表现企业形象或品牌个性。

（2）10 秒和 15 秒时段的电视广告片，其广告目的是要在短时间内，对广告信息作单一的、富于特色的传播，突出企业形象或品牌个性或独具的“卖点”。因此，适宜采用名人推荐体、动画体、新闻体以及悬念体、简单的生活情景体等表现形式。

（3）30 秒时段的电视广告片，可以从多角度表现消费品的功能、利益点。适宜采用名人推荐体、消费者证言体、示范比较体、生活情景体以及简短的广告歌曲形式等。

（4）60 秒时段的电视广告片，可以表现更丰富的广告内容。可以采用广告歌曲体、生活情景体、消费者证言体、示范比较体等较为完整的表现形式。

四、电视广告文案的写作要求

电视广告所独具的蒙太奇思维和影视语言，决定了电视广告文案（脚本）的写作既要遵循广告文案写作的一般规律，又必须掌握电视广告脚本创作的特殊规律。具体要求是：

(1) 电视广告文案的写作，必须首先分析研究相关资料，明确广告定位，确定广告主题。在主题的统帅下，构思广告形象，确定表现形式和技巧。

(2) 以镜头段落为序，运用语言文案描绘出一个个广告画面，必须时时考虑时间的限制。因为电视广告是以秒为计算单位的，每个画面的叙述都要有时间概念。镜头不能太多，必须在有限的时间内，传播出所要传达的内容。

(3) 电视广告是以视觉形象为主，通过视听结合来传播信息内容的，因此，电视广告文案的写作必须做到声音与画面的和谐，即广告解说词与电视画面的“声画对位”。

(4) 电视广告文案的写作，应充分运用感性诉求方式，调动受众的参与意识，引导受众产生正面的“连带效应”。为达到此目的，脚本必须写得生动、形象，以情感人，具有艺术感染力。这是电视广告成功的基础和关键。

(5) 写好电视广告解说语。它的构思与设计，将决定电视广告的成败。广告解说语的种类包括画外音解说、人物独白、人物之间的对话、歌曲和字幕等。

每一则电视广告，可根据创意和主题的需要，只取其中一两类，不一定包罗万象，贪多求全。为了弥补画面的不足，可以用听觉来补充视觉不易表达的内容，揭示和深化主题，进一步强化品牌或信息内容。电视广告文案的写作要求有以下几点：

(1) 写好人物独白和对话。它的重要特征是偏重于“说”，要求生活化、朴素、自然、流畅，体现口头语言的特征。

案例：

葡萄酒的广告

正文：

男招待：您好，先生，您一个人？

先生：一个人。

男招待：您要什么？

先生：马莉科蒂。

男招待：对不起，我们没这种酒。

先生：酒？马莉科蒂很漂亮，她跟一个野小子跑了。

男招待：这个……

先生：你不要骂她，她还是很多情的。

男招待：好吧，来点儿修女，你也会多情的。

先生：什么？来点儿修女？修女有什么用？她们只嫁给上帝。

男招待：“修女”是一种酒，“修女”牌葡萄酒，香醇可口。美酒美女，差不多嘛！

先生：“修女”牌葡萄酒？也好也好，但愿修女都像美酒那样讨人喜欢，感谢上帝！

分析：这是一则外国的电视广告剧，这则广告围绕日常对话，通俗易懂，为一般观众所接受。设计者利用听众的猎奇心理，创造出某种疑问或期待（马莉科蒂小姐的故事），当听众饶有兴趣地寻着线索猜测下去时，剧情又以一种误会（“修女”与马莉科蒂的比较）陡转，展现另一种情节，最后出人意料地为听众解开谜团（所谓的“修女”原来是“修女牌”葡萄酒），从而产生了喜剧性效果。整套故事有冲突、发展、高潮和结果，构思巧妙，编排新颖，使人不能不对此产品留下深刻印象。

（2）对于旁白或画外音解说，可以是娓娓道来的叙说，或者抒情味较浓重的朗诵形式，也可以是逻辑严密、夹叙夹议的论述。

（3）以字幕形式出现的广告词要体现书面语言和文学语言的特征，并符合电视画面构图的美学原则，具备简洁、均衡、对仗、工整的特征。

案例：

以后再也用不着牙齿了！

电视广告画面：一位乐呵呵的老人拿着一瓶新型啤酒，屏幕下方字幕打出一行字来：“以后再也用不着牙齿了！”老人说完了一笑，露出缺了颗门牙的嘴。

这是美国一则不用开瓶器的新型啤酒广告。成功的电视广告，不仅要为观众提供必要的消费信息，还要让他们感兴趣，获得某种美的感受，在愉悦中记住有关信息。这则广告在幽默趣味和创意方面寻找出路，通过缺了门牙的老人说出诙谐亲切的广告语，重点突出反映了这种新型啤酒饮用方便的特点。

（4）着重写好广告语，要求尽量简短，具备容易记忆、流传口语化及语言对仗、合辙押韵等特点。

（5）电视广告文案的写作要充分考虑与电视广告整体的画面以及文案、音响之间的关系。在电视广告中，单看画面或者单听声音，都是不完整的。只有声画合一，才能表达较完整的意思。比如美的空调广告，为了突出其静音的效果，画面中一台处于开启状态的空调正处于工作状态，背景没有一点声音，只有旁边的一个声音探测器的显示分贝一直在低分贝的数值上闪烁。光看画面，看不清楚这是什么品牌的空调，也不一定完全明白广告的意思，广告结尾加入了解说语：“美的空调，原来生活可以更美的！”广告语点明了品牌名称，一下子就营造出美的空调创造的舒适、温馨的环境，让人仿佛置身其中，同时，也成功地将品牌形象印入了观众的脑海里。

（6）关注观众的兴趣。在进行电视广告文案的创作时，要把自己想象为目标受众，要充分考虑到受众的兴趣所在，考虑广告是否可以在脑海里留下深刻的印象，是否将广告用通俗易懂的语言表述出来，是否使用了过于专业的术语和冗长的语句。而要达到满意的效果，可以在广告中采用设置悬念、营造意境、利用对比等手法来达到宣传效果。只有运用创造性的思维去创造新的表现手法，才能推陈出新，夺人眼球。当然，无论哪种新的表现手法，都必须符合广告产品的特点，符合媒体的传播特点。

（7）注意字幕的宣传作用。在丰富多彩的电视节目中，字幕在多数节目中只起着解说、注释的作用。但在电视广告中，字幕往往有着十分重要的作用：其一，是呈现产品的品牌逐步强化，这是电视广告中常用的手法；其二，是标明生产厂家和联系方式、地址；

其三，是在广告片中需要重点强调的地方，及时地打出字幕；其四，参与画面的构图，而这恰恰是一直以来电视广告所忽略的。

（8）电视广告文案一定要仔细斟酌，认真推敲。电视广告是一种瞬间的艺术，文案虽短，却需要面对千家万户，稍有疏忽，就可能贻笑大方。

比如有一段时间，人们喜欢利用成语的谐音来自己创造“成语”，但却只是停留在把文案表面上的修辞改改，未能突出产品的信息，因而闹出很多笑话，也给成语的本身含义造成了损害，误导了一些正在学习阶段的小学生。上述这些情况都是在进行电视广告文案创作时，没有经过仔细斟酌、认真推敲，很多都是照猫画虎，造成了不应有的误会。所以，电视广告文案一定要遵从大胆谨慎的原则，既要别出心裁、独树一帜，又要严丝合缝、逻辑清晰，这才称得上是好的广告文案。

案例：

飞利浦吸尘器广告

正文：静静地吸，吸得净净。

广告采用了顶针与回环的修辞手法，利用“静”与“净”的谐音，将飞利浦吸尘器的功能、特点一展而出。静静——吸——净净，这三个层次的意思表明吸尘器质量优良、无噪音，默默无闻地工作，被它吸过的地方一尘不染、干干净净。广告字数虽然不多，却运用得干净利落，令人回味。

五、电视广告脚本撰写

（一）文字说明式

案例：

化妆品电视广告创意

夏天的化妆品电视广告给人印象较深的除了佳雪冰点防晒外，其他的都毫无创意。

片名：化妆品防晒美白篇

风格：个性诙谐严肃

创意说明：本片将以独到的创意思路，以显明的个性与军队的严肃性形成对比而显示出产品的吸引力。

镜头一：酷热的太阳照射下的军队拉练场上，（特写）被太阳晒得皮肤有点黑的一位女指导员站一班男士兵正前方。

镜头二：“稍息”，女指导员十分严肃，被太阳烤的黝黑的男士兵们动作非常整齐。“立正”，女指导员喊，干燥的地上被男士兵们整齐的动作扬起了尘土。

镜头三：（远景）士兵们的左前方一位清秀的女兵拿着一个文件夹向这边走来。

镜头四：“向右看齐”，女指导员的声音更加响亮，男士兵们的目光却盯在从左边走来的女兵的身上。

镜头五：（特写）女兵的皮肤十分光滑洁白，清逸而来。

（叠画）产品介绍——化妆品高科技提取天然芦荟精华……防晒美白二效合一

镜头六：（特写）女指导员的目光惊奇羡慕地盯在女兵的脸上。

（二）分列式文案

案例：

富瑰园电视广告脚本

（一）30 秒“五好家（加）庭”篇

镜头	广告内容及其画面	广告语	音乐
1	五好家庭是什么？	“五好家庭是什么？”（女声）	略
2	30 多岁女子头像（面带幸福，面容亲切）+富瑰中央客厅样板间的实景	第一好：“好太太加好房子”（女声）	
3	6 岁左右可爱的孩子的全身（带着泳镜，穿着泳裤，裸着上身）+富瑰中央游泳池的实景	第二好：“好孩子加好环境”（孩子清脆的童声）	
4	30 岁全身男人（得意、插着双手、一条腿搭在另一条腿上）+3 500 元/平方米（实景的建筑和整体环境）	第三好：“好面子加好价钱”（男声、快乐）	
5	一辆富康私家车+富瑰中央中心庭院和休闲小亭子	第四好：“好车子加好空气”（男声，略微变音）	
6	三口之家一起嬉戏+建筑立面的局部、蓝蓝的天、白白的云	第五好：“好心情加好未来”（齐声，男、女、孩子）	
7	标志	富瑰中央，五好之家	
8	最后 30 套，特优价发售。	五好热线：7932601	

（二）富盈门电视广告脚本

晴天，阴天，下雨天

镜头	时间	广告内容及其画面	广告语或广告字幕	音乐
1	8 秒	阴天：反映丰富多彩的户外活动，如健身、游泳、打羽毛球。 画面——一家三口在会所做着不同的运动。	阴天，充满活力的日子	我是一只鱼
2	8 秒	雨天：反映悠闲、浪漫、温馨的家庭生活及舒适的家居环境。 画面——家中两夫妻正品着咖啡，听着雨声，悠闲温馨，轻松自在。	雨天，温馨浪漫的日子	
3	8 秒	晴天：反映美丽的园林规划 画面——清晨，雨过天晴，妈妈打开窗，阳光射入屋内，爸爸温馨地站在妈妈身边；孩子推开门，牵着爸爸、妈妈的手来到中心花园，在一片“绿色”的海洋中尽情玩耍。	雨过天晴……	
4	6 秒	富盈门地产的标板	晴天，阴天，下雨天：自在，轻松，富盈门	

5.3 广告标题

一、广告标题类型

广告标题按其诉求策略的不同，可分为如下三大类：直接标题、间接标题、复合标题。

1. 直接标题

直接标题是以简明的语言直接表明广告内容，使人们一看便知要推销什么，会给消费者带来什么利益。

案例：

中意冰箱，人人中意

——中意电器集团公司广告标题

唯独这种煤气能向你提供一大桶热水，比普通的快三倍

——美国煤气联合协会广告标题

家中有万宝，生活更美好

——万宝冰箱广告标题

星河音响，再创音乐新生命

——星河音响广告标题

上述广告标题都是直接传播广告信息，将产品的主要情况、产品效用直截了当地告诉消费者。

直接标题虽然简单明了，但往往不能引起消费者的足够注意。

2. 间接标题

这种标题中不直接出现所要推销的商品的内容，往往连产品的名称都不告诉消费者，而是利用艺术手法暗示或诱导消费者，引起消费者的兴趣与好奇心理，从而进一步注意广告正文。

案例：

眼睛是灵魂的窗户，为了保护您的灵魂，请给窗户安上玻璃吧！

——美国眼镜广告标题

标题没有直接说出广告的商品，但已用暗喻的手法间接地告诉了消费者，显示了对他们切身利益的关心，因而使消费乐于接受这样的诱导。

工欲善其事，必先利其器

——“常工牌”焊接切削工具广告标题

标题以谚语的形式含蓄地说出了使用该种型号的切削工具，能使人达到事半功倍的效果。

发光的不只是黄金

——美国银器广告标题

美国一家银器制造商，使用了这句谚语，引人注意，正文接着说明他们制造的银器，也是发光锃亮的，由此达到宣传目的。

案例：下面再选一些间接性广告标题的实例供参考。

掌上明珠

——化妆品

醉人的音乐

——立体声耳机

使你增添魅力

——时装

他们正在演奏我们的歌

——吉布牌酒

绿，来自您的手

——植树、造林宣传

祝您健康

——环境保护宣传

地球越来越小了

——旅游交通

大西洋将缩短四分之一

——国外某航空公司广告

一毛不拔

——长命牌牙刷

有钱不能乱花

——银行广告

上述间接标题诱发兴趣的根本目的，也就是诱导读者阅读正文。

3. 复合标题

这种标题是将直接标题与间接标题复合起来。一则复合标题常由两个或两个标题组成，除了有一个主标题外，还有一个或两个副标题，位于主标题的上下左右。主题往往以艺术的手法表明一个引人入胜的思想，副标题则是说明产品的名称、型号、性能等。目的在于进一步补充和扩展主标题的含义。因而，复合标题会失去一点引人好奇的价值，但却能使消费者立即明白引起他们好奇的是什么产品。

案例：

小到一颗螺丝钉

——四通的服务无微不至

这是四通文字处理机的广告标题，文字的第一行是主题，采用间接标题，运用了“比”的修辞手段，是虚写；文字的第二行是副标题，采用直接标题，道出了广告所宣传的产品，是实写。以小小的螺丝钉做文章，让消费者联想到四通的产品质量过硬，服务周到，小到一颗螺丝钉都毫不马虎，关键部位就更不用说了。通过间接标题的诱导，直接标题的点明，消费者从形象思维过渡到产品本身，由此加深了对产品的印象。这个标题是匠心独运的。

案例：

龙马牌 TY－1 型家用运输车——为你开辟致富之路。

有些标题，除正题、副题外，还有引题，如下例：

用了油烟机，厨房还有油烟

用了油烟机，拆卸清洗困难怎么办——引题

科宝排烟柜，将油烟控制在柜内，一抽而净。

科宝油烟机带集油盆，确保三年免清洗——正标题

全方位优质服务：免费送货安装，（南三环至北四环）三年保修，终身维修——副标题

上例引题交代广告信息背景或意义，提出一般油烟机抽不净油烟且清洗困难的问题，由此引出正标题，科宝排烟柜可将油烟“一抽而净”，能“确保三年免清洗”。这就回答了引题中提出的问题。副标题是对主标题内容的补充，作某些附加说明。

案例： 还有一些复合式标题可以由引题、正题组成。

拥有“王祥”全家吉祥——引题

上海沪祥童车厂、北京市京雷百货贸易公司联合举办“王祥”童车展销——正标题

上例即由引题和正题构成，引题点明拥有“王祥”童车的意义，正题传递“王祥”童车展销信息。

复合标题能将直接和间接两种标题揉在一起，各取所长，既富有情趣性，又具有清楚明白的效果。这类广告标题常于前两种标题不易表达广告内容时采用。

二、广告标题的表现形式

虽然广告标题分为直接标题、间接标题、复合标题三大类型，但却有着众多的表现形式，主要有下述十余种：

1. 新闻性标题

以新闻报道的方式发布信息，向消费者提供一些新事物。

案例： 隔断新贡献，抗火立大功——燃烧两小时，抗热温度986℃

——台湾环球牌石膏板广告标题

治疗关节炎的突破性产品终于问世——阿斯巴膏

——阿斯巴膏广告标题

要注意的是，当采用新闻性标题时，必须有真正称得上新闻的广告内容，否则报纸或杂志

将它作为新闻登载出来，而读者发现其并无新闻价值，就会破坏读者对媒介的信任程度。

2. 诉求式标题

这类标题无论是理性的还是情感的，其意旨都是告诉观众，从我们的商品中可以获取某种好处。这类标题一般都较平淡，但对一般缺乏经验的人来说，能向他们直陈诸般好处，这正是他们所期望的。比如，有一种电子计算机办公系统广告，其标题为："以最简单的操作，完成最复杂的工作。"无疑，这对办公室部门一般秘书工作人员，特别是对计算机语言没有多少认识的人而言，是一个有力的吸引。

3. 炫耀式标题

广告主总期望能在标题上体现生产者对产品的骄傲以及引以为豪的态度。只要产品的确令人满意，文案人员都尽量满足雇主的这种心理，以致标题带上一些公开吹嘘的气息。如：

案例："从台湾第一到世界金牌，统一鲜乳是最好的鲜乳！"

——台湾统一特级鲜乳广告标题

也有将咄咄逼人的口气变得比较柔和些的：

"尽善尽美，我用来用去还是它。"

——法国首饰广告标题

4. 建议式标题

许多文案人员喜欢采用这种形式的标题。它兼具多种优点，主要有以下三点：①标题主动地劝说或暗示读者去做或去思考某些事情；②标题一般直接言明所推荐产品的某种用途或使用方法；③它同时具有利益性标题的优点，由于建议使用及促使购买的说辞铺陈，直接或间接地将使用该品牌产品的利益告诉读者，标题就具有了动之以情、晓之以理的双重功能。

案例：加点新鲜香吉士柠檬，让冰茶闪耀阳光的风味

——香吉士柠檬广告标题

果珍要喝热的

——果珍广告标题

5. 悬念式标题

人类天然具有好奇的本能，这类标题专在这点上着力，一下子把读者的注意力抓住，使他们在寻求答案的过程中不自觉地产生兴趣。如有这样一则香烟广告："禁止抽各种香烟，连555牌香烟也不例外。"读者的第一印象便是"555"有点特殊，接着要问为它为什么值得单独提出，于是忍不住要尝一尝它究竟有什么与众不同之处。还有一则眼镜广告，其标题是："救救你的灵魂"，初听之时令人莫名其妙，正文接着便说出一句人所共知的名言"眼睛是灵魂的窗户"。救眼睛便是救灵魂，妙在文案人员省去了这个中介，就获得了

一种特殊效果。

6. 设问式标题

设问当然是自问自答。

案例：如美国 Compag 电脑广告的标题：

为什么美国 1 000 家最大企业采购微电脑时，大部分都首先考虑 Compag?

又如法国有家巴黎商店推销中国沱茶的广告标题：

您要外形美吗？那就请喝沱茶，它可以溶解血液中的油脂。

中国广告中也不乏这样的实例，恒星牌灯泡的广告标题就是这种形式：

谁为万家燃灯火？恒星牌灯泡，为你带来光明与欢乐。

正确的答案似乎应该是发电厂，可那便不成其为广告了，人们宁愿接受这似对又似错的答案。

7. 标语式标题

这类标题简短有力，主要由广告的名字或品牌（大都为系列性的）构成。这种标题大都将产品与知名度很高的公司或系列品牌挂钩，有助于产品的销售。如奥琪男用化妆品广告为："奥琪没有忘记男士们!"

案例：日本的两则摩托车广告更是有力：

要骑就骑丰田

——丰田摩托车广告

银座就是豪放

——银座摩托车广告

8. 陈述式标题

这类标题是客观陈述事实，将广告正文的要点如实地向读者点明。

案例：结实的杜邦塑胶能使薄型安全玻璃经冲击致碎后，仍黏合在一起

——杜邦塑胶广告标题

只要三十元，孔兰蛋蜜乳，能使你的脸蜜蜜柔柔，表现个性美

——孔兰蛋蜜乳广告标题

这类标题庄重严肃，无须强调刺激和加强感情色彩，常一目了然地点明广告信息内容。

9. 祈求式标题

用祈求、劝导、叮嘱等言词来敦促人们行动。

案例：让你的眼光更敏锐

——三洋录音机广告标题

用功读书时，灯光不足是最大忌讳，请保护你的眼睛

——台灯广告标题

这类标题能满足消费者的利益所求，并保证承诺的可靠性。

10. 问题式标题

用提问的方式来引起人们的注意，使他们去思考问题，加深广告印象。

案例：想想今天的和昨天的洗发感觉有何不同？

——凤凰系列香波广告标题

既然每天要喝水，为什么不用哈磁杯?!

——哈磁杯广告标题

这类标题站在消费的位置上，提出“为什么”或“怎么办”的问题，促使消费者在购买时进行分析思量。

11. 对比式标题

通过对比，突出产品的优点。这类标题用于产品本身前后的对比，或者不同类事物的比较，效果较好。

案例：我们是第二，我们更加努力

——艾维斯出租汽车公司广告

所有航空公司向您收的费用是一样的，但是它们所给予您的服务却并不相同

——泛美航空公司广告

对比式标题应避免褒己贬人之嫌，对比一般是泛比，而不指名道姓。

12. 比喻式标题

用某些有类似点的事物来比拟想要说的某一事物，促使人联想，加深人们对某种思想和观点的认识。

案例：三洋电叶轻转，转出清凉世界

——日本三洋电扇广告标题

小莫小于水滴，细莫细于沙粒

——银行储蓄广告标题

以水滴和沙粒比喻储蓄，向人启示积少成多的道理。

第一封信的愉快回忆

——手摘新茶广告标题

以初恋第一封信纯洁、清雅的感受来比拟品茗新茶的愉快，十分巧妙而富于人情。

13. 夸张式标题

以现实生活为基础，借助想象，抓住描写对象的某种特点以夸大强调，突出地反映事

物的特征，加强艺术效果。

案例： 审慎保险公司具有直布罗陀的力量

——审慎保险公司广告标题

直布罗陀是位于南欧和北非之间的一道海峡，是大西洋通向地中海的交通要道，具有重要的战略意义。显然，把保险业务比之直布罗陀海峡是夸大其词的，但却使顾客对该保险公司的资信产生了信任。

14. 诗歌式标题

借用和改用古今诗歌原句，或者采用诗歌式的语言作题，能收到醒目传神、绘声绘色的效果。

案例： 东风夜放花千树

——沙洲灯具给您带来光明美景

赤橙黄绿青蓝，点缀人间春色

——化工染料广告

雄关漫道，闯进上海，远涉重洋

——骆驼牌电扇一日千里竞称雄

凉风习习，芳香阵阵，消暑佳品，祝君夏安

——苏州檀香扇广告

悬崖百丈冰，独有花枝俏

——香雪海电冰箱广告

海内存知己，天涯若比邻

——星球收录机给您带来四海知音

15. 借名式标题

借用古今中外著名人、事、地、物的名气和影响，赋予新意，常常能使消费者信服，或得到一种心理上的满足。

徐州食品厂生产的“云龙山牌”蜜三刀，是传统名点，驰名南北。相传北宋时，徐州太守苏东坡得宝刀一把，在青石上一连砍三刀，留下三条刀印，蜜三刀故而得名。该厂在广告中使用了这样的标题：“苏东坡连砍三刀，云龙山‘蜜三刀’名扬天下。”江苏金坛县生产一种“丰登牌”封缸酒，此酒选用糯米中之佳品“标米”制造，故醇稠似蜜，馥郁芳香，风格独特，相传为明代皇帝朱元璋在金坛卧龙山畅饮之酒。该厂借用这种名气，使用的广告标题是：“丰登牌，明代贡酒——朱元璋痛饮卧龙山。”

16. 寓意式标题

寓意式与比喻式不同，比喻多借助具体、鲜明的形象来表达题意，寓意多借助人的自身知识、修养、情操等，对广告标题给以合理的想象的发挥，提高读者的意境。下面看看台湾一些得奖的寓意式广告标题：

案例：给太太一份“安全感”

——电饭锅广告

“闲”妻良母

——洗衣机广告

把“新鲜”直接拉出来

——电冰箱广告

与书为友，天长地久

——一套丛书广告

5.4　广告口号

一、广告口号概念

广告口号是精练地将产品的主题表达出来的警句，所以又称广告标语或广告警句。它是文案的重要部分。

广告口号和广告标题都以简洁的语言反映商品或劳务特征，都为表达广告创意服务，而且在内容和形式结构上都很相似，但两者的区别也显而易见。从目的上看，广告标题旨在诱导消费者阅读正文，是广告正文的有机组成部分，而广告口号则意使消费者建立一种观念，用以指引他们选购商品或劳务，也就是说广告口号体现于品牌定位策略和诉求策略，它只出现在这个策略阶段之中。

二、广告口号写作要求

1. 突出个性

一方面要尽量使广告口号与其他企业、商品的广告口号区别开来；另一方面，必须符合商品的个性，必须表现出企业的服务宗旨或商品的独特功能或其他有关与众不同的东西。一个平淡无奇、毫无特色的口号，很难给消费者留下什么印象。

突出个性有很多种做法，其中之一就是自然地嵌入公司、品牌、劳务等名称。如果能将公司或产品名称配合销售特点不断出现，将具有一般广告口号所没有的宣传力量，它宣传了产品的特点，又扩大了企业、产品品牌的知名度。

案例：中国道路，红岩汽车

——红岩汽车广告口号

货真不怕比——法国东钢盘500型不输其他轮胎

——法国东钢盘500型轮胎广告口号

爱是正大无私的奉献

——正大集团广告口号

车到山前必有路，有路必有丰田车

——日本丰田汽车公司广告口号

金狮牌自行车乐在“骑”中

——金狮牌自行车广告口号

后三例可谓巧夺天工，它们在分别突出企业精神，产品质量的同时，又自然地放进了企业、产品名称。

2. 简明易记

广告口号的目的，在于通过反复宣传，使消费者留下对产品、劳务或企业的印象。因而广告口号一般来说要尽量简短，并且容易记忆。

广告口号要做到易记，最佳的办法就是要注意节奏与韵律，使之念起来顺口。

案例：腾云驾雾，乐在其中

——美国其乐牌鞋广告口号

可耐，送您一份爱

——可耐冰箱广告口号

骆驼进万家，万家欢乐多

——骆驼电风扇广告口号

菊花电扇，风凉世界

——菊花电风扇广告口号

威力，威力，够威够力

——威力洗衣机广告口号

瞬间一滴，倍增爱意

——百爱神香水广告口号

古有千里马，今有日产车

——日产车广告口号

南方，南方，国产之光

——南方汽车广告口号

有朋远方来，喜乘三菱牌

——三菱汽车广告口号

（三）把握时空

广告口号一方面具有相对的稳定性，一经形成，往往要适应很长一段时期；另一方面又有历史性和地域性，即不是一成不变的，而要随着时代、社会、时尚、地域的变化而变化。所以，广告口号创作者在创作时，要注意社会思潮、生活时尚、大众消费心理的迁移。如果原来的口号已经不适合新的时尚、新的观念，必须再创造出新的口号不可，这就是把握广告口号的时间。

作为国际产品，还要把广告口号的空间，即根据不同的地域、特点写出不同的广告口号。

不同国别、区域的消费群体有不同的消费习惯、消费心理、消费观念，如果写作者不注意这一特点，广告口号有时会失灵。反之，其成功的机会就大得多。

案例：

瑞士雀巢咖啡有限公司1984年向中国大陆推出其产品“雀巢咖啡”时，广告口号是：味道好极了！

而在台湾使用的口号是：感受优雅的欧洲风味。

这两个口号都一举成功。因为中国大陆的传统习惯是品茶，即使是都市人大多还不知道即冲即饮的雀巢咖啡竟有如此好味道，雀巢公司特以此为依据写出“味道好极了”的广告口号；而台湾接触、了解欧洲文化较大陆更深，对咖啡文化的接受能力也必然大于大陆，故而在广告口号上表现“欧洲风格”的创意。

精选案例

赛欧斯止痛药电视广告文案

赛欧斯止痛药电视广告创意文案

客户名称：升和制药

制作方式：胶片

制作长度：30秒、15秒、5秒

时间篇

创意核心概念：7.5毫克的镇痛之道

创意支撑：60分钟起效；24小时持续镇痛

创意传播口号：迅速镇痛；持久有效。赛欧斯，去痛快

创意要求：简洁有力

创意表现：

(1) 一个时钟，滴答滴答，声音逼人。画外音：疼痛让你度秒如年。

(2) 一个白领男人焦躁的眼神。

(3) 这个白领男人手指敲击桌面，配合着时钟的声音，更增加了画面的局促感。

(4) 这个男人盯着时钟，无可奈何的表情。

(5) 赛欧斯包装特写。画外音：赛欧斯，新一代镇痛药。

(6) 一只手把时钟拿下，换上一个跑表。画外音：为去痛提速。

(7) 跑表转动的频率加快。

(8) 男人把手指夹着的赛欧斯药片推向镜头。画外音：7.5毫克，60分钟迅速镇痛。

(9) 手指摁下跑表按钮。跑表停止转动，滴答声戛然而止。

(10) 男子舒展开身体。画外音：24小时持续缓解各种疼痛。

(11) 男子起身，整衣出门。

(12) 赛欧斯包装旁，一杯清水和一片药片，还有一个跑表。滴答声响起，广告语出。

广告语：迅速镇痛，持久有效——赛欧斯

展览篇

创意核心概念：7.5毫克的镇痛之道

创意支撑：60分钟起效；24小时持续镇痛

创意传播口号：迅速镇痛；持久有效

创意要求：生动幽默

创意表现：

(1) 白天。现代的展览厅。透过落地玻璃，我们看见参观的人群正在焦急等待。三位衣冠楚楚的管理者急匆匆从门口挤进来。他们三位中，其中一位是老外。他们表情严肃而紧张，边走边说。他们路过告示牌，上面写着“1小时后开馆”。管理者甲，身材微胖，说道：“疼痛让他无法支持。”紧张的音乐。

(2) 在空空如也的基座前面，三人继续着谈话。管理者乙，身材略高，十分着急地说：“他必须在60分钟内站起来。”

(3) 老外擦拭头上的汗水，声音都带着绝望地强调：“他还得坚持24小时。”

(4) 在空旷的大厅里，三人面面相觑。

(5) 赛欧斯的包装特写。画外音：赛欧斯，新一代镇痛药。

(6) 镜头从包装迅速拉开，我们看见包装在托盘上，旁边是一杯清水和一颗小药丸。托盘在手中，并随着一个服务生的走动，迅速前进，画外音：7.5毫克，60分钟迅速起效。

(7) 老外手腕上的运动型手表的时间正好到达一个小时。画外音：24小时持续缓解各种疼痛。

(8) 三个管理者互相交换着得意的眼神，并不住微笑。

(9) 透过他们的肩头，我们看见一个真人扮演的掷铁饼者有力地站在高高的基座上摆出了姿势。

(10) 赛欧斯包装和药片出，一杯清水。广告语出。

(11) 展览厅里，参观者走动，管理者甲站在掷铁饼者面前，偷偷地抠着掷铁饼者手上的东西，原来掷铁饼者手上拿着赛欧斯的药盒。

广告语：迅速镇痛，持久有效——赛欧斯

复习思考题

1. 广告文案写作的基本要点和原则要求是什么？

2. 简述广告标题设计原则。

工作任务训练

工作任务一：创作一幅切题的、原创的、有趣的黄页广告，假定你的委托人是一个每天从早晨10点到晚上6点营业的当地鲜花店主。该店专门以合适的价格提供花的摆放安排，并且在当地所有地方都可以送货。这家花商还给学生和年长者打折。为它设计广告，撰写文案，确定它的大小和形状。

工作任务二：按照以下要求为八佰伴美容美发连锁企业设计广告语。

为进一步扩大企业知名度，吉林省长春市八佰伴美容美发连锁企业现面向社会征集核心广告语。

企业简介：八佰伴美容美发连锁企业创始于1991年，以“引领春城美容美发新潮流，打造一流品牌连锁企业”为使命。主要经营美容、美发、美体塑身、养生保健、时尚SPA等项目，一直坚持“诚信经营，顾客至上”的服务理念，现已拥有9家大型美容美发连锁直营店和一所美容美发学校。

目前经营面积5 000平方米，办公教学场地4 500平方米，员工近300人，走出了一条“以学校育人才，以分店出效益”的成功之路。

八佰伴美容美发学校将培养高质量专业美容美发人才作为教学的根本目标，只开设最擅长的美发和美容专业，以培养中高级美容美发人才为主，初级美容美发学员为辅，坚持精品教学的原则。秉承“在最短时间内培育出最优秀的人才”的教学宗旨，食宿一体，半军事化管理，多媒体教学方式。

八佰伴与其他美容美发企业的区别：一套完善的管理体系，独特的企业文化，一支精英团队，独立经营不做加盟店。

诚信服务：成立17年来，无消费者重大投诉和新闻媒体曝光事件，并郑重承诺：如对剪发、染发、烫发、护肤效果不满意，请于7天内再次亲临接受免费的相同服务。

创新管理：2004年率先在全国美容美发行业首家使用会员卡软件管理系统，真正做到各连锁店通用，会员卡“一卡通”经济实惠，方便快捷。

安全规范：各连锁店全部采用24小时监控录像系统，全程监控营业厅内外及停车场，专业保管系统，妥善保管顾客衣物和贵重物品，让顾客放心消费。

一、征集要求

（1）广告语以宣传企业为主，体现企业经营特色。

（2）立意高远，内涵丰富，文化感强，有精神震撼力，易记、易宣传。

（3）文字数量以8个字为宜，最多不超过16个字，言简意赅，朗朗上口。

二、征集时间

即日起接受投稿，截止日期为一个月后。

三、注意事项

（1）应征作品写明作者姓名、地址、手机号码、身份证号码等详细资料，所投稿件统一为A4纸3号宋体字，附有设计创意的文字说明一份；如因投稿人身份不明而产生的纠纷由投稿人自负责任。

（2）参选作品均属原创，杜绝雷同，抄袭者请自负后果。应征稿件出现内容相同的，采用最早的应征作品。

（3）获奖作品的著作权、所有权、修改权和使用权归八佰伴美容美发连锁企业所有。

（4）本次征集活动有关事宜，最终解释权归八佰伴美容美发连锁企业所有。

工作任务三：美美百货策划案。

Maison Mode美美，意译时尚府邸，是潮流、生活、品位的代表，是知名时尚品牌的汇集地。美美荟萃众多国际顶级时尚品牌，为追求生活品位的人士提供走在最前沿的选择。美美百货是以管理高端精品购物中心为主业的香港华镫集团旗下行业，拥有路易·威登、菲拉格慕、卡地亚、阿玛尼、范思哲等共计24个世界顶级品牌，品牌范围涵盖服装、珠宝、钟表、首饰等各个方面。

始创于1994年，一直以来得到世界各级时尚品牌的支持和厚爱，至今美美店已遍布中国多个城市。每所美美店均是以店中店形式展示品牌的独立性，顾客可享受置身于品牌来源地的购物体验，又不失一站式的便捷，为顾客提供豪华、休闲和愉悦的购物体验。现时美美于全中国设有8间分店，分别位于上海、成都、重庆、北京、长沙、天津、沈阳及乌鲁木齐。

要求：

（1）解构百货零售业终端营销特征，细化分析行业背景。

（2）为美美百货构想广告语以及品牌宣传理念。

（3）媒体类型需在策划案中反映细致，精确到必须明示媒体，使之具有可操作性。可作出相关文案表述。

（4）细致描述对应消费者特征。

（5）以三年为时限，展开时间设置。

（6）字数不少于6 000字。题目可在选题方向上自己拟订。形式上遵循策划书的格式要求。

补充阅读

为流行广告语分类

消费者对不同商品的消费心理和动机是有差异的，因此广告要引起他们注意、潜入他们心智、引导他们消费，就得以不同策略出击。而不同类型的广告正是不同策略运用的结果：利益诉求也好，引导消费也行，温情沟通也罢，都是为了达到劝诱的目的。

利益诉求类

为消费者提供购买的理由，是许多广告不厌其烦地使用的诉求方式。的确，消费者是理性的，没有使他心动的“利益驱使”，是很难促使其消费的。

康齿灵：紧固牙龈，坚固牙齿；冷酸灵：牙齿抗过敏，就找冷酸灵；美王鲜果柔顺去屑洗发露：鲜果去屑，就是这么顺；索夫特防脱：秀发跟你一辈子；广州牌清热暗疮片：清火祛痘痘；白大夫：就是让你白。

三精葡萄糖酸钙：蓝瓶的，纯净的钙；蓝瓶的，充足的钙；蓝瓶的，好喝的钙。苗条淑女动心饮料：怕胖，喝苗条。贝贝佳：让我做快乐宝贝，让我挺拔身姿。

强生泰诺：泰诺治感冒，30分钟起效；新康泰克：早一粒，晚一粒，远离感冒困扰；吴太感康：抗病毒，治感冒；达克宁：杀菌治脚气，请用达克宁；达克宁栓：药效一整天哦；复方石韦片：消炎、利尿方方便便；葵花胃康灵：治疗老胃病；帮迪：防水创可贴。

报喜鸟西服：纯手工，纯麻衬。奇瑞QQ：小QQ，大安全；小QQ，大容量。奇声DVD：180天包换。

海飞丝：头屑去无踪，秀发更出众；飘柔：含丝质润发素，洗发护发一次完成，令头发飘逸柔顺；潘婷：含丰富的维他命原B5，能由发根渗透至发梢，补充养分，使头发健康、亮泽；舒肤佳：内含抗菌成分“迪保肤”，能够有效除菌，保护家人健康。

引导消费类

广告人很聪明，很好地把握了消费者的从众心里，于是创造一种消费概念或氛围引导其“适时适地”地消费。

脑白金：今年过节不收礼，收礼只收脑白金；可口可乐：带我回家，欢欢喜喜过春节；好记星：好礼好记星，送你响当当。

蒙牛晚上好奶：晚上喝的奶；五粮液：欢聚时刻，五粮醇；中国电信：拨打114，生活无难事。

劲酒：90年代喝品质，现在我们还要喝健康；五谷道场：非油炸，更健康；百事可乐：新一代的选择；吉列：男士的选择。

张扬个性类

许多青年人都渴望潇洒，都想活得有激情。那些以此为目标受众的广告，自然得表示一下——你看还是我了解你吧。我就是你的知己呀，肥水不流外人田嘛，还是买自家东西吧！

动感地带：我的地盘，听我的；统一冰红茶：年轻无极限；康师傅冰红茶：冰力十足，一起来欢乐；中国移动全球通：我能。

圣帝罗阑皮鞋：世界之大，尽在脚下；美尔雅西服：享受现在，征服未来；虎都西服：我的都市，我的舞台；美特斯·邦威：不走寻常路；柒牌男装：男人就要对自己狠一点；李宁：一切皆有可能；耐克：只管去做；361°运动武装：呼唤你心中的豹子；威鹿休闲裤：想干吗，就干吗。

品质支撑类

你的产品好不好，不是你说了算。你说了，消费者也是嗤之以鼻。因此得与一些权威机构挂钩，由它证明你“的确不错”，或是通过各种荣誉承载这一产品的优质。

华龙日清今野拉面：第23届世界大学生运动会中国代表团专用面；劲霸男装：入选罗浮宫的中国男装品牌；长城润滑油：航天事业合作伙伴；凤铝铝材：中国航天事业专用铝材；红河：中国赛车战略合作伙伴。

雀巢：138年营养专家；舒肤佳：中国医学会验证；银桥乳业：秦俑奶粉，中国驰名商标；双汇：开创中国肉类品牌；豪吉鸡精：行业三标志。

温情沟通类

潜入消费者心智，与其坦诚地沟通，往往能取得意想不到的妙处；一句简单的充满温情的话语会唤起目标受众消费的感情冲动。

蒂花之秀：青春好朋友；好迪：大家好，才是真的好；柏力丝：生活有你更精彩；大宝：真情永不变。

第比尔斯：钻石恒久远，一颗永流传；水仙家纺：恋一张床，爱一个家；瑞家地板：一切为家，我的瑞家；欧派橱柜：让家快乐起来；利郎商务男装：简约不简单。

大红鹰：胜利之鹰；红金龙：思想有多远，我们就能走多远；摩托罗拉：沟通无极限；诺基亚：科技以人为本；联想手机：自由联想，快乐共享；联通：让一切自由连通；海尔：真诚到永远。

康师傅绿茶：绿色好心情；雀巢咖啡：味道好极了；雪碧：服从你的渴望；维维豆奶：欢乐开怀；太白酒：一滴太白酒，十里草木香；肯德基：有了肯德基，生活好滋味。

自我肯定类

这些广告语更多是源自企业内心的英豪式表白，应是一种宣言吧！

东芝电子：拥有东芝，拥有世界；金立手机：金品质，立天下；格力空调：好空调，格力造；万家乐电器：万家乐，乐万家；丰田霸道：霸道，你不得不尊敬。

上好佳：上好佳食品，食品上好佳；红金龙：日出东方红金龙；惠特：给世界一双好鞋。

真情公益类

推销味不浓的广告，往往可以降低受众对广告的免疫力，提高沟通指数。

严迪：天气转冷，请注意保暖；全友家私：关心大自然，关爱大熊猫；中国移动：奉献源自责任，中国移动通信。

诙谐幽默类

没有人会拒绝幽默，因为每个人都渴望快乐。不过要是幽默过头，或是和产品的利益点扯不上关系，那只能是博观众一笑，而广告拉动销售的作用会显得苍白无力。

好劲道：骨汤加好面，营养不忽悠；北极绒保暖内衣：地球人都知道；蚁力神：谁用谁知道；必奇：腹泻？上厕所！真笨，用必奇。

无论广告语是什么类型，都应遵循一个基本准则：广告语独特不要怪异，通俗不落俗套；形式要为内容服务，内容的关键是说服。毕竟广告是一门劝诱的艺术，除了策略正确外，还得有一定量的“劝”，注意“诱”的技巧。

任务六 广告媒体选择与投放

能力目标

1. 解释媒体策划如何与广告过程匹配
2. 能够清楚分析各媒体的特点
3. 掌握媒体评价指标，并根据企业情况选择一些合适的媒体

引入案例 “绿之源，螺旋藻饮品”的信箱广告

1998年10月中旬，绿之源生物工程有限公司与武汉市各大专院校学生合作，采用信箱广告宣传攻势，在提高产品知名度、好感度、美誉度等方面，收到了很好的效果。

由大专院校学生会派人把一种特殊媒介的广告宣传品——信箱广告，粘贴在每个学生寝室的大门上。

这个信箱由硬纸做成，长17.5厘米，宽16厘米，厚1厘米，可以用来投放书信、报纸、留言条等。信箱背后贴有一层胶面，只需往寝室门上一贴，就安装好了。整个信箱做工精细，结实耐用，美观大方。信箱的上方印有一个横向的与真实的饮料瓶外观一致的彩色精美图案；信箱的下方则按男、女寝室的不同，印有不同的图案和文字。女生寝室信箱的图案是在蓝天下，有两个小卡通娃娃手牵着手，旁边的文字是：“请留言，这里是寝室，我们不在家，请你在此留言，你有权保持沉默，但你所写的，都将作为友情或爱情的见证。”男生寝室粘贴的信箱图案是绿草坪中滴了几滴黑水，旁边的文字是：“抱歉001，因紧急任务不容汇报，留下你的命令和密码暗号，请赐黑宝，方能开溜。”两种信箱都在醒目的位置上印出了产品名称：“绿之源，螺旋藻饮品。”

【案例评析】

这一信箱式广告一贴出，同学们争相观看，几个小时内几乎所有的同学都知道了“绿之源，螺旋藻饮品”；平日里喝惯了“可乐”、“雪碧”等碳酸性饮料的学生，也开始关注起“绿之源”来了。“绿之源，螺旋藻饮品”广告宣传活动获得了成功，其成功之处在于：

（1）以信箱作为“绿之源，螺旋藻饮品”的广告媒介非常巧妙有效。因为信箱贴在门上，学生每天进进出出，低头不见抬头见。这种“随风潜入夜，润物细无声”的持久广告方式，比起电视、报纸上那种狂轰滥炸式的广告方式，要有效，更容易深入人心。

（2）信箱广告成本很低。由于它由硬质纸壳制成，一个只需花几角钱；但它的广告宣传效果持久，最少可以使用好几个月，比在费用昂贵的四大媒介做广告，要经济有效得多。

（3）这次广告活动瞄准了饮料的主要消费对象之一：大专院校学生，具有极强的针对性。

（4）这种广告信箱解决了学生生活中一些实际问题，给学生带来了一些具体的好处，

从而使学生对“绿之源，螺旋藻饮品”及其生产厂家产生了一定的好感。

在没有“绿之源，螺旋藻饮品”小信箱前，每当学生寝室无人时，送来的信件、报纸、留言条等无处放置，往往被插入门缝中，或夹在门与门框之间，或挂在门把上，有时信件、报纸会掉在地上弄脏，有的比较重要的留言条会当成废纸扫掉；另外，有的前来找同学、老乡、朋友、亲戚的人也只好无功而返。虽然信箱可以由任何一个向学生做广告的厂家或商家提供，但只有“绿之源”生产厂家最先想到了。在这种情况下，学生们当然更乐于接受“绿之源，螺旋藻饮品”，这对于提高该产品在广大学生中的知名度和美誉度，是很有好处的。

(5)“绿之源，螺旋藻饮品”信箱上方印有一个与真实饮料瓶外观完全相同的彩色精美图案，这给学生一种强烈的印象。由于学生每天进出宿舍都要看到它，不知不觉中就记住了其外形，这对于学生今后在商店中选购饮料时，一眼就能认出“绿之源”饮品，从而指定购买，是非常有益的。

另外，“绿之源，螺旋藻饮品”信箱下方的两种图案及其文字说明都抓住了男女大学生不同的情趣和心理，崇尚自然而又不失俏皮；整个信箱用绿色作为背景，使人联想到天然的螺旋藻。总之，这一广告信箱的创意设计比较独特，富有想象力又紧扣住了宣传产品这一主题，是一个比较成功的广告作品，给大学生留下了较深刻的印象。

(6)“绿之源，螺旋藻饮品”的生产厂家选择大专院校学生会作为合作对象，不但使活动顺利开展并得到了校方的许可，而且极大地提高了工作效率。不少高校学生会的成员两人一组把信箱贴到每个寝室门上，不到两个小时就完成了任务。事后厂家派人对这一工作进行了检查，表示非常满意。

综上所述，我们可以说，“绿之源，螺旋藻饮品”的信箱广告宣传活动，在提高其好感度、美誉度，特别是知名度方面是比较成功的。但由于价格相对较高，最终在销售量方面没有达到预期的效果。

讨论题：

1. “绿之源，螺旋藻饮品”信箱式广告有无可取之处？

2. “绿之源，螺旋藻饮品”在销售上为什么没有取得预期的效果？

理论引导

1. 广告媒体概念
2. 大众传播媒体
3. 小众传播媒体
4. 新兴广告媒体
5. 媒体组合策略

6.1 广告媒体概念

媒体一词译自英语的“media”。从传播学的角度看，媒体是指那些传达、增大、延长人类信息的物质形式；或者说，媒体是人体的延伸，是人用来传递信息和获取信息的工具、渠道、载体、中介物或技术手段；也可以理解为，从事信息的采集、加工制作和传播的社会组织，即传播机构。

用来向消费者传递广告信息的媒体，就是广告媒体。广告媒体可以分成很多种类，这里把传统广告媒体分为大众传播媒体和小众传播媒体两大类。随着科学技术的进步，出现了很多新型媒体，把它们笼统地称为新媒体。

大众媒介在广告活动中具有将生产者、经营者的信息（即广告主的生产产品和劳务信息）传播给消费者，从而沟通生产者和消费者的信息交流，成为这两者之间的信息媒介的功能。因此，在广告活动中，大众媒介起着广告媒介的作用。

广告媒体是指传递广告信息的物体。凡能在广告主与广告对象之间起媒介作用的物质都可以称之为媒介或媒体。

广告媒体随着科学技术的进步而日益丰富，正朝着电子化、现代化和艺术空间化的方向发展。目前广告媒介有数百种，常用的有下列几种：

1. 电子媒介

电视，电台，电影，电子显示大屏幕，电动广告牌，扩音机，幻灯，有线电视，闭路电视，激光广告，卫星广告，投影广告，录像广告，电视报纸，光导纤维，电话广告，传真广告，网络广告。

2. 印刷媒体

报纸，杂志，电话簿，画册、样本，火车时刻表，票证、标签广告，商品目录，商品说明书，宣传小册子，明信片，广告扩页，挂历广告。

3. 展示广告

陈列，橱窗，门面广告，立式广告，活人广告，展销会（也应当作一种媒介形式）。

4. 户外广告

广告牌，霓虹灯，海报，招贴，车厢广告，旗帜广告，气球，飞艇、飞机、气球、书云广告及烟雾广告等，模型（大型），灯箱，广告车（专用）。

5. 其他媒体

火柴盒，手提袋，包装纸，购物袋，香水广告，实物馈赠广告，礼品广告。

6.2　大众传播媒体

大众传播媒体主要是指报纸、杂志、广播、电视、电影等媒体，特别是前四种，是广告传播活动中最为常用的媒体，通常被称为四大广告媒体。

一、报纸媒介

1. 报纸广告优点

（1）传播面广，读者群稳定。

报纸的发行网遍及城乡，发行量在不断增长。作为一种受众主动阅读且传阅率较高的媒介，其读者数量和发行量成倍数关系，这就为广告传播提供了庞大的受众群。另外，报纸一般都有一定的读者群，发行常常具有一定的地域性，便于广告主根据目标市场的需要进行选择。

（2）时效性强，传播迅速。

在通常情况下，各地的日报都能隔日报道重大新闻，而各地的晚报则能报道当天上午发生的重大新闻。有的报纸利用卫星传递技术就近印刷，大大缩短了发行时间。这样，一些讲求实效的广告可以得到及时刊登，使报纸成为时效性强、传播迅速的媒介形式。

（3）版面灵活，制作简易。

报纸广告不需要复杂的制作程序，从稿件的处理到制版印刷需要的时间很短。同时，广告版面灵活多样，文字可多可少；表现形式既可以图文并用，也可以运用叙述、说理等文字题材。广告的大小、颜色和有关细节都可以灵活掌握，能充分满足广告主的要求。另外，报纸广告还可以以新的创意出现，能选择发布地区和对象，使广告具有较强的针对性。

（4）阅读方便，可以保存。

报纸作为信息传递工具，购买、携带、阅读都十分方便，不受地点和设备的限制。读者可以自行安排时间，自由选择地点，自由选择广告内容进行阅读。报纸广告与报纸正文并存，读者对阅读的选择性强，这降低了广告接受的强制性，减缓了受众的心理抵制。另外，报纸可以保存，便于查阅。

（5）享有权威，效果显著。

作为一种信息传播工具，报纸具有消息性、保存性、教育性、广泛性、综合性等诸多特点，其社会信用比较高。特别是一些有影响的报纸，在读者中具有较高的威信。而报纸广告可以借助媒介本身的威信，扩大广告效果，增加读者对广告内容的信任。

（6）费用低廉，图文并茂。

报纸本身的售价较低，读者主动购买的可能性大，有利于广告的传播；报纸广告的费用在四大媒体中相对较低，有利于广告主灵活运用广告预算。现代报纸广告不仅有色彩逼真的插图，而且可以配上较为详尽的文字，对某些重要信息作详细介绍和说明，从而收到较好的广告效果。

2. 报纸媒介的局限性

报纸媒介的优越性较多，但同时也有一定的局限性。

（1）有效时间短。

由于报纸出报频繁，使每张报纸发挥的时效性都很短，很多读者在翻阅一遍之后即顺手弃置一边。而且由于顺时接替，前一天的报纸在当天即成历史，再发挥广告效果的机会不多。

（2）注意力差。

报纸内容庞杂，包罗万象，加上广告的位置一般不很明显，现代社会的人生活节奏都较快，无法对报纸进行详细阅读，所以广告的注意率低。同时，由于受版面限制，经常造成同一版面的广告拥挤，影响读者的阅读效果，许多广告也可能不被读者注意到。

（3）单调呆板。

报纸广告主要通过文字与图片传播信息，通常以黑白印刷为主，效果不如杂志；同广播、电视媒介相比，又缺乏亲切感、动态感、色泽感和立体感，总给人一种呆板单调的感觉，虽然近些年报纸彩色印刷有所增加，但是单调呆板的总体局面没有发生根本改变。

（4）读者接受受文化水平限制。

报纸媒介要求读者具备一定的阅读能力和理解能力，如它无法对文盲产生广告效果。对文化程度的要求，使报纸媒介在一些文化水平不高的地区难以发挥理想的效果。

对于报纸广告的这些局限性，有些可采取适当的办法进行补偿。如在编辑方面，采用梯形编排法、疏密编排法、同类商品归类编排法和分类广告编排法等，可以相应地提高读者对广告的阅读率。同时，在内容方面，可以通过简洁广告文字、增加广告画面面积、增强广告设计的吸引力来增加读者对广告的阅读率。此外，在印刷方面，可以采用套色印刷或彩色印刷工艺。据欧美广告界的研究证明，套色印刷广告可比黑白广告增加50%的注意率，而彩色广告又可增加30%的注意率。

3. 报纸广告的制作

迄今为止，在近100年间，报纸一直雄居广告媒介的榜首。这证明报纸作为广告媒介是有一定优势的。关键在于，创作什么样的广告作品能够充分地发挥报纸的优势而避其所短，在这方面有一些基本的技巧。

（1）使用占优势的广告因素。

实践证明，报纸广告在进行较好的设计和使用较大的版面时，可以在很大程度上导致读者的增多。因此在报纸广告中，在设计技巧上引用具有突破性的创意是很重要的。

（2）保持统一的风格。

成功的广告往往具有始终如一的基调、风格。如一个厂家为其生产的多种产品做广告宣传，或为某一产品而做的多项广告宣传，都保持统一的风格。这样的做法既能突出企业形象，又具有加强读者印象的竞争性作用，使读者一看就知道是某厂家的广告。这种做法在对外广告宣传中具有长远的战略性意义。

（3）明确广告对象。

人们的爱好和兴趣往往同年龄、性别、身份和所处的社会阶层有关。创作广告时，必须首先明确广告对象的有关基本情况，从而有意识地使广告内容具有相适应的倾向性。

（4）使用突出而醒目的标题。

广告创作应该将所宣传的商品的主要优点和特征放入能引起兴趣的标题之中，以便读者看到广告标题后能对自己提出的有关问题，如“它跟我有什么关系”，“能给我带来点什么”，作出初步的解答，并使其有兴趣继续阅读广告的全文。标题应该能挑起人们的某些基本欲求，如安全、好玩、省时、有利于健康、时尚和流行等。

（5）采取简洁明快的构图。

报纸广告因为印刷制作的原因，广告构图不应太复杂，而应尽量简化，能引导读者按照正常顺序读完全文。广告构图的内容，从标题、图片、解释词、价格，直到名称地址，都应有统一的格局，避免使用过多的不同字体，尽量不用异体字，避免过分的花边修饰和反白版图，不要因此而分散人们的注意。另外，构图布局要疏密有致，不要使用过多的图片和文字造成画面的拥挤。

(6) 内容要完整。

报纸广告的优势之一就是能够作详尽的说明。在报纸广告的创作中应充分利用这一优势，详尽地说明广告产品或劳务的利益特点。此外，在广告中还必须说明产品的售价及与用户经济利益有关的指标，这样可以使广告更引人注目。

(7) 不要在广告中故弄玄虚或卖弄聪明，这样会使广告的宣传效果适得其反。

开门见山的标题和广告主题内容往往比“耍花枪”的广告效果要好。因为人们不相信也不欣赏广告中的故弄玄虚和卖弄聪明，恰恰相反一般人都会很反感这类行为。

(8) 连续刊登。

从广告心理学角度来看，报纸广告应讲究频率，连续刊登的效果较为明显，报纸有新闻性和时效性的特点，连续刊登广告可以给已接触广告的人加深印象的机会，同时又给未留意广告的人以更多的接触机会。但广告内容要有计划地变动，可以运用均衡发布、集中发布策略，增加读者的新鲜感、也可运用标题、图形、形式、内容的系列设计策略，使静态广告具有动态的连续性。

(9) 版面大小、位置安排要科学。

广告版面越大，注意率越高，自然效果越好，但广告费也越贵。因此要根据财务和实际需要安排版面。一般来说，初次广告刊登大一点好，后续广告逐渐缩小。换句话说，告知性、节日性广告使用大版面，提醒性、日常性广告使用小版面。

广告刊登位置是很讲究的。第一版引人注目，效果最佳，其他各版插页、加缝位置逐减。广告位置不同，效果不同，费用也不同。同一版内不同的位置效果也不一样。位置符合读者目光落眼位置和视光规律的，效果明显。读者视线流动规律是注意力值左比右大，上比下大，中比上、下大。整版注意值100%，版面注意值分配如图6-1所示。

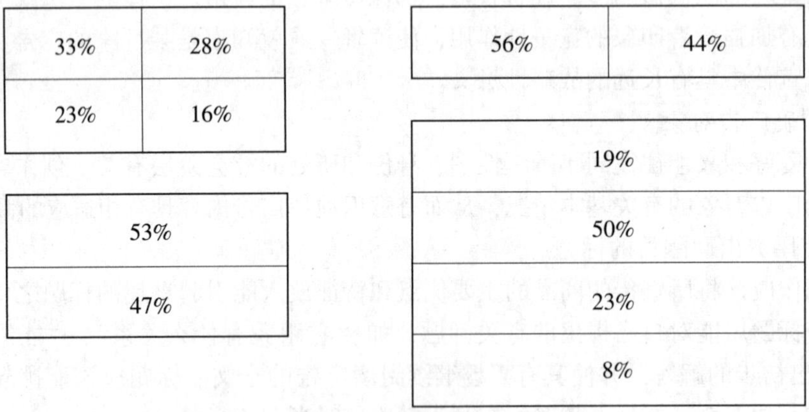

图6-1 报纸的版面注意值分配比例

二、杂志媒介

杂志是视觉媒介中比较重要的媒介。杂志可以按其内容分为综合性杂志、专业性杂志和生活杂志；按其出版周期则可分为周刊、半月刊、月刊、双月刊、季刊及年度报告等；而按其发行范围又可分为国际性杂志、全国性杂志、地区性杂志等。

1. 杂志媒介的功能特点

同报纸一样，作为印刷广告媒介，杂志也具有许多优点。

（1）读者群集中稳定，针对性强。

不管是专业性杂志还是一般性杂志，都有相对集中稳定的读者对象。读者对他们选择的杂志往往有一种亲切感，阅读时也容易注意到杂志上的广告，这使杂志广告更有的放矢。特别是一些专业性杂志，由于具有固定的读者层面，可以使广告宣传深入某一专业行业。目前，杂志的专业化倾向也发展得很快，如医学杂志、科普杂志、各种技术杂志等，其发行对象是特定的社会阶层或群体。因此，对特定消费阶层的商品而言，在专业杂志上做广告具有突出的针对性，适合于广告对象的理解力，能产生深入的宣传效果，而很少有广告浪费。

（2）可以反复阅读，有效期长。

杂志具有比报纸优越得多的可保存性，没有阅读时间的限制，可以反复、经常、仔细阅读，因而有效时间长。同时，杂志常常被传阅，信息传递率也比较高。这些特点使得杂志广告在时间上得以延伸，在空间上得以拓展。

（3）杂志的编辑精细，印刷精美。

杂志广告的编辑极少不规则地划分面积，力求整齐统一，这样可以争取读者的阅读，提高其阅读兴趣。同时，由于杂志应用优良的印刷技术进行印刷，用纸也讲究，一般为高档印纸。因此，杂志广告具有精良、高级的特色，不论是绘画、照片还是图案，都能真实地反映商品形象，用较好的表现手段来突出商品的色彩、质感等，具有较强的艺术感染力，使读者在阅读时感到是一种高尚的艺术享受，视觉冲击力较强，因而广告效果较好。

（4）杂志的发行量大，发行面广。

许多杂志具有全国性影响，有的甚至有世界性影响，经常在大范围内发行和销售。例如，《读者》的发行量达到每月 800 万份，这是报纸媒介不能相比的。运用这一优势，对全国性的商品或服务进行广告宣传，杂志广告无疑占有优势。

（5）广告对象的理解度高。

订阅杂志的读者一般文化水平较高，对杂志的内容有专门的研究，家庭的消费能力也普遍较强，对新产品反应敏感，易于接受杂志的广告宣传。由于杂志读者大都具有专业知识，对杂志上专业性强的广告也能够理解，这也有利于广告主有针对性地选择广告对象和进行广告效果测定。

2. 杂志媒介的局限性

杂志具有可同报纸相比的优越性，但在实际中，杂志广告的刊发量远远地小于报纸，主要是因为杂志媒介存在一定的局限性。

（1）出版周期长，时效性不强。

因为其出版周期长，少则七八天，多则半年。因此，不能刊载具有时间性要求的广告。同时，杂志在编辑方面具有截稿日期早的特点，这也使杂志难以接受有时间性要求的广告。大多数杂志的截稿日期大约要提前一个月，即使是周刊，截稿日期也要提前一两个星期，因此，杂志不能像报纸那样争取有时间性要求的广告。

（2）杂志篇幅小，广告运用受限制。

杂志广告受杂志篇幅大小、页码多少等因素的限制，广告运用受到影响。杂志的插页广告，因为杂志的页码多而容易被忽视。通常封面和封底的广告效果较好，但是费用昂贵，刊登受到一定限制。

（3）专业性较强，阅读范围受到限制。

不少综合性杂志由于缺少专业化特色，又缺乏广泛的影响力，因而为广告主所忽视。而由于专业杂志的读者通常是特定的，接触对象比较单一，一些具有全民性消费习惯或适应面广的商品，一般不适合选用杂志媒介，广告刊登选择面小。另外，如果广告内容与杂志的性质不同，也会降低广告宣传效果。这使得杂志在与其他广告媒介进行竞争时，缺乏竞争力，难以吸引广告客户。

（4）制作复杂，成本较高。

杂志的编辑制作远比报纸复杂，这是显而易见的。杂志广告多采用铜板彩色印刷，制版费、加色费都较高；再加上只有在封面、封底、封二、封三的位置上刊登广告效果才比较显著，因此收费相应较高。所以，一般在着重表现商品外形、色彩时，广告主才会考虑使用杂志媒体，否则多以其他方式代替。

3. 杂志广告的创作

同报纸广告一样，杂志广告的制作要求能够充分地利用杂志媒介的优势，而避免其缺陷。因此，在广告创作方面也相应地有一定的技巧。

（1）使用占优势的广告因素。

如尽量制作整版广告，在必要时不妨制作跨页广告。另外，杂志中最引人注意的地方是封底，其次是封二、封三，再次是中心插页，其他页码的引人注意程度，随着页码向中间的过渡，其注目程度越差。但是，若在中心插页做跨页广告，则是相当引人注目。因此要讲求科学利用版面版位，设计形式多样化。

（2）运用精美的设计。

由于杂志具有印刷精美、编排细致整齐的特点，因此，必须切实注意广告构图、设计的精细。最好能使用质感细腻的照片。这样图文并茂、色彩鲜明逼真的商品形象容易引人注目，激发消费者的购买兴趣。这是专业广告制作时应严格考虑的问题。

（3）运用专业化设计技术。

由于杂志具有专业性或阶层性的读者群，具有相对稳定的知识结构和欣赏习惯，因此，运用专业化的设计可以使之产生亲切感，使人更容易接受，并产生深刻印象。

（4）使用突出而醒目的广告主题，使广告具有鲜明的针对性和非凡的吸引力。

（5）应用艺术化的形象语言说明产品或劳务的利益特点。

杂志同报纸广告一样，具有可保存性和可重复阅读的特点，并具有充足的版面，可对广告产品或劳务作详细的说明，因此，可以照顾到广告的信息内容的完备性。同时，广告的文字必须浅白易懂，用艺术化的语言形象地宣传广告产品的优点，以吸引消费者。应尽量避免用晦涩难懂或枯燥无味的语言，避免消费者不理解广告内容的现象发生。

（6）运用对比。

在杂志上运用对比要比在报纸上方便得多。因为杂志的印刷质量都十分精美，不管是印刷彩色图片还是黑白图片，都能保证广告构图的精细和有质感。现代杂志又多以彩色印刷为主，因此，在广告创作中，运用色彩的对比、构图的对比、大小的对比、在黑白中套彩色或在彩色中运用黑白对比，都可达到突出广告的效果。

杂志的选择，其基本条件同报纸相似。一般而言，专业性的产品选择专业杂志做广告为宜；大众化的日常生活用品和娱乐用品可选择生活性杂志或具有广泛影响的综合性杂志做广告。这样，可以有针对性地进行广告宣传，以便取得较好的广告效果。

三、广播媒介

1. 广播媒介的优点

(1) 覆盖面广，迅速及时。

广播不受地区、交通、路程和气候等条件的限制，几乎无时不在、无处不在，是传播范围最广、覆盖率最高的媒介之一。截至 1997 年，我国广播的综合覆盖率达到 85. 5%。广播能以最快的速度传递信息，收稿截止期最短，有些广播高甚至可以在广播播出前几分钟提出修改。

(2) 收听方便，全天播音。

广播广告不受时间限制和空间制约。多数广播电台全天播音，听众可以在任何时间收听广播广告；由于收音机携带方便，广播广告可以不受空间限制，不论身在何处，都可以随时收听，因此，广播媒介是接收最方便的媒介。

(3) 以声传情，感染力强。

广播以声音诉诸听众，能给人们提供一个广阔的想象空间。广播通过声情并茂、抑扬顿挫的播音打动听众。在播音员优美的音色加上有吸引力的广告词的诱导下，人们会对商品产生美好的联想。近些年来广告媒介还经常通过直播与听众进行互动，也收到了较好的宣传效果。

(4) 灵活性高，受众广泛。

广播广告的内容可长可短，形式多样。任何用声音来传达的内容，包括音乐、口号、对话、相声等，都可以通过广播来传播。而且，受众收听广播是不占用视觉，可以同时做一些简单的工作，灵活性相对高。广播受众十分广泛，不论男女老少，不论文化程度高低，只要具有收听条件的人，都能利用广播收听广告。

(5) 费用低廉，价格便宜。

广播广告制作简单，从写稿、录音到播出可以在很短的时间内完成，费用一般比较低廉。而且，由于广播广告制作不需要太复杂的技术，广告价格相对便宜，可供更多的广告主选择。

2. 广播媒介的局限性

广播媒介在具有以上优点的同时，还存在一些局限性。

(1) 信息稍纵即逝，无法保留。

广播信息以声音传递，稍纵即逝，很难一下子听清楚和记下来，这使得广播广告效果有时不尽如人意。

（2）难以传递抽象信息。

广播广告不能传递大量商品信息，尤其不能传递带有专业性名词和具有烦琐数据对照的商品信息，有些词句在书面上看起来很容易理解，但仅凭听觉却让人捉摸不定，很难让消费者形成对商品的清晰印象。

（3）信息传递地域分布不均衡。

广播媒体在城市的传播能力弱，而在乡村的传播能力强。但是，一般商品的主要消费市场都在城市，城市的消费能力也比乡村的要高得多。因而，可利用来作广告宣传的产品少。

有线广播的情况同无线广播差不多，它们之间的区别在于：有线广播有地区限制，有相对固定的传播地区和听众，传播范围少，听众较少。因此，有线广播比无线广播更具有针对性，但传播范围很窄。

应用广播发布广告的产品，一般都是销往广大乡村或边区地区的大众化产品、农业生产资料等。这些产品利用广播发布广告，往往可取得一定的效果。

四、电视媒介

电视在所有的广告媒介中是具有很强的发展势头和发展潜力的一种媒介。由于其发展势头的强盛，在广告市场上具有很强的竞争力。

电视广告的传播形式有多种，主要有电视影片、录像片、幻灯片、插片、字幕等。

1. 电视媒介具有极强的传播力

电视媒介的主要优势有：

（1）声形兼备，感染力强。

电视既能听，又能看，直观真实，可以让观众看到富有表情和动作变化的动态画面，生动活泼，别开生面，更主要的是可以突出展现商品个性，如外观、内部结构、使用方法、效果等。富有强烈的表现力和感染力，尤其是在其突出商品诉求重点方面是任何其他媒体也表现不了的，因而对观众具有广泛的吸引力，能够强烈地刺激消费者的购买欲望，收到极好的广告效果。

（2）覆盖面广，收视率高。

电视在许多国家基本上普及了，尤其是在城市，几乎每个家庭都拥有一台电视机，由于通信卫星的使用，电视网络可以覆盖全球。中国有线电视截至1997年，综合覆盖率达87.4%。并且，通过电视对握有购买决定权的家庭主妇进行广泛的广告宣传，能为一般日用品及耐用消费品的销售奠定基础。

（3）传播迅速，时空性强。

电视与广播一样，也是运用电波传送信息符号的，速度十分迅捷及时，不受距离、空间等因素的影响，特别有利于发布时效性较强的广告信息。

（4）手段灵活，形式多样。

电视集形、色、声于一体，既可以采用戏剧、电影形式，也可以采用音乐、诗歌形式；时间上可长可短，内容上可多可少。无论是展现商品外观还是内在品质以及使用方法、生产历史等，都能得心应手。

电视具有这些优点，构成它的竞争力的基础，具有强效推销的功能。

2. 电视媒介的局限性

电视媒介的局限性也是明显的，主要有：

(1) 时间短暂，难以保存。

电视广告时间较短，多数在30秒左右，一分钟以上的很少。在较短的时间内，广告里连续播出多种画面，闪动很快，转眼即逝，不易记忆。因此，电视广告如果播出次数少，很难给人留下清晰而深刻的印象，也难以保存和事后查找。

(2) 制作复杂，费用昂贵。

电视广告的制作周期长，往往需要经过复杂的环节，包括写广告脚本、编画面情节、配音乐和解说词等。有的广告还需要高价聘请演员、挑选著名景点等。而且，电视广告在播放时，频道租借费用也极高。因此，电视广告的制作费用、播出费用都较为昂贵，这使一般广告主难以承担。

(3) 难以传递抽象信息。

电视和广播一样，不适宜传递大量的商品信息，尤其不适宜传递带有专业性名词和具有烦琐数据对照的商品信息，只能播出有限的商品信息。

(4) 受众被动接受，影响传播效果。

受众接受广告信息的方式只能是被动的，就是电视里播放什么，何时播放，受众不能自由选择和调节。对穿插电视节目中间的广告，受众的收看具有勉强性，容易引起消费者的逆反心理，从而影响广告传播效果。

6.3　小众传播媒体

相对于大众传播媒体，还有很多用来传播广告信息的媒体，传播范围小些，受众群体少些，所以称为小众传播媒体。这些媒体往往可以直接影响消费者的购买行为，进行促销，能够弥补和配合大众传播媒介的传播活动，所以有时也可统称为促销媒体。

1. 户外广告

户外广告（Out Door，简称OD广告）指设置在室外的广告，如霓虹灯、路牌、灯箱等。

户外广告种类很多，特点也不一样。总体上看，户外广告一般传播主旨比较鲜明，形象突出，主题集中，引人注目。能够不受时间的限制，随时随地发挥作用，对过往行人进行反复诉求，使消费者产生多次重复记忆，达到印象积累的效果。

户外广告的制作越来越精美，欣赏价值较高，还可美化环境。如霓虹灯广告，以它多变的造型，瑰丽的色彩，构成华丽的夜景，成为城市的亮点和美化城市的手段。户外广告因其受空间和地点的限制，所以流动性差，信息无法流动传播。

2. 销售点广告

所有在商店、建筑物内外的，能够促进销售的广告物，或其他提供有关商品信息、服务、指示、引导的标志，如店内挂悬物，橱窗和柜台的设计、陈列，在店内外设立能标示产品特征的立体物，或散发单张的海报等，都称为销售点广告或销售现场广告（Point of

Purchase Advertise，简称 POP 广告）。

POP 广告可在销售现场为消费者起到引导指示的作用，促成和便利购买；还能营造销售气氛，激发顾客的购买热情，促使消费者产生购买行为，直接提高购买率。所以有人称 POP 广告是临门一脚。

3. 直接广告

直接广告，是直接进入消费者的家庭和工作场所，以及通过个人之间的信息沟通，表明比较具体的求购信息的广告形式的总称。

其中，邮寄广告（Direct Mail Advertise，简称 DM 广告）是最早开展、也是最主要的形式。它是将广告信息通过信件用直接邮寄的方法传达给目标消费者，介绍产品或服务，也可以寄优惠卡或附送样品、折价券等。

邮寄广告的形式不拘一格，有较大的自由度，可随意设计，发挥创造，给消费者以新鲜感。因受众没有阅读时间的限制，所传递的信息内容更丰富详尽。邮寄广告的设计要新颖独特，使目标对象愿意开拆，尽量减低对邮寄广告的抗拒心理。

还有一些直接广告，如电话广告（提机先听一段广告，回答问题，答对者可电话免费）、上门广告、传单广告、物品广告（如送纸袋，印有企业名称）、夹报广告等。

应注意的是，要与消费对象建立经常性的联系。还可发放问卷，调查目标消费者对商品的期望和建议，保持销售信息交流的通畅和愉悦。平时还要注意积累资料，选好对象，建立用户花名册。名册的资料应该准确、详细，包括邮寄对象的姓名、出生时间、阶层、职业、兴趣等。

4. 交通广告

利用公交车、地铁、航空、船舶等交通工具及其周围的场所等媒体做的广告，就是交通广告。交通广告因价格低廉，流动性强，且有着较好的传播效果，受到企业的欢迎。

交通广告可运用多种形式来传递信息，可随交通工具流动，也可以固定在车站、机场、码头，具有稳定性。交通广告展示时间长，内容丰富，有持久性。

但使用公共交通工具的乘客流动性大，成分复杂，不容易进行市场细分。传播对象的针对性不强。另外，交通广告因交通工具和线路等的限制，广告接触面有一定的局限性。由于交通设施具有公共性，所以，对广告设计有较高的要求，必须具有一定的欣赏价值，增加其美感。

6.4 新兴广告媒体

一、互联网媒体

互联网作为 20 世纪 90 年代以后诞生的新兴媒体，以其优越的传播特点，为广告业展示出广阔的市场空间。据国际互联网广告署（IAB）公布的数据，国际互联网上的广告收入，1997 年为 9.07 亿美元，1998 年为 25 亿美元，1999 年达到 75 ~ 90 亿美元，今后几年还会以成倍的速度增长。网络广告量的直线上升，说明了互联网作为传递广告信息的新兴媒体，已日益受到人们的重视。

（一）网络媒体的传播优势

1. 有利于和目标消费者沟通

传统的广告媒体的传播模式是单向的传播，广告对象往往被动地接受广告信息，极少有选择的自由和余地。网络传播是全天候的，不受地域和时间等限制，信息覆盖面广，受众选择性大，信息交流是开放的。

更重要的是，网络传播采用的是一对一模式，即广告信息一次只涉及一个广告对象。广告受众可以根据自身的需要和兴趣，主动地选择和访问相关站点，这就是网络传播所具有的独特的交互性。

由于传播模式的变化，消费者能够和广告主进行深入的交流，如在广告网页上表达自己的爱好和兴趣，网上还可相应做出反应。而且，消费者在接触有关的广告信息时，还可以在家庭逛商场、选商品，在虚拟空间里得到“真实”的感受，可以“体验”产品、服务和品牌，这是传统媒体无法做到的。

2. 有利于取得理想的广告效果

传统媒体的传播效果一直不能得到“精确”的测评，这一问题在网络传播过程中却能得到较好的解决。网络广告反馈迅速、直接而且比较准确，可以通过不同的统计方式，如得到闪现、点击、点通（点击广告图像进入相关链接的统计）、页面访问数、页面下载数等数字资料，使广告公司和广告客户及时地掌握广告发布后的接触情况，测定和把握广告效果。并能根据获取的有关广告效果测评信息，相应地调整和改进广告的创意、内容和表现形式。

3. 融合了传统广告媒体的优点

由于网络传播应用了多媒体技术，所以，网络广告不仅具备了印刷媒体的传播特点，而且也兼具了电子媒体的优势，能够动静结合，在时间上不断继起，给上网者以丰富逼真的视听感受，在空间上是并存的，便于阅读、保存，还能无限地对页面进行链接。因此，网络传播广告信息，速度快捷，信息量大，失真性小。既能像广播电视那样，看到图像、听到声音，又克服了稍纵即逝的缺点，可以像阅读报纸一样，从容地浏览广告页面，进行对比、分析、判断和选择。但又和印刷媒体不同，可以通过链接获取无限多的信息。网络就是以交互的形式完成传播的，分众化、目标性强，有利于对广告目标消费者的信息交流。

正因为网络传播融合了各种传播媒体的优势，所以，网络媒体吸引了众多用户。有关数据表明，现在网络用户差不多以每月 10% 以上的速度递增，而商业网用户则以每季 60% 的速度递增。美国摩根斯坦利银行的研究人员发现，20 世纪以后新出现的媒体，积累达到 5 000 万受众所用的时间，广播用了 38 年，电视用了 13 年，而网络仅用了 5 年。能有如此迅猛的发展，就是它在信息传播方面的明显优势。

4. 与现今的朝阳产业有着天然联系

计算机、电信通讯、金融等朝阳产业，需要通过广告作为开拓市场的重要手段，网络成为传递广告信息的有效媒体。据国际互联网广告署统计，在网上投放广告的行业，仅计算机、电信、金融服务三类，就占了全部广告投放量的近 60%。另外，网上用户一般文化水平较高，收入较多，年龄相对较轻，有着较强的消费能力，对高新技术比较敏感，对新兴产业兴趣较高，是新兴产业在网上的理想诉求对象和目标消费者。

摩托罗拉公司曾在搜狐网站的主页上推广一种新开发的手机，在5周时间内，就有200万人浏览了这个页面，有6.4万人点击进入介绍该手机技术的网站。诺基亚的一种手机在网易上做广告，设置了一个有奖调查，很快就收到几万份调查表。由此也可以看出，网络广告传播有着理想的效果和很大的发展潜力。

5. 价格相对低廉，有利于中小企业开发

网络媒体的广告售价比较便宜，可按每千人成本（CPM）、每千人点击成本（CPC）、点击次数等模式收费，有数千到一万元的预算，就可以利用网站做广告，而且能够得到较为理想的暴露次数。

比如在新浪网上做广告，以每千人成本（CPM）250元为报价，广告客户一万元的预算，就可以得到4万次的广告暴露次数。不像购买传统媒体，动辄就要数十万、上百万甚至千万元以上，才可以做广告。由于网络传播的特点，应该说，网络广告的接触基本上都是有效接触。为数不多的广告投入，即能得到较好的广告效果。这对于缺少资金的中小企业更具有吸引力。另外，网络广告的制作成本比较低、发送比较简单，信息的容量却可以很大。

就目前来说，网络广告也存在着一些缺陷。比如重复率不足、到达群体有限，由于受下载速度和技术上的问题限制，有时网络广告难以全部与网民们交流；传送时由程序控制，而有时会出现内容不协调、互相冲突的情况；广告效果主要是通过点击次数来测评，但点击数的真实性亦难以保证；网络管理还没有完全跟上去，收费标准还不够合理与统一；上网费用过高在一定程度上限制了网上浏览的时间和用户等。

（二）网络广告的表现形式

1. 横幅广告

横幅广告也叫旗帜广告，这是最常见的广告形式。在设计时多做成提示性广告，可以是一个标题，也可以是一个招牌，往往做成动画或多媒体的形式，吸引人们阅读、点击。一般放置在网页中的最上方或最下面，尺寸通常为468×60（或80）像素。这类广告的表现形式可分为三种。

（1）动态传送广告。

以轮转、随机的方式播发广告，同一广告可在整个网站上轮转，也可根据关键词检索出现，能让不同用户在同一页面上看到不同的广告。

（2）扩张式广告。

通过点击，将横幅自动扩张成一个更大的页面，获取更多的内容。

（3）互动式广告。

运用动画软件制作而成。可将网络上广告转换成互动模式，使用户享受到连串服务，增加浏览时间，扩大广告效果。

2. 图标广告

用来宣传广告主的商标或特定标志，以图标的形式表现，比横幅广告要小些，看起来像个纽扣，所以也称为按钮广告。通常有四种尺寸：125×125像素、120×90像素、120×60像素、88×31像素，容量不超过2K。这种广告信息量较小，表现手法比较简单。

3. 赞助广告

有三种赞助形式：内容赞助、节目赞助和节日赞助。内容赞助如大型电影制作公司赞助开展影片评论的网页。网站节目和节日赞助，有时效性的约束。如澳门回归网站赞助、世界杯网站赞助、奥运会网站赞助等。节目或活动停止，赞助即结束。

4. 插页广告

插页广告又名弹跳广告。广告主选择在自己喜欢的网站或栏目被打开之前，插入一个新窗口显示广告。用户在上网查看网站主页时这个小窗口会弹跳出来，吸引人们去点击。这种类型的广告还指那些在页面过渡时插入的几秒广告，可以全屏显示。但如果宽带不足会影响正常浏览。

5. 首页广告和内页广告

首页广告也称为主页广告。打开某个网站，首先展示的就是主页。在主页上做广告，会得到较高的注目率，给予上网者较深刻的印象。

内页广告亦可称为链接页广告。进入某站点后，选择点击某些内容即可进入新的网页，在这些网页上做广告，就是内页广告，相对于首页来说，注目率会低一些。广告选择首页还是内页，要根据广告主的传播目标、显示次数、受众广度和每千人成本等因素来考虑。

6. 邮件广告

邮件广告有两种形式：一种是邮件列表广告，也称为直邮广告（Direct Marking Ads），利用网站电子刊物服务中的电子邮件列表，把广告加在每天读者所订阅的刊物中发放给相应的邮箱用户。一种是电子邮件广告（E-mail Ads），广告利用拥有免费电子邮件服务的网站，直接向个人邮箱里寄送广告。广告以横幅广告的形式为主，问题在于要能得到读者个人电子邮件地址的资料。

此外，还有墙纸广告、竞赛和促销广告、互动游戏广告等形式。

二、电话/手机广告

电话已有近百年的历史，但演变为广告媒介，只是20世纪80年代初的事。在西方国家，许多广告主把电话广告作为与邮寄广告具有同样功能的广告形式。尤其在推销员的工作中，可以先用电话与消费者进行联络，对商品作简单介绍后，再对有兴趣的消费者进行面对面推销。这样可以提高推销员的工作效率，减少推销员的空跑劳动。

近年来，电话传真的普及化，更使电话广告变得异常活跃。由于电话为市场调查提供了方便，也使电话日益成为广告活动的有效媒介。电话由于具有与消费者直接对话的功能，可以拉近生产者与消费者之间的距离，便于建立感情联系，如果运用得当，将在广告活动中产生有广泛的竞争力。

三、表演广告

商业表演是商业广告促销活动之一。表演的形式主要有时装表演、化妆表演和新产品演示等。这些表演对传播产品信息、迅速地在消费者中间树立产品形象具有相当的成效。

商业表演是含有教育和指导意义的广告方式，可以教会消费者新产品的使用方法，从而让新产品为广大消费者广泛接受。同时，通过表演，可以现场验证新产品的优良品质，使消费者对产品建立信任感。表演的这种功能，有面对面地说服消费者的作用，从而促使消费者购买，达到推销产品的目的。表演性广告还具有灵活多样的特性，只要广告主多加注意，创造新颖、独特的表演形式和丰富多彩的表演内容，必能取得相当好的宣传效果。

四、楼宇广告

等电梯的无聊时间也能发展成一种“等候经济”资源？这能不能成为一块大的投资“蛋糕”？日前，一种新兴的“楼宇视频媒体”正在广州几百座高档楼宇中悄然发展，引起了商家的密切关注。据广告业界人士的保守估计，未来3~5年中国楼宇视频媒体所带来的广告有望达到15~20亿元。

“楼宇视频”蕴涵诱人商机。自2004年2月以来，一种安装在高级写字楼电梯口或电梯内的液晶显示屏悄然出现在北京、上海、广州、深圳等城市。这种从北美引入的新兴传播媒体“楼宇视频媒体”，已经在一年多时间里迅速覆盖北京、上海、广州、深圳等16座大型城市，并已呈现出向国内二线城市扩展的趋势。

据介绍，这种“楼宇视频媒体”主要有三个特点：一是受众群体学历高、收入高、消费高。据新生代市场检测机构的最新调查显示，楼宇视频媒体受众的平均年龄为29岁，49.6%具有大学以上学历，个人平均月收入为4 215元；二是信息接收效率高。在乘电梯的状态下，人的注意力比较容易集中；三是清晰特定的受众群体定位，令一些与之相对应的商家颇感兴趣。

五、其他广告

新兴广告媒体还有其他形式，如超市购物袋广告、机票票袋广告、ATM取款机广告、会议广告招贴、海报、传单和挂历等。

6.5 媒体组合策略

媒体组合就是在对各类媒体进行分析评估的基础上，根据市场状况、受众心理、媒体传播特点以及广告预算的情况，选择多种媒体并进行有机组合，在同一时期内，发布内容基本一致的广告。

运用媒体组合策略，不仅能提高广告的接触率和重复率，扩大认知，增进理解，而且在心理上能给消费者造成声势，留下深刻印象，增强广告效果。广告媒体组合要和市场营销活动联系起来进行。

制订媒体计划的活动，如图6-2。

形势分析

目的：确定营销问题。对公司及其竞争者在以下基础上进行分析：
1. 全部市场的规模及份额。
2. 销售历史、成本和利润。
3. 分销实践。
4. 推销方法。
5. 广告的使用。

营销战略计划

目的：对能解决一个或多个营销问题的活动作出计划。包括对以下项目的决定：
1. 营销目标。
2. 产品和支出战略。
3. 分销战略。
4. 应该采用营销组合的哪一因素。

创作战略计划

目的：确定要通过广告传播的内容，包括以下几项：
1. 产品怎样才能迎合消费者的需要。
2. 产品在广告中的定位。
3. 广告文案的主题。
4. 每则广告的具体目标。

设定媒体目标

目的：把营销目标和战略转变成为媒体能够完成的目标。

确定媒体战略

目的：把媒体目标转变成总体指导，它将控制策划者对媒体的选择和使用。应该选择最佳战略。

选择广泛的媒体类别

目的：确定最能满足标准的广泛的媒体类别，包括对报纸、杂志、广播、电视等广泛的媒体类别进行对比和选择。受众规模是用于对比各种媒体类别的主要因素之一。

在媒体类别中进行媒体选择

目的：采用事先预定的标准比较并选择这些媒体类别中最好的媒体。
1. 如果推荐杂志，应当推荐哪种杂志？
2. 如果推荐电视，那么（　）
   A. 无线电视还是有线电视？　B. 联播电视还是直播电视？
   C. 如果联播，是哪种节目？　D. 如果是直播，是哪个市场？
3. 如果推荐广播或报纸，那么（　）
   A. 应该使用哪一市场？　B. 在购买地方性媒体方面应采用的标准？

媒体使用决策——电视与广播

1. 哪种发起方式（独资、合资、合伙或其他）？
2. 到达率和接触频率的标准是什么？
3. 时间安排：商业广告出现的具体日期。
4. 位置布局：在节目之中还是两个节目之间？

媒体使用决策——印刷品

1. 广告数量及出现的日期和月份。
2. 广告位置：媒体中任何好或者偏好的位置。
3. 特殊处理：折叠插叶、色彩等。
4. 渴望的到达率或接触频率的标准。

媒体使用决策——其他媒体

1. 广告牌。
   市场位置和分销计划。
   要用的永久性广告牌种类。
2. 直接邮寄或其他媒体：专门适用于哪些媒体的决策。

图 6－2　制订媒体计划的活动

一、确定媒体的步骤和方法

进行媒体组合，首先是选择具体媒体。大体上经过确定媒体级别、媒体名称、广告单位等步骤。

（一）确定媒体级别

确定媒体级别需要考虑四个方面的问题：

1. 媒体的优缺点

媒体传播上的优势和劣势都是相对的，主要根据广告活动的需要来评判。如有些媒体的灵活性较高，看来是优点，但如广告主企业并不希望广告内容有较多的变动，这一优点对于他们就不重要了。

2. 媒体的费用

在四大广告媒体中，电视的费用最高，报纸次之，广播和杂志再次之；小众传播媒体如路牌广告、交通广告更便宜；网络媒体与传统媒体相比，费用也不算高。有些媒体虽然理想，但费用较高。同类媒体的费用也是不一样的。如2000年《农民日报》整版的广告报价是10万元人民币，《参考消息》整版的广告报价是28万元人民币。

3. 广告效果的积累

这主要是考虑广告效果的累积问题。本次广告活动如果与以前的媒体选择相一致，就容易产生积累效果。

4. 竞争对手运用媒体的情况

选择媒体级别，也要考虑怎样与竞争对手抗衡。一种是实力抗争，选择与竞争对手类似的媒体；一种是避开锋芒，选用与竞争对手不同类型的媒体，以形成声势，压倒对手。

（二）确定媒体对象

在被选定的媒体级别的基础上，再选择若干媒体对象，确定媒体的具体名称。如选择电子媒体，是选择中央电视台，还是选择北京人民广播电台，或是兼而有之。电子媒体的选择，一般要具体到某一个节目或某一时段。如选择报纸媒体，就应确定是在《人民日报》、《中国经营报》等媒体，还是《北京晚报》、《经济日报》等具体的媒体。

确定媒体对象，需要通过以下指标对媒体进行评估：

1. 覆盖域

覆盖域即广告媒体发挥影响的范围，或是媒体的普及状况。北京电视台的覆盖区域主要是北京地区，《农民日报》主要面对全国的农村读者。覆盖域是考察广告媒体的一个重要指标，广告主企业或广告经营单位在选择广告媒体时，首先就要考虑媒体是否能够影响到目标市场的消费者。

2. 收视（听）率

收视（听）率为专门收视（听）某一特定电视广播节目的人数或户数的百分比。通常是以100个家庭为基数，然后测定收视（听）节目的家庭所占的比率。广告主和广告公司往往以此来决定是否购买这一时段的广告，而电台和电视台也以此作为制定广告价格的一个依据。

3. 到达率

到达率是表示在一定时期内，不同的人或家庭接触某一媒体广告的比例。如计算电视节目的到达率，以 100 为基数，如至少收视一定节目或广告 1 次以上的家庭（不重复计算）为 20，则有 20% 的到达率。

印刷媒体的到达率与发行量有关。发行量越大，被读者触及的可能性就越大，发挥的影响就可能越大。同时，还要考虑传阅率。传阅率高的，广告接触机会也越多。

触及率是广告经某一媒体传播后，触及的人数与覆盖域内总人数的比率。

这里，接收人数是指接触到媒体或可能接触到广告信息的人数，但不可重复计算。触及率不能准确地表明触及广告信息人数与媒体受众之间的关系，但触及率高的，媒体的可用性也高。

4. 毛感点

毛感点指广告通过媒体传播所获得的总效果，是各次广告传播触及人数比例的总和。电子媒体一般用总收视（听）率来表示，就是把一段时期的各收视（听）率相加得出的。因为电子媒体需要多次反复播出广告，观（听）众往往会多次接触到广告信息，就有一个频度的概念。

频度又称平均收视频度，是表示至少收视 1 次以上广播电视的家庭（人）的收视次数。把广播电视的到达率乘以频度，就可以知道总收视（听）率。印刷媒体的接触频度一般只有一次。

毛感点是可以重复计算的，经过累加后可能超过 100%。这一指标能够比较清楚地表明一则广告通过媒体所取得的总的传播效果。

5. 权威性

这项指标主要是衡量媒体的影响力，是对媒体的传播效果在质的方面的考察。广告对消费者产生影响，一是广告作品产生的作用；二是广告推出后所产生的作用。不同媒体的权威性不同，如一家体育类报纸刊登体育用品的广告可能更有说服力，一个娱乐性的节目插播文化娱乐类的广告可能更有效果。一种资信较高的媒体所发送的广告可能更令人信服。从媒体本身来说，也会因其空间和时间的不同，使权威性有所差别。例如，在报纸要闻版刊登的内容，要比其他版面刊出的更具权威性。在电视台黄金时间播出的节目，要比其他时间播送的权威性强。

媒体的权威性也不是绝对的，媒体受众与目标消费者越接近，权威性才会越高。美国的女性杂志权威性较高，因为在美国家庭消费的主要支出者是妇女，广告主更愿意选择女性杂志刊载广告。电视台在黄金时间播出电视连续剧，具有较高的收视率，但绝大部分观众并不是广告主的目标对象，其权威性就相对弱些。而在另外的一般时段，节目的收视率虽然低一些，但针对性很强，影响力就大，广告价格也会低很多。

6. 每千人成本

确定媒体相对成本。下列是常用的成本基数：

（1）千人成本（CPM）。

杂志行业多年来一直在所到达的每一千人的成本基础上进行成本分析，计算公式如下：

广告版面成本（绝对成本）

$$\text{CPM}=\frac{\text{广告版面成本（绝对成本）}}{\text{发行量}}\times 1\ 000$$

(2) 百分点收视成本（CPRP）。

电波媒体提供了一种不同的可比成本，即百分点收视成本（CPRP）或百分点成本（CPP），公式如下：

$$\text{CPRP} = \frac{\text{商业广告时间成本}}{\text{节目视听率}}$$

(3) 每日每寸栏目成本。

对于报纸来说，有效成本是基于每日每寸栏目成本的，即报纸每寸栏目的成本。为试图把相对成本计算过程标准化，电视、报纸媒体已开始用下列公式提供千人成本：

$$\text{千人成本（电视）} = \frac{\text{单位时间成本} \times 1\,000}{\text{节目视听率}}$$

$$\text{千人成本（报纸）} = \frac{\text{广告版面成本} \times 1\,000}{\text{发行量}}$$

虽然在千人成本基础上媒体之间的比较是很重要的，但媒体之间的比较可能仍然具有误导性。电视提供音像的能力、杂志的长度优势以及每种媒体其他的特性都使直接的比较变得困难起来。媒体计划者应该运用千人成本数字，但它也必须考虑决策中每种媒体载具的具体特性。

（三）确定广告单位

在确定具体媒体后，还要明确在媒体的何种位置上推出广告，也就是确定广告单位。不同类型的媒体具有不同的广告单位。

广播电视等电子媒体主要考虑电视广告片（CM）或广播广告的长度，如5秒、15秒、30秒等；播出时段，如黄金时段、一般时段；推出方式，如插播、赞助等。

报纸主要考虑广告篇幅的大小，如整版、1/2版、通栏（n行）等；广告版位，在哪一版，什么位置；色彩，是全彩、套色、还是黑白等。

杂志主要考虑广告刊登的位置，如封面、封底的1至4版、插页、活版页等；广告面积大小，如全页、折页、连页、1/3页等；色彩，如四色、单色等。

户外广告主要考虑位置、高度、面积、周边环境等。

网络媒体则以像素、字节等来表示广告单位。如button（图标）广告的大小一般为80×30像素。广告单位不同，广告效果也不一样，广告价格也会有高低差别。

如何确定广告单位，首先要考虑的是广告价格问题。广告费用不足，广告单位的选择就要受到限制，要在位置、面积、时段等因素上与广告预算相适应。其次，要根据广告战略的总体要求、广告信息量的大小，来考虑选择广告单位。还可参考同一类商品经常运用的广告单位，以及竞争对手使用的广告单位。再次，在广告费用允许的情况下，选择相应的广告单位时，尽量提高注目率。在广告面积（时间长度）相同、费用支出相近的情况下，选用广告和编辑环境优良的媒体广告单位，以增强广告传播的质量。

另外，所确定的广告单位，还应与媒体内容的相关性联系起来。如在体育节目中插播体育用品广告；在娱乐新闻版刊载影视、劳务方面的广告等。

二、优化媒体组合

（一）媒体组合的意义

媒体组合是广告媒体战略的核心。运用媒体组合策略，主要有以下作用：

1. 增加总效果（GRP）和到达率

单个媒体对目标市场的到达率是不高的。即使是覆盖范围较大的媒体，也不可能将广告信息送达目标市场的每一个人。所以，运用单个媒体，会导致目标市场内的许多消费者未能接触到广告信息。运用媒体组合，同时利用两个或两个以上的媒体，就能把不同媒体的受众组合起来，使广告能影响更多的目标受众。

2. 弥补单一媒体传播频度的不足

有些媒体的传播寿命较长，有些媒体的传播寿命较短。这就影响到受众对媒体广告的接触程度。只有增加传播的频度，使目标消费者能够多次接触到广告信息，才能取得较好的传播效果。有些媒体因广告的费用太高，难以重复使用。选择多种媒体，进行组合运用，就使受众在不同媒体上接触到同一广告内容，增加了频度，强化了重复效应。

3. 整合不同媒体的传播优势

某些媒体固有一些特性，如电视具有形象性和直观性，报纸具有时效性和说明性，广播具有灵活性和价格便宜，杂志具有选择性，直邮广告具有直接性和直观性，销售点广告具有现场性等。但同时也有一些不足和缺陷，如费用高、时间慢、选择性差等。

通过组合，使媒体所具有的特性有机地结合起来，既使媒体特长得到发挥，又可弥补媒体缺陷。如电视和报纸组合，电视收视率一般比较高，影响较大，能够获得较理想的认知效果，报纸可以详细地介绍有关商品或劳务的信息，帮助目标消费者加深理解。这样，就使认知促进和理解促进有机地结合在一起，增加广告的重复率和累积度。

4. 减少成本，增加效益

媒体组合不是对媒体的简单排列，而是经过有机整合，发挥媒体各自特长，弥补不足的过程。组合后能够发挥整体效益，许多企业就可利用媒体组合的整体优势，在资金不足的情况下，组合多种费用低、效果一般的媒体，仍可形成一定广告阵势。如电视虽然有较强的传播效果，但广告制作费用大，播出费昂贵，一般企业难以承受，就可运用多种类型的小广告，配合促销活动，花钱不多，也能做得很好。

（二）媒体组合的方法

媒体组合包括两个方面，即媒体载体的组合和广告单位的组合。

1. 媒体载体的组合

就是对具体媒体进行组合。可以在同类媒体中进行，也可以在不同的媒体中进行；可以把自用媒体和租用媒体结合起来，也可以以租用媒体为主进行组合。

（1）同类媒体组合。

把属于同一类型的不同媒体组合起来使用，刊登或播放同一广告，就是同类媒体的组合运用。例如，把同属于印刷媒体的报纸与杂志组合，把全国性报纸与地方性报纸组合等。

（2）不同类型的媒体组合。

这是经常采用的一种方案，如把报纸与广播、电视组合等。这种组合，不仅能扩大接触的范围，而且可以有效地调动目标对象的感官。

(3) 租用媒体和自用媒体组合。

把需要购买的大众传播媒体与企业自用的促销媒体进行组合，如通过报纸、电视发布，同时还利用企业自备的销售点广告相配合。

2. 广告单位的组合

广告单位指发布广告的媒体的具体时间、版面等基本单位，要在选择组合媒体的同时进行广告单位的组合。前文中已有介绍，这里不再赘述。

(三) 善于运用不同媒体

运用多种媒体推出广告时，要善于筹划，深入分析媒体组合所产生的效果，进行优化，使组合的媒体能够发挥整体效应。因此，要注意以下三个方面的问题：

1. 要能覆盖所有的目标消费者

把选中的媒体排在一起，将覆盖域相加，看是否把大多数目标消费者纳入了广告影响的范围之内，即媒体能否有效地触及广告的目标对象。

还可用另一指标来衡量：将媒体的针对性相加，看广告目标消费者是否能接收到广告。如果这两种形式的累加组合，还不能够保证所有的目标消费者接收到广告，就说明媒体组合中还存在着问题，需要重新调整。但是也要注意，媒体覆盖的范围不能过多地大于目标市场的消费者，以免造成浪费。

2. 选取媒体影响力的集中点

媒体的影响力主要体现在两个方面：一是量的方面，指的是媒体覆盖面的广度，即广告被接触的人数越多，影响力越大；二是质的方面，指的是针对目标消费者进行说服的深度，即媒体在说服力方面的效果。组合后的媒体，其影响力会有重合。重合的地方，应是企业的重点目标消费者，这样才能增加广告效益。如果媒体影响力重合在非重点目标消费者上，甚至是非目标对象上，这样就造成广告经费的浪费。因此，要以增加对重点目标消费者的影响力为着眼点，确定媒体购买的投入方向，避免浪费。

3. 与企业整体信息交流的联系

企业要实现营销目标，也要运用营销策略，进行多种营销策略手段的组合。广告的媒体组合要与营销策略组合保持一致，要符合整合营销传播的要求。还要注意与企业公共关系战略相互配合。善于运用各种媒体，发挥整体效用。

(四) 广告日程决策

广告日程决策是对广告的推出时间、以什么样的方式推出等问题的策划，核心是制定广告发稿日程。根据广告目标和媒体目标的要求，要在时间和频度两个方面作出决策。

1. 广告时间策略

广告在媒体上推出的时间，主要是相对于产品进入市场的时间，一般有拖拉推出、即时推出和延时推出等几种方式。

(1) 拖拉推出。

广告推出的时间早于产品进入市场的时间，用广告拖拉推出商品，目的在于事先制造声势，先声夺人。产品尚未投放市场，由于广告的作用，给消费者制造悬念，形成渴望，让消费者翘首以待。等到产品上市之时，即可形成旺销。

此种方式适用范围较广。首先，适用于新产品的推出，声势在前，产品在后，能够刺激消费者的好奇心，激发其购买动机；其次，适用于老产品经更新换代或部分改进后重新上市，使消费者“未见其物，先闻其声”，唤起新的消费欲望；第三，适用于季节性商品在旺季到来之前。

提前做广告，能先入为主，抢先占领消费者的记忆空间，一直延伸到旺季的到来，使消费者始终有较深刻的印象。特别是市场竞争比较激烈的产品，拖拉推出应用更多一些。需要注意的是，广告推出的时间与产品上市的时间间隔不可过长，否则将失去拖拉的意义和作用。

（2）即时推出。

广告推出的时间与产品推向市场的时间相同。选择这种推出广告时间的方式最适合于老产品、供求平衡或供应稍紧张的产品。目的在于告知，见到广告，就可买到产品，但此种方式不适应竞争激烈的情况。

（3）延时推出。

推出广告的时间晚于产品进人市场的时间，此种方式用得不多。一般情况下，适用于没有把握的新产品。产品先行上市试销，根据销售情况或少做或多做广告，且针对性强。另外一种情况，就是在产品上市后，先做试探性广告，看情况再决定是否做广告。

2. 广告时机策略

利用媒介发布广告，还要善于利用和把握各种时机。广告的时机，是在时间上与广告商品、市场行情以及人们的注意程度等有关的一系列机会。

（1）商品时机。

利用商品与时机的内在联系，巧妙地发布广告信息。例如，飞亚达手表的广告，“飞亚达为您报时”，选择了中央电视台晚间 7 时《新闻联播》前的瞬间时段，就得到了较高的收视率。

（2）重大活动时机。

即抓住并利用重大活动时机推出广告。涉及全国甚至全世界注意的重大活动，如体育比赛、文艺演出、会议等，新闻媒体和受众的关注度高，是推出广告的良好时机。如奥运会历来都是广告商重点注意的时机，许多企业都愿意把巨额广告费投放在奥运会期间。1999 年，上海举办“中国：未来 50 年”的《财富》论坛，这样世界瞩目的盛会，也招引了许多广告。

（3）黄金时机。

即抓住“黄金时间”，把握人们记忆“最珍贵瞬间”的策略。电视和广播的“黄金时间”，就是观众收视电视广播节目的高峰时段。在黄金时间，观众收视节目的注意力比较集中，易于接受信息，记忆率较高。但广告费也比较昂贵。如中央电视台《新闻联播》后到天气预报之间的时段，就是一个黄金时段。所以，很多企业都不惜重金，争取抓住这一时机，在这一时段播出广告。

（4）节令时机。

节令时机是节日和季节为商品销售带来的时机。逢年过节、假日，往往是人们大量消费的时期，会形成销售的旺季，要善于抓住这销售旺季前的机会发布广告。属于季节性的商品，也会在季节交替之时产生销售旺季。在销售旺季前的一段时间就是广告的良好时机。抓住节令时机发布广告，要考虑安排恰当的提前量，但又不要使广告的持续时间过长。

精选案例

方太厨具广告投放媒体计划

一、市场分析

广东为中国经济强省，发展迅速，居民可支配收入高，购买力在全国遥遥领先，而其中又首推以广州、深圳、珠海为代表的珠三角地区，更是消费力惊人，历来为众商家必争之地。在这些市场上，各厨具品牌林立，竞争激烈。粮草未动，兵马先行，在新的一年里，经过春节后短期的沉寂，各大品牌已经逐渐拉开了广告战的序幕，开始了新一轮的攻势。广东市场媒体费用高昂，如何以最少的预算达到最大的销售效果是所有商家的目标，除了好的广告创意之外，科学合理的媒体选择、媒体组合、媒体投放策略便显得尤为重要。

二、产品分析

方太厨具作为中国厨具行业知名品牌，一直在产品销量上名列前茅，但厨具市场一直竞争激烈，方太面临着众多如欧琳、美的等知名品牌的市场侵占以及一些其他中小杂牌的低价竞争。作为一种和消费者生活息息相关的产品，广告尤其是大众媒体广告对消费的促进作用会更加明显。

三、媒体投放策略

1. 4、5 月份建议采用突破性的媒体投放策略，以大规模的广告投放态势，结合广告推拉力量，力争在最短时间内吸引公众注意力，迅速提升市场。

2. 9、10 月份适当降低强度与频率，根据反馈信息，及时调整广告策略，可拉长周期，采取细水长流方式渗透，保证市场稳步增长。

3. 12 月份再度加强广告投放态势，低密度，高强度，进行年末冲刺，造成强销。

四、媒体选择

兵法云："伤其十指，不如断其一指。"在预算相对薄弱的情况下，媒体选择不宜过于分散，而应该集中选择一个科学合理的媒体组合，在最大影响目标受众的前提下，取得最大范围的广告传播效果。基于此，根据各大媒体具体情况，我们作了如下媒体组合：

（一）深视一套

理由：

1. 除了对深圳市民具有影响力之外，深视一套在珠三角覆盖面为深视最广，影响珠三角及香港、澳门特别行政区约 3 000 万人口。

2. 观众对深视一套节目满意程度高。据深视在珠三角的入户调查情况显示，珠三角地区观众对深视一套节目满意程度为 97%。

3. 深视一套定位为新闻报道与电视剧场并重，锁定的观众大都为具有较高收入和稳定经济来源的家庭成员，这些观众大多是方太厨具潜在消费者。

（二）香港翡翠台

理由：

1. 香港翡翠台涵盖面广，深圳有线网内，推及人口约310万，省网频道占有率为39.3%，且相当一部分为本地人，具有较高的消费水平。

2. 香港翡翠台为粤语频道，观众群较为稳定，和国语频道相补合，更大程度上辐射香港及珠三角地区。

（三）南方电视台影视频道

理由：

1. 省网频道占有率第四，具有较高的收视人群。

2. 涵盖面广，主推珠三角市场，和其他媒体有效构成深圳、香港、珠海、广州等地的覆盖网络。

（四）《晶报》

理由：

1. 发行量大，新闻综合性日报，隶属深圳特区报业集团，日发行量逾50万份。

2. 覆盖面广，以深圳为主，涵盖了整个珠三角及周边地区，影响范围宽广。

这四个媒体都可以覆盖珠三角，但侧重点不同，分别为深圳、香港、广州，同时又相互交叉，在最大程度上影响目标受众，取得最佳广告性价比。

五、媒体预算

广告投放最忌“撒胡椒面”，东撒一点，西撒一点，本是想面面俱到，结果却是竹篮打水；也忌盲目跟风，哪个频道收视率高就投哪个，忽视了其节目的特点、收视人群的构成等重要因素。因此，根据产品的特点以及方太品牌形象和所投放市场的情况，我们选定上述媒体，并针对市场规律科学地安排预算，精打细算，力求让每一分预算都发挥其最大的作用。

4月……45万

以深视一套为主，全面开花，齐头并进，软硬结合，在最短时间里造成强攻之势，先入为主，营造竞争对手跟进壁垒。

其中：深视一套；香港翡翠台；南方电视台；《晶报》。

5月……35万

延续上月份广告攻势，乘胜追击，巩固广告成果，持续热销，适当弱化电视投放，增加《晶报》投放量。

其中：《晶报》；深视一套；香港翡翠台；南方电视台。

9月至10月……55万

转入维持性广告阶段，借助消费者对前期广告残留印象，以促销及提示性广告为主，在投放上侧重于软性广告，加大产品、品牌的暴露次数，在媒体选择上以深视一套相关生活频道及《晶报》为主。

其中：《晶报》；深视一套；香港翡翠台；南方电视台。

12月………45万

借年度广告之势，行年末强销之功，可适当留取部分预算置于元旦，以起延续之效。

在投放上侧重深视一套提升方太知名度，以翡翠台和南方电视台加大影响范围，以《晶报》对方太产品品牌详细告知，促进销量。

其中：深视一套；《晶报》；香港翡翠台；南方电视台。

复习思考题

1. 网络广告表现形式有哪些？主要网络广告形式的优缺点是什么？

2. 简述各种媒体的优势与劣势。

3. 电视媒体具有哪些特点？在做广告时有哪些优势和劣势？你认为麦当劳广告应该采用电视媒体还是报纸媒体，为什么？

4. 交通广告有哪些优点和不足之处，应该如何通过媒体组合来弥补它的不足之处？

工作任务训练

工作任务一：以下几种产品：电视游戏、男士古龙香水、电脑软件、健身运动鞋，分别为它们选择适合的媒体，并说明你的原因。

工作任务二：下面是通过实力媒体为嘉士伯所做的策划案，把其中的创意媒体运用及整体的策划思路，作一个简略的分析和总结。

嘉士伯媒体推广计划

在1999年底，为了配合千禧年这一世纪盛事，嘉士伯计划在12个主要市场，如上海、北京、广州、成都等，进行一系列的整合市场传播活动，包括互联网及户外广告促销、千禧年派对等。在宣传嘉士伯这一著名国际啤酒品牌之余，更将欢乐元素深入品牌，从而促进产品销售。

实力媒体负责了本次媒体活动的整体策划工作。在收到客户的工作简报后，经过仔细研究，实力媒体定义了所面临的三大难题：

(1) 传统的大众传播媒体难以有效地将这次活动的信息带给特定的目标受众。

我们所针对的目标受众是一群高档啤酒的饮用者，主要为年轻的高收入的男士。他们的生活理念前卫，乐于接受新鲜事物，渴望人与人之间的交流，对音乐与运动有着浓厚的兴趣，同时又热衷于户外活动。

但是从媒体策划的角度来看，正是因为目标受众的这些特点，所以难以用传统媒体有效地捕捉他们。从中国媒体与市场研究的数据来看，目标受众接触传统媒体，如电视与报纸的时间较少，而因为在户外流连的时间较长，所以对户外媒体的接触度较高。他们对音乐、运动和时尚资讯的关注度相当高，而对互联网使用亦较为普遍。

(2) 传统媒体费用不菲。

嘉士伯的主要市场，如上海、北京，所需的媒体费用特别是电视的费用，是相对较高的。如果只利用电视去捕捉目标受众，容易造成部分资源的浪费。

(3) 啤酒市场竞争激烈，媒体信息混杂。

通常来说，年初年末并非啤酒销售的旺季。但是2000年的来临是千年一遇的盛事，人们将会通过不同的庆祝活动来表达新千年的期望。可以预期各大啤酒商，包括百威、喜力及各个市场的一些强势品牌，都会有较大规模的促销活动。而通过传统媒体所传递的信息亦会多样而复杂。一方面令消费者容易混淆，另一方面各个啤酒品牌亦必须加大资源的投入，才能将信息传递出去。

要越过这些巨大的障碍，创意地运用媒体就成为实力媒体策划人的首要任务。在这一策划案中，我们把传统及非传统媒体相结合，运用富有创意的手法，成功地锁定了目标群。

首先，在目标受众未到酒吧前，通过一些顶尖网站投放嘉士伯的横幅广告，进一步提升品牌形象与传递派对信息。又在横幅中设置了与 Carlsberg. com 的链接，用户进入后可参加富有趣味性与挑战性的电脑游戏，成功过关者可获赠派对门票。

第二，与著名的音像世界杂志合作，由嘉士伯首次独家赞助了随《音像世界》附送的一只音乐 VCD。VCD 碟面与包装均由嘉士伯进行设计，突出品牌形象之余更带出了嘉士伯活力与动感的一面。通过选择一些欧美及港台的流行歌曲精品，加强了品牌与国际精品音乐的联系。另外，此 VCD 更会由嘉士伯在卖场中向消费者直接派发。在《音像世界》的封面，运用了跨版的嘉士伯千禧派对的主题形象广告，寓意共同跨越千禧年。

第三，与收听率较高的流行电台节目如 Joy FM 合作，在介绍非常前卫的锐舞音乐环节当中，带出嘉士伯千禧年派对的信息，并与听众作一个互动的交流，凡答对问题者可得到派对门票及嘉士伯精美礼品。此举不但令听众踊跃参加，更使他们在享受前卫音乐之余不知不觉加深嘉士伯与音乐之间的联系。

第四，当目标受众在酒吧附近或正在酒吧时，通过战术性地购买一些在酒吧街的灯箱及候车亭广告，在消费者到达酒吧之前，透过动感十足的视觉形象，反复向其传递嘉士伯的派对信息及品牌形象。

第五，选择一些专在酒吧，餐厅免费派发的流行杂志，如 That's Shanghai，Shanghai Talk，Beijing Scene，Metro 和 Clueless in Guangzhou，在其有关千禧年资讯的文章前后放置嘉士伯千禧年的信息，直接对目标受众进行诉求。

（资料来源：郑香霖、翁耀成、易晓全，《实力媒体》2001 年第十八期）

补充阅读　从美宝莲广告案例看新媒体整合营销

前不久，在各大城市的地铁、公交车厢内都能看"美宝莲"的视频广告——Mabel 约会视频，视频内容根据 Mabel 的约会对象特质和美宝莲的睫毛膏色彩种类分为"黑色摇滚篇"、"蓝色商务篇"、"绿色书卷篇"、"棕色运动篇"，广告中不忘通过"约会突发状况情境"来传达产品的"防水"特性。

不可否认，这是一则优秀的广告策划，重视创意和品牌的结合。更妙的是，当受众在饶有兴趣地欣赏完约会视频后，会看到一条文字提醒："你觉得 Mabel 最适合和谁交往呢？请投票 http：//maybelline. poco. cn."

和大家以往见到的美宝莲电视广告片不同，这是一则互动广告。首先，美宝莲具备任何可以进行"互动营销"的品牌特质：高品质的产品，具有竞争力的功能、质量、价格、完善的渠道、服务等。其次，具有优秀的广告规划和策划，重视创意和品牌的结合。但美宝莲带给我们更多的启示是“多种传播方式”中对新媒体的运用：Web 2.0 是新媒体；博客是新媒体；视频是新媒体；手机是新媒体；分众也是新媒体，新媒体的大家庭越来越丰富，终端也越来越多，交互性越来越多。怎么来运用新媒体为品牌传播服务？选择只有一个：整合营销。

视频广告后一条简短讯息就将“接受”过渡为“交互”，并巧妙将“终端”转移至网络和手机，通过 POCO 网这一以图片兴趣聚合的同好社区平台实现了从传统的“视频单向广播”到一种互动的传播方式。

在美宝莲的 POCO 网的投票互动平台上，除了可以替 Mabel 投票选择男友外，还能欣赏“化妆视频”，体验“恋爱测试”，了解更多美宝莲产品。美宝莲选择 POCO 网 Web2.0 网站投放，除了看重 POCO 网用户基数大、流量高，用户层年轻时尚的特性，更是为了避开门户、娱乐、视频网站用户分散、人群广泛、互动度相对低的不足。而这一种基于体验的社区互动，与美宝莲整体市场策略和公关计划相结合，与 POCO 网的受众利益和兴趣点相结合，多种新媒体整合的沟通方式连续性地与用户进行互动，教育并引导用户产生购买行动，同时对品牌、产品及服务产生有效认知。

或许，当产品的传播策略已经不是通过简单的购买版面，投放广告来达到传播效果的时候。如何花最少的钱，去运用和整合尽量多的资源，并且通过多种传播方式影响受众，达到传播效果的最大化和最佳化才是品牌选择媒体的最重要依据。美宝莲的案例为我们上了生动的一课。

任务七 广告预算与效果评估

能力目标

1. 认知广告预算的意义与内容
2. 理解广告预算的方法
3. 能够合理分配广告预算

引入案例

天利公司广告预算

天利公司为了巩固并扩大其现有产品"新宇牌"电脑的市场地位，增强其在同类产品中的竞争实力，决定进行大规模广告宣传。经过调查，天利公司选择了飞马广告公司。天利公司从其销售额中拿出3%作为广告预算。此外考虑到电脑技术性能高，目标消费者的文化层次较高等特点，天利公司选取了以报纸、杂志为主，电视为辅的媒体组合。

理论引导

1. 广告预算
2. 广告效果评估方法

7.1 广告预算

一、广告预算

广告预算是广告主根据广告计划对开展广告活动费用的匡算，是广告主进行广告宣传活动投入资金的使用计划。它规定了广告计划期内开展广告活动所需的费用总额、使用范围和使用方法。广告预算不同于企业的其他财务预算。一般财务预算包括收入与支出两部分内容，而广告预算只是广告费支出的匡算，广告投入的收益由于广告目标的不同而有不同的衡量标准。它或许表现在良好社会观念倡导上，或许表现在媒体受众的心理反应上，也有可能体现在商品的销售额指标上。

有许多广告主错误地认为，广告投入越大，所取得的效果也就越大。广告策划者通过对大量广告活动效果的实证分析，认为当广告投入达到一定规模时，其边际收益呈递减趋势。美国广告学家肯尼斯·朗曼（Kenneth Longman）在利润分析的基础上，创立了一个广告投资模式，如图7-1所示。他认为任何品牌产品的广告效果都只能在临限（即不进行广告宣传时的销售额）和最大销售额之间取值。

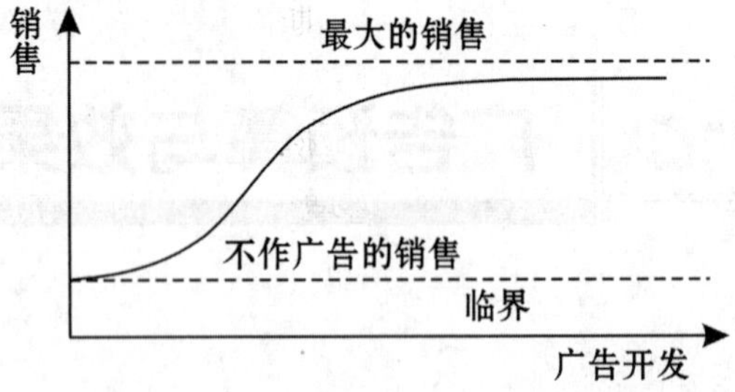

图 7－1　广告效果与广告投入之间的关系

二、广告费

广告费一般是指开展广告活动所需的广告调研费、广告设计费、广告制作费、广告媒体费、广告机构办公费与人员工资等项目。有的企业把公共关系与其他促销活动费也记入广告费之内是不合理的，如馈赠销售的馈赠品开支，有奖销售的奖品或奖金开支，推销员的名片，公司内部刊物等的开支费用，均不应列入广告费。美国《Printer's Ink》杂志，将广告费分为白、灰、黑三色，白色单系可支出的广告费，灰色单系考虑是否支出的广告费，黑色单系不得支出的广告费，详见表 7－1。

表 7－1　广告费用分类表

<table>
<tr><th colspan="2">分　类</th><th colspan="2">主要费用</th></tr>
<tr><td rowspan="4">白色单</td><td rowspan="4">可支出的广告费</td><td>广告媒体</td><td>报纸、杂志、电视、电台、电影、户外、POP、宣传品、DM、幻灯、招贴、展示等</td></tr>
<tr><td>制作费</td><td>美术、印刷、制版、照相、电台与电视设计、与广告有关的制作费</td></tr>
<tr><td>管理费</td><td>广告部门薪金、广告部门事务费、顾问费、推销员费、房租费，以及广告部门人员的工作旅费</td></tr>
<tr><td>杂费</td><td>广告材料运费、邮费、橱窗展示安装费、其他</td></tr>
<tr><td>灰色单</td><td>考虑支出的广告费</td><td colspan="2">样本费、示范费、客户访问费、宣传卡用纸费、赠品、办公室报刊费、研究调查费</td></tr>
<tr><td>黑色单</td><td>不得支出的广告费</td><td colspan="2">社会慈善费、旅游费、赠品费、包装费、广告部门以外消耗品费、潜在顾客招待费、从业人员福利费等</td></tr>
</table>

依据广告费的用途，可以划分为直接广告费与间接广告费、自营广告费与他营广告费、固定广告费与变动广告费。直接广告费是指直接用于广告的设计制作费用和广告媒体费用；间接广告费是指企业广告部门的行政费用。应当尽量缩减间接广告费，使同样数目的广告预算能用在直接广告费用上。自营广告费是指广告主本身所用的广告费，包括本企业的直接与间接广告费；他营广告费是指广告主委托其他广告专业部门代理广告活动的一切费用。一般来说，此类广告比前者更为节约，效果更好。固定广告费是指自营广告的组

织人员费及其他管理费，这些费用开支在一定时期内是相对固定的；变动广告费是因广告实施量的大小而起变化的费用，如受数量、距离、面积、时间等各种因素影响而变化的费用。变动广告费又因广告媒体的不同，可分为比例变动、递增变动、递减变动。比例广告费是随广告实施量大小全部呈比例变化的；递增广告费是随同广告实施量的增加而递增的；递减广告费则相反，广告费用随广告实施量的增加而递减。

三、广告预算的编制程序

广告预算由一系列预测、规划、计算、协调等工作组成。广告预算的基本程序大体如下：

1. 确定广告投资的额度

通过分析企业的整体营销计划和企业的产品市场环境，提出广告投资的计算方法的理由，以书面报告的形式上报主管人员，由主管人员进行决策。

2. 分析上一年度的销售额

广告预算一般一年进行一次。在对下一年度的广告活动进行预算时，应该先对上一年的销售额进行分析，了解上一年度的实际销售额、销售额是否符合上一年度的预测销售单位和预测销售额。由此分析，可以预测下一年度的实际销售情况，以便合理安排广告费用。

3. 分析广告产品的销售周期

大部分产品在一年的销售中，都会呈现出一定的周期变化，即在某月上升、某月下降、某月维持不变等。通过对销售周期的分析，可以为广告总预算提供依据，以确定不同生命周期的广告预算分配。

4. 广告预算的时间分配

根据前三项工作得出的结论，确定年度内广告经费的总的分配方法，按季度、月份将广告费用的固定开支予以分配。

5. 广告的分类预算

在广告总预算的指导下，根据企业的实际情况，再将由时间分配上大致确定的广告费用分配到不同的产品、不同的地区、不同的媒体上。这是广告预算的具体展开环节。

6. 制定控制与评价标准

在完成上述广告费用的分配后，应立刻确定各项广告开支所要达到的效果，以及对每个时期每一项广告开支的记录方法。通过这些标准的制定，再结合广告效果评价工作，就可以对广告费用开支进行控制和评价了。

7. 确定机动经费的投入条件、时机、效果的评价方法

广告预算中除去绝大部分的固定开支外，还需要对一定比例的机动开支作出预算，如在什么情况下方可投入机动开支，机动开支如何与固定开支协调，怎样评价机动开支带来的效果等。

广告项目预算书的基本格式见表 7－2。

表7－2　广告预算书

委托单位：　　　　　　　　负责人：
预算单位：　　　　　　　　负责人：
预算项目：　　　　　　　　期　限：
预算总额：　　　　　　　　时　间：

项目调研费 1. 问卷设计 2. 实地调查 3. 资料整理 4. 统计分析 5. 上机费 6. 其他	内容	费用	执行时间
策划、设计费 1. 报纸 2. 杂志 3. 电台 4. 电视台 5. 其他			
制作费 1. 印刷费 2. 摄制费 3. 工程费 4. 其他			
媒介费 1. 报纸 2. 杂志 3. 电台 4. 电视台 5. 其他			
服务费（演员酬金） 1. 2. 3.			
促销、公关费 1. 促销费 　市场A 　市场B 2. 公关费			
机动费			
代理费			
其他			
总计			

四、影响广告预算的主要因素

编制广告预算时，除了确定广告费用的范围外，还必须了解有哪些主要因素影响广告预算。一般说来，影响广告预算编制的主要因素有产品的生命周期、行业市场的竞争状况、产品品牌的市场基础（或市场占有率）、广告频次等。

（一）产品的生命周期

产品生命周期是指产品从上市到衰退的整个过程。大多数产品在市场上都要经过引入期、成长期、成熟期和衰退期四个阶段。产品的生命周期是由市场需求的变化趋势所决定的。在产品生命周期的不同阶段，企业经营者采取不同的经营策略，以取得最佳的收益。

1. 引入期

引入期是产品进入市场的第一个阶段。在这一阶段，目标市场上的消费者还不了解产品的功能，产品的品牌还没有给大家留下任何印象。产品的销售量增长缓慢，由于前期投入较大（如产品的研制费用、开发费用、材料成本以及销售网络的建设费用等），企业基本上是无利经营，市场上还没有出现竞争对手。

企业经营者为了提高产品品牌的知名度，树立品牌形象，必须投入大量的广告费用，充分利用各种媒体进行广告宣传，以增加产品的暴露度。只有当产品的暴露度达到一定程度，媒体受众才能对产品产生初步的印象。引入期的广告宣传是一种典型的“信息型广告”。它主要是针对产品的基本情况向目标市场“广而告之”，如将产品的价格、功能、品牌、产地、售后承诺等情况传递给媒体受众。

2. 成长期

在这一阶段，产品在目标市场上已有一定的知名度，一些消费者对产品已形成了初步的品牌认知。产品的销售网络已基本建成，销售利润逐步增加，市场上出现了竞争对手，一部分顾客由于产品的质量而成了企业的回头客，他们已形成了一定的品牌忠诚感。企业在这一阶段的广告宣传，已由信息型转向“个性诉求型”。广告规模较引入期有所缩小，广告内容侧重于突出产品的特征，增加了广告的艺术含量，以求通过良好的视听形式来促使媒体受众产生固定的品牌联想。

3. 成熟期

在这一阶段，市场上观望类消费者也已购买了产品，企业的利润达到最大化。由于利润的诱惑，市场上涌现出大量替代产品或类似产品，竞争达到白热化的程度。由于竞争的加剧，企业的广告费用又开始增加，企业利用多种媒体进行广告宣传，以突出“人无我有，人有我新，人新我全，人全我精”的特征。

在这一阶段，企业进行广告宣传的目的主要有两个：一是维持市场份额。通过各种形式的促销活动诱使媒体受众购买本品牌产品；二是扩大产品的市场占有率。主要通过两种方法：一是开发产品的新用途，例如，杜邦公司的尼龙的每一新用途的出现，都为公司开拓了一个新市场；二是增加产品的使用量。消费者使用产品的次数增加了，产品的销售量也就扩大了。同样，每次使用产品的数量增加了，也会扩大产品的销售规模。

4. 衰退期

这一阶段的特征是产品销售额呈大幅度下降趋势，企业利润大幅度减少。许多竞争对手纷纷转产，即使增加产品的广告投入，市场也不会得到明显改善。如果企业的产品线比较单一，那么企业将会处于困境。

针对以上情况，企业应该开发新产品，或者进行品牌延伸，将成功的品牌引用到新产品上。它可以将媒体受众对原有品牌的认知自然过渡到新产品上，从而为新产品打开市场奠定基础。可口可乐就是利用这种策略，成功地开发了健怡可口可乐、樱桃可口可乐等新产品，确保了企业的市场地位。

在衰退期，企业如果进行广告宣传，其规模也一定非常小，属于“提醒性”广告。企业只是提醒媒体受众注意该产品的存在，某品牌产品依然是消费者忠实的朋友。提醒性广告主要突出产品的品牌，以唤起媒体受众对产品的回忆。同时也使对本品牌产品持有忠诚感的顾客感到欣慰。

产品生命周期与广告费支出的关系可用图7－2表示。

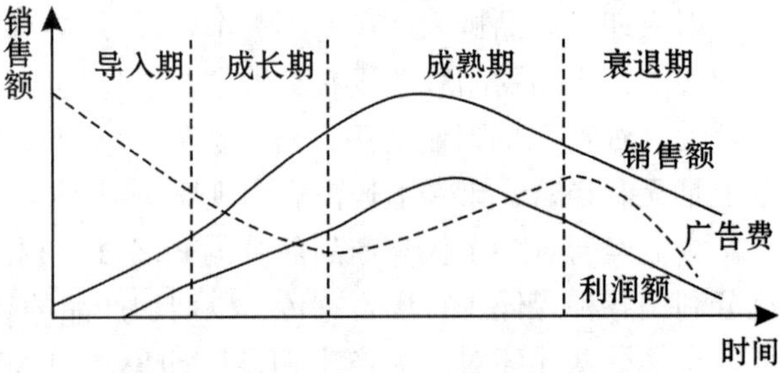

图7－2　产品生命周期与广告费支出的关系

（二）市场竞争状况

市场竞争状况也是影响广告费用开支的一个主要因素。同类产品竞争者的数量与实力也影响企业的广告预算。如果竞争对手进行大规模的广告宣传，本企业必然要扩大广告宣传的规模，广告预算也随之增加。否则本企业的广告活动就收效甚微，达不到预期的目标。

广告拥挤度是指单位时间内，某一特定媒体刊播的广告数量。目标市场上的“广告拥挤度”的大小也影响企业的广告预算规模。如果广告拥挤度非常大，较小的广告预算无法与竞争企业抗衡。只有企业的广告是众多广告中最出众的一支的情况下，才有可能引起媒体受众的注意，诱使他们产生购买欲望。

（三）品牌的市场地位

产品品牌的市场地位也影响企业的广告预算。一般而言，保持现有的市场占有率的广告费用远远低于扩大市场占有率的广告费用。如果品牌属于领导型品牌，由于它有成熟的销售网络，有较高的品牌知名度和美誉度，老顾客对产品品牌的忠诚是领导型产品独具的一份经营优势，其广告宣传活动的目的只是为了维持老顾客的重复购买，这就决定企业没有必要进行大规模的广告推广。

如果品牌处于挑战型的市场地位，不太高的知名度与不太成熟的销售网络都迫使企业进行大规模的广告宣传，以提高目标市场上媒体受众对产品品牌的认同意识。据研究，如果维持一名老顾客需要花费一元钱，那么吸引一名新顾客则需要花费六元钱。对挑战型品牌的经营者来说，进行广告宣传是企业将挑战型品牌发展成为领导型品牌的主要手段之一，在这一发展过程中，较大规模的广告预算是不可避免的。

（四）广告频次

广告频次是指在一段时间内，某一广告在特定媒体上出现的次数。次数越多，其广告支出也就越大。广告频次与广告预算额呈正比关系，较大的广告频次需要较多的广告费用，因为广告需要购买广告时间。广告重复出现的次数越多，广告占用的时间也就越多，就需要花费更多的广告费用。

（五）品牌的替代性

产品的替代品牌越多，就需要进行较多的广告宣传来突出产品的个性，树立品牌形象。

有些产品，如香烟、化妆品等，产品之间的同质性使消费者很难将它们区分开来，广告策划者必须通过艺术化的广告促销，将品牌中的文化附加值突出来，使该品牌显得与其他品牌不同，为媒体受众识别产品创造条件。这一形象塑造过程，需要大量的广告投入，否则，产品品牌的个性不足以成为媒体受众辨别不同品牌产品的标志。

五、广告预算的编制方法

编制广告预算不仅要分析影响因素，按一定步骤操作，还必须采取正确的方法，以保证广告预算编制的科学性。目前，常用的编制广告预算的方法主要有以下六种：

（一）销售额百分比法

它是广告主以一定时期内产品销售额的一定比例匡算出广告费用总额的一种方法。这种方法是最常用的一种广告预算编制方法，根据形式、内容的不同，又可将它分为两种：

1. 上年销售额百分比法

根据企业上一年度产品的销售额情况来确定本年度广告费用的一种方法。这种方法的优点是确定的基础实际、客观，广告预算的总额与分配情况都有据可依，不会出现大的失误。

广告策划者在运用这种方法时，可以根据广告主近几年的销售趋势，按一定比例来调整下一年度的广告预算，以适应企业发展的需要。

2. 下年销售额百分比法

该法与上年销售额百分比法基本相同，都是根据产品销售的情况按一定比例来提取广告费用总额。它们的区别在于下年度销售额百分比法有一定的预测性，经营者在预测下一年度销售额情况的基础上来确定企业的广告费用。它以上一年度产品销售情况为基础，按照发展趋势预测出下年度的销售额，再以一定比例计算出广告费用总额。

这种方法适合企业的发展要求，但也有一定的风险。在市场上，有许多因素都是未知的，这些因素对企业经营活动的影响有可能是突发性的，预测本质上是对事物发展趋势的一种合理推断，而突发性因素常常具有破坏性，它们改变事物的发展规律，使市场处于无序状态。例如，当经济不景气时，再多的广告宣传也无法阻止产品销售额下降的趋势，在这种情况下，执行预测计划就是一种“非理性”经营行为。

（二）销售单位法

销售单位法是以每单位产品的广告费用来确定计划期的广告预算的一种方法。这种方法以产品销售数量为基数来计算，操作起来非常简便，适用于那些薄利产品确定广告费用。通过这种方法也可以随时掌握企业广告活动的效果。它的计算公式为：

$$广告费用总额=\frac{上年度广告费用}{上年度产品销售数量}\times 本年度计划产品销售量$$

$$或=单位产品分摊的广告费用\times 本年度计划产品销售量$$

销售单位法对于经营产品比较单一，或者专业化程度比较高的企业来说，非常简便易行。相反，对于经营多种产品的企业，这种方法比较烦琐、不实用，并且灵活性较差，没有考虑市场上的变化因素。

（三）目标任务法

目标任务法是指根据广告主的营销目标，确定企业的广告目标，根据广告目标编制广告计划，再根据广告计划具体确定广告主的广告费用总额。它的操作过程如图 7－3 所示。

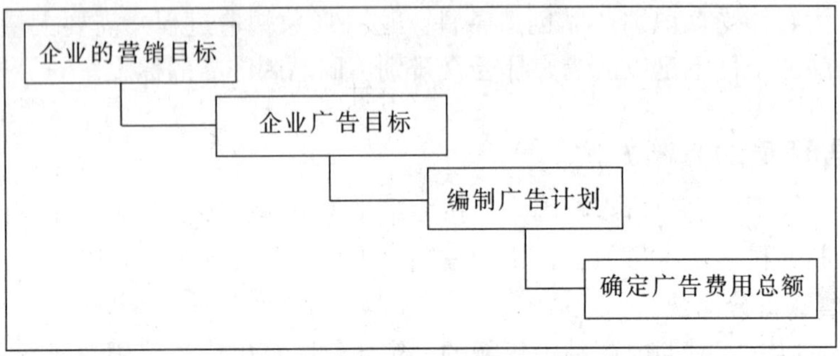

图 7－3　目标任务法的操作过程

美国市场营销专家阿尔伯特·费雷（Albert Fery）将目标任务法的操作程序归纳为七个步骤，具体情况如下：

（1）确定广告主在特定时间内所要达到的营销目标。

（2）确定企业的潜在市场并勾画出市场的基本特征，包括：值得企业去争取的消费者对广告产品的知晓程度以及他们对产品所持有的态度；现有消费者购买产品的情况。

（3）计算潜在消费者对广告产品的知晓程度和态度变化情况，以及广告产品销售增长状况。

（4）选择恰当形式的广告媒体，以提高产品的知名度，改变消费者对产品所持有的不利于产品销售的态度。

（5）确定广告暴露频次，制定恰当的广告媒体策略。

（6）计算为达到既定广告目标所需的广告暴露频次。

（7）计算实现上述暴露频次所需的最低的广告费用，这一费用就是广告主的广告预算总额。

目标任务法是在调查研究的基础上，确定广告主的广告预算总额，它的科学性较强，但比较烦琐。在计算过程中，如果有一步计算不准确，最后得出的广告预算总额就会有较大的偏差。

（四）竞争对比法

竞争对比法指广告主根据竞争对手的广告费开支来确定自己的广告预算的一种方法。在市场经济下，企业面临的是开放的信息系统，企业必须与竞争对手开展竞争，以赢得竞争优势。企业开展广告宣传在一定意义上是为了赢得一定的市场占有率，因此企业在编制广告预算时，必须要考虑竞争对手的广告规模。

运用竞争对比法的关键是要了解主要竞争对手的市场地位与广告费用额，计算出竞争对手每个市场占有率的广告投入，再依此来确定企业的广告预算。如果企业想保持与竞争对手相同的市场地位，则可以根据竞争对手的广告费率来确定自己的广告规模；如果企业想扩大市场地位，则可根据比竞争对手高的广告费率来匡算自己的广告费用总额。这种方法的计算公式为：

$$广告费用总额=\frac{主要竞争对手的广告费用额}{主要竞争对手的市场占有率}\times 本企业的市场占有率$$

$$或=\frac{主要竞争对手的广告费用额}{主要竞争对手的市场占有率}\times 本企业预期的市场占有率$$

这种方法最大的优点是编制的广告预算具有针对性，适合市场竞争的需要，有利于企业在竞争中赢得主动权。最大的缺点是竞争对手的广告预算的具体资料不容易取得。广告预算总额属于企业的经营秘密，大多数企业都不愿将它公布于众，这就给本企业编制广告预算造成了困难。更有甚者，有些企业会故意散布一些假情报，诱使其竞争对手进行错误的决策。

（五）量力而行法

量力而行法是指企业根据自己的经济实力，即财务承受能力来确定广告费用总额。这种方法也称为“量体裁衣法”，许多中小型企业都采用这种方法。

“量力而行”是指企业将所有不可避免的投资和开支除去之后，再根据剩余来确定广告费用总额。以下例子就可以充分说明量力而行法的具体运用。某企业 N 年的经营情况见表 7－3。

表 7－3 某企业 N 年的经营状况损益表

项 目	金额（元）
销售总额	1 000 000
销售成本	600 000
销售毛利	400 000
销售费用（管理费用）	200 000
广告费用	100 000
纯利润	100 000

假如该企业（N＋1）年的销售额预测为 1 250 000 元，并且企业的销售成本按比例同步增加，那么（N＋1）年的销售成本为：

$$\frac{1\ 000\ 000}{600\ 000}=\frac{1\ 250\ 000}{X}$$

$$X=750\ 000（元）$$

如果该企业的纯利润水平仍为 10%，则（N＋1）年的纯利润额应为 1 250 000 元。在销售总额扣除销售成本的毛利后，企业财务部门核算得出企业正常水平的奖金和其他管理费用总额应该是270 000元，那么企业在（N+1）年度所要投入的广告总费用应该是105 000元（500 000－270 000－125 000＝105 000）。推算过程见表7－4：

表7－4 某企业（N+1）年的经营情况预测

项　目	金额（元）
销售总额	1 250 000
销售成本	750 000
销售毛利	500 000
销售费用（管理费用）	270 000
广告费用	105 000
纯利润	125 000

表7－4中的105 000元就是该企业用量力而行法求出的广告费用总额。

（六）通讯订货法

通讯订货法是广告主在以邮购广告形式进行广告宣传时，常用的一种编制广告预算的方法。这种方法主要根据某一邮购广告所带来的订货数量来测算广告费用。它的计算公式如下：

$$单位产品的广告费=\frac{产品目录印刷费+邮购产品印刷费+信件邮寄费}{已销售产品的数量}$$

根据单位产品的广告费用，就可以得出销售一定数量的商品需要支付多少广告费用。这种方法的优点是广告费用与广告活动的效果直接联系起来，既有利于确保广告预算的动态平衡，同时也有利于对广告活动进行监控。缺点是计算不够准确。邮寄广告的反馈需要一段时间，这就为计算邮寄广告的效果带来了一定的困难。

（七）武断法

武断法是指企业决策者根据经验或其他方面的知识来确定广告费用总额的一种方法。运用这种方法编制广告预算时，不考虑广告活动所要达到的目标，而是完全根据决策者的判断力来确定企业的广告规模。

武断法是一种非科学的决策方法，它常被用于一些中小型企业。在这些企业里，独断式的经营管理代替了科学的经营决策。这种方法具有较大的冒险性，广告投入与广告效果不成因果关系。

六、广告预算的分配

企业在确定了广告费用总额之后，就要按照广告计划的具体安排将广告费用分摊到各个广告活动项目上，使广告策划工作有序地展开，以实现扩大产品品牌的知名度、提高品牌资产、树立企业形象、增加商品销售的目的。

广告策划者在分配企业的广告费用时，可以按时间、地理区域、商品和广告媒体的不同进行分配。

（一）按时间分配

按时间分配是指广告策划者根据广告刊播的不同时段，来具体分配广告费用。根据时间来分配广告费用是为了取得理想的广告效果，因为在不同时间里，媒体受众的人数以及生活习惯是不同的。广告费用的时间分配策略包含两层含义：

1. 广告费用的季节性分配

在不同的季节里，由于市场需求情况的变化，就要求广告活动的规模有所侧重。以店面广告为例，在我国，每年的12月到次年的2月是零售业的销售旺季，这时的店面广告可以营造一种节日的气氛，调动媒体受众的购买欲望，其广告效果非常好，一份广告投入可能取得数倍的广告收益，这一段时间内广告策划者应该扩大店面广告的规模，提高店面广告的艺术品味，要多投入；6月至8月是销售淡季，再多的广告投入也难以改变商品销售不旺的规律，这一段时间内，广告策划者应理智地缩小广告规模，否则就是一种非理性的经营行为。

2. 广告费用在一天内的时段性安排

在一天的时间内，大多数消费者都表现出一个明显的生活规律：白天工作，晚上休息。广告策划者在选用电视媒体进行广告宣传时，应该侧重于晚上6点至11点这一时段，因为大多数媒体受众在入睡以前，常常对电视节目流连忘返，这一时段的电视广告具有较高的注目率，因此广告主的广告费用安排也应侧重于这一时段。

（二）按地理区域分配

地理分配策略是指广告策划者根据消费者的某一特征将目标市场分割成若干个地理区域，然后再将广告费用在各个区域市场上进行分配。广告策划者可以根据不同区域市场上的销售额指标，来制定有效的视听众暴露度，最终确定所要投入的广告费用额。假如N企业在全国销售M品牌产品，根据产品销售情况可以将全国市场划分为A、B、C三个区域市场，N企业计划投入的电视广告费用为3 500万元，N企业根据区域市场分配情况如表7－5。

表7－5 N企业电视广告费用的区域分配情况

市场名称	占销售总额的比例（%）	视听众暴露度（千次）	每千人成本（元）	广告费用（万元）	费用比例（%）
A区域	50	32 000	500	1 600	45.7
B区域	30	28 000	500	1 400	40
C区域	20	10 000	500	500	14.3
总计	100	70 000	500	3 500	100

表7－5就是N企业根据产品在不同区域市场上的销售比例，制定了有效的视听众暴露次数标准，再据引分配不同数额的广告费用。A市场的产品销售份额为50%，其广告投

入为1 600万元，占总投入的45.70%；在B市场上，M品牌产品的销售份额为30%，计划投入广告费用为1 400万元，占广告预算总额的40%；C市场上M品牌产品的销售占总销售额的比例最小，所以计划只投入500万元的资金进行广告宣传。

按地理区域分配看起来简便易行，但操作起来很难兼顾各个市场的实际情况，通常的做法是：广告主将几个区域市场的广告费用拨付给某个选定的广告代理商，再由广告代理商根据各个市场的特点进行重新分配，以确保广告投资的效果。

（三）按产品（品牌）分配

按产品分配与按区域市场分配在本质上是相同的，它是指广告策划者根据不同产品在企业经营中的地位，有所侧重地分配广告费用。这种分配策略使产品的广告销售额密切联系在一起，贯彻了重点产品投入的经营方针。分配广告费用的依据可以是产品的销售比例，产品处在不同的生命周期的阶段，产品的潜在购买力等。

广告费的品牌分配法也属于产品分配法，广告策划者根据经营品牌的某些特征将广告费用进行具体分配。以美国宝洁公司为例，该公司的洗涤类产品有汰渍、快乐、Gain、Dash、Bold、象牙、Dreft、Oxydol、Exa、Solo等品牌，其中象牙品牌是一个成熟品牌，其广告投入可以相应少一点。Exa、Solo等品牌是新品牌，需要大量的广告推广，以提高品牌的知名度，其广告费用就需要多一些。一般说来，当产品或品牌处于上市期时，需要较多的广告投入。当产品或品牌处于成熟期和衰退期时，其广告费用应该少一些。如果企业使用的是统一品牌策略，如日本索尼电器公司，它的所有产品都只有索尼（SONY）一个品牌，公司在编制广告预算时，就应该采取产品分配法。

（四）按媒体分配

按媒体分配是指根据目标市场的媒体习惯，将广告预算有所侧重地分配在不同媒体上的一种分配方法。在运用这种方法时，首先要考虑产品品牌的特性；其次要考虑目标市场的媒体习惯，使所选用的媒体能够充分展现广告产品的个性，针对这种媒体广告策划者要进行较多的广告投入。

7.2 广告效果评估方法

一、广告传播效果的测定

（一）广告作品效果的测定方法

一个有效的广告作品是能够产生心理效果的作品，即能够影响消费者心理变化，引导消费者态度朝着既定的广告目标转变。因此，对广告作品应进行广告主题、创意、文案、表现手法等方面内容的测试，根据消费者的意见选择、修改广告作品，也可发现更好的创造广告作品的构想。常见的方法有以下四种：

1. 实验室测定法

在进行实验室测定时，首先要选择与目标相符的测定方法，做好以下四项工作：

（1）选择对象：召集广告对象的典型人物，即目标消费群体的代表。人数不少于30人。

（2）广告展示方法：设计一个模拟符合测试要求的广告接触场所，如接近居家看电视的环境、模拟报纸等。

（3）测定项目：按照广告效果测定要求收集对象对广告的反应和意见。

（4）测定方法：

①斯威林法。这是以开发这种调查法的公司命名的（Schwerin Research Corporation，也译为雪林调查公司）。这种方法是请被邀请的代表性观众持票入场，挑选自己喜欢的商品观看广告，在广告播放后重新挑选商品，对比两次挑选的结果和变化，判断哪一个广告效果较好。还可以对观众进行提问，测试观众对广告作品的记忆程度。

②仪器测试法。主要在实验室场景内，在目标对象观看广告的过程中，使用不同的仪器设备测定不同目的的广告作品。

2. 意见评定法

一种是对广告作品的各个创作阶段进行测评，在不同的阶段严格选择合适的测评人员，对广告作品创作进行测评。例如，选择能够代表消费者态度的专家或直接选择目标对象。另一种是将同一商品制作多份广告原稿，请目标对象作出选择，测定哪一种广告作品的效果引人注意，给人印象最深。

3. 评分法

评分法是将意见评定法进行量化处理，最后以统计方法进行测评。先列出对广告作品的评价项目，制定表格，请目标对象打分，以确定广告作品的实际效果。

4. 实地访问调查法

由调查员访问样本户，获取对象对所观看广告的反应态度，这种方法的目的是尽量不加上人为操作因素，任其自然反应。

这些方法也有部分可应用于广告消费心理效果的测定。

案例：

雀巢和帮宝适因调研成功

雀巢公司一直坚持要彻底了解顾客，通过坚持不懈的市场研究和信息搜集来研究自己的顾客，包括最终消费者和交易的情况。雀巢拥有自己遍布全球的研究网络，广泛进行品牌调查。

雀巢的广告发展，真实地体现了这种调研的作用。

在雀巢咖啡问世之前，人们一直要通过煮咖啡才能尝到咖啡的美味，既费时又费力，当划时代的雀巢速溶咖啡面世后，改变了这一局面，使喝咖啡成为一件可以快速完成的事情。于是，雀巢速溶咖啡广告便强调因速溶而带来的便利性。然而，令雀巢未曾料到的是，产品竟然并非像想象中的那样热销。这时，雀巢的全球研究网络开始发挥它的作用，调查了解到许多家庭妇女，在购买速溶产品时存在顾虑，认为这是一种偷懒行为，甚至是对客人和丈夫的一种怠慢，这与男人心目中贤惠能干的妻子形象相距甚远。在男尊女卑的20世纪三四十年代，速溶咖啡显得有点不合时宜。但是，随着时代的发展，妇女不断地解放，人们改变了对雀巢速溶咖啡的看法，雀巢咖啡受到广大家庭主妇的欢迎，尤其受到家里没有磨豆工具的家庭的喜爱。

后来，情形发生了变化，省时省力的机器开始逐步推广，雀巢通过调查了解到，方便性已经不能令消费者心动。于是，广告的重点转向表现产品的纯度、良好的口感和浓郁的芳香，强调雀巢咖啡是“真正的咖啡”。

当调研人员发现人们逐渐认可“咖啡就是雀巢咖啡”后，雀巢咖啡的广告又开始变化了。由理性诉求转变为感性诉求，由对产品功能性的宣传转变为对新生活方式的倡导。

宝洁的帮宝适也是这样的，一开始也是宣传它的产品非常好用，后来经过调研以后发现这个宣传让很多年轻妈妈感觉“有偷懒的嫌疑”。后来宝洁公司重新确定了广告诉求，就是帮宝适能够帮助你的宝宝更加健康地成长。经过调研以后进行了换位思考，出发点不一样，以前是从妈妈的角度出发，我的产品能够给你带来更多的方便，后来的广告是从宝宝出发的，这个产品能够让宝宝更加健康地成长，所以它能够受到消费者欢迎。

（二）广告媒体效果的测定

广告媒体效果的测定，就是调查消费者对于各种媒体，如报纸、杂志、电台、电视、户外广告等的接触情形。广告媒体的调查通常根据三个测定标准进行：一是媒体分布。例如报纸、杂志的发行量；电视广播的到达范围；户外广告的装置情况。二是媒体的受众群，是广告读者群和收视群。三是广告的受众群是对各媒体刊播的广告的接触群体。后两者的测量主要是考察媒体受众群与广告受众群之间的关系，以便于作出更精确的媒体计划。

主要的测定方法根据媒体的不同特质分为两大类：印刷媒体和电子媒体。

1. 印刷媒体的测定方法

印刷媒体主要是报纸、杂志以及户外广告。常见的测定内容包括报刊、杂志的发行量、读者对象、阅读状况。

测量读者群和广告阅读状况有利于了解广告的认知效果。美国达尼爱尔·斯塔奇公司（1932 年成立）在这方面可称为权威机构。日本的各大报社也对各自的报纸广告进行关于阅读率的调查，如朝日新闻报社通过电话调查法针对前一天报纸的每一个广告进行电话询问。测定阅读情况，主要通过三个指标表明：

① 注目率。接触过广告的人数与读者人数的比率。测评公式为：

$$注目率=\frac{接触过广告的人数}{阅读过广告的人数}\times 100\%$$

② 阅读率。通过向接触过广告的人提问广告的主要内容，如主题、商标、插图等元素，测定能记得这些元素的人数所占的比率。阅读程度不同，记住的广告信息也不同。当被调查者能够记住广告中的一半以上的内容时，可称为达到精读率。阅读率的计算方法与注目率大致相同。

③ 阅读效率。阅读效率的计算是指不同程度的广告阅读者的人数与支出的广告费用之间的比率。这个方法可以测定出广告投入与取得广告效果之间的成本效益。公式为：

$$广告阅读效率=\frac{报刊阅读人数\times 每一种程度读者的百分比}{支出的广告费用}\times 100\%$$

2. 电子媒体的测定方法

广告电子媒体通常指的是广播和电视，主要是通过视听率调查来测定广告媒体的接触效果。目前通用的视听率调查方法有：

① 日记调查法。由被调查者（抽样选出）将每天所看到或听到的节目一一填入调查问卷上，如表7-6。主要以家庭为单位，把全部成员收看（听）节目的情况按性别、年龄等类别填好。一般调查期间为一周或更长一点。在此期间，必须有专门的调查员按期上门督促填好问卷，调查结束后，收回问卷。经过统计分析得出的百分比，就是视听率。

表7-6　个人视听率调查问卷表

年　　月　　日（星期）

时间	电视台/电台	节目	4~12岁		13~19岁		20~34岁		35岁以上		全体
			女	男	女	男	女	男	女	男	
19：00	CCTV-1										
	BTV-1										
20：00	CCTV-新闻										

② 记忆式调查法。在节目播出后当天，如果是下午或晚上的节目就在次日上午，调查人员立即进行访问调查，请被调查者回忆所看到的节目。从调查视听率角度而言，调查访问的时间离节目播出时间不能太久，以免遗忘。从调查目标对象对节目或电视台的态度而言，这是个可行的办法。问卷设计在日记调查法的问卷基础上稍作修改即可。

③ 电话调查法。顾名思义，就是向目标对象打电话询问正在观看的节目。选定一个时间段（如19：00~20：00），请调查员同时向多位目标对象打电话，询问他们是否在看电视、看什么节目，有几个人在看等，并记录下访问结果。记录表上要有电话号码以及被调查者姓名、性别、年龄段的记录，提问要特别简单，时间不能太长，以免引起目标对象的厌烦情绪，一般只设4~5个问题，如：您是否在看电视、请问您在看哪一台、请问您是不是常看这个节目、请问您现在几个人在看电视、请问您是否看过某某节目、您认为这个节目好不好等问题。

④ 机械调查法。采用机械装置进行视听率调查的公司较早的有美国尼尔森公司（Nielsen A. C. Co.）和日本电通广告公司。在目标对象家中安装自动记录装置（Audimeter），按照时间自动在装置内的软片上记录下目标对象所观看的电视台、电视节目等。随着机械装置的不断发展，装置也能够自动识别收看电视者的性别、年龄等信息。机械调查法可以以家庭为单位进行统计，也可以以个人为单位进行统计。

以上的视听率调查方法获得的信息既可以测量媒体或节目本身的收视情况，也可以从其中记录的收视群体信息（如年龄、性别等）的统计分析中，找到不同的目标受众，从而作为更为合理的投放广告的判断依据。

（三）广告心理效果的测定

1. 广告心理效果指标

广告的作用在于引起消费者的注意，并产生心理变化，激起购买欲望，直至采取购买行动。一则广告的目的并不一定是直接获得销售效果，有时是为引起消费者的心理变化，改变消费者对品牌的态度，增加消费者对品牌的认知度、好感度直至对名牌的忠诚度，保持持续购买。

2. DAGMAR 理论

美国学者 R. H. 格利于1961 年发表的《根据广告目标测定广告效果》（*Defining Advertisng Goals for Measured Advertising Results*）一文中提出了测定广告心理效果的目标管理理论，即 DAGMAR 理论。

这个理论是结合经营过程中的目标管理和广告心理效果的阶段理论而形成。它是一种广告管理技术，而不是新的调查技术。DAGMAR 理论中测定广告效果在于广告完成其传播任务的程度，即广告信息使消费者的态度向预期方向转变的程度。例如，广告目标可定为：使某品牌的知名度由 5% 达到 10%；消费者对某品牌的理解度提高 5%；在测定这些传播效果的过程中，要注意排除其他因素如人际介绍、促销活动、公关活动等的影响。

在 DAGMAR 理论的基础上发展出一种 ARF（Advertising Research Foundation）理论，它的模式是：媒体普及→媒体接触→广告接触→广告认知→与广告的信息交流→销售效果。这两种模式成为测定广告效果的基本模式。

3. 测定方法

测验广告是否达到目标或者广告播出后取得了什么样的心理反应，常用的方法是态度量表和影射法。

① 态度量表。态度量表是用于测量消费者的心理反应的尺度，列出广告的各种测量元素，请消费者按量度直接作出评价，可用评价语句测量，也可用打分的方法测量。如表 7－7。

表 7－7　态度量表

评价元素	非常反对	反对	无所谓	赞成	非常赞成
很美的广告	√				
产品优良的广告		√			
有趣的广告				√	
……			√		

② 影射法。影射法是通过间接手段了解消费者的心理状态的方法，主要有：文字联想法、文句完成法、漫画测验法、主题统觉测验法等。

案例：

关于立邦漆涂料广告效果调查问卷

尊敬的女士/先生：你好！

耽误您几分钟，我们是×××，正在做关于立邦漆涂料广告的市场调查。此次问卷不涉及任何商业利益，我们会为您的所有作答保密。希望您配合我们完成此次调查。谢谢您的合作！

一、立邦漆涂料广告效果情况：

1. 请问您以前是否看过这则广告？（ ）（填B者跳到第11题）

A. 是 B. 否

2. 请问您是通过什么渠道看到这则广告的？（ ）

A. 广播 B. 电视 C. 报纸 D. 杂志 E. 户外广告

F. 互联网 G. 朋友介绍 H. 装饰公司 I. 其他（请注明）______

3. 您看这则广告的次数是多少？（ ）

A. 基本上天天看 B. 每周3～4天 C. 每周1～2天

D. 偶尔看 E. 看过一次

4. 请问您知道这则广告卖的是什么产品吗？（ ）

A. 知道（请注明） B. 不知道

5. 这是立邦漆涂料的一则广告，您对这则广告的阅读情况是：（ ）

A. 全面阅读过 B. 看过图片、标题，未读广告的细节

C. 读了细节的一部分 D. 其他（看过广告，但是说不清看过哪部分）

6. 请问您认为这则广告的广告语“立邦登了堂，年年住新房”怎么样？（ ）

A. 很好 B. 较好 C. 一般 D. 较差 E. 很差

7. 请问您认为这则广告的画面设计安排怎么样？（ ）

A. 很好 B. 较好 C. 一般 D. 较差 E. 很差

8. 请问您认为这则广告的文案表达怎么样？（ ）

A. 很好 B. 较好 C. 一般 D. 较差 E. 很差

9. 请问您认为这则广告在哪个媒介上表现得比较好？（ ）（可多选）

A. 广播 B. 电视 C. 报纸 D. 杂志 E. 互联网

F. 户外广告

10. 看过这则广告后，您觉得这个广告能否引起您继续了解该产品的兴趣？（ ）

A. 能 B. 不能 C. 无所谓

11. 请问您还接触过其他哪些涂料品牌的广告？（ ）（可多选）

A. 杜邦 B. PPG C. 富邦 D. 邦尼 E. 日野 F. 其他（请注明）

12. 请问您通常相信下列哪个媒介所载的广告？（ ）（可多选）

A. 广播 B. 电视 C. 报纸 D. 杂志 E. 互联网 F. 户外广告

G. 其他（请注明）

13. 请问您以前买过立邦漆涂料吗？（ ）（填B者跳到第17题）

A. 买过 B. 没买过

14. 请问您所买的立邦漆涂料是作什么用的？（ ）

A. 自家装饰 B. 单位装饰 C. 其他（请注明）

15. 请问您为什么选择购买立邦漆涂料？（ ）（可多选）

A. 广告促使 B. 品牌形象吸引 C. 安全可靠 D. 价格公道合理

E. 售后服务好 F. 亲戚朋友介绍 G. 没有原因，随意购买

H. 其他（请注明）

16. 请问您对立邦漆涂料的评价如何？(　　)

A. 很好　　B. 较好　　C. 一般　　D. 较差　　E. 很差

17. 看过这则广告后，您对立邦漆涂料的印象会发生变化吗？(　　)

A. 印象变好　　B. 没有改变　　C. 印象变坏

18. 请问您购买涂料时最看重的是什么？(　　)

A. 品牌　　B. 质量　　C. 价格　　D. 售后服务　　E. 其他（请注明）

19. 您对立邦漆广告的意见和建议：________________

二、被调查者基本情况：

1. 您的性别：(　　)

A. 男　　B. 女

2. 您的年龄：(　　)

A. 18 岁以下　　B. 18 ~ 30 岁　　C. 30 ~ 45 岁　　D. 45 ~ 60 岁

E. 60 岁以上

3. 您的学历：(　　)

A. 硕士或以上　　B. 本科或大专　　C. 高中　　D. 职业学校

E. 初中　　F. 小学

4. 您的职业：(　　)

A. 机关及事业单位工作人员　　B. 企业高级主管　　C. 技术人员

D. 企业职工　　E. 私营业主　　F. 待业　　G. 其他

5. 您的收入水平：(　　)

A. 600 元以下　　B. 600 ~ 1 000 元　　C. 1 000 ~ 1 500 元

D. 1 500 ~ 2 000 元　　E. 2 000 元以上

二、广告销售效果的测定

促进产品的销售效果的因素是多方面的，一方面有广告持续的传播效果的累积效应；另一方面也有营销策略中各个因素的综合效应，如促销、产品试用、公共关系等。同时，有人购买商品不一定看过广告，而是通过人际传播、柜台推荐等方式购买。因此，测量广告销售效果时，要在确定广告是唯一影响销售的因素，其他因素能够在暂属于不变量的条件下进行测定。常用方法有以下几类：

1. 实地考察法

在零售商店或超市的货架上进行直接调查。在卖场展示 POP 广告，或将广告片在购物环境中播放，请商品推销员或导购员在现场派发产品说明书和附加购买回函广告单，从现场的销售情况可以看出广告的效果。

还有一种方法是将同类商品的包装和商标卸除，在每一种商品中放入一则广告和宣传卡片。观察不同商品的销售情况，以此判断销售效果。不过这种方法用于实验室测验更为合适，在现实生活中，要消费者购买无商标的生产厂家产品难度较大。

2. 实验法

销售地区测定法是较为常用的一种。把两个条件相似的地区（规模、人口因素、商品分配情况、竞争关系、广告媒体等不能有太大差异）划分为“实验区”和“控制区”，在实验区内进行广告活动，控制区内不进行广告活动。在实验进行前，将两个地区的其他影响因素（经济波动、重大事件的影响等）控制在相对稳定的状态下，最后，将两个区的销售结果进行比较，可测出广告的促销效果。这种方法也可应用于对选样家庭的比较分析。在计算销售额（量）的增长比例公式中，实验区的广告效果按照控制区的增减比率调整，如表7－8所示。

表7－8　控制地区与实验地区市场比较

	实验广告前销售	实验广告期间销售	增减比率（%）	调整增减比率（%）
控制地区 销售额 销售量	300（美元） 300	270（美元） 250	－10.0 －16.7	
实验地区 销售额 销售量	400（美元） 400	480（美元） 460	＋20.0 ＋15.0	30.0 31.7

销售额增长百分比的计算为：

$$400-(400\times 0.10)=360$$

$$\frac{480-360}{400}\times 100\%=30\%$$

三、广告社会效果的测定

广告对社会道德、文化、教育、伦理、环境等社会环境产生的影响也是复合性和累积性的。一则广告有可能立即产生轰动的社会效果，也可能潜移默化地影响社会的各种道德规范或行为规范等。在测定广告的社会效果时，一般要把握三个主要方向：

1. 是否有利于树立正确的社会道德规范

广告的劝服、诱导性行为容易激发消费者的注意和模仿，甚至以实际行动相迎合。因此，测定广告的社会效果，要看它有否与社会的道德观念、伦理价值、主流文化等社会道德体系的规范相悖，如果广告产生了违反社会道德规范的不良效果，就应该立即停止。

2. 是否有利于培养正确的消费观念

广告的属性是取得最大利益的经济行为，广告的最终目标就是吸引消费者更多地购买或使用广告产品。但是，在达到这一目的的过程中，如果广告歪曲了正确的消费观念或者宣扬不健康的消费理念，那么对消费者个人、对社会、对国家都会造成很大的伤害，不利于我国社会主义市场经济的建设和发展。因此，不利于培养正确消费观念的广告也应该勒令停止。

3. 是否有利于社会市场环境的良性竞争

同类广告之间的商家竞争非常激烈，即使是在这种情况下，广告也要维护市场的良性竞争。类似于发布假信息、模糊信息压制对方或完全不顾市场规范的广告行为都将产生恶劣的社会效应，理应禁止。

广告社会效果的测定方法分为两种情况。第一种是测量广告的短期社会效果时，可采用事前、事后测量法。通过接触广告之前之后的消费者在认知、记忆、理解以及态度反应的差异比较，可测定出广告的短期社会效应。具体的操作手段与测定广告传播效果的方法大体相同。第二种情况是测定广告的长期社会效果，这需要运用较为宏观的、综合的、长期跟踪的调查方法来测定。长期社会效果包含对短期效果的研究，但是还远不止这些，同时要考虑广告复杂多变的社会环境中所产生的社会效果。这方面的研究更多属于人文科学范畴。

四、网络广告效果测定

通常所说网络广告效果，指的是网络广告作品通过网络媒体刊登后所产生的作用和影响。目前网络广告效果的测定方向与传统媒体的测定方向大体一致，评价体系都是建立在传播效果和销售效果的两个主方向之上。《Internet 广告》（*Advertising on the Internet*）的作者罗宾·杰夫和布瑞德·阿隆森把网络广告可达到的目标概略归纳为四项：提高知名度；认知产品；名单收集；达成交易。前三项目标即通常所说的传播效果的测定。后一项目标即所谓的销售效果的测定，由于网络媒体即时交互性的特点，使得网络广告效果的测定呈现出新的技术方法和操作导向，特别是在销售效果的测定方法上较之传统媒体有独到的优势。测定网络广告效果的方法大致有三种技术层次：

1. 点击率和转化率

点击率是网络广告最基本的评价指标，也是反映网络广告最直接、最有说服力的量化指标，这种方法主要是通过消费者对网络广告的点击率或者回应率测定消费者对广告的接触效果。点击率的测定有利于广告主计算网络广告成本，例如 CPM（Cost Per Thousand Impressions 千印象费用）值，指网络广告产生每一千个广告印象（显示）数的费用。但是随着网络广告的增多，以及人们对网络广告了解的深入，网民不会盲目点击广告，除非个别富有创意和吸引力的广告，有可能使网民浏览后形成一定的印象而无须点击广告或者保存链接的网址，以后经常直接到该网站访问等。因此，平均不到 1% 的点击率已经不能充分反映网络广告的真正效果。据现在的统计数字显示：网络广告的平均点击率已从 30% 降低到 0.5% 以下。但这也不说明这一方法完全不可采用或操作，只要广告主科学地制订广告目标的测定方案，点击率仍然能够说明问题。

转化率是指观看而没有点击网络广告所产生的效果。转化率最早由美国的网络广告调查公司 AdKnowledge 在“2000 年第三季度网络广告调查报告”中提出。AdKnowledge 公司将“转化”定义为受网络广告影响而形成的购买、注册或者信息需求。该公司高级副总裁 David Zinman 认为，这项研究表明浏览而没有点击广告同样具有巨大的意义，营销人员更应该关注那些占浏览者总数 99% 的没有点击广告的浏览者。

2. 对比分析法

对比分析法主要是运用传统媒体的效果测定方法，结合网络广告目标测定广告效果。例如，可以把收到 E-mail 的顾客的态度与没有收到 E-mail 的顾客的态度进行比较，也可以测量用户对不同类型 E-mail 的心理反应。测定网络广告产生的传播效果。对比方法也可用于测量投放在不同站点的广告效果。操作方法有以下几种：① 看同样数量的 CPM 在哪个站点先完成；② 在编写指向链接的 URL 标签时，稍微增加一点内容。例如，站点网址为：www. xgcd. com，那么在 A 站点的广告链接可以写成 http：//www. xgcd. com？ a，在 B 站点的广告链接可以写成 http：//www. xyz. com？ b，依次类推；或者设定特别的标签，如讨论组等。最后，在各网页设定一个单独的 ID 地址，用安装在相关网页上的网络计数器测量来自 A 、B、C 各站的访问数量。③ 在编写电子邮件的指向链接时，在自动弹出的新回邮件窗口时，自动填好“主题”一栏。在 A 站点的回邮件主题栏中加上“a 汽车广告”，在 B 站点的回邮件主题栏中加上“b 汽车广告”，依次类推。在统计总体回函时，就可以从 A 站点和 B 站点的回函数量中清晰地判断哪个站点的汽车广告接触率高。

3. 加权计算法

所谓加权计算法就是在投放网络广告后的一定时间内，对网络广告产生效果的不同层面赋予权重，以判别不同广告所产生效果之间的差异。这种方法实际上是对不同广告形式、不同投放媒体、或者不同投放周期等情况下的广告效果比较，而不仅仅反映某次广告投放所产生的效果。加权计算法要建立在对广告效果有基本监测统计手段的基础之上。

下面以一个例子来说明：某企业在宣传方面选择了网络广告，并在一段时间内同时实施了三种方案，投放效果各有不同，基本情况如表 7 – 9。

表 7 – 9 三种网络广告方案比较

方案	投放网站	投放形式	投放时间	广告点击次数	产品销售数量
方案一	A 网站	BANNER	1 个月	2 000	260
方案二	B 网站	BANNER	1 个月	4 000	170
方案三	C 网站	BANNER	1 个月	3 000	250

从表中的数据可以直接看出方案一获得了最高销售量，似乎是最好的效果。但是衡量网络广告投放的整体效果必须涉及很多方面，如要考虑广告带来多少注意力、注意力可以转化为多少利润、品牌效应等问题。针对上例情况，就应该进行科学的加权计算法来分析其效果。

这种计算方法很简单，首先，可以为产品销售和获得的点击分别赋予权重，权重的简单算法是：（260 + 170 + 250）/（2 000 + 4 000 + 3 000）≈0. 07（精确的权重算法需要应用大量资料进行统计分析）。由此可得，平均每 100 次点击可形成 7 次实际购买，那么可以将销售量的权重设为 1.00，每次点击的权重为 0. 07。然后将销售量和点击数分别乘以其对应的权重，最后将两数相加，从而得出该企业通过投放网络广告可以获得的总价值。

方案一，总价值为：$260 \times 1.00 + 2\,000 \times 0.07 = 400$；

方案二，总价值为：$170 \times 1.00 + 4\,000 \times 0.07 = 450$；

方案三，总价值为：$250 \times 1.00 + 3\,000 \times 0.07 = 460$。

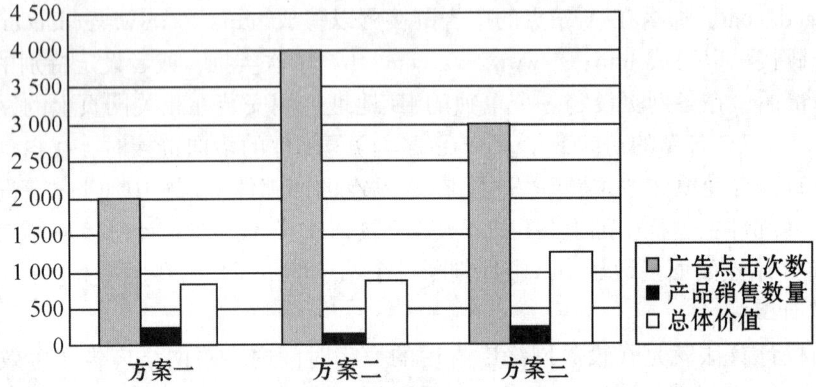

图7－4　三种网络广告方案结果对比

计算结果可见，方案三才为该企业带来了最大的价值，如图7－4。虽然第一种方案可以产生最多的实际销售量，第二种方案可以带来最多的注意力，但从长远来看，第三种方案更有价值。

精选案例　广州旭日广告公司广告作品的事前测试

1999年4月绿A保健食品集团委托旭日广告为其产品广告代理公司。旭日广告公司在充分地了解客户的产品市场、行销策略的基础上，综合分析、评估，形成一个初步想法，并将此想法用艺术的、情感的、直观的形式创作成平面稿件表达出来。由于广告作品是以自身的传输力和艺术魅力作用于广告对象，引起消费者对广告的注意，诱发目标消费群的兴趣，促使其理解和记牢广告内容，产生购买欲望和购买行为等一系列的心理活动，从而实现广告主期望扩大商品销售和扩大服务范围，获取商业利润的最终目的。因此，我们建议客户在广告投放前进行一次小范围的测试，检验广告作品的主题、创意、语言、形象四个基本构成元素。经与客户商讨，我们决定在广州进行两场消费者座谈会。按照客户的行销策略，绿A的消费者对象主要是25～45岁的男性。因此，我们的研究对象界定为：第一组是25～45岁的已婚男士，平时工作压力较大，对自身的健康问题较为关注（如通过食疗、服用维生素或保健品等方法来进行保健），家庭月收入2 000元以上；第二组是25～45岁的已婚女士，平时工作压力较大，对丈夫的健康问题较为关注（如通过食疗、服用维生素或保健品等方法来进行保健），家庭月收入2 000元以上。发现的问题：

保健品消费动机

(1) 男性身体疲劳和精神压力，使他们具有保健品调补的潜在需要。男性与女性消费者都认为现代的男性最需要“消除疲劳”的保健品。

(2) 男性日常身体保健比较依赖女性的照料，因此，男性保健品的购买者主要是女性。女性购买的动机是，一是照顾家庭是她们的责任，而自己工作忙腾不出时间来煲汤；二是家中的男性过度疲劳，超过了身体承受力，她们就会买些保健品配合食疗加重分量给他们调补身体。

启示：“绿A”这种以已婚男性为目标对象的保健品，广告不但要针对男性，也要针对女性。现代男性最常见的病症是疲劳，“抗疲劳”的保健品正是他们最需要的，广告应着重“抗疲劳”的宣传。

“绿A”产品的测试

(1) 消费者对大脑、血液、带氧能力会引起疲劳没有深层的认识，但从表面上理解，觉得用脑过度、血液循环不畅、缺氧是引起疲劳的原因之一。

(2)“螺旋藻”保健品在市场上面世已有一段时间，然而消费者对其有什么主要功效不清楚。

(3) 消费者对“绿A”的认知尚浅，还是处于刚认知的阶段。

(4) 他们通过“绿A”的前期广告接收到的信息是绿A有消除疲劳、抗过敏、提高人体免疫力的作用，是一种老少咸宜的保健品。

启示：消费者对大脑、血液、带氧能力影响疲劳认识尚浅，但他们已经意识到这三方面的重要性。在现阶段还没有哪个品牌针对这几方面作大量的宣传，绿A可利用这些方面结合新面世的“螺旋藻”，把新的“抗疲病”方式与概念传达给消费者，使绿A成为一个先行品牌。对于“螺旋藻”和“绿A”的认知较显浅，需要进一步加强教育和引导消费。“绿A”的目标消费群比较模糊，因此必须要明确市场定位。

传播活动

(1) 广告口号测试。

①“护夫”这个词的字面组合较新鲜，是第一次接触，无论在视觉上还是听觉上都很容易使人误解成“护肤”。

②“绿A护夫，太太真情”比“绿A护夫，妻子情真”更受欢迎。因为“太太”与“妻子”基本差不多，但广州人口语上很少用“妻子”，而“太太”这个词则比较大众化，使用面较广。生活中过度的疲劳还能引发其他病症，所以他们意识到“抗疲劳”是有必要的，并且日益重视身体的保健。但目前市场上明确定位在“抗疲劳”的保健品不多，因此，绿A应抓住这个契机着重以宣传“消除疲劳”为主。

③因为客户的未来行销策略的目标消费群是成年男性，因此，我们初步提出的广告口号“绿A护夫，太太真情”或“绿A护夫，妻子情真”。

④对于这个“呵护丈夫”概念，站在女性的角度上，她们认为可道出她们的心声，提出这种概念是可以接受的。男性也感受到一丝丝的温暖。

启示：“绿A护夫，太太真情”和“绿A护夫，妻子情真”从语意和传达的思想上讲，男性与女性消费者都非常接受，它传递了一种感情与关爱以及人与人之间的真情。从语句的讲法来说，“护夫”易让消费者误解，所以此概念是否能准确地传达给消费者是值得推敲的；“妻子”一词不够口语化，“太太”一词无论在广州或在外地都容易让人接受。

2. 报纸广告测试

(1)“压力篇”。

两场座谈会的与会者大部分对此广告的第一印象很好，颇为喜爱。

广告中，“家庭”与“事业”两个重担形象地勾勒出男性是家中的台柱，这两大责任是不可推卸的。另外这两个重任是推动男性甘愿去奔波的原动力，是使他们产生疲劳的最根本原因，对此与会者深有体会。

“举重若轻”广告词是吸引消费者的另一因素。正如上述所说到“家庭”与“事业”是两个不可推卸的责任，那么如何能轻松的扛起来是他们所希望知道的，因此这简洁的广告词诱导了他们深入去了解。

(2)“成功篇”。

绝大多数男性与会者对这广告的第一印象并不十分好，觉得图案多，很复杂，整个画面看起来不够清朗。另外，广告主题“综合征”被与会者理解成是“百病”，所以觉得夸张、不可信。还有，广告主题中用“男人”这个字眼有点不恰当、别扭，很容易让人误会是成年男性的性保健品，他们建议改为“男士”或“人士”比较恰当。

通过仔细地阅读后，男性与会者表示此广告最有说服力，能引起他们的消费欲，原因是“成功篇”广告中，以卡通的小图案将现实生活中各种引起疲劳的因素列举出来，有切身感受，从而激发了他们的需求动机。

(3)“爱夫篇”。

这篇广告对女性最具有说服力，其原因是“爱他就是爱自己”的广告词道出了作为女性的心声和希冀，给人一种温馨感，这一点最能打动女性的心。一男一女的卡通人物笑得很健康、充满活力，看上去很舒服，且突出了“健康”的概念。

而绿A的“绿”也代表着健康的意思，因此这则广告很贴近产品与品牌名称。

(4)“负担篇”。

与会者认为此广告的不足之处在于给人一种压迫感。人一生之中已经被很多事情所困扰着，还要为了房子、为了妻儿强迫自己去做成功之士，实在太累，做人也没有意义了。

另外，广告并不实际，适应面不广。汽车、房子不是所有家庭都需要的，那么，没有车子、房子的家庭就不需要服用保健品吗？相反，与会者觉得“压力篇”表现得更为实际和恰当。

(5)“休息篇”。

这则广告是一篇纯文字的广告，显得单调和平白。广告主题“一阵”很难让人联想到保健品。

把粤语的口语转成文字不易让人看得懂，那么就无法很好地把信息和产品的概念传达给消费者。

启示：广州消费者的品味逐渐在改变而且不断地提高，他们不但需要信息的传达，而且需要感观上的满足，图文并茂的广告比纯文字的广告更能吸引消费者。

从两组与会者认为最有说服力的广告中还可以发现，男性与女性对广告的需求点是截然不同的，由于五则广告都是以男性为目标对象的，所以男性更注重功效方面的理性诉求，这是与他们自身需求有关，进一步表明他们对“抗疲劳”保健品的需求。女性则对更能体现妻子对丈夫关爱的情感诉求感兴趣。

复习思考题

1. 广告效果的含义和特征是什么？
2. 广告社会效果的测定要把握几个方向？
3. 网络广告效果的测定目前有哪三种技术层次？
4. 什么是广告预算？广告费包括哪些内容？
5. 哪些因素影响广告预算？
6. 编制广告预算有哪些方法？
7. 如何分配广告预算？

工作任务训练

工作任务一：深入广告公司，参与某项目的广告预算策划活动，独立作出一个预算案。

工作任务二：分析以下案例，回答问题。

天利公司为了巩固并扩大其现有产品“新宇牌”电脑的市场地位，增强其在同类产品中的竞争实力，决定进行大规模广告宣传。经过调查，天利公司选择了飞马广告公司。天利公司从其销售额拿出3%作为广告预算。此外考虑到电脑技术性能高，目标消费者的文化层次较高等特点，天利公司选取了以报纸、杂志为主，电视为辅的媒体组合。

问题：

1. 结合案例分析影响媒体选择的主要因素？
2. 天利公司广告预算用的什么方法？这种广告预算用方法有什么优缺点？
3. 请分析天利公司目标消费者群体特征，并分析其媒体选择是否合理？

补充阅读

广告预算六步曲

企业主往往有一个共识：“我们知道有一半的广告预算是被浪费的，但是我们不知道是哪一半。”如何配置资源，是很多成长中的企业面临的第一大问题。其实制定广告预算并不是无章可循的，可以试试下面这六个步骤：

第一步是决定企业总的广告预算。例如，服务行业的企业可以将税前销售收入的6%至8%作为广告预算；而零售行业的公司可以用税前销售收入的12%，减去店面的年租金，作为未来一年的广告预算。

第二步是计算企业总的广告预算。例如，某个公司的税前销售额是100万，如果它属于服务业，公司的广告预算就是6至8万（100万×6%或8%=6万或8万）。如果属于零售业，而店铺的年租金为7万，公司的广告预算就是5万（100万×12%－7万=5万）。

第三步是分配企业的广告预算。我们可以先提出预算的50%，将它分配到12个月当中。每个月具体分配多少广告预算，可以根据以往的销售记录和所处行业的销售特点决定。例如，每年7月的销售收入是全年的15%，那么投入的广告预算也占15%，那么一个冷饮店，年广告预算为5万，预算的50%就是2.5万，而分配在销售旺季的广告预算就是3 750元（2.5万×15% =3 750元）。

第四步是分配常规的销售费用。预算的25%可以作为常规的销售费用，比如冷饮店一年的销售费用为12 500元（5万×25% =12 500元），每个季度就是3 125元（12 500/4 = 3 125元）。

第五步是分配特殊的促销费用，可以占总的广告预算的15%。因为很多企业都会遇到这样的麻烦：有很好的创意，却没有资金去执行。这7 500元（5万×15% =7 500元），平均每个月625元。当冷饮店发现某个月的销售有些停滞，需要采取一些促销措施的时候，就可以动用这笔钱。这笔预算也可以累计起来，在某个关键时刻一次性使用。

第六步是合理使用“备用金”，最后剩下的10%的广告预算可以作为润滑剂。这5 000元（5万×10% =5 000）可以一直留到10月、11月甚至12月，如果临近年底的时候，销售业绩一直不错，完成本年度的销售目标没有问题，就可以把这笔钱省下来。如果销售情况不如计划，就利用年底的各种节假日采取一些特别的促销措施。

任务八 品牌管理

能力目标

1. 认知市场经济与品牌
2. 品牌命名要点与品牌名称设计
3. 理解品牌的内涵，明确品牌与商标的区别，认识品牌对企业营销活动的作用
4. 能够为企业进行品牌剖析，分析企业品牌定位特色
5. 了解品牌的设计，领会品牌的主要策略

引入案例

宝洁的多品牌策略

品牌延伸曾一度被认为是充满风险的事情，有的学者甚至不惜用“陷阱”二字去形容其风险之大。然而，纵观世界一流企业的经营业绩，我们不难发现，其中，既有像索尼公司那样一贯奉行“多品一牌”这种“独生子女”策略的辉煌，也有如宝洁公司这样大胆贯彻“一品多牌”策略，在国际市场竞争中纵横捭阖尽显“多子多福”的风流。

宝洁公司是美国的一家企业。它的经营特点：一是种类多，从香皂、牙膏、漱口水、洗发水、护发素、柔顺剂、洗涤剂，到咖啡、橙汁、烘焙油、蛋糕粉、土豆片，再到卫生纸、化妆纸、卫生棉、感冒药、胃药，横跨了清洁用品、食品、纸制品、药品等多种行业。二是许多产品大都是一种产品多个牌子，以洗衣粉为例，他们推出的牌子就有“汰渍”、“洗好”、“欧喜朵”、“波特”、“世纪”等近 10 种品牌。在中国市场上，香皂有“舒肤佳”、牙膏有“佳洁士”，卫生巾有“护舒宝”，洗发水有“飘柔”、“潘婷”、“海飞丝”3 种品牌。要问世界上哪个公司的牌子最多，恐怕是非宝洁公司莫属。

寻找差异

如果把多品牌策略理解为企业多到工商局注册几个商标，那就大错特错了。宝洁公司经营的多种品牌策略不是把一种产品简单地贴上几种商标，而是追求同类产品不同品牌之间的差异，包括功能、包装、宣传等诸方面，从而形成每个品牌的鲜明个性。这样，每个品牌都有自己的发展空间，市场就不会重叠。以洗衣粉为例，宝洁公司设计了 9 种品牌的洗衣粉，汰渍（TIDE）、奇尔（CHEER）、格尼（GAIN）、达诗（DASH）、波德（BOLD）、卓夫特（DREFT）、象牙雪（LVORYSNOW）、奥克多（OXYDOL）和时代（EEA）。他们认为，不同的顾客希望从产品中获得不同的利益组合。有些人认为洗涤和漂洗能力最重要，有些人认为使织物柔软最重要，有些人希望洗衣粉具有气味芬芳、碱性温和的特征。于是利用洗衣粉的 9 个细分市场，宝洁公司设计了 9 种不同的品牌。

宝洁公司就像一个技艺高超的厨师，把洗衣粉这一看似简单的产品，加以不同的作料，烹调出多种可口的大菜。不但从功能、价格上加以区别，还从心理上加以划分，赋予不同的品牌个性。通过这种多品牌策略，宝洁公司已占领了美国更多的洗涤剂市场，目前

市场份额已达到55%，这是单个品牌无法达到的。

制造“卖点”

宝洁公司的多品牌策略如果从市场细分上讲是寻找差异的话，那么从广告组合的另一个角度看是找准了“卖点”。卖点（USP）也称“独特的销售主张”，是美国广告大师罗瑟·瑞夫斯提出的一个具有广泛影响的广告理论，其核心内容是：广告要根据产品的特点向消费者提出独一无二的说辞，并让消费者相信这一特点是别人没有的，或是别人没有说过的，且这些特点能为消费者带来实实在在的利益。在这一点上，宝洁公司更是发挥得淋漓尽致。以宝洁在中国推出的洗发水为例，“海飞丝”的个性在于去头屑，“潘婷”的个性在于对头发的营养保健，而“飘柔”的个性则是使头发光滑柔顺。在中国市场上推出的产品广告更是出手不凡：“海飞丝”洗发水，海蓝色的包装，首先让人联想到蔚蓝色的大海，带来清新凉爽的视觉效果，“头屑去无踪，秀发更出众”的广告语，更进一步在消费者心目中树立起“海飞丝”去头屑的信念；“潘婷”，用了杏黄色的包装，首先给人以营养丰富的视觉效果；“飘柔”，品牌名就让人明白了该产品使头发柔顺的特性，草绿色的包装给人以青春美的感受，“含丝质润发素，洗发护发一次完成，令头发飘逸柔顺”的广告语，再配以少女甩动如丝般头发的画面，更深化了消费者对“飘柔”飘逸柔顺效果的印象。

从这里可以看出，宝洁公司多品牌策略的成功之处，不仅善于在一般人认为没有缝隙的产品市场上寻找到差异，生产出个性鲜明的产品，更值得称道的是能成功地运用广告组合的理论，将这种差异推销给消费者，并取得他们的认同，进而心甘情愿地为之掏腰包。

讨论题：

1. 宝洁多品牌策略成功之处？对国内企业有无借鉴之处？

2. 宝洁公司的广告策略你还知道哪些？如果你准备在中国市场从事日常清洁用品的生产和销售，你可以从宝洁学到哪些经验？准备如何开拓市场？

理论引导

1. 品牌释义
2. 品牌剖析
3. 品牌形象
4. 品牌定位策略

8.1 品牌释义

谈论品牌首先要把与品牌相关的概念认识清楚。

这些相关概念除了“品牌”之外，还有一些诸如“牌子”、“商标”、“注册商标”、“驰名商标”、“名牌”等。

一、品牌的概念

对于品牌的定义有多种，有的观点认为：品牌就是牌子、商号、商标，而著名市场营销专家菲利普·科特勒博士这样解释品牌："品牌是一种名称、术语、标记、符号或图案，或是他们的相互组合，用以识别某个消费者或某群消费者的产品或服务，并使之与竞争对手的产品或服务相区别。"

上述定义说明品牌是一个复合概念，它由品牌外部标记（包括名称、术语、图案等）、品牌识别、品牌联想、品牌形象等内容构成。

所谓"品牌"是企业或品牌主体（包括城市、个人等）一切无形资产总和的全息浓缩，而"这一浓缩"又可以以特定的"符号"来识别；它是主体与客体、主体与社会、企业与消费者相互作用的产物。从市场角度看，企业生产产品，但品牌存在于社会环境及消费者的心里，可这品牌又属企业所有。

二、与品牌相关的概念

1. 牌子

"牌子"是品牌的俗称，也称为商品或服务的脸谱。"牌子"是人们对品牌、商标、名牌等的通俗称谓。其基本含义与品牌相通。

2. 商标

商标（trade mark），顾名思义，就是商品的标记。这种标记不是显示商品名称型号、性能、产地，而是一种归属标记，是生产或销售它的那个企业的标记。当人们熟知商标后，就能以商标分辨产品或服务由哪个企业生产或销售。我们常说"格力空调"，"格力"就是商标，"空调"则是商品的名称，由"格力"商标人们可能联想其生产厂家，产品性能等。商标由一些文字、图案或符号组合，企业的商标通常是由固定的文字、图案或符号组成。用户或顾客可以通过这些特定标记加以识别。

3. 注册商标

商标企业在国家工商行政管理部门注册并批准使用后，就成为"注册商标"。商标的注册企业便拥有所注册商标的专用权、专利权、著作权，其商标受到法律保护。注册商标具有排他性，不同企业的商标不能相同，一般来说同行业经营范围内商标必须是独家拥有。

4. 驰名商标

驰名商标是众多商标中的"领先者、优等生"。在我国，驰名商标是由国家的主管机构经过一定的法律程序认定的。一个企业使用的商标，首先作为商品或服务的标志能够代表良好的质量；其次知名度高、美誉度高、信任度或忠诚度也要较高，其商标经过政府主管机构认定，即可成为驰名商标。

驰名商标作为商标群中的"佼佼者"，容易成为被人假冒、仿造和损坏的目标，应加强保护意识，运用法律、科技等手段加以保护。在经济全球化及竞争自然化的时代出现许多抢注商标、仿冒商标的事件，一定要把商标特别是驰名商标的保护当作一件具有战略性的事情来考虑。

5. 名牌

名牌，简单来说，就是知名品牌，或在市场竞争中的强势品牌。

"知名"的内涵是：知名度高、美誉度高、信任度高、追随度高，除此之外还在反映度、认识度、美丽度、传播度、忠诚度等方面也应有上佳表现。名牌应是这几点在一定程度的统一。有观点认为名牌就是知名度高，这是片面的说法。“知道”与“赞美”并不是一回事，“众所周知”并不等于“众口称赞”；也有观点认为名牌就是美誉度高，这也存在片面性，美誉度高的品牌若知名度不高，也不能实现其经济目标，另外“众口所赞”并不等于“人人购买”，因此，美誉度还应和知名度、追随度、信任度、认知度、畅销度、美丽度、满意度等相结合、相统一，才能造就名牌。

三、品牌的作用

1. 产品或企业核心价值的体现

企业不仅要将商品销售给目标消费者或用户，而且要使消费者或用户通过使用对商品产生好感，从而重复购买，不断宣传，形成品牌忠诚度，使消费者或用户重复购买。消费者或通过对品牌产品的使用，形成满意度，就会围绕品牌形成消费经验，存贮在记忆中，为将来的消费决策形成依据。一些企业更为自己的品牌树立了良好的形象，赋予了美好的情感，或代表了一定的文化，使品牌及品牌产品在消费者或用户心目中形成了美好的记忆。比如“麦当劳”，人们对于这个品牌会感到一种美国文化、快餐文化，会联想到质量、标准和卫生，也能由“麦当劳”品牌激起儿童在麦当劳餐厅里尽情欢乐的回忆。

2. 识别商品的分辨器

品牌的建立是由于竞争的需要，用来识别某个产品或服务的。品牌设计应具有独特性，有鲜明的个性特征，品牌的图案、文字等与竞争对手有所区别，代表本企业的特点。同时，不同的品牌各自代表着不同形式、不同质量、不同服务的产品，可为消费者或用户购买、使用提供借鉴。通过品牌人们可以认知产品，并依据品牌选择购买。例如，人们购买汽车时有这样几种品牌：奔驰、沃尔沃、桑塔纳、英格尔。每种品牌汽车代表了不同的产品特性、文化背景、设计理念、心理目标，消费者和用户便可根据自身的需要，依据产品特性进行选择。

3. 质量和信誉的保证

企业设计品牌、创立品牌、培养品牌的目的是希望此品牌能发展成为名牌，于是在产品质量上下工夫，在售后服务上做努力。同时品牌代表企业，企业从长远发展的角度必须从产品质量上下工夫，于是品牌特别是知名品牌就代表了一类产品的质量档次，代表了企业的信誉。比如“海尔”，作为家电品牌人们一提到“海尔”就会联想到海尔家电的高质量，海尔的优质售后服务及海尔人为消费者着想的感人画面。再如“耐克”作为运动鞋的世界知名品牌，其人性化的设计、高科技的原料、高质量的产品为人们所共睹。“耐克”代表的是企业的信誉、产品的质量品牌、是企业竞争的武器。

树品牌、创名牌是企业在市场竞争的条件下逐渐形成的共识，人们希望通过品牌对产品、企业加以区别，通过品牌形成品牌追随，通过品牌扩展市场。品牌的创立，名牌的形成正好能帮助企业实现上述目的，使品牌成为企业的有力的竞争武器。品牌，特别是名牌的出现，使消费者形成了一定程度的忠诚度、信任度、追随度，由此使企业在与对手竞争中拥有了后盾基础。品牌还可以利用其市场扩展的能力，带动企业进入新市场；带动新产品打入市场；品牌可以利用品牌资本运营的能力，通过一定的形式如特许经营、合同管理等形式进行企业的扩张。总之，品牌作为市场竞争的武器常常带来意想不到的效果。

案例：

可口可乐不倒翁

可口可乐公司是世界著名的饮料企业，其在此行业可称为知名企业、知名品牌。可口可乐在历史的发展中经历过一些挫折，但长期以来积极树立自身品牌不断提高企业及其产品的知名度、美誉度、追随度，可口可乐企业也给自己的品牌赋予了文化情感的内涵，给产品增加了附加值。目前“可口可乐”这一世界名牌，可以说已发展到一个良好的阶段。曾经有这样一种说法，纵然可口可乐公司在世界各国的生产在一夜之间被大火摧毁，只要可口可乐这一品牌在，可口可乐的秘方在，很快又会形成可口可乐王国。“如果将所有可口可乐工厂全部推倒，可口可乐也可以在一夜之间凭借品牌力量重生。”（可口可乐前执行总裁语）

4. 企业的“摇钱树”

品牌以质量取胜，品牌常附有企业文化和情感内涵，所以品牌给产品增加了附加值。同时，品牌有一定的信任度、追随度，企业可以为品牌制定相对较高的价格，获得较高的利润。品牌中的知名品牌在这一方面表现最为突出，如海尔家电，其价格一般比同等产品高；耐克运动鞋，比同等的李宁运动鞋、安踏运动鞋高出几百元。而在这一方面我们还可以再看一看著名饮料企业可口可乐的例子：可口可乐公司 1999 年的销售总额为 90 亿美元，其中 22.5 亿美元为品牌为企业带来的高额利润，由此可见品牌特别是名牌给企业带来的较大的收益，而品牌作为无形资产，已得到人们的认可。

8.2 品牌剖析

品牌的概念我们已知晓，但这还不够，我们应像庖丁解牛一样分析品牌，游刃于品牌之中。品牌是一个复杂的巨大系统，创立品牌更是一项复杂、系统的工作，但品牌也并不是不能为人所知。

一、品牌的本质——质量

质量是品牌的本质、基础，也是品牌的生命，名牌的显著特征就是能提供更高的、可感觉的质量。世界上的知名品牌如奔驰、索尼、摩托罗拉、希尔顿等无不体现着高质量，质量历来被视作名牌的生命，质量是品牌的本质，这是由质量的重要性决定的。

质量是品牌的灵魂，为什么顾客青睐名牌，甚至不惜以高价购买？因为名牌所体现的质量优势，名牌从来都以优质为基础的。品质是企业创名牌的根本，是使顾客产生信任感和追随度的最直接原因，是品牌大厦的根基。没有高品质，不可能成为真正的名牌，甚至可能会导致企业经营失败。

1. 设计产品时要考虑到顾客的实际需要

顾客是产品成败的检验者，产品为满足顾客需求应考虑其实际需要。产品功能并非越多越好，产品也并非越先进越好，要从多方面、多层次、多角度地考虑顾客需要，进行设计。

2. 建立独特的质量形象

企业产品不可能在各个方面均优秀，应作好定位，抓住一个独特的卖点，树立独特的质量形象，如沃尔沃汽车的“安全”形象，IBM 公司的“服务”形象。

3. 随时掌握消费者对质量要求的变化趋势

消费者对质量的要求是不断变化的，特别是随着经济的发展。最近几年，在西欧，消费者对豪华汽车的需求日益提高，装有昂贵的高质量设备的轿车比以往任何时候都受欢迎。

4. 产品便于使用

产品的易操作性也是高质量的要求之一。

5. 倾听顾客意见以利改进，倾听专家意见以便突出

经营者应充分考虑顾客需求，在产品设计之初、改进之中、使用之后多让顾客及专家参与，拟打造品牌的质量方向。

二、品牌的支持者——服务

服务是商品整体不同分割的一部分，在当今市场竞争中已成为市场竞争的焦点。为顾客提供优质、完善的服务是企业接近消费者，打动消费者的最佳途径，也是企业树立品牌的途径。世界上知名企业在创名牌时，无不把为用户提供尽善尽美的服务作为他们成功的标志，正如美国著名的管理学家托马斯·彼得斯和罗伯特·沃特曼调查研究了全美最杰出的 43 家企业后指出的：这些公司不管是属于机械制造业，或是高科技工业，或是卖汉堡的食品业，他们都以服务业自居。

服务可以减少或避免顾客的购买风险，为顾客提供超值的满足，服务是创品牌的利器，也是组成品牌不可缺少的重要部分。我们在了解品牌、树立品牌时，一定要看到品牌背后的企业服务，这些服务包括售前调研，收集资料、征询意见，售中咨询、提供样品、试用，售后维修、安装、培训等。这些服务作为品牌的强力后盾，推动着品牌的成长。

1. 树立“品牌就是服务”的意识

雷锋是中国的“服务”的“品牌”，他正是以“全心全意为人民服务”的精神和行动树立自身的形象。企业经营，树立良好的品牌形象，也必须“全心全意为消费者服务”。对于企业品牌的树立来说，服务是至关重要的，企业要树立“全心全意为消费者服务”的意识。企业越为消费者着想，就离成功越近。

2. 对于“顾客至上”的理解

加强品牌服务，树立“全心全意为消费者服务”的意识，就要对“顾客至上”有深入的理解：第一，“顾客至上”要求不断推出新的高品质的产品；第二，“顾客至上”要求讲信用，一诺千金，第三，“顾客至上”要求认真对待和正确处理顾客的批评和挑剔；第四，“顾客至上”要求对顾客一视同仁。

3. 完美服务是留住顾客的奥秘

企业在服务过程中，能为顾客着想，急顾客所急，想顾客所未想，提供周到、细致的

完美服务，才能提高顾客的信任度与追随度，从而赢得顾客。企业经营中应刻意追求完美的服务。

4. 不可忽视的包装服务

包装是商品整体不可缺少的一部分。包装是商品无声的代言人，包装会直接宣传商品、宣传品牌，也会影响消费者的购买。对于包装服务，应加强现代化意识，重视商品保护性包装，强化商品外表宣传包装，使包装人格化，真正成为宣传品牌的无声推销员。

5. 系统完善的售前、售中、售后服务

服务可以延长商品寿命，增加商品附加值，使顾客满意，强化服务，主要应加强售前、售中和售后服务，特别是售后服务。

6. 优化服务措施，加强培训工作

提高服务品质，以服务托品牌，以服务创名牌，必须优化服务措施，加强培训，使服务网络健全，服务人员素质提高。

案例：

IBM 的服务品牌

美国 IBM 公司何以成为世界计算机业的巨子？IBM 的品牌何以成为价值百亿的世界名牌？该公司的副经理罗杰斯提出“IBM 是以顾客市场为导向，绝非技术”。该公司的口号是“IBM 就是最佳服务”。他们以服务为企业经营的最高准则，为客户提供优质、完善的服务，公司规定，“对任何抱怨或疑难，必须在 24 小时之内给予解决”。

美国人大都记得纽约城大停电事故，华尔街瘫痪，纽约和美国证券交易所都关闭了，银行、公司一片混乱。IBM 纽约分部紧急动员，每一个人都忘我地投入工作，争取把客户的损失减少到最低程度。在 25 小时的停电期间，户外的气温达华氏 95 度左右，空调、电梯、照明都停止了。而 IBM 的工作人员却不辞劳苦地为顾客服务，甚至攀登过 100 多层的世界贸易中心大楼。位于亚特兰大的兰尼公司使用的 IBM 主机发生了故障，IBM 公司在 12 小时之内请来 8 位专家，其中 4 位来自欧洲，1 位来自加拿大，1 位从拉丁美洲赶来，他们及时地为客户排除了故障。

IBM 就是这样不惜代价，为用户提供优质的服务直到用户满意为止。正是这些优质的服务使 IBM 的产品名扬四海，使 IBM 的用户遍及五洲，使 IBM 这一品牌一百多年来长盛不衰。

三、品牌的脸面——形象

品牌的形象是指企业或其某个品牌在市场上、社会公众心中所表现出的个性特征，它体现了公众特别是顾客对品牌的评价与认知。品牌形象与品牌不可分割，形象是品牌表现出来的特征，反映了品牌实力与品牌实质。品牌形象由顾客评价，使之成为赢得顾客忠诚的重要途径。另外，品牌形象直接影响着企业内职工的凝聚力，影响着企业的生存环境。

产品是企业的，品牌却都在于消费者的心里。要想在消费者心里建立起一定的地位，没有良好的企业形象是很难的。因此，如果说品牌背后是文化，品牌的脸面就是形象。“形象”是使消费者对产品“一见钟情”的门槛之一。

四、品牌的依托——文化

在论述品牌与文化之前，我们先了解几个概念：文化、品牌文化。文化一词从广义上讲，指人类社会历史实践过程中所创造的物质财富和精神财富的总和。从狭义上讲，主要指人类意识形态，以及与之相适应的制度和组织机构，也是指特定的运作方式。所谓品牌文化就是指文化特质在品牌中的沉积，是指品牌活动中的一切文化现象。

文化与品牌联系密切，品牌的一半是文化，品牌的内涵是文化，品牌也属于文化价值的范畴，是社会物质形态和精神形态的统一，是现代社会的消费心理和文化价值取向的结合。同时，品牌包含着文化，品牌以文化来增强品牌附加值。品牌文化与社会文化、企业文化、包装文化、设计文化、服务文化等相关联，在这里我们主要强调文化作为品牌的内涵，如何充实和反映品牌。

文化支撑着品牌的丰富内涵，品牌展示着其代表的独特文化魅力，文化与品牌相辅相成，相映成辉，没有文化就不可能创造品牌，更不可能成就名牌。世界闻名品牌无不以独特的文化魅力吸引着消费者，没有这些文化就不会有这样的世界名牌。“麦当劳”在快餐业中可谓世界闻名，其黄色的标志“M”吸引了多少消费者，其优质、快捷、卫生的食品吸引着人们的不断光临，然而人们仅仅是去享用食品吗？不是，人们去享受的还有美国的快餐文化——“麦当劳”的企业文化。

文化内涵给予品牌的充实常使品牌充满生机，具有无穷的生命力。南方黑芝麻糊与孔府家酒在短短几年名震全国，得益于其“想家”与“故里”的中国“叶落归根”及传统守家观念等文化内涵的影响。红豆集团在文化运用方面也表现不俗，它把王维的《红豆》一诗演绎到衬衣产品中，把中国诗文化与思念的情文化赋予产品，形成产品深厚的文化底蕴。在服装中，还有中国的旗袍、印度的沙丽、欧美的西装均因文化气质鲜明而走向世界，为不同国家的消费者所喜爱。

五、品牌的基础——管理

品牌的成功靠管理。管理指如何充分利用各种资源，使其发挥最大效用，主要是组织、协调、领导、控制与决策等行为。品牌离不开管理，品牌的成功是优秀杰出管理的结果。企业必须依靠管理出效益，经营管理关系到企业的生死存亡。品牌事业的发展更是要依靠管理，利用管理积极规划，推出优质产品或服务，利用管理合理、科学开展广告、公关等营销推广活动，利用管理处理危机。加强服务，利用管理不断创新，使品牌长久不衰。另外，更需要利用管理开发品牌资源，使其不断发展壮大。

品牌的建立首先需要有载体——产品或服务，产品或服务的生产制造就需要严格、科学的管理过程。科学合理的管理可以保证产品或服务的质量，使品牌有了质量基石，当为产品或服务设计具体的品牌时，需要管理制定科学合理的措施，采取有效的方法，创出品牌有形形象。品牌的推广需要管理，用管理控制广告、公关的支出和效果，用管理开发新的推广模式，使品牌成功地推出。除了这些，品牌作为一种资源的扩张、维持等也需要管理，管理对于品牌来说无处不在，品牌成功必须依靠科学的管理。世界上的一些著名品牌从创立到发展无不依靠管理。可口可乐是世界第一品牌，在其一百多年的发展历史上，它一直被有条不紊地管理着，这种管理使其保持了最初的品牌价值。可口可乐是强势品牌管理中的榜样。同样麦当劳从创立到发展至今天的规模无不透射着科学管理的气息。人们一提到“麦当劳”就想起它的管理带来的标准化的服务——快捷、卫生、方便，全世界同样的快餐食品、全世界同样的快餐文化。麦当劳管理的特许经营方式不仅在美国，而且在全世界取得了巨大成功。如今，越来越多的快餐企业模仿其做法，但麦当劳的管理仍被视为世界领先。

成功的品牌无不依靠管理创立、发展、创新，管理是品牌成功的依靠，是品牌得以健康成长的基础。

六、品牌的活力——创新

品牌创立之后并非一成不变，品牌的长远发展要依靠创新。

在市场竞争日趋激烈的现代社会，只有通过持续、稳定的创新，企业才能在市场上占据一席之地，企业品牌才能获得一定市场份额。因此，只有创新才能使企业及品牌有所发展、有所进步。如果一味安于现状，墨守成规，必然会遭到市场的否定和淘汰。创新是创业进步和发展的活力之源，也是品牌成长过程中的一个推进器。创新，已被现代企业反复实践证明，并赢得了广泛认同。

作为品牌其涉及内容非常广泛，新的内容也非常丰富。最早从经济学角度提出系统创新理论的是美籍奥地利经济学家丁·熊彼特，他将创新划分为五种基本类型，即开发新产品的新性能、采用新的生产方式或新工艺、开辟新市场、取得式控制原材料或半成品的新供应源、实现新的产业组织方式或企业重组。大而言之，指技术创新和制度创新。关于品牌与创新，不仅包含上述创新的内容，还应有品牌产品或服务质量创新、服务创新、广告创新、公关创新、文化定位创新、形象创新等具体而细小的方面。这些创新虽可能很小，但对品牌的创立发展来说有着非常重要的作用。品牌创新用一句话来说，就是以科学的品牌战略使品牌的内涵和外延得以延伸，从而保持其长盛不衰的活力。

世界上许多著名品牌都是在不断创新中生存、发展下来的。例如，世界著名品牌万宝路一开始是以女性烟民为目标消费群，产品、广告均针对女性烟民，而后来这个品牌被重新定位，从香烟品味、包装、直至广告均改为针对男性烟民，并创出了著名的万宝路牛仔，从而使万宝路品牌走向兴盛。由此可见品牌创新的重要意义。

七、品牌的右臂——广告

有人说：品牌就是广告，品牌是靠广告砸出来的！这话仅仅对了十分之一。品牌的成长包括许多方面，许多企业的品牌离不开广告，而且广告在品牌成长中起着十分重要的作用。但这不是说品牌就是广告，品牌就只能靠广告“砸”。即使是投广告也有一个是否合理科学投放的问题！

公关与广告是品牌的左膀右臂，像火箭的两个助推器，带动品牌稳步上升。品牌离不开广告，品牌锻造为名牌更需要广告的协助、支持。“好酒不怕巷子深”、“皇帝的女儿不愁嫁”在现代激烈的商战、多变的市场下已失去了原来的意义，应该说“好酒也怕巷子深，酒香也须常吆喝”。

品牌的成长是指从知名度、美誉度、信任度、追随度等的提升或品牌无形资产的价值提升。而促使品牌成长，知名度提高的最重要系统就是广告，哪个品牌的成长、维持能离开巨大的广告支持？试想，一个新品牌面市后，尽管其质量好，名称也很动听，但如果不主动宣传，其知名度能提高得快吗？反之，若新品上市，甚至上市之前，企业就大做宣传，投入巨额广告冲击消费者，让消费者从不同媒体都可接触到有关品牌的信息，那么，此品牌的知名度会不上升吗？

案例：

太太口服液

1988 年，现任深圳太太药业集团公司总经理的朱保国，以 6 万元的价格从河南新乡中医院一位老中医手中购买了一中医处方，在以后的四年里他到处筹措资金，决定生产一种叫“太太口服液”的保健品。1993 年 10 月 1 日起，深圳人猛然发现三位高贵典雅、婀娜多姿的“洋太太”的广告铺天盖地般闯进了他们的视野，朱保国精心策划的太太口服液品牌形象宣传在深圳全面打响。随后在广告宣传开始后的三个月，“太太口服液”正式上市，“她们”一进入市场即被抢购一空。这年底，公司产值突破 3 000 万元大关，“太太口服液”这一品牌的知名度、美誉度、信任度、追随度也极大提高。究其原因，正是好的品牌及产品借助了成功的广告宣传。朱保国在其产品上市前已把品牌在深圳打响了。

在品牌成名之后，也不离开广告，品牌还须利用广告等宣传手段使消费者不忘记品牌及相关产品。另外，与对手竞争时，广告也是强有力的武器。比如，著名企业玛氏公司，其出产的“Kite Kat”牌猫食罐头十分畅销，玛氏及“Kite Kat”的牌子也正打响，在这种情况下，公司去掉了每年 300 万美元的广告支出，结果不久，此种猫食罐头几乎被市场和消费者遗忘，销量更是一落千丈。而百事可乐公司在其成长过程中以适时成功的广告为武器不断攻击对手可口可乐公司，迫使其让出了部分市场。

八、品牌的左膀——公关

公关是公共关系的简称，公关主要是对公众心目中的形象（企业形象或品牌形象）进行管理。公关与品牌有着密切的联系，公关是锻造品牌创立名牌的又一利器，众多企业的成名均利用了成功的公关宣传，成功的公关活动可以提升品牌知名度、美誉度、信任度等。公共关系通常是利用公关活动吸引媒体关注，由媒体主动宣传企业或品牌，从而达到一种较好的宣传效果，公关可以为企业“扬名立万”，为企业带来良好的经济效益和社会效益。

公关作为名牌的“左膀”，常能助品牌一臂之力。北京长城饭店就是通过成功的公关活动一举扬名的。1984 年，长城饭店得知美国总统里根访华这一消息，敏感地认识到这是一次绝好的公关时机：若争得里根入住长城饭店，将使长城饭店一举成名。于是长城饭店提前准备，积极开展活动，终于打动了客方，里根及随行人员全部入住长城饭店，并且在长城饭店召开了记者招待会。300 多名记者进行现场采访，美国三家电视台转播，长城饭店借助公关活动带来的免费宣传，短时间内声名鹊起，成为知名饭店。饭店开业前三年，70% 以上的住客来自美国。这一成功的公关案例，至今仍让人津津乐道。

品牌尤其是名牌不是一个单一的事物，质量、管理、创新、服务、广告、公关、形象、文化均是其要件，品牌只有综合运用这些因素，成功地进行运作才有可能成功，而世界上众多的著名品牌无不在这些方面有杰出表现。比如麦当劳、可口可乐、IBM、宝洁等。特别是广告与公关结合往往能起到事半功倍的效果。有时企业针对一个陌生的市场，又没有强大的资金作为广告投放的支持时，公关恰恰是打响知名度的有力武器。

8.3　品牌形象

一、品牌形象的定义

品牌形象的概念虽然早已提出，但它的内容却随市场、媒体及人们对形象的深入不断变化。让我们先从形象的含义开始认识品牌形象。

1. 形象的含义

形象是主体与客体相互作用，主体在一定的知觉情境下，采用一定的知觉方式对客体的感知。从心理学角度讲，形象是人们对客体产生的一种心理图式。肯尼思·博尔丁在他的著作《形象》里提出，一个象征性形象“是各种规则和结构组成的错综复杂的粗略概括或标志”。

2. 品牌形象的代表性定义

人们对品牌形象的认识刚开始是基本着眼于影响品牌形象的各种因素上，如品牌属性、名称、包装、价格、声誉等。

品牌形象是一个综合性的概念，是营销活动渴望建立的，受形象感知主体的主观感受及感知方式、感知前景等影响，而在心理上形成的一个联想性的集合体，品牌形象是一种资产，应具有独特个性。

二、品牌形象的构成内容

良好的品牌形象是企业在市场竞争中的有力武器，深深地吸引着消费者。品牌形象内容主要由两方面构成：一是有形的内容；一是无形的内容。

品牌形象的有形内容又称为“品牌的功能性”，即与品牌产品或服务相联系的特征。从消费者或用户角度讲，“品牌的功能性”就是品牌产品或服务能满足其功能性需求的能力。例如，洗衣机具有减轻家庭负担的能力；照相机具有留住人们美好的瞬间的能力等。品牌形象的这一有形内容是最基本的，是树立形象的基础。品牌形象的有形内容把产品或服务提供给消费者的功能性满足与品牌形象紧紧联系起来，使人们一接触品牌，便可以马上将其功能性特征与品牌形象有机结合起来，形成感性的认识。

品牌形象的无形内容主要指品牌的独特魅力，是营销者赋予品牌的，并为消费者感知和接受的个性特征。随着社会经济的发展和商品丰富，人们的消费水平、消费需求也不断提高，人们对商品的要求不仅包括了商品本身的功能等有形表现，也把要求转向商品带来的无形感受和精神寄托。在这里品牌形象的无形内容主要反映了人们的情感，显示了人们的身份、地位、心理等个性化要求。

品牌形象的构成内容如图 8－1 所示。

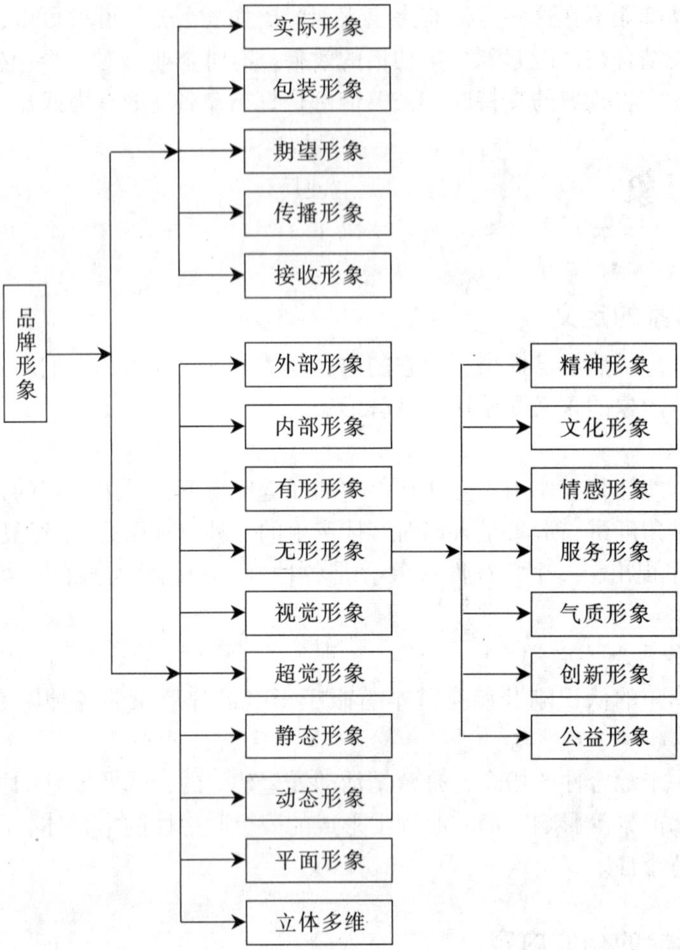

图 8－1　品牌形象的构成内容

三、品牌形象的驱动要素

引起品牌形象树立的最重要因素是人们对品牌的联想，或者说一提到品牌名消费者便会想到一些东西。这种联想使品牌形象与众多事物联系起来，驱动形象的建立、发展。

1. 产品或服务自身的形象

产品或服务的功能性本身是构成品牌形象的内容基础，产品或服务的形象从硬性表现形象讲有价格、速度、功能、耐用性、舒适性、应用性等，从软性表现讲可能是青春感、高雅、体面、珍爱、豪放、贵气、魅力等。

2. 产品或服务提供者的形象

产品或服务提供者的形象也是驱动品牌形象的重要因素。提供者的形象硬性的指标有科技能力、企业规模、资产状况、服务状况、人员素质等。在品牌形象的树立过程中，营销者常利用已有的企业自身的形象。如五粮液集团推出一种新品牌酒类时，使用的广告语为“系出名门”，欲借“五粮液”的美好形象驱动新品牌形象的确立。

3. 使用者的形象

使用者主要是指产品或服务的消费群体，通过使用者的形象，反映品牌形象。使用者形象是驱动品牌形象的重要因素，其硬性指标有使用者的年龄、职业、收入、受教育程度等，软性指标有生活形态、个性、气质、社会地位等。品牌形象与使用者形象的结合一种情况通过“其实自我形象”来实现，即通过使用者内心对自我的认识来实现联想；另一种情况是通过“理想自我形象”来联结，即通过使用者对自己人期望及期望的形象状态来实现。这两种情况从心理学的角度讲往往是借助了人们对自己的评判；认为自己从属于一个群体或希望从属于一个群体就应该有这样或那样的行为。

以上三者对品牌形象的影响在不同的产品特性、文化背景、人文个性等条件下是不一样的，应注意判断三者如何影响品牌形象，加强其驱动作用。

四、品牌形象评判

品牌形象可以用量化的方法来考察。常用以度量品牌形象力的指标有两个：一是品牌知名度；二是品牌美誉度。但我们认为这还不够，品牌形象还应包括品牌反映度、品牌注意度、品牌认知度、品牌美丽度、品牌传播度、品牌忠诚度及品牌追随度。

1. 品牌知名度

品牌知名度是指品牌被公众知晓的程度，是评价品牌形象的量化指标。考察知名度可以从三个不同角度进行，即公众知名度、行业知名度、目标受众知名度。

所谓品牌的公众知名度是指品牌在整个社会公众中的知晓率；所谓行业知名度是品牌在相关行业的知晓率或影响力；所谓目标受众知名度是指品牌在目标顾客中的影响力。

2. 品牌美誉度

品牌美誉度是指品牌获得公众信任、支持和赞许的程度。对美誉度的考察也可从公众美誉度、行业美誉度、目标受众美誉度三个方面研究。品牌美誉度反映出品牌对社会影响的好坏。

3. 品牌反映度

品牌反映度是指品牌引起公众感知的反应程度，主要表现在人们对品牌的瞬间反应。

4. 品牌注意度

品牌注意度是指品牌引起公众注意的能力，主要指品牌在与公众接触时的引人注目程度。

5. 品牌认知度

品牌认知度是指品牌被公众认识、再现的程度，某种意义上是指品牌特征，功能等被消费者了解的程度。

6. 品牌美丽度

品牌美丽度是指品牌从视觉上对人的冲击能否给人以美的享受。

7. 品牌传播度

品牌传播度是指品牌传播的穿透力，主要讨论品牌的传播影响。

8. 品牌忠诚度

品牌忠诚度主要是指公众对品牌产品使用的选择程度。

9. 品牌追随度

品牌追随度主要是指品牌使用者能否随品牌变迁而追随品牌，是比品牌忠诚度更进一步的要求。

品牌形象的评判常采用市场调研的方法实现，在实际工作中不可能样样俱全，应选择几个以上的指标进行综合评价。

四、品牌形象策略

形象是一种感觉，就像一个人具有独特的外貌、仪容仪表、气质风度那样，你可能说不出他到底哪儿特别、与众不同，但就是感觉到他独特的魅力。品牌形象也是如此，但这种感觉绝不是华丽而空洞的，它通过产品、服务或者商标、包装等视觉系统散发出来，无处不在，它是一种气氛、一种精神、一种风格，需要企业去挖掘、去表现、去塑造。品牌形象的塑造程序如图 8－2。

企业可以从以下几个角度赋予品牌以鲜明的个性：

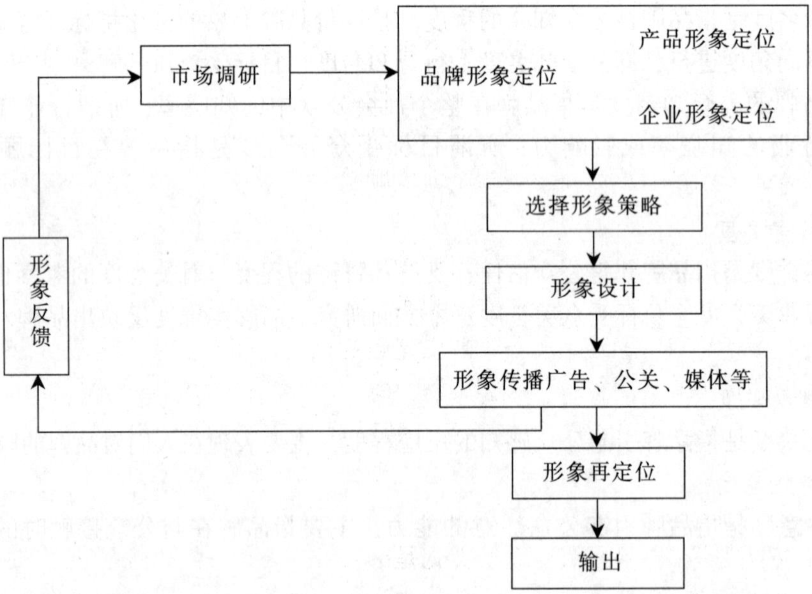

图 8－2　品牌形象的塑造程序

1. 情感导入策略

品牌不是冷冰冰的牌子，它具有思想、个性和表现力，是沟通企业和消费者的桥梁。情感是人心目中最柔软的东西，以情动人，以情诱之是品牌经营者的不二法宝。

1967 年，日本宝物玩具公司推出了一种名为“丽卡娃娃”的玩具，他们给丽卡娃娃设计了一个人性化的背景：香山丽卡，5月3日出生，血型O，小学五年级女生，父亲是法国的一个乐团指挥，母亲是时装设计师，有一个孪生妹妹等。然后，公司通过各种途径，如制作以丽卡娃娃为主角的电视节目、漫画等，让日本的小朋友们熟悉了丽卡娃娃，把她当成好朋友。同时，公司还设计了"丽卡娃娃热线电话"、"丽卡娃娃之友"俱乐部，出版了各种以丽卡娃娃为主角的书籍、杂志等，营造出丽卡娃娃就在人们身边的气氛，使丽卡娃娃成为一个有思想、有情感的可爱女孩，并与小朋友一起游戏、一起生活。

丽卡娃娃成功了，成为日本一代儿童的好朋友，并畅销几十年而不衰。情感导入策略的奥秘在于与消费者进行情感沟通，使之在不知不觉中被吸引、被感动，成为企业永远的朋友。

2. 专业权威形象策略

宝洁公司在推出其新品牌洗发水"沙宣"时使用了这一策略。广告中，国际专业美发师沙宣以其娴熟专业的手法为几名靓丽的模特打理出飘逸的长短发式，潇洒无比，令人信服。专业权威形象策略是一种极具扩张性、竞争性和飞跃性的形象策略，一般为那些在某一行业占据领先地位的企业所采用，以突出该品牌的权威度，提高消费者的信任度。化妆品牌"羽西"以美容专家靳羽西的名字命名，并由她本人担任形象代言人进行宣传，所采用的也是这一策略。

3. 心理定位策略

美国市场营销学家科特勒认为，人们的消费行为变化分为三个阶段：第一个是量的消费阶段，第二个是质的消费阶段，第三个是感性消费阶段。在现代社会，随着商品的极大丰富和消费者品味的提高，消费者日益看重商品对于自己情感和心理上的满足，而不仅仅是量和质的满足。消费心理的变化表明企业应顺应消费心理，以恰当的心理定位唤起消费者心灵的共鸣，树立独特的品牌形象。

日用消费品行业和人们的消费心理密切相关，心理定位策略也是日用消费品企业常采用的一种方法。例如，宝洁公司同时推出飘柔、潘婷、海飞丝三个洗发水品牌，但三个品牌具有不同的个性特点：飘柔强调一头乌黑亮丽的长发，柔顺飘逸，美丽动人；潘婷则强调对头发光泽的维护，端庄典雅，秀而不妖；海飞丝则从去头皮屑入手，强调头发的清爽干净。三个品牌既相互竞争，又相互补充，利用消费者对洗发水的不同需求进行形象定位，从而各放异彩。

4. 文化导入策略

品牌形象所具有的感性色彩决定了文化是品牌构成中的一个重要因素。品牌本身就是一种文化，凝聚着深厚的文化积累，在品牌中注入文化因素，使品牌形象更为丰满，更有品味，更加独具特色。许多知名品牌背后都有一个动人的故事，如"红豆"品牌，它借用了一首人尽皆知、缠绵悱恻的古诗《相思》中的意境，令人浮想联翩："红豆生南国，春来发几枝。愿君多采撷，此物最相思。"一首名诗，道尽了绵绵相思，诉尽了无数情意，其丰富的文化内涵和缠绵的意境使得"红豆"这一品牌也具有了丰富的内涵，大大提高了其品牌形象。还有许多具有民族特色的品牌，一些中华老字号，如"狗不理"包子，瑞蚨祥的绸子等，正是其品牌中的文化内涵使其百年流传下来依然光彩夺目。

六、品牌形象魅力

（一）品牌形象魅力之一：万宝路牛仔

案例：

万宝路牛仔

万宝路香烟可以说是全世界最知名的香烟品牌，也是全世界销量最好的香烟，到1997年其品牌价值达到了476.35亿美元。但在1950年，万宝路香烟在美国却名不见经传，是一个几乎被市场竞争淘汰的品牌。1954年，菲利普·莫里斯公司的决策者们在对香烟市场的趋势审慎分析之后，作出了几项重大决定，这些决定改变了万宝路香烟的品牌策略，也改变了万宝路的命运。

改变前的万宝路	改变后的万宝路
烟味淡	烟味重
香料少	香料多
无滤嘴	有滤嘴
白色包装	红、白包装
针对女性柔和形象	针对男性的现代化形象
广告以功能诉求	广告以形象诉求

当时，万宝路重新上市是以产品的变化为主，菲利普给新产品加了过滤嘴，加强了烟草的口味，并将过滤嘴部分以深棕色纸包装。这些变化使万宝路具有了现代化的形象，因为那时有90%的吸烟者都选择没有过滤嘴的香烟；也使万宝路更迎合年轻男性，因为加强了烟草口味，并改变了包装，最后菲利普·莫里斯公司发展出了一套强化万宝路品牌个性的全新广告策略，以符合年轻男性的喜好。

菲利普·莫里斯公司选用了李奥贝纳——一家新兴的广告公司，作为自己的广告合作者来发展其品牌形象策略，他们选用男性化的模特儿来扮演从事粗重体力劳动工作为诉求方式，包括飞行员、远洋渔民、机械工程师和牛仔，其中牛仔的形象最被男性目标消费者认同。但这一系列的广告还是交叉选用了牛仔及其他男性化角色多年。

1963年，根据调查显示，万宝路需要一个更明确的男性代表人物，这时，以牛仔为完全代表的万宝路男性开始运用。当时的广告强调：所选用的牛仔必须有说服力；万宝路的宣传必须永远是新奇的，而非一般的、平凡的，更不能是一成不变的；每一则广告宣传都必须单刀直入且具有震撼力；广告的变化在于不同的牛仔、不同的抽烟时刻和新奇的景色。万宝路牛仔形象的诞生，加强万宝路粗犷、男性化的诉求，使这一形象逐渐在人们心目中树立起来。在20世纪60年代，万宝路的销售业绩每年都有10%的增长。到了1975年，万宝路已成为美国的主导品牌，并且不断进军国外市场。万宝路牛仔形象征服了一百多个国家。

（二）品牌形象魅力之二：永远年轻的芭比公主

案例：

永远年轻的芭比公主

2009年3月9日，芭比娃娃已经50岁了，可是她依然被称作娃娃，她的身材仍然窈窕，皮肤依然紧绷，眼睛依然神采飞扬。几十年来，她是世界上唯一越活越年轻美丽的女性，她是千百万小女孩的朋友，是她们心中的梦想。

现在世界上出售芭比娃娃的国家达140多个，平均每秒钟就售出2个芭比娃娃。50年来，为了给芭比和她的朋友们做服装就用了近1亿米布料，每年制作的新式服装多达120种。有人统计说，如果把从1959年至今卖出的芭比家族的娃娃从头到脚排起来可以绕地球7周。她拥有35种宠物、10亿双鞋子，有姐妹及朋友，围绕她已形成了一个女孩子梦想中的玫瑰帝国，而这个帝国每年为马特尔公司带来20亿美元的收入。

50年来，物换星移，而芭比娃娃的销售仍然长盛不衰，其奥秘正在于她多变的风格和跟随时代步伐的精神。潮流和时尚总在发生变化，孩子们的喜好也在不断改变，芭比娃娃的诀窍就是跟着变。从巴黎的时尚，到肯尼迪夫人的典型，再到年轻的运动气息，马特尔公司一直在捕捉细微的时尚变化，芭比娃娃在50年间被设计过500次以上。

20世纪50年代的芭比娃娃穿着当时最流行的黑白条纹游泳衣，戴着太阳镜，穿着高跟鞋，一幅热带沙滩女郎的形象；60年代以后，芭比娃娃成了派头十足的女明星：身穿华贵的晚礼服，戴钻石项链，出入在各种派对聚会中；而在20世纪70年代，当时嬉皮士风行，芭比娃娃也趋于野性和随意，牛仔T恤和短发成为其形象代表；到了20世纪80年代，随着女性自我价值的觉醒，女权运动轰轰烈烈起来，芭比娃娃则变成了职业女性。同时，其着装开始具有民族特色，芭比娃娃成了世界女孩的梦想；1997年，为了纪念香港回归，马特尔公司推出了中国芭比娃娃；20世纪90年代的芭比娃娃是个运动健将，她是体操选手，参加过美国许多体育比赛，同时喜欢骑自行车和滑雪；而20世纪末的芭比娃娃走上了互联网，孩子们可以在电脑上对她们心中的芭比娃娃进行设计和教养。

半个世纪的变迁，芭比始终引领潮流，她是每个女孩梦想中的公主，是她们实现梦想的寄托。芭比已成为一种形象、一种精神、一种文化。

8.4 品牌定位策略

品牌定位是企业间智慧的较量，但这种较量并不是盲目的，必须讲究策略的方法，首先，企业应明确运用品牌定位策略的目的。

一、品牌策略的目的

一个品牌可以有多种定位，如“低价定位”、“优质定位”、“服务定位”等，但如何将这些定位信息传递给消费者就依赖于正确的品牌定位策略来完成。品牌定位策略的目的是获取竞争优势。市场细分和评估细分的过程也就是认识和选择企业竞争优势的过程，但这种竞争优势不会自动在市场上显示出来，重要企业借助于各种手段和策略将之表现出来，这个过程就是企业运用品牌定位策略的过程。

企业运用品牌定位策略应避免以下三种致命错误：

1. 定位过低

消费者认为某种品牌是低档产品，不符合产品使用的环境和质量属性，因而对其不屑一顾。如果某高科技或技术含量较高的产品，品牌定位过低，则可能没有市场。

2. 定位过高

品牌定位过高，在消费者心目中造成不敢轻易购买的形象，从而失去一部分有能力购买而被其定位吓跑的消费者。如 Steuben 牌的玻璃器皿价格从 1 000 美元以上到 50 美元左右的都有，但大多数消费者认为 Steuben 的产品都在 1 000 美元以上。

3. 定位混乱

定位不清晰，消费者难以清楚识别。如对克莱斯勒汽车，有的消费者认为是名牌轿车，制造精良，而有人则认为它是平民驾驶车，粗制滥造。反之奔驰牌轿车的定位则清晰得多，人们会一致认为它品质高贵、制作精良，是高档名牌轿车。

二、品牌定位策略的种类

品牌定位策略多种多样，但企业常用的有以下五种：

1. 首席定位

首席定位即追求品牌成为本行业中领导者的市场定位。如广告宣传中使用“正宗的”、“第一家”、“市场占有率第一的”等口号，就是首席定位策略的运用。首席定位的依据是人们对“第一”印象最深刻的心理规律。如第一个登上月球的人，第一位恋人的名字，第一次的成功或失败等。尤其是在现今信息爆炸的社会里，各种广告、品牌多如过江之鲫，消费者会对大多数信息毫无记忆。据调查，一般消费者只能回想同类产品中的七个品牌，而名列第二的品牌的销量往往只是名列第一的品牌的一半。因此，首席定位能使消费者在短时间内记住该品牌，并对以后的销售打开方便之门。

但是，在每个行业，每一产品类别里，“第一”只有一个，而厂商、品牌众多，并不是所有的企业都有实力运用首席定位策略，只有那些规模巨大、实力雄厚的企业才有能力运用。对大多数厂商而言，重要的是发现本企业产品在某些有价值的属性方面的竞争优势，并取得第一的定位，而不必非在规模上最大。如七喜汽水是非可乐型饮料的第一；迪阿牌（Dial）香皂是除臭香皂的第一；波斯克牌赛车是小型运动跑车的第一等。采用这种定位策略，能使品牌深深印在消费者的脑海中。

新产品具有占据第一的实力。品牌经营者不应该放弃这样的机会。当市场上还没有同类产品或者消费者还没有清醒地认识该产品时，选择该产品最具优势的形象将之推到消费者面前，并告诉他们：我们是最好的，是你们所需要的。运用首席定位是推出新产品最有效的策略之一。

2. 加强定位

加强定位即在消费者心目中加强自己现在形象的定位。品牌是被设计出来的，当企业在竞争中处于劣势且对手实力强大不易被打败时，品牌经营者可以另辟蹊径，避免正面冲突，以期获得竞争的胜利。如美国阿维斯公司强调“我们第二，我们要进一步努力”，而七喜汽水的广告语是“七喜非可乐”；我国亚都公司恒温换气机则告诉消费者：“我不是空调”等；理查逊·麦瑞尔公司明知自己的产品不是“康得”和“Dristan”的对手，因而，为自己的感冒药Nyquil定位为“夜间感冒药”，有意告诉消费者：Nyquil不是白昼感冒药，而是一种在晚上服用的新药品，从而取得了成功。

3. 空当定位

空当定位即寻找为许多消费者所重视的、但尚未被开发的市场空间。任何企业的产品都不可能占领同类产品的全部市场，也不可能拥有同类产品的所有竞争优势。市场中机会无限，只看企业有没有善于发掘的机会。谁善于寻找和发现市场空当的能力强，就可能成为后起之秀。例如，美国M&M公司生产的巧克力，其广告语为“只溶在口，不溶在手”给消费者留下了深刻的印象；而露露集团开发的杏仁味“露露”饮料由于具有醇香、降血压、降血脂、补充蛋白质等多种功能，因而将之定位为“露露一到，众口不再难调”，同样是成功的空当定位。

寻找和发现市场机会是品牌经营成功的必要条件，而空当定位策略正是捕捉市场机会的有力武器。品牌经营者可以从以下几个角度加以考虑：

（1）时间空档。

“反季节销售”是利用时间空档的典型例子。有些企业在夏天推出羽绒服、棉鞋，给顾客一种便宜实用的感觉；空调厂家、冰激凌厂家往往在夏天来临之前加大其品牌宣传等。这些季节性产品，占领季节是很重要的，但人们都有一种求异心理。在淡季进行品牌宣传，往往能取得出其不意的效果。

（2）年龄空档。

年龄是人口细分的一个重要变量，品牌经营者不可能捕获所有年龄阶段的消费者，而应寻找合适的年龄层，它既可以是该产品最具竞争优势的，也可以是被同类产品品牌所忽视的或还未发掘的年龄层。圣达牌中华鳖精是一种有益于中老年人的保健品，而在当时的保健品市场上，针对中老年人的保健品为数不多，知名品牌更是没有，此时，如果圣达牌“中华鳖精”能在中老年人心目中树立起品牌形象，它能收到良好的效果。遗憾的是，圣达把自己的目标市场定在了儿童这个消费群，其诉求直接与当时实力强大的“娃哈哈”相对抗，从而失去了成为市场“老大”的机会。

（3）性别空档。

现代社会，男女地位日益平等，其性别角色的区分在许多行业已不再那么严格，男性中有女性的模仿，女性中有男性的追求。对某些产品来说，奠定一种性别形象有利稳定顾客群。如服装、领带、皮鞋等产品，由于具有严格的性别区分，其消费群也截然不同。常规的做法是加强品牌形象定位，强调其性别特点，如西装领带着重于体现男士的潇洒高贵：而丝巾纱裙则强调女性的柔媚端庄。但有时改变诉求对象，强调该品牌对异性的吸引力能取得更有效的市场效果，这便是利用了性别空当定位策略。例如，珠宝项链等饰品是女性的专属，但这些饰品的购买者往往是男性，向男性诉求不失为一种好的策略。

（4）使用量上的空当。

每个人的消费习惯不同，有人喜欢小包装，方便携带，可以经常更新；而有人喜欢大包装，一次购买长期使用。利用使用量上的空当，有时能取得意想不到的效果。如洗发水，从 2ml 的小包装袋到 200ml、500ml 的瓶装，满足了不同消费者的需要，增加了销售量。

4. 对比定位

对比定位即通过与竞争品牌的客观比较，来确定自己的市场地位的一种定位策略。在市场经济发达的国家和地区，企业要发现市场空当不是一件容易的事情。此时，企业要让自己的品牌在消费者心目中占有一席之地，只有设法改变竞争者品牌在消费者心目中现有的形象，找出其缺点或弱点，并用自己的品牌进行对比。如美国温狄斯公司生产汉堡包，他们在广告中起用一名 70 多岁的老太太，老太太看着一竞争品牌的汉堡包问："牛肉到哪里去啦?"使消费者对该品牌的信心大增，从而提高了自己的市场地位。泰诺击败在止痛药市场上占"领导者"地位的阿司匹林，也是适用的这一定位策略。泰诺在广告中说道："有千百万人是不应当使用阿司匹林的。如果你容易反胃……或者有溃疡……或者你患有气喘、过敏或缺铁性贫血，在使用阿司匹林前就有必要先向医生求教。阿司匹林能侵蚀四壁、引发气喘或过敏反应，并引起微量肠胃出血。幸运的是有了泰诺……"，以此广告，泰诺一举击败了市场第一的阿司匹林成为止痛药市场的"领导者"。

5. 高级俱乐部定位

高级俱乐部定位即强调自己是某个具有良好声誉的小集团的成员之一。当企业不能取得第一位和某种有价值的独特属性时，将自己和某一名牌划归为同一范围不失为一种有效的定位策略。美国克莱斯勒汽车公司宣布自己是美国"三大汽车公司之一"，使消费者感到克莱斯勒和第一、第二一样都是知名轿车了，从而缩小了三大汽车公司之间的距离，和"七喜非可乐"一样收到了意想不到的效果。

案例：

"超人"再定位

"乔伊"玩具是美国乔伊公司针对 20 世纪 70 年代美国人的反战情绪推出的，它以机警灵活、刀枪不入、能拯救美国人的"超人"形象问世，一度风靡美国市场。但在 1978 年的夏天，其销售额却连连下滑，"乔伊"玩具已步入了生命周期的衰落期。此时，放弃还是重塑"超人"形象成为公司老板的一大抉择。

老板经过思考，决定拯救"乔伊"。重塑后的乔伊与从前判若两人：从前它是孤胆英雄，刀枪不入，体现的是个人英雄主义；而现在的乔伊成了一支精锐部队的首领，队员们个个英勇善战，而且每个人的神态、特征、装备都不相同。虽然全套组合要卖 200 美元，比从前要贵得多，但销售额却节节上升，实现了乔伊的再生。

后来，随着公司的发展，公司又精心设计了许多追随险恶者的"坏蛋"，他们成为乔伊的"特种部队"打击的对象。同时在组合上加以变幻，使乔伊玩具更加丰富多彩。

至此，乔伊玩具已随着产品的创新成功地实现了品牌的重新定位，重新奏响了生命的进行曲。公司管理层深深认识到了品牌定位——再定位的重要性，他们仍在准备着对乔伊的下次定位，创造其新的辉煌。

产品创新是品牌再定位的基础，而成功的品牌再定位是新产品成功的重要法则。

精选案例

Lee牌牛仔服的营销广告策划

李维（Levi's）是牛仔裤的鼻祖，它首先于19世纪中叶就开始生产并销售这种服装。然而在它诞生之后约40年，李维迎来了一位有力的竞争手对，它就是Lee。1889年，亨利大卫·Lee在美国制成第一条Lee牌牛仔裤。此后，Lee不断发展、创新，创下了数个第一：1911年，Lee推出首条吊带牛仔裤，1926年，Lee101－Z世界第一条拉链牛仔裤面世。更值得一提的是，1992年，Lee以一条长达23米的巨型牛仔裤载人吉尼斯世界纪录大全。1996年10月Lee又以一条八层楼高的巨型牛仔裤踏足上海，让上海人民有幸领略这一历史经典。

1950年，李维的销售额是200万美元，而到了1975年，跃为3亿美元。经营牛仔裤的巨额利润吸引了众多竞争者，一时间市场上牛仔服装式样不断翻新，品牌不胜枚举。在激烈的市场竞争中Lee牌牛仔脱颖而出，一跃成为牛仔服装的第二大品牌，并且在女性市场上备受青睐，无人匹敌。在美国，当问及女性消费者下一次购买牛仔服会是什么品牌时，40%的女性会说是Lee。1992年8月，Lee牌牛仔服的市场份额达到了20%。更重要的是Lee公司的领导发现，Lee的消费者有极大的品牌忠诚度，他们预测现在的这些消费者即使将来老了，也会继续穿Lee牌牛仔服的。

Lee牌牛仔服的众多广告有一个共同之处便是Lee的广告策略——“贴身”，这也是Lee的定位上Lee牌牛仔裤以款式多样、条条合身而著称于世界。

目标市场

在美国牛仔服装市场上，第一大品牌李维的目标市场是男性消费者。问世百年以来，牛仔服也一直被公认为是男人的服装，女性市场被大大忽略了。Lee抓住这一契机，将其目标市场定位于女性。进一步研究发现，牛仔服装一直被认为是青年时装，战后穿牛仔长大的这代人已迈向中年，可供她们选择的服装种类相对较少，因此，Lee决定将其目标市场定位于25～44岁的女性消费者，并专为这些女性开发出一种五兜茄克服，其代表产品是公司的“休闲骑士”牌（Relaxed Rider）。这种产品一改传统的直条形的生产服装的方法，将其产品裁成曲线型。曲线的牛仔迎合了女性的审美心理，突出了女性的身材和线条，增加了女性的美感和较力。这一创新可以说是服装业的一次革命，这一巧夺天工的产品创意为Lee的成功奠定了基础。

为了打开女性市场，公司决定寻找一家新的广告公司，帮助设计最优秀的广告去宣传其产品，经过竞争性筛选，Lee公司在1986年指定弗仑（Fation）广告公司作为广告代理商。

市场定位策略

美国著名广告大师R·雷斯在20世纪50年代提出了一个具有广泛影响的USP广告创意策略理论，即独特的销售主张。弗仑广告公司为Lee所做的广告就是建立在USP的理论基础上。“最贴身的牛仔”（The Brand that Fits），就是其经典广告文案，寥寥几字却是一个独具匠心的力作。尤其是这个“贴”（Fit）字，将Lee的创意焦点淋漓尽致地表现了出来。在牛仔服市场上，其他厂商大多采用说服性广告，要么宣传自己的品牌“领导潮流”，要么说自己的产品“最漂亮”、“高品位”等，辞藻华丽却内容空洞。而Lee的广告抓住

"贴身"这一诉求点，表现了 Lee 与众不同的追求。

以"最贴身的牛仔"为主题，弗仑广告公司利用女性关心自己的体形和服装是否贴身等特点，制作了第一个电脑广告片。在广告片中描述了妇女们因穿脱不合适的牛仔服而很费力的情景，然后表现了 Lee 牌牛仔恰到好处的贴身，穿脱自如。印刷媒体广告也宣传这一主题。

然而，Lee 的广告仅播出很短的时间，便遭到了公司的中间商，特别是零售商的批评。他们自恃更了解消费者的心理，认为消费者要购买的是时装，大多数牛仔服装广告也的确在宣传产品的时尚和品位，而 Lee 的广告避开时尚宣传"贴身"，他们认为这反映了 Lee 广告主题太陈旧，表现手法太理性和迂腐。Lee 公司接受了这一意见，将其目标市场重新定位于 18 ~ 34 岁的年轻女性消费者，并要求弗会广告公司重新制作新潮导向的广告。弗仑广告公司运用创造性手法在广告中淋漓尽致地渲染了时髦的色彩。这则广告播出后，获得了中间商的赞誉。但是当时一些市场研究公司断言：Lee 的广告走入误区。从创意角度看，这的确是一件真正有趣的生动的作品，而其失败之处也在于这种随波逐流的广告没能准确地把握 Lee 牌牛仔的个性。目标市场定位于大家共同争夺的年轻人市场，这种广告如果换上其他品牌也一样可以，不能与其他竞争品牌很好地区分，因此不能显示 Lee 的鲜明特色。果然，这则广告在电视和印刷媒体上使用了两年，Lee 牌牛仔的销售陷入困境。

市场研究

为了总结失败的教训并制定新的广告策略，弗仑广告公司对 25 ~ 44 岁的女性消费者群进行了定性的研究，并得出了以下的结论：

(1) 这些女性消费者对牛仔服装情有独钟。她们情愿将那些自己曾经穿过现在已经过时或者不再合身的牛仔服珍藏多年。这些女性之所以对牛仔服充满眷恋，是因为她们是穿牛仔长大的，看到牛仔服就会令她们追忆起似水年华，牛仔是她们青春成长的见证。穿牛仔服是她们这代人的象征。

(2) 贴身是这些女性最关心的利益。大多数女性都需要一种在腰部和臀部很贴身，且活动自如的牛仔服，而找到这样一件牛仔却很困难。调查表明，女性平均试穿 16 件牛仔才能选中一件称心的。结果，妇女们对买到称心的牛仔已失去信心，她们上街只是顺便试穿而不再专门为买牛仔而试穿。在一片抱怨声中，只有 Lee 牌口碑最好，女性消费者视之为专门为她们设计的最贴身的时装。

(3) 女性倾向于依据使用场合而不是以品牌去将牛仔服装分类。对一些女性来说，当她们需要打扮一番时才穿牛仔，而另一些女性却是在下班休闲时才会穿，还有些人将牛仔视为日常穿着。Lee 牌牛仔是唯一的一个能适合所有场合的品牌。

(4) 这些女性认为 Lee 牌牛仔代表"一种精心的、安全的选择——一个货真价实的品牌"。即使在廉价折扣商店里也大可放心去购买称心的 Lee，而不必一定要去大商场里去获取质量承诺和信心保证。

重建品牌个性

依据上述市场研究成果，弗仑广告公司采取的广告策略是：

1. 重新建立起 USP 的广告创意策略，仍将广告创意焦点定于"最贴身的牛仔"。

2. 针对研究中所表现的妇女与牛仔之间的感情联系，广告诉求也就不能再用纯理性手法。要真正走入女性的生活，去叩响女性的心弦。也就是要以感性手法去表达理性的USP的诉求，这可以说开了广告界的先河。

弗仑公司重新制作的Lee的第一个电视广告片中描绘了一个三十岁左右的妇女费力穿脱各种牛仔服，最后穿上Lee。当然，只有Lee最贴身。尽管一些玩世不恭的人责问如果Lee总是那么合身的话，为什么电视中的女模特不一上来就先穿上Lee？但不管怎么说，该广告提供的信息还是被观众有效地接受了。

弗仑公司围绕"Fit"创意拓展开来，在新制作的电视广告中，描述了妇女下班回家后脱掉工作服穿上Lee的情景。并且在一组家庭生活导向的广告中，播出了一系列带小孩的妇女的日常生活快照，画面上的妇女都穿着舒适的Lee，此时，一个温柔的女性画外音响起："最贴近你生活的牛仔。"这句话是迷人的、聪颖的，它表达了与妇女生活息息相关的感情。它以朴实、深沉的风格，将Lee定位于一种日常用品，而不是一个纯粹的时髦的装饰品。它令人感到诚实、可信、更亲切、更容易接受。

另外，Lee也善于在各种杂志上刊登彩色广告。近期杂志上的一组广告表现出弗仑公司在"Fit"上所下的工夫。这组广告的标题是"LEE FIT CHECK"（Lee的"贴身"检验）。原来在不经意的寻常生活场合中，人的动作、姿势的施展都如此与服装的合身与否休戚相关。广告散发生活气息的定格画面，很好地说明了Lee给人以舒适、安全、服帖的程度，它能帮你承载重量、化解焦虑、释放水平，任何超难动作都不会影响你最大值的发挥。

媒体运用策略

Lee公司一年拨出1 600万美元的广告经费，虽然数额比起Levi's要小得多，但它运用得更集中。Lee的媒体宣传对象就是25～44岁，家庭年收入在1.5～6万美元的女性消费者。为了有效占领市场，公司使用了由印刷媒体和电视媒体组成的广告媒体组合。在电视广告播放时间上，公司买下晚上九点至十一点半的播放权，因为这段时间广告到达率最高。而且公司将广告集中在周三至周末，以有效利用广告经费。

印刷媒体广告执行了双重功能，既沟通了消费者又沟通了中间商。为了加强这种功能，公司在三类不同的刊物上登了广告：

(1) 时髦类——《艾丽》、《魅力》、《时装》。

(2) 娱乐类——《周末娱乐》、《人》。

(3) 日常生活类——《乡村生活》、《消费指南》。

这么宽的广告范围保证了对目标市场的覆盖率。

"最贴身的牛仔"这一广告语至今已沿用了多年。为了更有效地传达其诉求信息，并保持消费者的兴趣，弗仑广告公司在"贴身"这一基本信息基础上发展了新的广告。新的电视广告在巴塞罗那奥运会期间开始出现在荧屏上，保留了贴身这一诉求点，但采取了更幽默的表现手法，这正是对公司品牌更自信的表现。

"Fit"给Lee牛仔服赢得了市场，同时也给我们带来了许多有益的启示。Lee的取胜之道，再次验证了市场营销的黄金准则：好的产品概念是站在消费者角度、关心消费者的需求、满足消费者的利益而开发出来的结果。

Lee牛仔的广告策略，从找到USP，放弃USP，到再回原点，其间走了一段弯路。从中可看出，独到的创见固然重要，但还要有坚持下去的信念。就像60年前麦克唐纳兄弟创立了麦当劳快餐店，但后来他们将它卖给了精明的商人雷·克罗克。麦克唐纳兄弟有创意，但没有信念，而克罗克有信念。

一致连贯性是成就名牌的核心要素。真正成功的品牌很少改变它们的定位。“Fit”在传播中是Lee的“独特销售主张”，在营销战略中是Lee的品牌定位。定位的战略选择要持之以恒，广告的“独特销售主张”也绝不能轻易放弃。

在广告中，一般情况下把“诉求”理解为“信息”。它基本上分成理性的与感性的两种。但事实上，就广告传达、表现的方式来看，也有所谓的理性和感性两种运用。理性的方式如写实、比较、示范、证词等，感性的方式如幻想、气氛、生活方式与生活片断等。习惯上总是考虑理性信息用理性表达方式，感性信息用感性表达方式。但实际上，理性信息也可用感性诉求的方式。这样就使得受众对理性信息有了轻松的接受气氛，使得品牌形象变得生动起来。Lee牌牛仔的广告，就是这种做法的典型。“Fit”是一种理性信息，它使Lee牌牛仔在服装惯常性的感性沟通策略中脱颖而出。但Lee又在广告的具体传达中采用感性诉求的方式，它纠正了理性信息对服装的柔性形象所造成的硬性感觉偏差，同时使得创意表现与目标消费者的生活形态和价值观相匹配，沟通的效果当然非同一般。

复习思考题

1. 什么是CIS？包含哪些内容？
2. 结合顺德家电企业现状，谈谈你对企业品牌塑造的认识和建议。
3. 如何去做企业品牌广告？
4. 企业品牌广告与产品品牌形象广告的区别是什么？
5. 企业形象广告的类别和操作原则有哪些？

工作任务训练

工作任务一：从品牌竞争和均衡视角分析一下日系车和欧美系车之间的对比，分析它们有什么不同，并选择一两个代表性品牌进行阐释。

工作任务二：案例分析题：品品雀巢咖啡的好味道策划案例

国内大众对雀巢咖啡的认识，也许大都是从它那句家喻户晓的广告语“味道好极了！”开始的。其实，很多业内人士也熟悉它的一个经典掌故，那就是雀巢咖啡在诞生之初，曾因过分强调其工艺上的突破带来的便利性（速溶）而一度使销售陷入危机。原因在于，许多家庭主妇不愿意接受这种让人觉得自己因为“偷懒”而使用的产品。

后来，雀巢咖啡投放了新版的系列电视广告，主题是“好的开始”。广告以长辈对晚辈的关怀与支持为情感纽带，以刚刚走上工作岗位的年轻人为主角等，表达雀巢咖啡帮助他们减轻工作压力，增强接受挑战的信心。

这是在意识到20世纪90年代中国年轻一代的生活形态微妙变化后，雀巢公司作出的反应。当今的年轻人，他们渴望做自己的事，同时又保留传统的伦理理念；他们意识到与父辈之间的差异，但尊敬家长；他们渴望独立，但并不疏远父母；虽然两代之间有代沟，但有更多的交流与理解；他们有强烈的事业心，但也要面对工作的压力和不断的挑战。这就是当今年轻人的生活形态，也成了雀巢咖啡“新的开始”广告的沟通基础。

雀巢（Nestle）咖啡这个名称，用世界各种不同的语言来看，都给人一种明朗的印象，和消除紧张、压力的形象结合在一起（而在汉语中，“雀巢”给人一种温馨的感觉，和“家”有强烈的相关性）。20世纪70年代在日本，“了解差异性的男人”的广告运动表达这样的概念：“雀巢金牌咖啡所具有的高格调形象，是经过磨炼后的‘了解差异性的男人’所创造出来的。”广告营造了“雀巢咖啡让忙于工作的日本男人享受到刹那的丰富感”的气氛，至今让许多日本人印象深刻。

雀巢咖啡在20世纪80年代早期，首先以“味道好极了”的朴实口号作面市介绍，劝说国人也品品西方的“茶道”。那时候，对于许多年轻人，与其说他们是品尝雀巢咖啡，还不如说他们是在悄悄体验一种渐渐流行开来的西方文化。“味道好极了”的运动持续了很多年。尽管其间广告片的创意翻新过很多次，但口号一直未变。它几乎成了20世纪80年代每个广告人津津乐道的成功范例。

问题：

1. 结合案例分析广告定位策略有哪些？
2. 广告品牌形象有哪几类？雀巢咖啡投放了新版的系列电视广告形象属于哪种？
3. 总结雀巢咖啡成功经验。

补充阅读

红罐王老吉品牌定位战略

——本案例受邀《哈佛商业评论》整理，刊于其中文版2004年11月号

品牌释名

凉茶是广东、广西地区的一种由中草药熬制，具有清热去湿等功效的“药茶”。在众多老字号凉茶中，又以王老吉最为著名。王老吉凉茶发明于清道光年间，至今已有175年历史，被公认为凉茶始祖，有“药茶王”之称。到了近代，王老吉凉茶更随着华人的足迹遍及世界各地。

20世纪50年代初由于政治原因，王老吉凉茶铺分成两支：一支完成公有制改造，发展为今天的王老吉药业股份有限公司，生产王老吉凉茶颗粒（国药准字）；另一支由王氏家族的后人带到香港。在中国内地，王老吉的品牌归王老吉药业股份有限公司所有；在中国内地以外的国家和地区，王老吉品牌为王氏后人所注册。加多宝是位于东莞的一家港资公司，经王老吉药业特许，由香港王氏后人提供配方，该公司在中国内地独家生产、经营王老吉牌罐装凉茶（食字号）。

背景

2002年以前，从表面看，红色罐装王老吉（以下简称“红罐王老吉”）是一个发展得很不错的品牌，在广东、浙南地区销量稳定，赢利状况良好，有比较固定的消费群，红罐王老吉饮料的销售业绩连续几年维持在1亿多元。发展到这个规模后，加多宝的管理层发现，要把企业做大，要走向全国，就必须克服一连串的问题，甚至原本的一些优势也成为困扰企业继续成长的障碍。

而所有困扰中，最核心的问题是企业不得不面临一个现实难题——红罐王老吉当“凉茶”卖，还是当“饮料”卖？

现实难题表现一：广东、浙南消费者对红罐王老吉认知混乱

在广东，传统凉茶（如颗粒冲剂、自家煲制、凉茶铺煲制等）因下火功效显著，消费者普遍当成“药”服用，无须也不能经常饮用。而“王老吉”这个具有上百年历史的品牌就是凉茶的代称，可谓说起凉茶想到王老吉，说起王老吉就想到凉茶。因此，红罐王老吉受品牌名所累，并不能很顺利地让广东人接受它作为一种可以经常饮用的饮料，销量大大受限。

另一个方面，加多宝生产的红罐王老吉配方源自香港王氏后人，是经国家审核批准的食字号产品，其气味、颜色、包装都与广东消费者观念中的传统凉茶有很大区别，而且口感偏甜，按中国“良药苦口”的传统观念，消费者自然感觉其“降火”药力不足，当产生“下火”需求时，不如到凉茶铺购买，或自家煎煮。所以对消费者来说，在最讲究“功效”的凉茶中，它也不是一个好的选择。

在广东区域，红罐王老吉拥有凉茶始祖王老吉的品牌，却长着一副饮料化的面孔，让消费者觉得“它好像是凉茶，又好像是饮料”，陷入认知混乱之中。

而在加多宝的另一个主要销售区域浙南，主要是温州、台州、丽水三地，消费者将“红罐王老吉”与康师傅茶、旺仔牛奶等饮料相提并论，没有不适合长期饮用的禁忌。加之当地在外华人众多，经他们的引导带动，红罐王老吉很快成为当地最畅销的产品。企业担心，红罐王老吉可能会成为来去匆匆的时尚，如同当年在浙南红极一时的椰树椰汁，很快又被新的时髦产品替代，一夜之间在大街小巷上消失得无影无踪。

面对消费者这些混乱的认知，企业急需通过广告提供一个强势的引导，明确红罐王老吉的核心价值，并与竞争对手区别开来。

现实难题表现二：红罐王老吉无法走出广东、浙南

在两广以外，人们并没有凉茶的概念，甚至在调查中频频出现“凉茶就是凉白开”、“我们不喝凉的茶水，泡热茶”这些看法，普及凉茶概念显然费用惊人。而且，内地的消费者“降火”的需求已经被填补，他们大多是通过服用牛黄解毒片之类的药物来解决。

做凉茶困难重重，做饮料同样危机四伏。如果放眼整个饮料行业，以可口可乐、百事可乐为代表的碳酸饮料，以康师傅、统一为代表的茶饮料、果汁饮料更是处在难以撼动的市场领先地位。

而且，红罐王老吉以“金银花、甘草、菊花等”草本植物熬制，有淡淡的中药味，对口味至上的饮料而言，的确存在不小的障碍，加之红罐王老吉3.5元的零售价，如果加多宝不能使红罐王老吉和竞争对手区分开来，它就永远走不出饮料行业“列强”的阴影。这就使红罐王老吉面临一个极为尴尬的境地：既不能固守两地，也无法在全国范围推广。

现实难题表现三：推广概念模糊

如果用“凉茶”概念来推广，加多宝公司担心其销量将受到限制，但作为“饮料”推广又没有找到合适的区隔，因此，在广告宣传上不得不模棱两可。很多人都见过这样一条广告：一个非常可爱的小男孩为了打开冰箱拿一罐王老吉，用屁股不断蹭冰箱门。广告语是“健康家庭，永远相伴”。显然这个广告并不能够体现红罐王老吉的独特价值。

在红罐王老吉前几年的推广中，消费者不知道为什么要买它，企业也不知道怎么去卖它。在这样的状态下红罐王老吉居然还平平安安地度过了好几年。出现这种现象，外在的原因是中国市场还不成熟，存在着许多市场空白；内在的原因是这个产品本身具有一种不可替代性，刚好能够填补这个位置。在中国，容许这样一批中小企业糊里糊涂地赚得盆满钵满。但在发展到一定规模之后，企业要想做大，就必须搞清楚一个问题：消费者为什么买我的产品？

重新定位

2002 年年底，加多宝找到成美营销顾问公司，初衷是想为红罐王老吉拍一条以赞助奥运会为主题的广告片，要以"体育、健康"的口号来进行宣传，以期推动销售。成美经初步研究后发现，红罐王老吉的销售问题不是通过简单的拍广告可以解决的。这种问题目前在中国企业中特别典型：一遇到销量受阻，最常采取的措施就是对广告片动手术，要么改得面目全非，要么赶快搞出一条"大创意"的新广告。红罐王老吉销售问题首要解决的是品牌定位。

红罐王老吉虽然销售了 7 年，其品牌却从未经过系统、严谨的定位，企业都无法回答红罐王老吉究竟是什么，消费者就更不用说了，完全不清楚为什么要买它——这是红罐王老吉缺乏品牌定位所致。这个根本问题不解决，拍什么样"有创意"的广告片都无济于事。正如广告大师大卫·奥格威所说：一个广告运动的效果更多的是取决于该产品的定位，而不是你怎样写广告（创意）。经一轮深入沟通后，加多宝公司最后接受了建议，决定暂停拍广告片，委托成美营销顾问公司先对红罐王老吉进行品牌定位。

按常规做法，品牌的建立都是以消费者需求为基础展开，因而大家的结论与做法亦大同小异，所以仅仅符合消费者的需求并不能让红罐王老吉形成差异。而品牌的定位，是在满足消费者需求的基础上，通过了解消费者认知，提出与竞争者不同的主张。

又因为消费者的认知几乎不可改变，所以品牌定位只能顺应消费者的认知而不能与之冲突。如果人们心目中对红罐王老吉有了明确的看法，最好不要去尝试冒犯或挑战。就像消费者认为茅台不可能是一个好的"啤酒"一样。所以，红罐王老吉的品牌定位不能与广东、浙南消费者的现有认知发生冲突，才可能稳定现有销量，为企业创造生存以及扩张的机会。

为了了解消费者的认知，一方面研究红罐王老吉、竞争者传播的信息；另一方面，与加多宝内部、经销商、零售商进行大量访谈，完成上述工作后，聘请市场调查公司对王老吉现有用户进行调查。以此基础进行综合分析，厘清红罐王老吉在消费者心目中的位置，即在哪个细分市场中参与竞争。

在研究中发现，广东的消费者饮用红罐王老吉主要在烧烤、登山等场合。其原因不外乎"吃烧烤容易上火，喝一罐先预防一下"、"可能会上火，但这时候没有必要吃牛黄解毒片"。

而在浙南，饮用场合主要集中在"外出就餐、聚会、家庭"。在对当地饮食文化的了解过程中，研究人员发现该地区消费者对于"上火"的担忧比广东有过之而无不及，如消费者座谈会桌上的话梅、蜜饯、可口可乐都被说成了"会上火"的危险品而无人问津。(后面的跟进研究也证实了这一点，发现可乐在温州等地销售始终低落，最后可乐几乎放弃了该市场，一般都不进行广告投放。）而他们对红罐王老吉的评价是“不会上火”，“健康，小孩、老人都能喝，不会引起上火”。这些观念可能并没有科学依据，但这就是浙南消费者头脑中的观念，这是研究需要关注的“唯一的事实”。

消费者的这些认知和购买消费行为均表明，消费者对红罐王老吉并无“治疗”要求，而是作为一个功能饮料购买，购买红罐王老吉的真实动机是用于“预防上火”，如希望在品尝烧烤时减少上火情况发生等，真正上火以后可能会采用药物，如牛黄解毒片、传统凉茶类治疗。

再进一步研究消费者对竞争对手的看法，则发现红罐王老吉的直接竞争对手，如菊花茶、清凉茶等由于缺乏品牌推广，仅仅是低价渗透市场，并未占据“预防上火的饮料”的定位。而可乐、茶饮料、果汁饮料、水等明显不具备“预防上火”的功能，仅仅是间接的竞争。

同时，任何一个品牌定位的成立，都必须是该品牌最有能力占据的，即有据可依。如可口可乐说“正宗的可乐”，是因为它就是可乐的发明者，研究人员对于企业、产品自身在消费者心目中的认知进行了研究，结果表明，红罐王老吉的“凉茶始祖”身份、神秘中草药配方、175年的历史等，显然是有能力占据“预防上火的饮料”这一定位。

由于“预防上火”是消费者购买红罐王老吉的真实动机，自然有利于巩固加强原有市场。而能否满足企业对于新定位“进军全国市场”的期望，则成为研究的下一步工作。通过二手资料、专家访谈等研究表明，中国几千年的中医概念“清热祛火”在全国广为普及，“上火”的概念也在各地深入人心，这就使红罐王老吉突破了凉茶概念的地域局限。研究人员认为：“做好了这个宣传概念的转移，只要有中国人的地方，红罐王老吉就能活下去。”

至此，品牌定位的研究基本完成。在研究一个多月后，成美向加多宝提交了品牌定位研究报告，首先明确红罐王老吉是在“饮料”行业中竞争，竞争对手应是其他饮料；其品牌定位——“预防上火的饮料”，独特的价值在于——喝红罐王老吉能预防上火，让消费者无忧地尽情享受生活：吃煎炸、香辣美食，烧烤，通宵达旦看足球……这样定位红罐王老吉，是从现实格局通盘考虑，主要益处有四点：

其一，利于红罐王老吉走出广东、浙南。

由于“上火”是一个全国普遍性的中医概念，而不再像“凉茶”那样局限于两广地区，这就为红罐王老吉走向全国彻底扫除了障碍。

其二，避免红罐王老吉与国内外饮料巨头直接竞争，形成独特区隔。

其三，成功地将红罐王老吉产品的劣势转化为优势。淡淡的中药味，成功转变为“预防上火”的有力支撑；3.5元的零售价格，因为“预防上火”的功能，不再“高不可攀”；“王老吉”的品牌名、悠久的历史，成为预防上火“正宗”的有力的支撑。

其四，利于加多宝企业与国内王老吉药业合作。

正由于加多宝的红罐王老吉定位在功能饮料，区别于王老吉药业的“药品”，因此能更好促成两家合作共建“王老吉”品牌。两家企业共同出资拍摄一部讲述王老吉凉茶创始人行医的电视连续剧《岭南药侠》。

成美在提交的报告中还提出，由于在消费者的认知中，饮食是上火的一个重要原因，特别是“辛辣”、“煎炸”饮食，因此建议在维护原有的销售渠道的基础上，加大力度开拓餐饮渠道，在一批酒楼打造旗舰店的形象。重点选择在湘菜馆、川菜馆、火锅店、烧烤场等。

凭借在饮料市场丰富经验和敏锐的市场直觉，加多宝董事长陈鸿道当场拍板，全部接受该报告的建议，决定立即根据品牌定位对红罐王老吉展开全面推广。

“开创新品类”永远是品牌定位的首选。一个品牌如若能够将自己定位为与强势对手所不同的选择，其广告只要传达出新品类信息就行了，而效果往往是惊人的。红罐王老吉作为第一个预防上火的饮料推向市场，使人们通过它知道和接受了这种新饮料，最终红罐王老吉就会成为预防上火的饮料的代表，随着品类的成长，自然拥有最大的收益。

确立了红罐王老吉的品牌定位，就明确了营销推广的方向，也确立了广告的标准，所有的传播活动就都有了评估的标准，所有的营销努力都将遵循这一标准，从而确保每一次的推广，在促进销售的同时，都对品牌价值（定位）进行积累。

这时候才可以开始广告创意，拍广告片。

品牌定位的推广

明确了品牌要在消费者心目中占据什么定位，接下来的重要工作，就是要推广品牌，让它真正地进入人心，让大家都知道品牌的定位，从而持久、有力地影响消费者的购买决策。

紧接着，成美为红罐王老吉制定了推广主题“怕上火，喝王老吉”，在传播上尽量凸现红罐王老吉作为饮料的性质。在第一阶段的广告宣传中，红罐王老吉都以轻松、欢快、健康的形象出现，避免出现对症下药式的负面诉求，从而把红罐王老吉和“传统凉茶”区分开来。

为更好地唤起消费者的需求，电视广告选用了消费者认为日常生活中最易上火的五个场景：吃火锅、通宵看球、吃油炸食品薯条、烧烤和夏日阳光浴，画面中人们在开心享受上述活动的同时，纷纷畅饮红罐王老吉。结合时尚、动感十足的广告歌反复吟唱“不用害怕什么，尽情享受生活，怕上火，喝王老吉”，促使消费者在吃火锅、烧烤时，自然联想到红罐王老吉，从而促成购买。

红罐王老吉的电视媒体选择主要锁定覆盖全国的中央电视台，并结合原有销售区域（广东、浙南）的强势地方媒体，在2003年短短几个月，一举投入4 000多万元广告费，销量立竿见影，得到迅速提升。同年11月，企业乘胜追击，再斥巨资购买了中央电视台2004年黄金广告时段。正是这种急风暴雨式的投放方式保证了红罐王老吉在短期内迅速进入人们的头脑，给人们一个深刻的印象，并迅速红遍全国大江南北。2003年初，企业用于红罐王老吉推广的总预算仅1 000万元，这是根据2002年的实际销量来划拨的。红罐王老吉当时的销售主要集中在深圳、东莞和浙南这三个区域，因此投放量相对充足。随着定位广告的第一轮投放，销量迅速上升，给企业极大的信心，于是不断追加推广费用，滚动发展。到2003年底，仅广告投放累计超过4 000万元（不包括购买2004年中央台广告时段的费用），年销量达到了6亿元，这种量力而行、滚动发展的模式非常适合国内许多志在全国市场，但力量暂时不足的企业。

在地面推广上，除了强调传统渠道的POP广告外，还配合餐饮新渠道的开拓，为餐饮渠道设计布置了大量终端物料，如设计制作了电子显示屏、灯笼等餐饮场所乐于接受的实用物品，免费赠送。在传播内容选择上，充分考虑终端广告应直接刺激消费者的购买欲望，将产品包装作为主要视觉元素，集中宣传一个信息："怕上火，喝王老吉。"餐饮场所的现场提示，最有效地配合了电视广告。正是这种针对性的推广，消费者对红罐王老吉"是什么"、"有什么用"有了更强、更直观的认知。目前餐饮渠道业已成为红罐王老吉的重要销售传播渠道之一。

在频频的消费者促销活动中，同样是围绕着"怕上火，喝王老吉"这一主题进行。如在一次促销活动中，加多宝公司举行了"炎夏消暑王老吉，绿水青山任我行"刮刮卡活动。消费者刮中"炎夏消暑王老吉"字样，可获得当地避暑胜地门票两张，并可在当地度假村免费住宿两天。这样的促销，既达到了即时促销的目的，又有力地支持巩固了红罐王老吉"预防上火的饮料"的品牌定位。

同时，在针对中间商的促销活动中，加多宝除了继续巩固传统渠道的"加多宝销售精英俱乐部"外，还充分考虑了如何加强餐饮渠道的开拓与控制，推行"火锅店铺市"与"合作酒店"的计划，选择主要的火锅店、酒楼作为"王老吉诚意合作店"，投入资金与他们共同进行节假日的促销活动。由于给商家提供了实惠的利益，因此红罐王老吉迅速进入餐饮渠道，成为主要推荐饮品。

（资料来源：http：//www. chengmei – trout. com/achieve – 4. asp）

思考题：

1. 查找资料，分析红罐王老吉的广告。

2. 红罐王老吉现在打出的广告，主要有王老吉上火篇、王老吉聚会篇、王老吉火锅篇、王老吉喜庆篇、王老吉新年快乐篇、王老吉吉祥年篇等。你如何看待该广告，你觉得其广告还有哪些不足的地方？

3. 从红罐王老吉广告案例中，请分析广告有什么样的作用？你如何看待这些作用？

任务九 广告策划书制作

能力目标

1. 了解广告策划书的内容构成和编写原则
2. 掌握写作广告策划书的基本技巧，能够拟订正规的广告策划书文本
3. 能够结合实际写出比较标准的广告策划书，并能对相关的营销策划书进行评价
4. 能运用所学理论和方法进行营销策划的实施和控制

引入案例

冰露纯净水广告策划书

一、前言

目前可口可乐公司拥有可乐、醒目、芬达、雪碧等碳酸饮料，拥有酷儿等果汁饮料。冰露纯净水自2002年投入市场以来没有像可口可乐及其他饮料品牌那样以塑造品牌形象为核心展开广告宣传。如可口可乐的广告语："抓住这感觉"、雪碧的"晶晶亮，透心凉"已成为当下的时尚语。可冰露作为可口可乐投入中国市场的饮料产品之一，却没有进行品牌运作，悄无声息的一夜之间就出现在了消费者眼前。做好冰露纯净水的广告策划，实施好其广告策略有助于塑造与可口可乐公司相适应的冰露纯净水品牌形象，有助于提升冰露纯净水在消费者心中的地位。

二、市场分析

1. 市场前景

近两年来，虽然继低浓度果汁饮料的热潮过后，新一轮的功能型运动饮料正在兴起，但瓶装水一直占饮料市场中30%份额，虽然其他类饮料一直在试图分割市场，但瓶装水以其低廉的价格和天然纯正的特性，仍有着不可替代的地位。而中国内地的瓶装水的人均消费量仅为世界平均水平的1/5，可以说中国的瓶装水市场还很年轻。随着人民生活水平的不断提高，中国内地市场瓶装水的人均消费量每年正以20%的增幅发展。

2. 目前竞争对手

主要竞争对手：娃哈哈、乐百氏、农夫山泉。

其他竞争对手：小品牌瓶装纯净水和地方品牌瓶装纯净水。

调查结果显示：娃哈哈、乐百氏和农夫山泉三大品牌占据了瓶装水市场的绝大部分份额，在消费者最常饮用的瓶装水品牌中，有35.2%的被访者选择了娃哈哈，28.3%的被访者选择了乐百氏，17.8%的被访者选择了农夫山泉，这说明人们在购买瓶装水时有着较强的品牌消费意识，品牌是企业产品的生命，随着品牌消费时代的到来，如何进行品牌营销正日益成为企业的核心工作之一。而以乐百氏为代表的三大知名瓶装水的成功，很大程度上也得益于其正确的品牌策划与战略实施。

3. 消费者接受程度

虽然由于矿泉水、果汁等其他软饮料的出现对纯净水曾经红极一时的主导地位造成冲击，但调查显示，在我国七大中心城市中，有30.1%的人仍喜欢纯净水，有21%的消费者表示“无所谓”。

调查显示：有的消费者在购买瓶装水时受广告影响，而自己喝过才知道、售货员推荐和亲戚朋友介绍则分别为38.3%、25.4%和11.1%，这说明广告是瓶装水消费者在购买瓶装水时的最佳“导购”。

三、广告策略

1. 目标策略

通过广告宣传，在短期内使冰露纯净水的品牌认知度提高到90%，销售量增加50%，进入中国瓶装水销量前三名。

2. 定位策略

冰露纯净水定位于大众品牌，以中青年消费者为诉求对象。

3. 媒体选择

电视，报纸，公共汽车车身、站台，超市POP。

4. 诉求策略

冰露纯净水广告宣传诉求一种品质，塑造一个坚强而不失缠绵的品牌形象。

5. 广告创意

A 平面广告文案

标题：冰露，永远不认输！

广告语：相信你自己！

正文：人生，充满无数的赛场，面对一个又一个强有力的对手，谁又会是永远的赢家？输，绝不会是终点；坚强，也不等于永远。心，依然坚强如冰，流在你的脸庞，只是水，是对冰的坚强的安慰。输，只是再来一回；冰露，永远不认输！

随文：冰露纯净水由可口可乐公司出品，国际品质，带给你非一般纯净的感觉。

B 电视广告文案

广告语：冰露，没你不行！

画面一：挥汗如雨的田径赛场，终点线上欢呼或沮丧的人们。

画面二：空旷的田径赛场，一个人的比赛。

画外音：没有对手的比赛，谁还会是冠军？

画面三：近镜头特写，失败者的沮丧，手持冰露纯净水喝一口，然后从头上淋下来，露出不服输的表情。

画外音：输并不可怕，可怕的是你不知道你的对手，永远不服输。人生的赛场，没你不行！

四、广告计划

1. 广告工作计划

3月份开展全面广告宣传，同时在超市开展促销活动。5月份结束本次广告宣传，开始新一轮的广告策划。

2. 广告发布计划

3 月，展开电视广告宣传，同时在各大城市公共汽车车身广告、站台广告，还有各大城市晚报广告。

3. 其他活动计划

赞助各种大型体育活动。

4. 经费预算（略）

五、效果预测（略）

理论引导

1. 广告策划书概述

2. 广告策划书内容

9.1　广告策划书概述

广告策划书是广告公司或独立策划人对广告主委托的广告标的进行广告创意，并以文字、图形、图片等书面形式或以影片、电视片、幻灯片等多媒体形式进行表达的文件或材料。

企业通过阅读广告策划书，可了解广告策划的内容，复审策划工作的结果，并作为评判广告策划工作成绩和选择广告策划合作者的主要依据。企业广告策划书基本上由广告策划者来承担完成。随着企业对策划工作的重视加强，对策划书的要求也越来越高。所以应熟悉广告策划书的基本要点，然后才能对广告策划合作者提出明确的工作要求，并正确地对广告策划书作出评判、决策。

9.2　广告策划书内容

根据广告策划书的内容要点，参照营销计划书的一般模式和许多广告策划者在实践中总结出来的广告策划书的格式，我们为读者提供以下的广告策划书内容与结构的一般模式：

一、封面

一份完整的广告策划书文本应该包括一个版面精美、要素齐备的封面，给新闻记者以良好的第一印象。

二、广告策划小组名单

在策划文本中提供广告策划小组名单，可以向广告主显示广告策划运作的正规化程度，也可以表示一种对策划结果负责的态度。

三、目录

在广告策划书目录中，应该列举广告策划书各个部分的标题，必要时还应该将各个部分的联系以简明的图表体现出来，一方面可以使策划文本显得正式、规范；另一方面也可以使阅读者能够根据目录方便地找到想要阅读的内容。

四、前言

在前言中，应该概述广告策划的目的、进行过程、使用的主要方法、策划书的主要内容，以使广告客户可以对广告策划书有大致的了解。

五、正文

第一部分：市场分析

这部分应该包括广告策划的过程中所进行的市场分析的全部结果，为后续的广告策略部分提供有说服力的依据。

（一）营销环境分析

1. 市场营销环境中的宏观制约因素

（1）企业目标市场所处区域的宏观经济形势；

（2）市场的政治、法律背景；

（3）市场的文化背景。

2. 市场营销环境中的微观制约因素

（1）企业的供应商与企业的关系；

（2）产品的营销中间商与企业的关系。

3. 市场概况

（1）市场的规模：整个市场的销售额、市场可能容纳的最大销售额 、消费者总量、消费者总的购买量、以上几个要素在过去一个时期中的变化、未来市场规模的趋势。

（2）市场的构成：构成这一市场的主要产品的品牌、各品牌所占据的市场份额、市场上居于主要地位的品牌、与本品牌构成竞争的品牌是什么、未来市场构成的变化趋势如何等。

（3）市场构成的特性：市场有无季节性、有无暂时性、有无其他突出的特点等。

4. 营销环境分析总结

（1）机会与威胁；

（2）优势与劣势；

（3）重点问题。

案例： **娃哈哈桶装水广告策划书**

一、娃哈哈桶装水市场分析

（一）市场优势分析

娃哈哈品牌可说是众所周知，从一个小企业成为一个集团公司，它做得很成功。以它的实力，在众多的品牌中，它一直深受消费者的喜爱和信任。特别是2002年3月15日，中央电视台关于“消费者权益日”专题栏目曝光了桶装水的黑幕——有一些企业不符合国家的生产标准、卫生标准私自生产桶装水。这给那些热衷于桶装水的消费者敲响了警钟。在这以前，市场上的确有些出奇便宜的桶装水，那些对价格比较敏感的消费者当然比较喜欢这种水，但他们万万没有想到生产厂家竟用如此黑暗的手段。这一来，消费者对那些比较陌生的品牌就会很警惕，唯一可靠的就是“娃哈哈”和“农夫山泉”了。也就是说，消费者会有更高的几率去选择“娃哈哈”，“娃哈哈”的潜在市场在日益扩大。

（二）市场劣势分析

湖州市场对于娃哈哈桶装水来说是个新市场。这也意味着要进入新市场，花费的成本比较大，一时难以获取满意的利润。而且娃哈哈桶装水的售价高于一般的桶装水，可能不能马上赢得目标顾客。

二、娃哈哈桶装水的市场机会与市场威胁

（一）市场机会

娃哈哈应该充分把握的发展机会主要有：不断扩大的市场规模；国家和各级政府的高度重视和支持；已经拥有的资源（如资金、人员、技术、设备）配置实力；正在加强的市场观念及对市场的适应性与协调性；对国内目标的更好接近与把握（如提供更符合国内市场消费习惯的产品）；已经拥有的规模效益。

（二）市场威胁

从娃哈哈桶装水市场的优势中，我们可以看到与“娃哈哈”相抗衡的“农夫山泉”，也是一个硬品牌，热衷于它的消费者也很多。可想而知，“农夫山泉”也会乘机采取措施，来扩大自己的市场。况且，“农夫山泉”早已在湖州建立了销售网点，已有其忠实的顾客，这对“娃哈哈”打入湖州市场必有一些障碍。另外，湖州桶装水市场竞争者较多，一些价格低廉且符合标准的一般桶装水的市场潜力也很大，不容忽视。

（二）消费者分析

（1）机会与威胁 、优势与劣势、重要问题。

（2）潜在消费者：机会与威胁、优势与劣势、主要问题点。

（3）目标消费者：目标消费群体的特性、目标消费群体的共同需求 、如何满足他们的需求？

案例：

别克君威的广告策划书

一、消费者的总体消费态势

中国消费者在购车时除了注意轿车排量外，还十分注意车辆大小和配置，中高档轿车也在不断朝着“大而全”的方向发展。由于世界顶级名车，如奔驰、宝马在外形上很大，使人们很容易将大和豪华、气派联系在一起，从而联想到车主尊贵的身份。丰富的配置也是中国消费者关注的，往往几项小配置的增加就能使整辆车在消费者心中上一个档次。

中国消费者在选择三厢车还是两厢车时与欧美消费者的选择大不相同，绝大多数国内消费者都选择三厢轿车，而不喜欢两厢轿车。

二、现有消费者分析

（一）消费者的构成

别克君威及其前身车型共卖出 197 352 辆。购买中高档车的客户中大专学历的占 29.8%，本科学历的占 45.6%，硕士以上学历的占 13.4%，高中以下学历的（包括高中和中专）占 13.0%。

现有中高档轿车的用户中，45 岁以上的占 32.7%，36 ~45 岁的占 48.2%，30 ~35 岁的 17.3%，20 ~29 岁的占 1.8%。

别克君威的消费者大多是建立了家庭的男性，他们在大中城市已定居，职业一般为高级主管及私营企业主，家庭月收入 1.5 ~3 万元。

（二）消费者行为分析

经过调查别克君威基本上是卖给商务、公务的顾客层，而且是以私人顾客为主。购车者希望借别克大气的外观和舒适的内部环境提升在商务和公务进行中的表现力。这些消费者购买君威全部选择在环境良好、服务正规的 4S 店中。

（三）现有消费者的态度

（1）本品牌的认知程度。别克君威的品牌认知程度逐年递增。2004 年别克品牌知名度（提示前的品牌认知度）已达到 83%，提示后的品牌知名度达 100%。

（2）品牌的偏好程度。据新华社在 2002 年北京国际车展期间的调查显示，“别克”品牌美誉度排名位居第四，调查对象对“你最喜爱的品牌”问题的选择率，别克排在宝马、奔驰、奥迪之后，位居沃尔沃之前。从本次消费者调查结果看，通用的品牌知名度和美誉度基本上发展均衡。

（3）对本品牌的满意程度。在中国质量协会对 2003 年度各车型用户满意度指数测评结果中别克的两款轿车的满意度都排在前十名，仅次于上海大众，说明消费者对别克旗下的产品满意度较高。

三、消费者分析总结

经过分析，我们发现别克君威的现有消费者大多以建立了家庭的男性为主，年龄在 30 ~45岁之间，在大中城市定居，家庭月收入 1.5 ~3 万元，受过大专以上教育，一般为高级主管及私营企业主。现有的消费者事业有成，进取心强，对产品的不满主要集中在车辆的性能方面。

潜在消费者购买趋于理性，更偏好于实惠的车型，他们对其他品牌并无明显不满，对别克君威印象良好，他们更需要一部既实惠又气派的中高档轿车。

（三）产品分析

1. 产品性能

别克君威现有六款车型，其中发动机排量为 2.0L 的有两款，2.5L 发动机的两款，3.0L 发动机有两款。

别克君威与同档次车相比最大的优势就是舒适安静，美国车的悬挂调效偏软，相对于欧洲车系偏硬的悬挂调效，对乘坐者来说十分舒适。安静是别克品牌一贯的追求，在美国，别克一直强调的目标是要带来同级车中最安静的车厢；在我国，别克的安静也成为别克区别其他车型的最大特征。

2. 产品质量

别克轿车在海外被誉为美制车中质量最好的车种，在国内也秉承这一良好传统，质量上乘。上海别克的零件由美国通用在世界的各大样板工厂提供，其中国内样板工厂采购占到40%以上，全球资源的优化带来了别克的高质量。2003 年 11 月 12 日中国汽车产业合作企业家代表团在美国著名汽车城底特律访问的时候，分别与美国主要汽车生产商签订协议，计划大量进口美国汽车和零部件。中国汽车产业合作企业家代表团当天与通用汽车公司签订了总额约为 14 亿美元的进口协议，而 14 亿中有 7 亿多美元是专为别克提供的零件。

（四）企业和竞争对手的竞争状况分析

1. 竞争对手的营销状况分析

（1）竞争对手数目。

别克君威在中高档车市场上共有 6 个竞争对手，其中主要的竞争对手有 2 个，广州本田雅阁和上海大众帕萨特。

（2）竞争对手分析。

①广州本田。广州本田汽车有限公司由广州汽车集团公司和本田技研工业株式会社按 50∶50 的股比合资建设和经营，于 1998 年 7 月 1 日正式挂牌成立，合资期限 30 年。目前，广州本田的生产能力已达到年产 36 万辆汽车，生产的车型有新一代广州雅阁、7 人座多功能轿车——Odyssey（奥德赛）以及家用轿车飞度。

广州本田生产的雅阁轿车是别克君威的主要竞争对手之一，2003 年雅阁共卖出 80 450 辆，中高档市场占有率达 29%，2003 年初广州本田将新雅阁下调了 4 万元进行促销并取得了销售同比增长 78.0% 的好成绩。

广州本田的销售主要集中在大中城市的 140 家 4S 店，目标消费群定位在希望得到又体面又实惠的有品位车型的那部分消费者，这部分消费者的主要特点是“满足生活、享受生活”。

广州本田的服务在两年前做得很好，曾在 2002 年 9 月由中国质量协会、全国用户委员会组织展开的全国轿车用户满意度指数测评中取得第一名的好成绩。但是由于近两年其他汽车厂商越来越重视产品质量和服务，广州本田在消费者心目中的形象开始下滑，2003 年落到了第五位。

②上海大众。上海大众汽车有限公司是中德合资的轿车生产企业，公司于 1985 年 3 月成立，9 月正式投产。中德各方各投资 50%。拥有桑塔纳、桑塔纳 2000、帕萨特、波罗四个产品平台、五大系列、几十款车型，现已具备年产轿车 45 万辆的生产能力。上海大众的几十种车型不断满足各细分市场的需求，深受商务、公务、警务、私人、出租等市场的喜爱。2002 年上海大众的产品销售突破 30 万辆大关，继续保持中国轿车行业的领先地位。2003 年，上海大众各类品牌的轿车销售突破 39.6 万辆，再次刷新中国轿车的新纪录，继续保持高速的发展。上海大众所生产的帕萨特系列是上海通用别克君威的最大竞争对手，2003 年，帕萨特共销售出 122 445 辆，同比增长 55.4%，继续领跑中高档车市场，在

2003 年轿车销量排行中仅次于捷达和普桑列于第三位。其中帕萨特在中高档市场上的占有率也达到了 41.8%。这样的成绩依赖于帕萨特铺天盖地的广告和覆盖全面的营销渠道。2002 年帕萨特在平面广告上的花费达 8 941.1 万元。其中帕萨特轿车试驾活动广告投放为 127.9 万元，试驾促销是其他中高档轿车费用的 7 倍之多。另外，上海大众拥有国内最庞大的营销渠道，仅 4S 店就有 500 家，这给上海大众帕萨特的销售和服务带来了得天独厚的便利。

帕萨特所面向的目标消费群是成熟、稳重、事业有成的男性，这类人群的范围比较广泛，很多消费者看中的是帕萨特的维修方便，到任何一个县市都可以维修，这使得消费者对帕萨特的评价大多是皮实耐用，扎实稳重。

(3) 比较竞争对手及自身的优势、劣势。

在产品质量上，君威、帕萨特、雅阁都是出自世界名厂，质量上乘，没有特别的优势之处，只是在细节的处理上各有不同。在定价上三款车的价格覆盖范围都较广，大致可分为高、中、低三档；在 2.0L 级别中，帕萨特更占优势；在 2.5L 这一级别，君威性价比高，优势明显；而 3.0L 的级别中，雅阁的价格极具吸引力，三个品牌各有优势。在促销上，雅阁借助其多年来的口碑，在广告上投入很少，帕萨特的投入最大，基本是雅阁的两倍，主要用于平面广告，试车广告也是平均水平的 7 倍，君威在宣传上注重品牌的塑造，广告都与品牌的塑造有关。在销售渠道上上海大众傲视群雄，500 多家 4S 店将近上海通用和广州本田加起来之和。

2. 企业与竞争对手的广告分析

别克君威的广告更注重品牌价值的体现，感性诉求居多。帕萨特的广告也注重品牌价值。中高档车的广告多在表现购车者对成功的态度，在别克君威和帕萨特的广告中有相似体现。本田雅阁的广告比较少，质量一般。

第二部分：广告策略

（一）广告的目标

1. 企业提出的目标

2. 根据市场情况可以达到的目标

3. 对广告目标的表述

（二）目标市场策略

1. 企业原来市场观点的分析与评价

2. 市场细分

(1) 市场细分的标准。

(2) 各个细分市场的特性。

(3) 各个细分市场的评估。

(4) 对企业最有价值的细分市场。

3. 企业的目标市场策略

(1) 目标市场选择的依据。

(2) 目标市场选择策略。

（三）产品定位策略

1. 对企业以往的定位策略的分析与评价

（1）企业以往的产品定位。

（2）定位的效果。

（3）对以往定位的评价。

2. 产品定位策略

（1）进行新的产品定位的必要性。

（2）对产品定位的表述。

（3）新的定位的依据与优势。

（四）广告诉求策略

1. 广告的诉求对象

（1）诉求对象的表述。

（2）诉求对象的特性与需求。

2. 广告的诉求重点

（1）对诉求对象需求的分析。

（2）对所有广告信息的分析。

（3）广告诉求重点的表述。

3. 诉求方法策略

（1）诉求方法的表述。

（2）诉求方法的依据。

（五）广告表现策略

1. 广告主题策略

（1）对广告主题的表述。

（2）对广告主题的依据。

2. 广告创意策略

（1）广告创意的核心内容。

（2）广告创意的说明。

3. 广告表现的其他内容

（1）广告表现的风格。

（2）各种媒介的广告表现。

（3）广告表现的材质。

（六）广告媒介策略

1. 对媒介策略的总体表述

2. 媒介的地域

3. 媒介的类型

4. 媒介的选择

5. 媒介组合策略

6. 广告发布时机策略

7. 广告发布频率策略

第三部分：广告计划

（一）广告目标

（二）广告时间

1. 在各目标市场的开始时间
2. 广告活动的结束时间
3. 广告活动的持续时间

（三）广告的目标市场

（四）广告的诉求对象

（五）广告的诉求重点

（六）广告表现

1. 广告的主题
2. 广告的创意
3. 各媒介的广告表现

（1）平面设计

（2）文案

（3）电视广告分镜头脚本

（4）各媒介广告的规格

（5）各媒介广告的制作要求

（七）广告发布计划

1. 广告发布的媒介
2. 各媒介的广告规格
3. 广告媒介发布排期表

（八）其他活动计划

1. 促销活动计划
2. 公共关系活动计划
3. 其他活动计划

（九）广告费用预算

1. 广告的策划创意费用
2. 广告设计费用
3. 广告制作费用
4. 广告媒介费用
5. 其他活动所需要的费用
6. 机动费用
7. 费用总额

第四部分：广告活动的效果预测和监控

（一）广告效果的预测

1. 广告主题测试

2. 广告创意测试

3. 广告文案测试

4. 广告作品测试

（二）广告效果的监控

1. 广告媒介发布的监控

2. 广告效果的测定

附录：

在策划文本的附录中，应该包括为广告策划而进行的市场调查的应用性文本和其他需要提供给广告主的资料。

1. 市场调查问卷

2. 市场调查访谈提纲

3. 市场调查报告

精选案例

轻怡百事可乐广告策划书

前言

百事公司创始于1898年，至今已有百年历史。百事公司在中国的历史可以追溯到中国实行改革开放政策之初。1981年，百事公司与中国政府签约在深圳兴建百事可乐罐装厂，成为中国的首批美国商业合作伙伴之一。到目前为止，百事在中国各合资、独资企业及其他项目的投资已达一亿多美元。

为了满足低热量的健康饮品的市场需求，进一步完善百事可乐产品线，赢得更多的市场机会和货价空间，百事可乐公司于2000年在全国正式推出银色的罐装碳酸饮料——轻怡百事可乐。

市场分析

（一）消费者分析

广东省开启饮料市场开始主要是以国内的饮料品牌占主要地位，消费者也钟爱着国品，可到了1981年随着百事可乐进军中国，就开始改变中国的各品牌的饮料占有率。到了1984年，可口可乐及百事可乐占了约16%左右的市场，在短短4年的时间内，能有这样的成果，令人刮目相看。时至今日，百事可乐与可口可乐成为了广东地区甚至中国饮料业的鳌头。

年轻人热爱运动，追求时尚，他们经常饮用的产品主要是百事可乐与可口可乐、第五季、果汁与冰红茶。他们喜欢购买有时尚感的饮料。经过统计分析调查问卷所获的资料表明：年青一代的消费者比较钟情于百事可乐（占34%），可是可口可乐的也不相上下（占20%），形势有点紧迫，还有其他饮料也占有一定比率（如图9－1）。

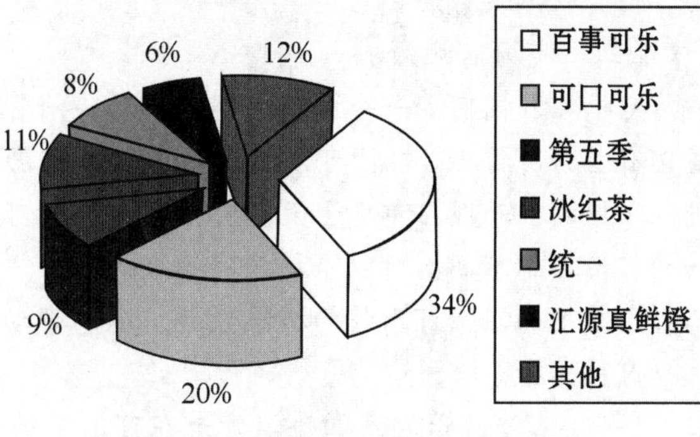

图9－1

从消费者购买心理的角度来看，消费者购买饮料的心理主要有：

买味道：从之前的调查显示（见轻怡可乐调查报告），41%的人认为口感很重要，所以味道是饮品商生产首先顾及的重点。

买名气：在同一档次的产品中，哪个品牌响就购买哪个品牌的产品，在公共场所群体消费更是如此，消费者购买的主要原因是心理满足感与自豪感。我们的调查显示，有21%的人认为品牌是主导他们购买产品的最主要因素之一。

买情节：饮料是聚会的主要消费品，消费时讲究情调与气氛。

买功能：饮料的功能多种多样，可乐与茶能清肠胃，果汁含有丰富的维生素C，蒸馏水更体贴人的身体，给人吸收大量的水分，帮助人体的内部循环。

附：影响消费者的主要购买因素（略）。

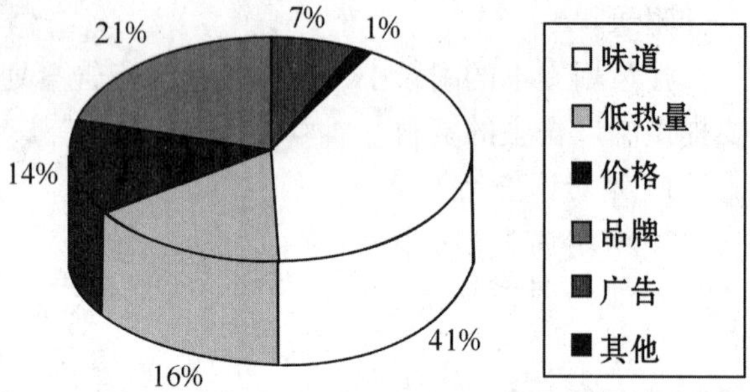

图9－2

（二）竞争对手分析

（1）以可口可乐为代表的国际品牌。营销特征：有品牌效应，有人员促销，促销手段非常丰富；形成了以某个地区为主而向外映射的优势，并建立了全国性的营销渠道；生产管理先进，企业资本雄厚，有实力成为全国的强势品牌。

可口可乐的健怡可乐，在中国市场有绝对的优势，可口可乐比百事可乐早12年进入中国市场，在中国受众心目中产生了不可磨灭的印象。它是百事可乐的头号对手，所以可口可乐推出的健怡可乐，和百事可乐的轻怡可乐在低热量的市场上所占份额相当。

（2）以第五季可乐和非常可乐为代表的国内品牌。其营销特征是：有较好的品牌效应，较多的人员促销；形成了以某个地区为主而向外映射的优势，并建立了大范围的营销渠道；生产管理较先进，可成为区域性强势品牌，并有实力向全国进军。

（3）城市内小型企业生产的产品。他们没有品牌效应，以较低的市场价格吸引顾客，生产管理落后，主要面对的是农村市场。

可乐类产品市场已形成了以百事可乐、可口可乐为领导品牌的市场领导者，而其他的包括百事在内的三个市场主流品牌形成“三追一”局面。一些小企业数量众多但影响力小，但会长期共存。

（三）市场前景预测

可乐在我国有着一个相对成熟的市场，消费心理、消费模式也基本上形成，但高层容量仍有潜力可挖掘。轻怡可乐是以“无糖、不影响体形”为主要特点，并且是走品牌路线进入市场的，而现在市场上无糖可乐只有轻怡可乐与可口可乐的健怡可乐。两个品牌的市场销售份额都不高，所以市场还有很大的潜力。近几个季度以来，越来越多的消费者选择不含卡路里的轻怡可乐作为提神饮料，从而带动了轻怡可乐的销量。

产品分析

（一）百事可乐洞悉青年消费者在可乐市场上占的重要地位，于是采用“明星”策略赢取了青年消费者对百事品牌的高忠诚度；为了进一步开发青年消费者市场，百事推出

“轻怡百事可乐”，以“无糖、不影响体形”的特点进入市场。

（二）产品策略

在产品的口感上，要努力去迎合广东消费者的口味，尽量清甜爽口一点。认为只有消费者喜欢的产品才有市场。

加大轻怡可乐的个性化，百事独特、创新、积极人生的品牌个性。

企业为消费者提供的不止是产品本身，而是一种整体满足感。产品质量的优劣是衡量产品的重要标志，价格的高低在一定程度上影响着人们的购买欲。

轻怡百事可乐在三个层次上与消费者进行沟通：

产品因素：低热量、好味道。

情感因素：健康的、运动的、自信的。

个性魅力：有魅力的，好交际的，有活力的。

（三）产品的问题点与机会点

问题点：

(1) 广东市场竞争激烈，知名的饮料品牌很多，也有了固定的消费群体。

(2) 消费者也已经形成了一定的消费习惯。

(3) 百事轻怡可乐知名度还是一般，很多受众还不知道或者不了解。

(4) 竞争对手实力相当，要在广告宣传上下工夫。

(5) 据调查显示，轻怡可乐的口感与味道有待改善。

(6) 百事轻怡可乐在它本国市场销售份额是46%，而在中国只有4%，利润不高，份额太小。

机会点：

(1) 来自市场的机会。人民生活水平进一步提高，市场容量稳步增长；新一代中国青少年受美国文化的熏陶，发展前景较好；除可口可乐外，其他国外品牌未进入国内市场；中国国内企业只有少数几个具有竞争实力；中国加入WTO，各项法制日益健全，市场环境日益良好。

(2) 来自产品自身的机会。作为全球性的大品牌，具有良好的品牌效应。轻怡可乐是以“无糖、不影响体形”为主要特点，并且是走品牌路线进入市场的，而现在市场上无糖可乐只有百事轻怡可乐与可口可乐的健怡可乐。而两个品牌的市场销售份额也不高，所以市场还有很大的潜力。不分季节性，随时随地可以饮用，方便。能给人时尚感，年轻人购买时有一定的心理满足感。包装外形为银色的清爽设计，醒目高雅，较其他品牌的包装更为高级。良好的生产机制，优秀的企业管理经验，以及雄厚的资金。轻怡可乐属于特殊口味饮料，容易形成稳定的消费群。不必一味追求市场占有率，只需将目标市场做细。

定位策略

（一）产品定位

产品定位为中高档产品，以低热量、好味道为产品的特性。

（二）广告定位

广告以情感诉求为主，主要表现百事轻怡可乐是健康的、运动的、自信的、有魅力的、好交际的、有活力的。

（三）广告对象定位

（1）追求时尚、新潮前卫的青少年。

（2）在紧张工作中渴望休闲、有品味的白领一族。主要受众20~30岁，核心受众23~25岁，目标是白领女性消费者，但兼顾男性消费者的需求。

（四）品牌定位

只有轻怡百事可乐是唯一可以让你享受到美妙的百事滋味的低热量的碳酸饮料，让活跃的你更有自信，更有魅力。

广告分析

（一）广告目标

（1）力求成为中高档的饮料产品，提高百事轻怡可乐的知名度。

（2）提高百事可乐中、低频率饮用者的饮用频率，百事、可乐品牌转换者，非碳酸饮料饮用者。

（二）广告主题

以“轻轻松松、怡乐无穷”为广告语的主标题，另在切实的媒体用结合主标题不同特色的口号。报纸广告主题：我的一轻，你的一怡。海报广告主题：我要亲轻怡。网络广告主题：你的一轻，我的一怡。

价格策略

我们的定价依据是百事产品的市场定位和目标市场以及目标市场消费者的价格承受能力。

正是现有价格和品牌塑造使百事在消费者心目中成为市场的高档品牌，继续营造“有品味”饮料的产品氛围，而不是盲目地跟进市场价格战。

其原因有四：

（1）百事定位中高档饮料产品，现有的主要消费者有能力承受当前的产品价格。

（2）市场竞争还未到白热化阶段，市场还有很大的发展潜力。通过打压对手，为百事带来更大的空间，显然没有必要。

（3）盲目地降低价格，会引发新的价格战，造成市场混乱，产品单位赢利能力下降，形成恶性循环。

（4）降低价格的最终目标是抢占市场占有率，但同时会冒着失去原有目标市场的风险，而新开发的市场却不能达到原有市场的赢利能力。

总之，虽然不会直接采取长期的价格战与其他产品进行正面交锋，但我们会根据市场的变化，及时采取短时间的降价促销或其他形式的变相降价，如加量不加价、买二赠一等。从而吸引消费者注意力，达到保持市场占有率，进一步开拓市场的目的。

因此，我们的价格策略是：在保持现有价格的长期不变的大前提下，根据目标市场的具体情况，允许有其他形式的价格促销；采取全国统一价的方法，允许存在小范围内的地区差价。

活动推广策略

在知名度迅速建立的同时，要求提升美誉度，并达到知名度与美誉度的一致，避免知名度与美誉度两者之间脱钩。

在公共策略的指导下，建议实行如下系列的公关项目：

今年轻怡可乐的年度主题口号是："轻轻松松，怡乐无穷"，结合轻怡可乐是"无糖、不影响体形"的低热量的碳酸饮料。"渴望无限"是百事可乐口号，也正是今日新一代理想的写照。"渴望无限"既是一种人生态度，也是百事与全球新一代的共同目标。而轻怡可乐的"轻轻松松"也有对人生、对生活的态度以及对自身体形的另一种认识。

促销活动推广：

(1) 8月15日，孙燕姿将到广州开个人演唱会，演唱会主题为"轻松为你唱"，百事轻怡可乐申请成为演唱会的赞助商。

推广目的：增加轻怡可乐的知名度，提醒受众。更结合轻怡可乐的"轻轻松松，怡乐无穷"主题，也用孙燕姿轻盈的体形做广告。

推广口号：结合本年度"轻轻松松，怡乐无穷"的主题口号，以"轻轻松松为你唱"为该次赞助活动的主题口号。

推广内容：在演唱会的背景屏幕挂上轻怡可乐的标准和其他轻怡可乐的信息内容。场内工作人员统一穿着是百事轻怡可乐的制服。舞台巨型主广告板，入场票广告位，场外粘贴孙燕姿的海报，注明百事轻怡可乐赞助。也与其他宣传方式相结合。(详见其他推广活动)

推广预算：约人民币250万元。

(2) 配合10月1日的国庆节展开大型的"轻一轻，怡一怡健美操大赛"健美小姐衣着轻怡可乐的特定服饰，进行各轮大赛的竞技。挑选出观众心目中最好的健美体态小姐。给健美操冠、亚、季小姐颁发金、银、铜轻怡可乐瓶及证书。

推广目的：加大宣传轻怡可乐的低糖，宣传喝可乐也依然可以保持身材苗条的秘诀，增加受众心理满足感。

推广口号：轻轻松松，怡乐无穷。

推广内容：印刷比赛海报、特刊、门票、明信片、首日封等宣传品与纪念品。

推广预算：约人民币50万元。

(3) 广州申亚活动有奖问答。主要问参赛者一些关于亚运会的基本常识，看参赛者答题的数目，然后决定赠送轻怡可乐的小礼品，如轻怡可乐、轻怡可乐笔记本、轻怡可乐运动护腕、轻怡运动服、轻怡运动背包。(建议推广活动)

(4) 网络推广活动。

①旗帜广告推广：大小：460×80。

在以下网站可以直接点击进入到百事轻怡可乐的网页：http：//www. sina. com 以及 http：//www. 163. com。主要是长期性的百事轻怡可乐形象推广，倡导消费者进入百事轻怡可乐的主页，并提醒消费者购买。内容根据活动的变动而变动，长期性投放，适时地更换网站投放。

②弹出式广告推广：大小：125×125。

在以下网站可以直接点击进入到百事轻怡可乐的网页：http：//www. sina. com 以及 http：//www. 163. com。内容根据活动的变动而变动，主要是配合"轻轻松松为你唱"演唱会活动与"轻一轻，怡一怡健美操比赛"促销活动的推广。提供促销信息，投放时间也根据促销活动的活动时期推出。

百事轻怡可乐的网页：分为公司简介、产品介绍（包括产品反馈）、销售活动、产品游戏。网页内包含轻怡可乐具体情况，每个最新促销活动的详细信息，还有结合活动的一些小游戏。

投放时间：长年投放。

媒介策略

（一）对象媒介接受习惯

白领女性消费者：较关注信息性强，商业经济类的媒体，如报纸、杂志、网络。

年轻一族消费者：比较关注悠闲、娱乐性、时尚性强的媒体。

（二）媒体组合策略

这次广告在广东范围内推广。因此，在媒体的选择上要注重大众媒体与流动媒体的结合。具体分为电视、网络作为主要进攻媒体，来增加知名度的宣传。户外广告和车身广告作为长期宣传广告。

（三）媒体选择策略及媒体经费预算

媒体选择先后顺序：电视、网络、报纸、杂志、灯箱、车身等。

电视媒体：广州电视台、广东电视台。

优势分析：广州电视台与广东电视台发布。广州电视台与广东电视台收视率高，栏目适合广东消费者的口味，对广东地区受众更有针对性。覆盖整个广东地区，辐射全国。

在广州电视台黄金时段播放轻怡可乐相关的促销活动信息，在广东电视台与南方电视台播放15秒的轻怡可乐的广告，每天每台播放8次。8月20日在广州电视台播放孙燕姿的演唱会，约2个小时。

网络媒体：http：//www.sina.com、http：//www.163.com

优势分析：新浪公司是中国领先的新媒体、电子商务、通信及移动增值服务公司，是中文世界强劲的互联网品牌、最有价值的用户，人数众多，覆盖面广，更多目标群体；网易拥有133 000 000注册用户，日平均访问量超过315 000 000。

极强的现实购买力：在网易的注册用户中，有94.32%为全职的工作人员，他们中的51.5%生活在北京、上海、广州等经济发达的商业化城市。据统计80.01%的网易注册用户拥有大学或大学以上的教育程度。

独特的性别优势：在网易男性用户和女性用户的比例为13:7，比一般的网站协调，有更多的女士经常上此网站。

极强的消费欲望：85%的注册用户年龄在18~35岁之间，有着极强的尝试欲望，是消费的中坚力量。

杂志媒体：《风情》、《美眉》。

优势分析：《风情》原名《香港风情》，创刊于1985年，现已有18年的历史，最高发行量达80万份，是一本迅速捕捉时尚潮流、丰富女性生活价值、追求精致知性梦想的读物。主要面向年龄在25岁以上，受过良好教育，有较高经济收入及良好社会地位的女性，同时辐射这一领域的周边群体；《美眉》主要面对女性群体，有一定的针对性，在广东地区发行。

在《风情》杂志中用全版的平面广告做宣传，在《美眉》杂志用半版的平面广告做宣传，主要是做促销活动的宣传。

报纸媒体：《广州日报》。

优势分析：《广州日报》是广州地区发行量最多、销售量最好的报纸，它内容丰富，受众面也是最广的，主要针对广州地区。

户外媒体：178、180 路公交车身、路牌、灯箱。

优势分析：户外媒体人流、车流量广，视觉冲击力强，能即时给受众输送信息。选择178 与 180 这两路车主要是它们路线比较远，两路车以广州路线南北、东西方向行驶，能捕捉更多的受众群。

各个目标市场的路牌、灯箱以宣传促销活动为主，根据活动的推广时间进行变动。促销期之后，路牌在天河北路一带，灯箱在解放路、在 178 路车与 180 路车车身中做宣传，他们是以宣传品牌形象为主。

广告经费预算

电视广告预算：大约 300 万。网络广告预算：大约需 130 万。报纸广告预算：选择 1 种地区性报纸，大约需 20 万。杂志广告预算：选择 2 种地区性杂志，大约需 20 万。户外广告预算：大约需 20 万。促销活动预算：大约需 300 万。其他：大约需 10 万。（如图 9－3）

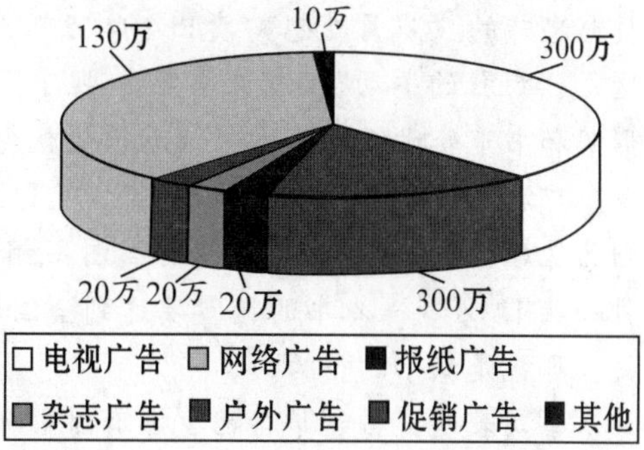

图 9－3

复习思考题

请选择一种即将上市的产品制作一份广告策划书。

工作任务训练

任务一：利用业余时间调查研究一家公司，并为其设计一份广告策划书，此策划书具有初步的商业价值。

任务二：撰写蒙牛公关活动策划书。

三鹿奶粉事件曝光后，国家相关部门加大了对国内各大品牌奶制品的质量检查力度。其中蒙牛公司生产的产品也一度“榜上有名”，其企业及品牌形象在一定程度上受到了影响。为了恢复蒙牛公司的品牌形象，公司决定进行一次企业公关活动。请为该企业撰写一份公关活动策划书。

要求：

1. 字数 8 000 字以上。

2. 结构完整，格式规范，语言通畅。

3. 符合排版要求。

任务三：仔细阅读案例，深入理解与比较不同产品广告策划的差异，并熟练掌握广告策划书撰写格式。根据案例提供的有关资料，为《学习的革命》制订如下的市场营销计划和具体行动方案。

科利华与《学习的革命》

1998年12月8日，中央电视台在《焦点访谈》之前播出的一则广告，引起了不少人的兴趣。这则在最昂贵的黄金时段播出的广告，是一本定价28元的书，叫《学习的革命》。知情人介绍，在中央一套19点38分播出这则15秒的广告，需要付出的费用是每天25万元。

12月9日，在北京的梅地亚宾馆，科利华宣布了《学习的革命》的推广计划，那就是要在100天斥资1个亿，卖掉1 000万册。近年来，书业不振已是人所共知。著名播音员赵忠祥的《岁月随想》卖出104万册，已是近年最高峰。北京一家书店的董事长认为，这是“疯狂的举动”，就像当年秦池酒厂买下中央电视台的“标王”一样。因为国家经济形势和书市处于低潮，盗版活动很快就会冲击正版。这本书不一定有1 000万册的市场容量。广域图书公司董事长刘苏里觉得，发行1 000万册太夸张。如果真能实现，销售总额则为2.8亿元。可是1997年全国图书销售码洋，包括书籍、招贴画总共才275亿元，品种一共12万。一本书的销量要达到全国所有图书发行量的1%，如果不是跟更大的目的有关，那就是疯子的行为。

事实表明，科利华自已也没有对1 000万册的销售量抱多大希望。科利华老总宋朝弟曾对部属说过：卖500万册我们就庆功。在接受记者采访时，宋朝弟解释了此次策划的思路：

第一步，就是先树立一个梦，提出销售1 000万册的目标。既然是梦，就无须用科学逻辑的道理去批驳和推翻它。

第二步，弄清楚梦想的意义。为了总结1 000万册销售成功的意义，科利华开了好多次会，从开始的十几个人到后来的上百人参加，总结了200多条意见。这些都是今后落实工作的动力，是信心。

第三步，让梦想变成现实的具体手段。要想成功推广1 000万册，一定要让这本书家喻户晓，于是就有了中央一套黄金段的广告。据说，尽管有谢晋无偿“支援”，科利华为了电视广告仍然筹备了三个月，花费了200万元制作费。从一份科利华电视广告播出安排上可以看到，科利华已在央视一套、三套节目、中国教育台、凤凰卫视中文台以及各地日报、晚报上投放了广告。这则广告甚至出现在北京放映正火的美国大片《拯救大兵瑞恩》的片前。

第四步，分析如果梦失败，原因是什么。宋先生分析困难会有许多，最致命的可能就是盗版。科利华已经申请了有关法律保护，书的封面有防伪标记，每本书有唯一编号，同时把活动定在100天内完成，不给盗版者可乘之机。

为了推广，科利华制作了100本高76厘米、宽52厘米、重14.8千克的“书王”，制作了12米高、9米宽的中国最大的图书模型，并成为国内第一家为一本书开设一个网站、开通专项寻呼的单位。

从12月12日开始，名为“学习的革命”的展览在全国30个城市举行；同时，《学习的革命》一书也在几十个城市的办事处开始批发。据悉，该书头两天的销售量即达到38

万册。这在图书市场低迷的大环境下，也确实算得上一个小“奇迹”。

此番科利华不惜血本地投入宣传，目的当然不仅仅是卖书而已。宋朝弟曾经表示：“科利华是滚动投入。毕竟卖一本书科利华还有10元的毛利，投入1亿元发行1 000万本书科利华最多是赚不到现金而已。但39个城市的展览将会有300万人左右参加，收到门票和海报等宣传品的将有3 000万人，间接波及的人口更会有3个亿。照此计算，科利华的无形资产会增长5～10倍。”

补充阅读

房地产广告策划知识

房地产开发商要加强广告意识，不仅要使广告发布的内容和行为符合有关法律、法规的要求，而且要合理控制广告费用投入，使广告能起到有效的促销作用。这就要求开发商和代理商重视和加强房地产广告策划。但实际上，不少开发商在营销策划时，只考虑具体的广告的实施计划，如广告的媒体、投入力度、频度等，而没有深入、系统地进行广告策划。因而，有些房地产广告的效果不尽如人意，难以取得营销佳绩。随着房地产市场竞争日趋激烈，代理公司和广告公司的深层次介入，广告策划已成为房地产市场营销的客观要求。

房地产广告策划

房地产广告策划是在广泛调查研究的基础上，对房地产市场和个案进行分析，以决定广告活动的策略和广告实施计划，力求广告进程的合理化和广告效果的最大化。房地产广告策划不仅能够进一步明确开发商的目标市场和产品定位，而且能够细化开发商的营销策略，最大限度地发挥广告活动在市场营销中的作用。

房地产广告类型和策划原则

根据广告的目的，房地产广告大致可分为四种类型：

(1) 促销广告。大多数的房地产广告属于此类型，广告的主要目的是传达所销售楼盘的有关信息，吸引客户前来购买。

(2) 形象广告。以树立开发商、楼盘的品牌形象并期望给人留下整体、长久印象为广告目的所在。

(3) 观念广告。以倡导全新生活方式和居住时尚为广告目的，如“广州后花园”概念就是传播一种在繁忙、紧张工作之余，去郊外居所里享受轻松生活的新观念。

(4) 公关广告。通过以软性广告的形式出现，如在大众媒介上发布的入伙、联谊通知，各类祝贺词、答谢辞等。

开发商可根据营销战略的需要，将几种广告类型结合起来考虑，组合运用。在进行广告策划时，应遵循以下原则：

(1) 时代性。策划观念具有超前意识，符合社会变革和人们居住需求变化的需要。

(2) 创新性。策划富有创意，能够塑造楼盘的独特风格，体现“把握特色，创造特色，发挥特色”的策划技巧。

(3) 实用性。策划符合营销战略的总体要求，符合房地产市场和开发商的实际情况，具有成本低、见效快和可操作的特点。

(4) 阶段性。策划围绕房地产营销的全过程有计划、有步骤地展开，并保持广告的相对稳定性、连续性和一贯性。

(5) 全局性。广告、销售促进、人员推销和宣传推广是开发商促销组合的四种手段，广告策划需兼顾全局，考虑四种方法的综合效果。

房地产广告策划内容

房地产广告策划内容丰富，步骤众多。策划者各有各的做法，繁简不一，没有统一模式。大体上可分成五个部分，即：广告目标、市场分析、广告策略、广告计划和广告效果测定。

(1) 广告目标。主要确立广告的类型、广告欲达到的目标和有关建议。

(2) 市场分析。主要包括营销环境分析、客户分析、个案分析和竞争对手分析等。若开发商在营销策划时已将宏观和微观营销环境分析得透彻、准确，则可将重点放在其他几项分析上。客户分析主要分析客户的来源和购买动机，如信赖开发商、保值增值、楼盘设计合理、地段较好、价位合适等，也要分析客户可能拒绝的原因，如附近有更合适的楼盘、交通不便、购房投资信心不足等。个案分析主要分析开发商的实力、业绩，楼盘规划、设计特色，主要设备和装修情况，配套设施情况以及楼盘面积、结构、朝向、间隔、价位等方面的情况。进行竞争对手分析时，除了要分析竞争对手实力和竞争楼盘的情况，还要分析竞争对手的广告活动，以吸取有益的东西，扬长避短。

(3) 广告策略。广告策略的制定可从以下五个方面着手：

目标市场的策略。开发商通常并不针对整个目标市场做广告，而是针对其中的某个细分市场。哪个细分市场需要广告配合，广告就应该以哪个细分市场为目标并采取相应的广告策略。以兼有多层和高层住宅的小区广告策划为例，当小区刚起步时，以开发深受市场欢迎的多层住宅为主，这时可采用开拓性广告策略：广告结合多层住宅的销售热潮，不断强化小区的知名度和客户的认知度，使楼盘迅速进入市场；当小区逐步成型时，则采用劝说性广告策略：广告以说服客户购买，提高市场占有率为目的；当小区初具规模，欲推出高层楼盘时，可采取提示性广告策略：以造声势，提醒客户留意认购期为主要目的。

市场定位策略。定位策略的根本目的是使楼盘处于与众不同的优势位置，从而使开发商在竞争中占据有利地位。定位时可根据目标客户群的要求，采取价格定位策略、素质定位策略、地段定位策略、时尚定位策略等。市场定位不能偏差或含混不清，否则广告诉求时重点不明，受众难以留下特定的鲜明印象。

广告诉求策略。根据诉求对象、诉求区域的特点，房地产广告可采用理性诉求策略，即通过真实、准确、公正地传达开发商或楼盘的有关信息或其带给客户的利益，让受众理智地作出决定；也可采用感性诉求策略，即向受众传达某种情感或感受，从而唤起受众的认同感和购买欲；当然还可用情理结合的诉求策略，即用理性诉求传达信息，以感性诉求激发受众的情感，从而达到最佳的广告效果。

广告表现策略。广告表现策略要解决的是广告中信息如何通过富有创意的思路、方式以及恰如其分的广告表现主题传达给受众。广告诉求的重点通常是楼盘的优点和特色，而广告表现的主题则具有更深一层的内涵，即楼盘带给客户的是生活品位的提高和由此而生的自豪感、优越感。广告表现策略要求用创意对广告信息进行包装并确定广告设计、制作的风格和形式。广告创意讲求新颖独特，但不能离奇古怪。失败的创意有时让人厌烦，给楼盘销售也带来负面影响。

广告媒介策略。据统计，80%的广告费用用于广告媒介，媒介选择不当，就有可能造成投入高、见效低的结果。通常房地产广告可以选用四大媒体：报纸、广播、电视和杂志，还有户外广告，如工地围墙宣传画、巨幅电脑喷画、路牌、灯箱、车身广告、横幅等，这些可统称为“线上媒介”。“线下媒介”也是开发商常用的，像展销会、直邮、赞助及其他推销用的楼书、优惠券、单张（海报）等。广告媒介策略首先要求开发商和代理商合理选择媒介组合，形成全方位的广告空间，扩大广告受众的数量；其次要合理安排广告的发布时间、持续时间、频率、各媒体发布顺序等，特别重要的广告要提前预订好发布时间和版位。

(4) 广告计划。又称广告实施计划，内容包括广告目标、广告时间、广告诉求、广告表现、媒体发布计划、与广告有关的其他公关计划、广告费用预算等。在形成书面的广告计划书时要注意提案的技巧、文字的风格和格式的赏心悦目。

(5) 广告效果的测定。广告效果通常是在广告发布后测定的，对于房地产广告却不太合适，事后测定不利于控制广告效果。较为明智的做法是在广告发布前就进行预测。先邀请目标客户群中的一些代表对广告的内容和媒介的选择发表见解，通过分析反馈意见再结合部分专业人士的建议，反复调整，就可使广告计划日臻完善。

任务十 广告管理与岗位认知

能力目标

1. 了解国家和行业对于广告从业的法律和规范
2. 能够辨别企业广告的违法行为
3. 明确国家对广告业行政管理的手段与内容
4. 认知广告公司招聘广告岗位的要求和条件
5. 了解广告从业人员的素质和能力要求

引入案例

丰田“霸道广告事件”的前前后后

2003年11月5日，一汽丰田为其三款新车——陆地巡洋舰、霸道和达路特锐举行了隆重的上市仪式。可是半个月后，两则丰田汽车的广告却将丰田公司、广告制作公司和刊登广告的杂志推到了风口浪尖，在互联网的论坛上，谴责之声一片。

事件的起因：霸道陆地巡洋舰广告引起争议

为新品刊登广告是再平常不过的事了，刚刚成立不久的一汽丰田汽车公司为了推广三款新车，于是在全国公开招标广告公司。最后，美资背景的盛世长城广告公司在5家公司中脱颖而出，为丰田三款车代理平面和电视广告。两则霸道和陆地巡洋舰的广告，引发了“丰田问题广告”风波。

两则广告中，争议最大的是霸道的广告。画面上，霸道越野车威武地行驶在路上，而两只石狮蹲坐路旁，一只挺身伸出右爪向“霸道”车作行礼状，另一只则低头作揖。配图的广告语写道：“霸道，你不得不尊敬。”另一则是陆地巡洋舰的广告。它的画面是，在可可西里无人区的崎岖山路上，一辆丰田“陆地巡洋舰”迎坡而上，后面的铁链上拉着一辆笨重的、军绿色的、看似“东风”的大卡车。在画面左侧，还挂着追捕盗猎者所用的军大衣、冲锋枪等。

看到这两则广告后，立即有人在网上留言，表示了异议和愤怒。认为石狮在我国有着极其重要的象征意义，代表权力和尊严，丰田广告用石狮向霸道车敬礼、作揖，极不严肃。更有网友将石狮联想到卢沟桥的狮子，并认为，“霸道，你不得不尊敬”的广告语太过霸气，有商业征服之嫌，损伤了中华民族的感情。

而对于“陆地巡洋舰”的广告，网友也认为，用丰田车拉着看似“东风”的大卡车跑，有贬低中国落后之嫌。

三方低头：《汽车之友》、丰田公司、广告公司先后道歉

在12期上刊登了霸道和陆地巡洋舰广告的杂志《汽车之友》是最先道歉的。对于发生这样的事，是这家国内影响最大的老牌汽车杂志始料不及的。据悉，在他们刊登之前，曾见过其他媒体刊登这两则广告，也就没有多想。

12月2日，《汽车之友》在自己的网站上向读者致歉。表示“由于我们政治水平不高，未能查出广告画面中出现的一些容易使人产生联想的有伤民族情感的图片，广告刊出后，许多读者纷纷来信来电话质询，我们已认识到问题的严重性，在此，我们诚恳地向多年来关心和支持《汽车之友》的广大读者表示深深的歉意。”同时，《汽车之友》还表示，将停发这两则广告，由于发行原因，将于明年1月在下一期杂志上正式刊登道歉函。

隶属于中国汽车工程学会的国有杂志《汽车之友》的道歉并没有平息事态，相反，此事被进一步传播扩大。网友们在广告之外，还对“霸道”的中文车名（英文为Prado）提出质疑，认为太过张扬。

12月3日晚上9点，丰田公司在紧急磋商之后，启动了危机公关程序，对本报记者表示了他们的歉意。第二天（4日）上午，日本丰田联合一汽丰田，在新浪等主要网站上，刊登了道歉信；晚上6点半，又紧急召集记者到京广中心，正式宣读道歉信。

12月4日，这两则广告的制作公司——盛世长城国际广告公司也公开致歉，表示：“一些读者对陆地巡洋舰和霸道平面广告的理解与广告创意的初衷有所差异，我们对这两则广告在读者中引起的不安情绪高度重视，并深感歉意。我们广告的本意只在汽车的宣传和销售，没有任何其他的意图。”同时，还表示：“对出现问题的两则广告已停止投放。由于12月的杂志均已印刷完成并发布，这两则广告将在1月份被替换。”

案例思考题

1. 这是一起由于传播误导引起的公关危机。无论如何日本企业在中国刊登如此张扬的广告，都会引起中国人的反感，甚至激化了民族情绪。

2. 危机发生后，丰田公司迅速采取措施平息危机，防止事态进一步扩大。

10.1　国家对广告行政管理的主要内容

（一）对广告经营者和广告发布者的管理

1. 广告经营者的资格

广告经营者是指受委托提供广告设计、制作、代理服务的法人、其他经济组织或者个人。换句话说，广告经营者可以是企业、其他经济组织或者个人，如各类广告公司、广告社、广告设计工作室等。

从事广告经营活动，必须具备资金、专业技术人员和专业制作设备等条件，符合广告业登记的有关要求，并依法办理公司或者广告经营登记，经过工商行政部门审批，并发给经营证照之后才具有合法资格，方可从事广告活动。也就是说，无论是企业、经济组织或者个人，必须具备上述条件并完成法定的注册登记审批手续后，才真正具有广告经营的资格。

2. 广告发布者的资格

广告发布者是指为广告主或者广告主委托的广告经营者发布广告的法人或者其他组织。因为广告的业务性较强，为了便于管理，《中华人民共和国广告法》规定，广播电台、电视台、报刊出版单位的广告业务，应当由其专门从事广告业务的机构办理，并依法办理兼营广告的登记。此外，各种新闻媒体利用所拥有的发布广告的条件从事广告发布，还必须到工商行政管理部门进行审批登记，经审查合格以后，发给广告经营证照之后才具有合法资格。

3. 广告经营者、广告发布者的责任和义务

关于广告经营者、广告发布者的责任和义务，有关管理法规有着相应的规定，现摘要简介：

（1）负责查验广告证明文件，核实广告内容。

广告经营者、广告发布者应当依据法律、行政法规，查验广告有关证明文件，核实广告内容。对内容不实或者证明文件不全的广告，广告经营者不得提供设计、制作、代理服务，广告发布者不得发布。

（2）不得从事超出经营范围的广告业务。

广告经营者、广告发布者在办理广告经营审批登记时，已经由工商行政管理部门核定其可以从事广告经营业务的范围，广告经营者、广告发布者只可以从事其核定经营范围内的广告业务，不能超越其经营业务范围。

（3）不得在广告活动中进行不正当竞争。

为了维护正常的市场经济秩序，保护市场健康发展、有序竞争。广告主、广告经营者、广告发布者不得在广告活动中进行任何形式的不正当竞争。

（4）从事广告活动要订立书面合同。

为了规范广告活动各方的行为，避免各种纠纷，净化市场环境，广告主、广告经营者、广告发布者之间在广告活动中应当依法订立书面合同，明确各方的权利和义务。这是法制社会以及市场经济条件下对广告活动的必然要求。

（5）建立健全广告业务档案。

为了管理部门能够有效监督广告活动，也为了规范广告业的内部管理行为，保护广告业的健康发展，依照法律规定，广告经营者、广告发布者应按照国家有关规定，建立、健全广告业务的承接登记、审核、档案管理制度。

（6）收费公开，标准合理。

广告经营者、广告发布者应当公布其收费标准和收费办法。广告收费应当合理、公开，收费标准和收费办法应当向物价和工商行政部门备案。

（7）提供真实的资料和信息。

广告主向广告经营者和广告发布者提供的资料应当是真实的，广告发布者向广告主、广告经营者提供的媒介覆盖率、收视率、发行量等资料也应当真实可靠。

（二）广告主管理

1. 广告主的资格

广告主是指为推销商品或者提供服务，自行或者委托他人设计、制作、发布广告的法人、其他经济组织或者个人。因为广告主是提出发布广告的要求者，又是广告内容的决定者，也是广告制作费用的出资者，所以，广告主必须具有行为能力和责任能力，能够对自己的行为负责、对广告可能会产生的法律后果负责，能够承担发布广告所引起的法律责任。

2. 广告主的责任和义务

（1）确保发布广告的内容应在自己的经营范围和国家许可的范围内。

广告主自行或者委托他人设计、制作、发布广告、所推销的商品或者所提供的服务应

当符合广告主的经营范围。如果超出其经营范围进行经营，就属于违法经营，为其违法经营行为进行广告宣传，其行为当然也是违法广告行为，国家机关要进行查处。

此外，即使广告主在广告中所推销的商品或者服务属于自己的经营范围之内，其广告宣传也应当在国家许可的范围内进行。例如，卷烟厂为其生产的香烟做广告，农药厂为其生产的农药作广告，虽然都在自己的经营范围之内，但由于国家对这些商品的广告宣传有若干限制，并制定有专门的法规，还要遵照这些专门的法规进行广告宣传。即使是一般商品，也要按照国家关于发布广告所应遵循的一般标准进行。

（2）必须提交正式、合法、有效的证明文件。

广告主自行或者委托他人设计、制作、发布广告，应当具有或者提供真实、合法、有效的证明文件，包括：营业执照以及其他生产、经营资格的证明文件；质量检验机构对广告中有关商品质量内容出具的证明文件；确认广告真实性的其他证明文件。

如果发布的广告需要经过有关行政主管部门审查的，还应当提供有关批准文件。例如招生广告，根据招生性质需要教育主管部门或劳动部门审批。

（3）广告业务必须委托给具有合法资格的广告经营者和广告发布者承担。

广告主委托设计、制作、发布广告，是由广告主自己决定委托对象，但是应当依照法律规定委托给具有合法经营资格的广告经营者、广告发布者承担，委托给不具有合法经营资格的组织或个人经营广告业务属于违法行为。

（三）广告审查

国家对广告的管理，除了上述对广告经营、广告发布者及广告主进行管理外，还要对广告活动进行有效的管理，这就是广告审查。

1. 广告审查制度

（1）委托代审制度。

广告监督管理机关本身承担着对广告经营者和广告发布者的审批登记、对违法广告行为查处等项工作，同时，国家对广告的监督管理是一种外部的行政管理。所以，广告管理机关不可能对每一项广告内容进行事先的逐项检查，而必须由广告经营者、广告发布者，或者有关行政管理部门按照广告法规的要求对广告内容进行审查，这就是广告委托代审制度。这种对广告内容的审查是按照《中华人民共和国广告法》等有关法规的要求进行的，这是广告经营者和广告发布者应尽的责任和义务。

（2）验证审查制度。

这是指广告经营者、广告发布者必须对广告主所提供的证明文件和资料的完整性、真实性、合法性和有效性所进行的审查。广告主在要求广告经营者、广告发布者为其设计、制作、发布广告时，必须按照广告法规的要求，提供各项证明文件和有关资料，由广告经营者、广告发布者依照有关法律法规的规定进行审查，并建立广告业务档案存查。验证审查是《中华人民共和国广告法》等有关法规的广告主必须履行的义务，也是法律赋予广告经营者、广告发布者的权力和责任。

2. 广告审查标准

广告审查标准分为共同标准和特殊标准两个方面。共同标准是所有广告都必须遵守的要求，特殊标准是指除共同标准外某些特殊类别的广告还应当遵守的标准。这些标准都是以《中华人民共和国广告法》等有关法规的形式颁布的。

(1) 共同标准。

共同标准要求广告内容应当有利于人民的身心健康，促进商品和服务质量的提高，保护消费者的合法权益，遵守社会公德和职业道德，维护国家的尊严和利益。

首先，广告内容要做到以下几个方面：内容真实、合法，不得虚假、欺骗和误导消费者；内容和形式要健康、积极；表述和允诺要清楚明白；数据和资料要真实、准确；不得贬低其他产品或者服务；容易识别并区别于其他非广告信息；不得侵犯他人的合法权益。

其次，广告内容和形式禁止出现以下几种情形：使用中华人民共和国国旗、国徽、国歌；使用国家机关和国家机关工作人员的名义；使用国家级、最高级、最佳等用语；妨碍社会安定和危害人身、财产安全，损害社会公共利益；妨碍社会公共秩序和违背社会良好风尚；含有淫秽、迷信、恐怖、暴力、丑恶的内容；含有民族、种族、宗教、性别歧视的内容；妨碍环境和自然资源保护；法律、行政法规规定禁止的其他情形。

(2) 特殊标准。

对于一些特殊内容的广告，除了要遵守上述关于广告发布的外，国家还作了一些特殊的规定，主要包括以下几个方面：

第一，禁止或限制某些商品做广告。对某些特殊商品禁止做广告。这些商品主要是有毒、有害、用途特殊的药品、精神药品、毒性药品、放射性药品等特殊药品。还有对某些特殊商品限制做广告。某些特殊商品，虽然可以做广告，但是对其范围需要加以限制。例如，许多国家对烟草、烈性酒的广告范围都有着严格的限制。我国目前主要是对烟草广告限制，禁止利用广播、电影、电视、报纸、期刊发布烟草广告，禁止在公共场所设置烟草广告。

第二，某些内容禁止在广告中出现。某些内容由于可能出现误导消费者，或者涉及政治、个人名誉权，或者可能侵犯他人合法权益的，或者不利于精神文明建设的情况等，也都禁止在广告中出现。

第三，对某些特殊商品的广告实行广告内容事先审查制度。利用广播、电影、电视、报纸、期刊以及其他媒介发布药品、医疗器械、农药、兽药等商品的广告，以及法律、行政法规规定应当进行审查的广告，必须在发布前依照有关法律、行政法规由有关行政主管部门对广告内容进行审查；未经审查，不得发布。除了药品、医疗器械、农药、兽药等商品之外，食品、化妆品、金融、文化教育（如招生广告）等广告的发布也需要经过有关行政主管部门审查批准。对这些需要经过广告内容事先审查的广告，广告主、广告经营者、广告发布者必须按照经过审定的内容进行设计、制作和发布，否则就是违法广告行为。

第四，对某些特殊广告媒体的广告活动有特殊的规定。随着市场经济的深入发展，不同的广告媒体形式相继出现，产生了不同的广告形式，例如，出租车广告、公共汽车广告、灯箱广告、互联网广告等。为此，各地根据本地不同情况，相继出台一系列管理办法或规定，如北京市就出台了《北京网络广告管理暂行办法》。在相应的媒体上做广告，都必须受相应的法规约束，接受相应部门的审查。

2004年1月1日起正式实施的《广播电视广告播放管理暂行办法》，这是首次以国家广播电影电视总局“总局令”的形式，对我国广播电视广告的内容、播放总量、广告插播、播放监管等进行全面的规范。

1. 违法广告行为的类型

（1）违法经营广告。

①无证经营：是指不具备经营广告业务的条件以及未经过审批登记，没有取得合法有效的广告经营执照，而从事广告经营的行为。

②超越经营范围经营：是指广告经营者从事超过广告登记机关批准经营范围的广告业务的行为。

（2）违法发布广告。

违法发布广告是指广告主、广告发布者违反广告法规的规定发布广告的行为。该行为是违法广告法规行为中比较多见的，其危害也是最大的，特别是发布虚假广告。

违法发布广告的行为，有很多不同的表现。第一种表现为广告本身不合法。如广告主不具备合法的生产经营资格，其发布行为是违法的；此外应该报批未履行报批手续的广告也属于违法广告。第二种表现为广告内容违法。如欺骗、损害消费者利益的虚假广告，不按有关行政主管部门审定的广告内容发布或对审定内容私自添加改动的广告，有贬低同类产品内容的广告，以及采用他人形象或名义而未经他人同意的广告等。

2. 违法广告行为的处罚

对违法广告行为的处罚，分为行政处罚、经济处罚和追究民事、刑事责任等。行政处罚和经济处罚，都是由广告监督管理机关作出的。行政处罚包括针对广告主、广告经营者和广告发布者进行的停止发布广告、责令公开更正、通报批评、停业整顿、吊销营业执照或者广告经营许可证等形式的处罚，也包括对有关管理责任人的行政处分；经济处罚的主要形式是没收违法所得、罚款等。

追究民事责任或刑事责任，是由人民法院对违法的广告行为进行追究的违法责任。追究民事责任的形式一般为更正、道歉、挽回影响、补偿、赔偿等；追究刑事责任是针对违反法律规定、情节严重、构成犯罪的广告行为而由司法机关实施的刚性处罚形式，包括没收财产、刑罚等。

需要指出的是，对违法广告处罚的手段一般都不是单一的，而往往是复合的。行政处罚经常是多种手段并举，刑事处罚往往附带民事责任。

10.2　行业自律与社会监督

一、行业自律

1. 行业自律的形式

（1）建立行业协会。

行业自律首先要成立行业组织，广告业的行业组织一般是以行业协会的形式出现。有了行业协会这样一类组织，行业自律才能从组织上得到落实。

广告界在1983年就成立了“中国广告协会”，其中包括了客户委员会、广告公司委员会、报纸委员会、电视委员会、广播委员会、公交委员会、铁路委员会、学术委员会等专业委员会，在各地还设有地方广告协会。此外，在外经贸界，有“中国对外经济贸易广告协会”。这些行业协会都制定了协会章程，其中，包含了行业自律的内容。

（2）制定自律规章。

除协会章程包含自律条款外，广告行业协会还制定自律规章，使行业协会成员有了共同遵守的规范，并且对整个行业（包括未参加行业协会的成员）形成一种行业导向，使整个行业都能够自觉按照自律规章开展业务。早在1911年，美国印刷行业组织就制定了一个行业广告准则，后被称为普利泰因克法案（Pnnter's Ink），首先被纽约州作为广告法规，以后又陆续被美国的40多个州作为地方的广告法规，由此可见行业自律在广告管理当中的重要性。中国广告协会在1990年召开的第三次全国代表大会上通过了《广告行业自律规则》、《广告行业岗位职务规范》（试行）两个重要的行业自律规章，又在中国广告协会第四届理事会第四次会议通过了《广告行业公平竞争自律守则》，1997年中国广告协会还制定了《广告宣传精神文明自律规则》，这些都对中国广告业施行行业自律起到了重要的作用。

（3）自检互检。

行业自律是一种自发的自我约束，所以，它主要是通过自我检查、自我约束和行业组织成员之间的互相检查来达到自律的目的。所以，有了自律规章，还要进行检查。对不按照自律规章开展业务的成员，协会可给予相应的处分。例如，《广告宣传精神文明自律规则》第十五条规定：“对违反本《规则》的会员单位，中广协将视情节轻重给予批评、通报批评、除名等处分。”

2. 行业自律的内容

（1）遵纪守法。

行业自律首要的一条就是要合乎法律的要求，所以，行业自律规则要把承诺遵纪守法放在第一位，在法律的指导和约束下实行行业自律。一般来说，行业自律规则应该比法律的规定更加严格和具体，否则就失去了行业自律的意义。

（2）保证广告真实可信。

真实性是广告的生命，行业自律要把保证广告真实可信作为自律规则的重要内容。例如，《中国广告协会自律规则》第二条规定：“广告经营单位要建立严格的广告承接、验证、内容审查、合同、财力等各项管理制度，特别是应当认真查验证明、审查广告内容，以保证广告内容的真实性，提高工作效率。”中国广告协会2001年倡议书“中国广告信誉年——真实承诺我先行”提出：“真实的承诺是广告的生命。中国广告协会倡议全国所有广告经营单位都要讲信誉，从我做起，从现在做起，设计、制作、代理、发布真实广告，以不断净化广告行业的公平竞争环境，促进广告行业的健康快速发展。”

（3）遵守公认的道德准则。

思想性是广告的灵魂，广告的表现形式和内容要积极、健康，要遵守广告法规的规定和社会公认的道德准则。如中国广告协会制定的《广告宣传精神文明自律规则》中就要求“利用各种媒体和形式发布的各类广告，都应当遵守《中华人民共和国广告法》和有关政策、法规关于社会主义精神文明建设的规定，符合社会主义精神文明建设的要求”。

(4) 成员之间互相监督。

行业自律一般都有监督机制，成员之间依据规则互相监督，如果发现有违反自律规则的行为，可以报知协会，启动处罚机制。如果没有成员间的相互监督，行业自律就会流于形式，变成自欺欺人的把戏。

(5) 成员之间交流沟通经验。

除了相互监督之外，成员之间还应该相互交流经验。对于好的典型，要给予表扬。通常广告协会的年会或会员代表大会，就是成员交流沟通的绝佳机会。

二、社会监督

社会监督是广告管理的重要手段，是依靠社会和公众主动参与的管理行为。广告管理是关系全社会公共利益的大事，必然要求社会和公众共同关心与参与，社会监督就是社会和公众主动参与的重要手段。社会参与广告管理，让全社会都认识到广告管理的重要性，社会各个层面都来关心广告，对违法广告的行为进行揭露，营造一种违法广告无法生根遁形的环境，是广告管理的社会基础。社会监督的主要方式有：

1. 新闻媒体的舆论监督

新闻媒体的舆论监督是指通过新闻媒体的报道和揭露，使违法广告行为公之于众。新闻媒体的舆论监督一方面可以为广告管理机关提供线索；另一方面，也可以使消费者了解真相，以免上当受骗；此外，也促使违法广告行为的制造者迫于舆论压力，而采取措施，改正错误。

2. 社会团体参与监督

对于广告活动进行社会监督，社会团体的积极参与是必不可少的。社会团体通常是指依法成立的非政府性质的社会组织，这类团体高于一般的社会认知水平，其宗旨往往包含关注社会公众利益，保护公民的合法权益的内容。有些团体的活动有法律的保障，如消费者协会、妇女联合会等。对涉及危害消费者权益的违法广告行为，消费者协会会主动介入，依法对广告活动进行监督、干预，必要时可以给消费者维权提供一定的关心和帮助；对损害到妇女和儿童合法权益的违法广告行为，妇联的参与有时是必要的或必需的；此外，残疾人联合会关注损害残疾人利益的违法广告行为；宗教界联合会关注损害宗教界合法权益的违法广告行为等，这些都属于社会团体正当的监督行为。

3. 公民的举报投诉

公民是社会的基本元素，政府、新闻媒体、团体组织都是由公民组成的，很多违法广告的发现和处理也都是从公民举报开始的。对于违法广告活动，无论是政府的查处、媒体的曝光，还是社会团体的介入，都离不开公民个人的参与，每个公民都有责任和义务对违反法律的广告行为进行揭露。

当公民发现有广告违法行为或违法广告活动使公民个人的合法权益受到不法侵犯时，可以直接向广告主、广告经营者或广告发布者投诉或交涉，也可以直接向广告管理机关、新闻媒体或有关团体组织举报或投诉，或者向司法机关提起法律诉讼。

10.3 广告公司组织结构及岗位认知

一、广告公司组织架构

广告公司通常分为财务部、行政部、协调统筹部、策划部、创意部（Creative）、客户服务部（Account Servicing）和媒介部（Media）（如图 10－1）。

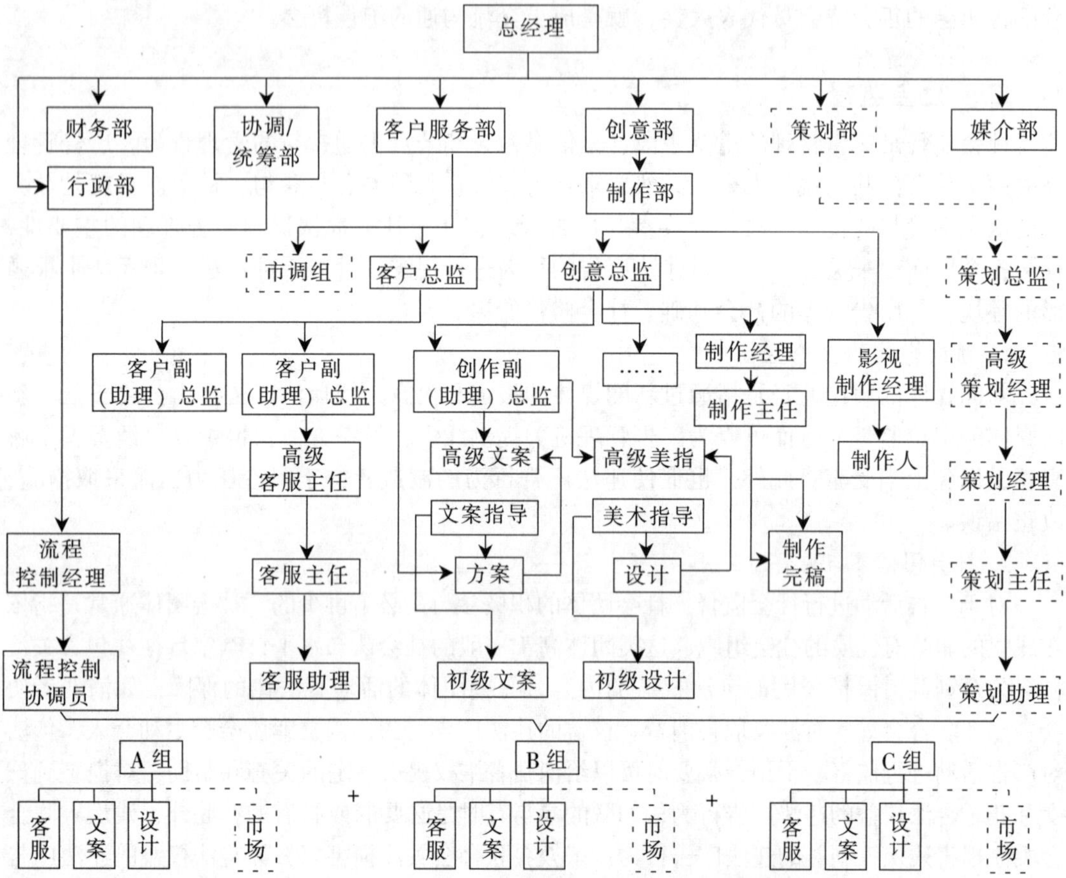

图 10－1　广告公司一般组织架构

创意部负责构思及执行广告创意。重点人物是执行创意总监（ECD），其下会视人手而分为若干组，每组由一至两位创意总监（CD）或副创意总监（ACD）带领，其中一位是文案出身，另一位是美术出身，但也有不少人身兼两职。其工作除构思广告外，也负责指导及培训下属。

创意总监下会有不同的小组，每小组由一位文案（CW）及一位美术指导（AD）组成。基本上两人会共同构思广告。由于美术指导的执行工作一般都较繁复，所以大都有一位助理美术指导（AAD）协助。有经验的文案及美术指导将会晋升为高级文案（SCW）及高级美术指导（SAD），但工作与以前大同小异。

创意部还包括电视制作（TV Production）、平面制作（Print Production）、画房（Studio）及平面统筹（Traffic）四个小部门。电视制作部设有监制（Producer），负责电视广告的统筹，但实际上广告拍摄由广告制作公司负责。平面制作部设有平面制作经理（Print Production Manager），主要负责跟进平面广告的印制工作。画房设有绘图员（Visualizer）、计算机绘图员（Computer Visualizer）、正稿员（Artist）等职位。平面制作统筹（Traffic Coordinator）则负责统筹平面制作事宜。

客户服务部主要工作是与客户联络及制定创意指导。重点人物是客户主管（DCS），其下按不同客户划分为不同的客户总监（AD）、副客户总监（AAD）、客户经理（AM）及客户主任（AE）。

媒介部主要为客户建议合适的广告媒体（如电视、报章、杂志、海报、直销等），并为客户与媒体争取最合理的收费。重点人物是媒介主管（Media Director），下设媒介主任（Media Supervisor）及媒介策划（Media Planner）等。

二、广告策划工作

广告策划执行流程如图 10－2 所示。

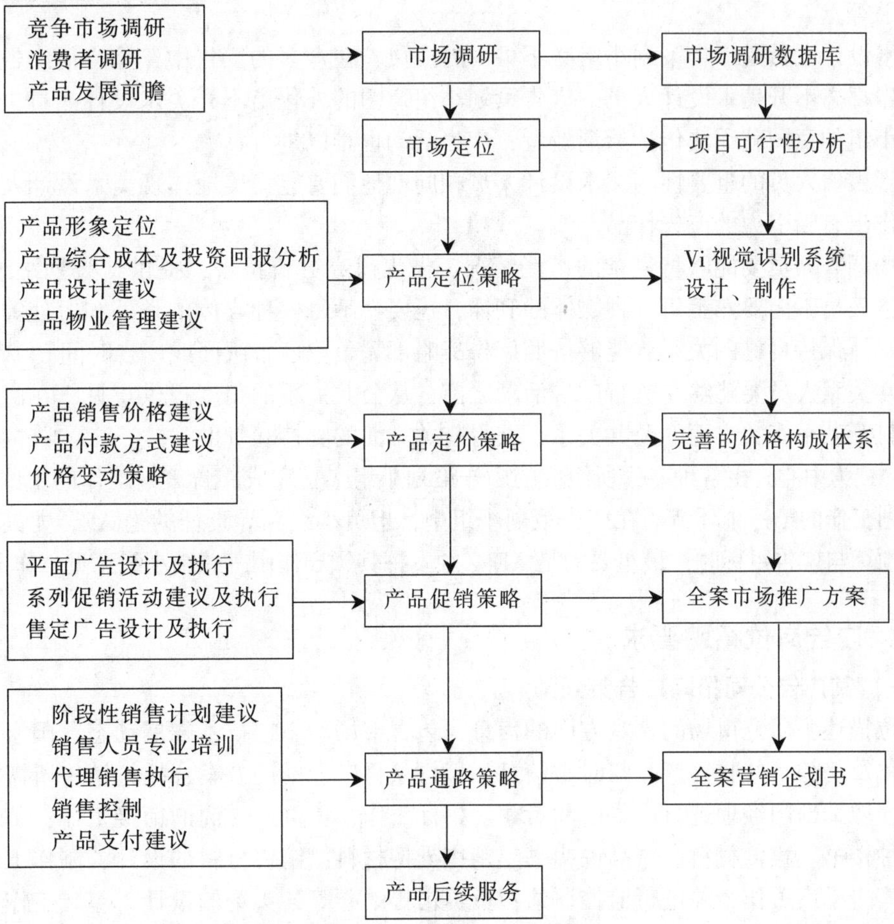

图 10－2 广告策划执行流程

广告策划是一项群体性的工作，一个人是很难胜任的。当广告公司接受委托，进行广告策划时，首先要成立一个广告策划小组，具体负责广告策划工作。一般而言，广告策划小组应包括这样几种人：业务主管（AE）、策划人员、文案撰写人员、美术设计人员、摄影人员、市场调查人员、媒体联络员及公共关系人员等。在一个广告策划小组中，AE、美术设计人员及策划人员相当重要，因为他们是最理想的广告策划小组的召集人。

AE 人员在广告代理中具有特殊的地位。在广告公司中 AE 一般由业务经理或总经理、副总经理、创作总监、策划部经理等担任。对广告主来说，AE 代表广告公司前来洽谈广告业务；对于广告公司来说，AE 又代表广告主，从事执行已核定的广告预算，监督一切广告活动的开展。AE 这种双重角色的身份有利于协调广告主与广告公司的关系，有利于广告活动的顺利进行，因此 AE 制在国外广告界很普遍。目前国内很多广告公司也引进了 AE 制，也做出了不少成绩。AE 在广告活动中相当重要，AE 人才的水平，往往成为衡量一个国家广告业是否发达的尺度。

策划人员常常由策划部正副主管和业务骨干来担任。当 AE 不善于编拟广告计划或者没有时间编拟广告计划时，策划人员要能统筹小组的全面工作，负责代办编拟广告计划。

文案撰写人员是专门负责写广告文案的人员，包括撰写标题、正文、新闻稿，甚至产品说明书等。

美术设计人员是广告策划小组必不可少的成员，在众多的广告中，除广播广告外，大多数广告都离不开美术设计人员。广告策划小组意图的外化离不开美术设计人员，否则广告策划小组的意图就无法传达给消费者，广告活动也难以进行。

摄影摄像人员的重要性与美术设计人员相同，他们要能完美地体现美术设计人员的意图并制作出有吸引力的广告作品。

市场调查人员要能够将复杂的市场情况，做出研究分析报告，提供给策划小组研究。媒体联络人员不但要熟悉每一种媒体的刊播，还要熟悉每一种媒体的长处和短处等，同时还要与媒体保持良好的关系，能够按照广告战略部署争取广告版面或广告时间。

公共关系人员要能够在进行广告活动之前，从公共关系的角度提供意见，在广告活动中能够打开若干有关方面的公共关系，获得有关方面的支持和赞助。

以 AE 为中心，由各种专家所组成的广告策划小组，是完成广告策划工作的主体，也是广告策划工作的第一个环节。在广告策划小组中，担负小组领导责任的是 AE，尤其是在确定广告预算与广告目标时，最重要的是 AE 必须发挥其领导作用，总结小组意见，作出决策。

三、广告岗位招聘要求

（一）某广告公司招聘广告策划师

岗位描述：研究市场的宏观方面的信息，包含市场动态、技术发展动态、国家与地方政策变化及趋势，并收集产品与时常信息；拟订项目广告推广方案；拟订销售所需宣传资料清单；协助部门经理进行广告商的考察、招标工作；负责广告商的衔接工作；负责指导制作各种楼书等宣传材料、产品说明书、销售支持材料；销售材料的设计、制作工作；具体执行广告推广工作，并进行监控评估；负责销售中心等各买场的设计、包装工作；项目和企业品牌的宣传推广工作；撰写项目广告推广总结报告；定期进行市场调研，并提交分析报告；与物业公司衔接、管理；客户服务工作；完成领导交办的其他工作。

岗位要求：教育背景：房地产、管理、营销类本科以上学历；经验：大中型房地产开发公司三年以上相关工作经验，具广告创作、设计相关知识；技能技巧：熟悉房地产行业市场行情；能够独立组织制定项目广告方案等工作；有大型项目的广告创作和设计工作经验及商务谈判经验；具有敏锐的市场触觉；具有非常强的客户关系能力和团队管理能力；具有较强的团队合作意识、综合协调能力、管理组织能力；具有较强的表达、理解与公关能力；较强的文字功底；熟练操作办公室软件。工作态度：独立工作能力和团队合作精神；积极主动、性格开朗、讲效率、乐于接受挑战。

（二）某广告公司招聘业务代表

职位类别：其他类别；相关薪水：面议；学历要求：中专。

岗位描述：拓展公司业务。

岗位要求：思想上进，能吃苦耐劳，掌握一定的营销技能，有团队合作精神；良好的沟通与表达能力，能承受工作压力，有强烈成功欲望，敢于挑战高薪；男女不限，性格外向，品貌端正，有广告或电子商务销售经验者优先（特别优秀的市场营销专业，电子商务专业等有志于营销工作方向发展的应届毕业生可以考虑）。

（三）某广告公司招聘广告设计

岗位描述：开展项目广告、设计，配合项目进行工作

岗位要求：20 岁以上，性别、地域不限；大专学历，美术、广告设计等专业；相关工作经验 1 年以上；文案执笔能力、执行能力强，熟悉相关制作流程；有良好的创意和空间思维，有成功案例；能承受较强的工作压力，可接受出差；专业符合的优秀应届毕业生可考虑；可加班。

岗位职责：遵守公司各项管理制度；品行端正、具职业操守；服从上级领导安排，按时、按质、按量完成工作；具团队合作、服务精神。

（四）某广告公司聘文员

职位类别：文员

招聘人数：3 人

岗位要求：

（1）大专学历，形象气质好，普通话标准。

（2）具有团队合作精神，细心、认真。

（3）能够与人进行良好的协作和沟通，有较强的沟通和学习能力。

（4）熟悉应用各种办公软件，熟悉电脑和网络，有良好的文字组织能力。

（5）有图书销售经验者及应届毕业生优先考虑。

（6）工资 1200 ~ 1500 元/月。

（五）某广告公司高薪招聘业务员

职位类别：业务员

招聘人数：6 人

岗位要求：

（1）学历不限；熟悉广告设计业务；性格开朗、有团队合作精神。

（2）有一定营销和业务拓展的经验。

（3）欢迎有一定广告客户源者带项目合作，合作方式详谈。

（4）可兼职。公司按业内最高提成标准支付业务员薪资，兼职业务员可自由掌握时间，也可利用业余时间拓展业务。

（六）某广告公司招聘要求

职位类别：策划经理

招聘人数：1人

岗位描述：

（1）2年以上媒体广告策划经验或1年以上游戏公司市场运营从业经验。

（2）具有策划、组织线上、线下活动的经验。

（3）具备优秀的文案创作能力，熟练操作办公软件。

（4）对游戏市场、游戏运营有一定的了解。

（5）有较强的沟通、协调能力，思维活跃、分析问题全面。

（6）工作地点在上海。

岗位职责：

（1）协助游戏行业销售，完成客户销售提案。

（2）策划媒体市场推广活动，提高媒体影响力。

职位类别：大客户服务经理

招聘人数：1人

岗位描述：

（1）2年以上媒体或广告代理公司销售经验或客户服务经验或1年以上游戏公司从业经验。

（2）对游戏公司的市场投放、游戏运营有一定的了解。

（3）熟练使用办公软件。

（4）工作地点在上海。

岗位职责：

（1）协助销售，维护大客户关系。

（2）独立完成客户服务，以及跟进排期、广告执行等工作。

（七）国内知名广告公司招聘策划总监

工作性质：全职

职位类别：市场营销策划/企划

招聘人数：1人

最低工作经验：

薪资待遇：面议

职位描述/要求：

（1）公关经验：5年以上广告、公关公司等相关领域工作经验，相关IT行业（硬件、手机、消费电子产品等）公关工作经验，并担任相关职位2年以上。

（2）管理经验：熟悉公关活动的创意、策划及执行工作流程，有大型活动的策划及组织实施工作经验；能够独立组织和完成整体全案策划，包括撰写完整的营销策划方案、项目策略方案、公关、方案实施督导等，有成功案例；能领导团队作战，具备全程管控项目进程，并能同时指导数个项目的能力。

（3）公关思维：具备扎实的策划功底和敏锐的策略思维，对市场有独到的见解和观点；思维敏捷，对市场信息的把握及反映速度快，创意及整合能力强，能够开拓性地开展工作。

（4）决策力：具备较好的判断能力和迅速决策能力。

（5）基本素质：具备基本的市场营销常识、传播学理论知识、广告理论基础；对公关传播、活动管理、危机管理有深刻的理解，具有充分的实践经验；对策划及文案具有高度审美与判断能力，并能提供建设性意见；对公众传媒有一定的了解和认知，了解各种媒体的经营及运作流程。

（6）沟通能力：娴熟高超的内外部沟通技巧，能与客户进行策略性沟通及出色的提案技巧。

（7）文字撰写：文笔流畅，能够出色独立完成策划文案及新闻稿的撰写。

（8）学习能力：面临新的行业、新鲜事物具备快速学习能力，能够迅速掌握问题核心、知识要点。

（9）职业意识：具备良好的职业意识、服务意识，较强的自我约束能力和心理调节能力。

（10）敬业精神：对工作认真负责，有序经营工作中的每一环节，对客户提出各项要求，争取第一时间答复并完成，绝不允许拖延工作或不完美解决。

（11）第二语言：具备熟练的英文听、说、读、写、理解能力，并能够用英文完成常规各项工作和提案演讲。

（12）具备电脑各项办公软件熟练的操作技能。

精选案例　夸大保健功能，宣传治疗肿瘤

图片

违规内容

（一）夸大保健功能，宣传治疗肿瘤。广告中宣传“打造抗肿瘤实力品牌”、“让肿瘤患者走向康复”，该产品经批准保健食品功能为增强免疫力，夸大保健食品功效，暗示该保健食品具有治疗肿瘤的作用。违反《保健食品广告审查暂行规定》第八条第（七）项及第（八）项的规定。

（二）未标识不适宜人群和“本品不能替代药物”的忠告语。违反了《保健食品广告审查暂行规定》第十条“保健食品广告必须标明保健食品批准文号、保健食品广告批准文号和不适宜人群”和第十一条“保健食品广告必须标明或者说明本品不能替代药物的忠告语”的规定。

（三）广告中使用公众难以理解的专业化术语。广告中宣传“现代常温纯物理破壁技术”、“超临界CO，萃取灵芝孢子油技术”、“三萜测定技术”等专业化术语，违反了《保健食品广告审查暂行规定》第八条第（四）项不得使用公众难以理解的专业化术语的规定。

（四）含有治愈率等综合评价内容。广告中出现“提高治愈率”的广告语，违反《保健食品广告审查暂行规定》第八条第（十六）项“广告中不得含有治愈率等综合评价内容”的规定。

（资料来源：http：//www. szda. gov. cn/zwgk/scjg/ggjg/pmmt/200712/t20071213_ 299584. htm）

复习思考题

1. 广告管理分为哪几种类型？各有什么特点？
2. 试说明国家对广告行政管理的主要内容。
3. 什么是广告审查？说说广告审查都有哪些标准，具体内容是怎样的？
4. 违法广告行为有哪些？试举出具体的事例，谈谈如何追究其违法责任。
5. 什么是行业自律？行业自律有哪些形式和内容？

工作任务训练

工作任务一：查找广告公司招聘资料，看招聘什么岗位，比较自己和这些岗位要求的差距。

工作任务二：能运用广告管理和法规知识分析以下案例。

1. 刘德华新广告被禁播

刘德华曾与某服装品牌合作，拍摄新一辑的广告。这次推出三个系列的主题，包括有“食物篇”、“寻找篇”、“亮灯篇”，其中在“寻找篇”一幕中，刘德华要托举一个近百磅的衣柜并扔到街上，被认为会“教坏青少年”而不能播出。

据悉，广告商时此新广告投入重本，不惜耗费近亿元的制作费和宣传费，2002年10月初便安排在内地及港台推出。可是在“寻找篇”的内容是描述华仔寻找一条钥匙不果，最后在情急下将一个大衣拒扔到街打碎，才寻到钥匙的情节。

据知有关方面觉得刘德华是许多青少年的偶像，他的一言一行对时下年轻人有很大的影响力，为避免观众会模仿广告中推衣柜落街的镜头，因此该片段被香港电检处禁播，无缘在无线电视台等媒体播出。

2. 广告口号吓人一跳

在成都市望平街59号的“成都雅美牙科医院”门口，曾出现了这样一个大幅广告：该医院底楼安装了几块落地玻璃墙，玻璃上贴着五幅长约1.5米、宽约1米的广告宣传画，写有医院概况、治疗方式等内容，其中左起第五幅广告主题是“严防病从口入”。广告画中间赫然写着两排字：“宁可错杀一千，不可放过一个”，下面写着“严格消毒”的字样。

据医院一位陈姓负责人解释，这排广告招贴是由医院自己制作的，已贴出很久了，并没有交给有关部门审查。对引起争议的这句反动口号，该负责人先是笑了一下，然后称当时用这句话是想表现出医院严格消毒的情况，“杀的是细菌”，是想用生动的语言吸引病人前来治疗。

思考题：该医院发布此广告有无不妥之处？表现在哪几个方面？

补充阅读

4A广告公司职位一览表

AAD〔Associated Account Director〕——副客户总监
AAD〔Associated Art Director〕——副美术指导
ACD〔Associated Creative Director〕——副创作总监
AD〔Account Director〕——客户服务总监、业务指导
AD〔Art Director〕——美术指导
AE〔Account Executive〕——客户执行、客户服务、客户主任
AM〔Account Manager〕——客户经理
AP〔Account Planner〕——客户企划
〔Artist〕——正稿员
ASM〔Area Sale Manager〕——大区销售经理
CD〔Creative Director〕——创作总监、创意总监、创意指导
CD〔Copy Director〕——文案指导
CGH〔Creative Group Head〕——创意组长
CV〔Computer Visualizer〕——计算机绘图员
CW〔Copy writer〕——文案
DCS〔Director of Client Service〕——客户主管
ECD〔Executive Creative Director〕——执行创意总监
FA〔Finish Artist〕——完稿、画师
FAGH〔Finish Artist Group Head〕——完稿组长
GAD〔Group Account Director〕——客户群总监
GCD〔Group Creative Director〕——创意群总监
GMD〔General Managing Director〕——总经理

MD〔Media Director〕——媒体指导、媒介部经理
MS〔Media Supervisor〕——媒介主任、媒介总监
MP〔Media Planner〕——媒介策划
PD〔Planning Director〕——企划指导
〔Planning Supervisor〕——企划总监
PPM〔Print Production Manager〕——平面制作经理
PM〔Production Manager〕——制作经理
RS〔Research Supervisor〕——调查总监
SAD〔Senior Art Director〕——高级美术指导
SCW〔Senior Copy Writer〕——高级文案
SM〔Studio Manager〕——画房经理、作业室经理
TCS〔Traffic Control Specialist〕——制管人员
TC〔Traffic Coordinator〕——平面制作统筹
TP〔TV Producer〕——制片
〔Visualizer〕——插图家、插画师、绘图员、视觉设计
VGH〔Visualizer Group Head〕——视觉设计组长
(资料来源：http：//blog. sina. com. cn/s/blog_ 4b5498e10100a9w2. html)

参考文献

1. 陶应虎．广告理论与策划．北京：清华大学出版社，2007

2. 李宝元．广告学教程．北京：人民邮电出版社，2005

3. 赵海风，蒋艳君．广告目标与效果测定．北京：中国商业出版社，2007

4. 杨群祥．广告策划．广州：广东高等教育出版社，2007

5. 陈培爱．广告学概论．北京：高等教育出版社，2004

6. [美] William Wells，John Burnett，Sandra Moriarty．广告学原理和实务．张红霞等译．昆明：云南大学出版社，2001

7. 孙有为．广告学．北京：世界知识出版社，1992

8. 陈放．品牌学．北京：时事出版社，2002

9. 郑承志．广告理论与实务．北京：中国财政经济出版社，2007

10. 徐育斐，孙玮琳．市场营销策划．大连：东北财经大学出版社，2007

11. 赵兴元等．广告原理与实务．大连：东北财经大学出版社，2007

12. 严学军，汪涛．广告策划与管理．北京：高等教育出版社，2007

13. [美] 艾·里斯．广告攻心战略．北京：中国友谊出版公司，1991

14. 冯拾松，江梅芳．现代广告学．北京：科学出版社，2007

15. 毛怡昕．关注中国的"Z 世代"．中国广告，2000（4）